21世纪高等院校电子商务精品教材
Elaborate Textbooks on E-Business for Higher Education

U0648858

国家级一流本科课程配套教材

Internet Finance

3rd Edition

互联网金融

第三版

帅青红 李晓林 李忠俊 等 编著

东北财经大学出版社
Dongbei University of Finance & Economics Press
大连

图书在版编目（CIP）数据

互联网金融 / 帅青红，李晓林，李忠俊等编著．—3版．—大连：东北财经大学出版社，2023.8（2024.6重印）
（21世纪高等院校电子商务精品教材）
ISBN 978-7-5654-4900-0

Ⅰ．互…　Ⅱ．①帅…②李…③李…　Ⅲ．互联网络-应用-金融-高等学校-教材　Ⅳ．F830.49

中国国家版本馆CIP数据核字（2023）第134269号

东北财经大学出版社出版
（大连市黑石礁尖山街217号　邮政编码　116025）
网　　址：http://www.dufep.cn
读者信箱：dufep@dufe.edu.cn
大连天骄彩色印刷有限公司印刷　东北财经大学出版社发行

幅面尺寸：185mm×260mm　字数：352千字　印张：17　插页：1
2023年8月第3版　2024年6月第2次印刷
责任编辑：石真珍　刘晓彤　责任校对：何　群
封面设计：张智波　版式设计：原　皓

定价：45.00元

教学支持　售后服务　联系电话：（0411）84710309

如有印装质量问题，请联系营销部：（0411）84710711

编写委员会

主任：

帅青红

副主任：

李晓林　李忠俊　张　赟　王　宇

成员：

王　冲　腾格尔　韩延明　邱甲贤　何　跃
李志刚　张　英　童　牧　李成林　马啸天
王　吉　李　思　刘　勇

第三版前言

互联网金融是传统金融机构与互联网企业利用互联网技术和信息通信技术，实现资金融通、支付、投资和信息中介服务的新型金融业务模式。金融与互联网深度融合，降低金融机构的服务成本，提升金融机构的创新效率，促进互联网金融行业快速发展。互联网与金融深度融合是金融科技化、产业化的具体体现，将对金融产品、业务、组织、服务、管理等方面产生深刻的影响。

2005年第三方支付的出现，标志着互联网金融时代的到来。互联网金融的发展是从金融的底层支付结算开始渗透的，逐步到理财，再到金融价值链的高端——资本市场，最后进入金融的内核——货币、数字货币的使用。互联网在逐步而坚定地自下而上、自外而内地改变金融，甚至重新定义金融。

互联网技术与金融模式的融合发展，将使金融业更有效地服务用户、贡献社会、服务实体经济。目前，互联网金融的主要形态有互联网支付（第三方支付）、互联网消费金融、互联网理财、互联网保险、互联网信托等。在城市和乡村，互联网金融的创新服务在逐渐改变人们的生产、生活、学习习惯，改善人们的生活质量，体现了普惠金融与民生金融。

互联网公司与金融机构的关系有了新的变化：从互利到深度融合，从合作到开放共享，并且聚焦创新红利，为新经济、新业态服务。同时，新金融的发展促进了监管方式的升级，为走向新金融时代设立了最好的风险底线，特别是国家金融监督管理总局的成立，更是有利于互联网金融的健康发展。

互联网金融的本质是金融，安全是底线；互联网金融的特色和生命力是互联网。传统金融机构的优势在于政策保护和资产管理方面，重风险而轻体验，而互联网金融企业缺乏金融政策支持，重体验而风险容忍度相对较高。互联网金融企业聚焦的是传统金融机构目前不能有效服务的长尾。两者面对的用户群体有明显差异，直接竞争尚不激烈。金融和互联网的完美结合，是互联网金融机构和传统金融机构未来的良性发展之路。正如非金融支付机构（第三方支付）和银行在竞合中大大提升了中国零售支付的创新能力和服务水平，实现了对国际先进水平的换道超车，在现有框架下，传统金融机构和互联网金融机构之间开放融合，发挥自身的比较优势，从相互竞合到融合发展，也一定能够引领中国的金融行业不断创新发展，更加开放、高效和普惠。

本书从传统金融机构互联网化、互联网机构业务金融化两个视角出发，对现有的互联网金融业务与模式进行详细的分析与阐述，最后针对风险讨论监管对策。其内容包括互联网金融概述、传统金融机构互联网化、互联网机构业务金融化、基于互联网的银行业务、基于互联网的支付、基于互联网的卡支付、基于互联网的基金与保险、互联网信托与理财以及互联网金融监管，涵盖了互联网金融的各个方面，形成一个完整的体系。

本次修订，编者紧跟互联网金融的发展变化与趋势，对相关理论、政策法规、统计数据、典型案例等内容进行删改、更新，将原先第二版中的11章内容调整为9章，并针对在教学过程中发现的问题加以改进，尽最大努力优化教材内容。同时，为落实立德树人的根本任务，将课程思政融入专业课程教学的全过程，编者将党的二十大精神和“以习近平新时代中国特色社会主义思想为指导，坚守以人民为中心根本立场，不断提升金融监管的能力和水平”的理念融入教材之中，力争实现知识传授、能力培养和价值塑造的统一。为进一步增强教学互动性，第三版充实了“拓展阅读”资料，并以二维码的形式呈现，读者扫码即可阅读。更为重要的是，本书是国家级一流本科课程（线上一流课程）“互联网金融”的配套教材。本课程的平台（中国大学MOOC）网址为：https：//www.icourse163.org/course/SWUFE-1003020009? from=searchPage&outVendor=zw_mooc_pcssjg_。

本书可作为高等院校电子商务、金融学、信息管理与信息系统、国际经济与贸易、计算机科学与技术以及其他相关专业的教学和参考用书，也可作为从事互联网金融研究和实务工作的相关部门和人员的参考读物。

本书由帅青红担任总撰稿人，负责拟定提纲、统筹协调各章节的内容和大部分编写工作，李晓林、李忠俊、张赟参与部分章节的编写。博士生黄若璇、邓婉秋、张露月，研究生张一可、叶观爱、李庆芝、廖梓严、赵鑫、周鸿仪、李婧怡、钟清华、逯堂林、马楠、胡丰宝、史莉萍、潘书玲等参与本书内容的讨论、修改、完善等工作。

在本书的撰写过程中，编者得到了教育部高等学校电子商务类专业教学指导委员会、全国电子商务教育与发展联盟（50人论坛），中国银联四川分公司、中国民生银行成都分行、中国农业银行四川省分行、中国工商银行四川省分行、西南财经大学互联网金融与支付研究所等相关机构专家的指导，更是得到了中国互联网金融协会与中国支付清算协会领导、专家的支持，并受到全国高校电子商务与电子政务联合实验室的热情关怀，东北财经大学出版社也给予了大力支持。在此表示衷心的感谢！还要特别感谢相关行业专家长期以来为编者提供大力支持与帮助！非常感谢所有关心、支持和帮助过笔者的朋友们和同事们！

在本书的撰写过程中，编者参考了许多中外研究者的文献，阅览、借鉴了大量国内外的出版物与网上资料，或者由于书中体例限制而未加以注明，或者在参考文献中没有完全列出，在此谨向诸多学者、同仁表示由衷的敬意与感谢。

党的二十大报告关键词

互联网金融是一个不断创新的领域，许多模式尚在发展和探讨之中，观点的不同，体系的差异，在所难免。由于编者水平有限和这门新兴交叉课程内容新、范围广的特殊性，书中难免有不足的地方，真诚地希望读者们提出宝贵意见，也希望得到同行专家的批评与指正，以利于今后修改和订正，进一步完善。

笔者E-mail：3035216254@qq.com。

帅青红

2023年5月

目　录

第1章 互联网金融概述

教学目标

【知识传授目标】

了解互联网金融产生的原因；掌握互联网金融的基本概念、特点和作用；了解互联网金融的发展历程；了解金融业务互联网化的发展历程和类型；了解互联网业务金融化的发展历程和类型。

【能力培养目标】

能够识别并应用互联网金融；能够区分金融业务互联网化和互联网业务金融化。

【价值塑造目标】

以互联网金融发展历程为主线，结合高校课程思政的建设目标和要求，在授课过程中培养金融创新能力；同时，结合相关法律法规和规范性文件，贯彻党的二十大精神，增强国家使命感。

知识架构

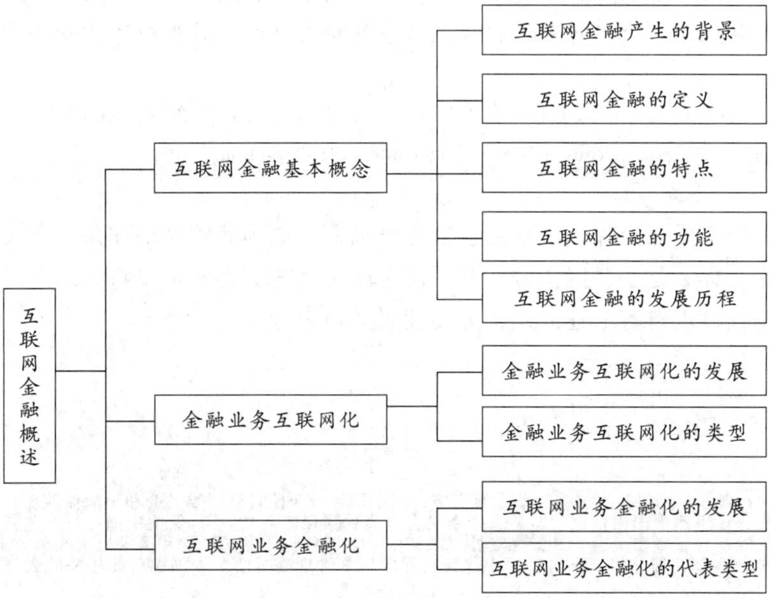

@导入案例 十部委联手发布互联网金融健康发展指导意见

2015年7月18日，为鼓励金融创新，促进互联网金融健康发展，明确监管责任，规范市场秩序，经党中央、国务院同意，中国人民银行、工业和信息化部、公安部、财政部、国家工商总局、国务院法制办、中国银行业监督管理委员会（以下简称银监会[①]）、中国证券监督管理委员会（以下简称证监会）、中国保险监督管理委员会（以下简称保监会）、国家互联网信息办公室联合印发了《关于促进互联网金融健康发展的指导意见》（银发〔2015〕221号，以下简称《指导意见》）。

《指导意见》按照"鼓励创新、防范风险、趋利避害、健康发展"的总体要求，提出了一系列鼓励创新、支持互联网金融稳步发展的政策措施，积极鼓励互联网金融平台、产品和服务创新，鼓励从业机构相互合作，拓宽从业机构融资渠道，坚持简政放权和落实、完善财税政策，推动信用基础设施建设和配套服务体系建设。

《指导意见》按照"依法监管、适度监管、分类监管、协同监管、创新监管"的原则，确立了互联网金融的监管职责分工，在监管职责划分上，中国人民银行负责互联网支付业务的监督管理；银监会负责包括个体网络借贷和网络小额贷款在内的网络借贷以及互联网信托和互联网消费金融的监督管理；证监会负责股权众筹融资和互联网基金销售的监督管理；保监会负责互联网保险的监督管理。

《指导意见》坚持以市场为导向发展互联网金融，遵循服务好实体经济、服从宏观调控和维护金融稳定的总体目标，切实保障消费者合法权益，维护公平竞争的市场秩序，在互联网行业管理，客户资金第三方存管制度，信息披露、风险提示和合格投资者制度，消费者权益保护，网络与信息安全，反洗钱和防范金融犯罪，加强互联网金融行业自律以及监管协调与数据统计监测等方面提出了具体要求。

资料来源　魏晞. 十部委联手发布互联网金融健康发展指导意见［EB/OL］.［2023-06-10］. https：//www.gov.cn/xinwen/2015-07/18/content_2899360.htm.

互联网金融已经深入经济社会的方方面面，成为我国经济体系的重要组成部分。那么，什么是互联网金融？互联网金融有哪些类型？本章将介绍互联网金融的基本理论，以解答上述问题，方便读者学习思考。

---

① 2018年3月，国务院机构改革方案实施，将中国银行业监督管理委员会和中国保险监督管理委员会的职责整合，组建中国银行保险监督管理委员会（简称银保监会），不再保留中国银行业监督管理委员会和中国保险监督管理委员会。2023年3月，中共中央、国务院印发了《党和国家机构改革方案》，提出组建国家金融监督管理总局，不再保留中国银行保险监督管理委员会。本书中与此相关的表述遵从相关法律法规的原文。

1.1 互联网金融基本概念

1.1.1 互联网金融产生的背景

1）我国的金融抑制与监管套利为互联网金融提供了发展空间

我国金融业市场化程度不高，在政府管制下，我国经济具有明显的金融抑制特征，民间资本规模庞大与企业融资困境现象并存，这为互联网金融的发展创造了空间。在以往的监管体制下，传统金融业普遍受到严格的监管，但互联网金融领域的监管则相对薄弱，这为互联网金融带来了监管套利的机会。此外，由于近年来我国互联网产业竞争日趋激烈，为寻找新的利润发展空间，互联网巨头将目光投向了具有较高利润率与较大发展空间的金融业，创造性地利用互联网技术方面的优势对金融产品进行包装与升级，满足了消费者的金融需求，互联网金融应运而生。

党的二十大报告提出，加强和完善现代金融监管，强化金融稳定保障体系，依法将各类金融活动全部纳入监管，守住不发生系统性风险底线。按照党中央决策部署，深化金融体制改革，推进金融安全网建设，持续强化金融风险防控能力。这表明互联网金融行业将迎来审慎全面的监管，将被纳入到一致的、全覆盖的金融监管体系中。

2）互联网行业与金融行业本质上相匹配是互联网金融发展的根源

互联网行业与金融行业本身具有千丝万缕的联系，二者彼此的匹配性是互联网金融得以出现并蓬勃生长的内在动因。现代经济学理论认为，金融中介产生的原因是不确定性与交易成本的存在。在网络经济时代，互联网具有开放性、交互性的特征，可以实现信息流的共享整合，有助于降低信息不对称程度，从而降低不确定性和交易成本。互联网金融丰富了金融的功能，实现了资金流与物流、信息流的高效整合与匹配。比如，互联网投资理财降低了投资理财的门槛，突破了时间和空间的限制，让投资理财更加便捷；移动支付工具促成了资金的跨时空交易，提高了金融服务的便利性；大数据技术则通过对海量数据信息的挖掘与分析，降低了信息不对称的程度，使得风险识别与控制更及时、更有效。

3）平台的经济性造就了互联网金融发展的优势

互联网金融具有双边市场特征，互联网金融企业充分发挥平台的集群效应，利用网络技术撮合金融产品供需双方进行交易，促使资源实现更有效的配置。相对于传统金融，互联网金融的盈利模式更具有优势。这是因为传统金融企业的盈利主要来源于存贷利差，随着利率市场化进程的加快，利差逐步缩小，传统金融企业将面临转型，而互联网金融的盈利模式来源于佣金而非差价。在互联网金融模式下，平台经济服务金融市场的能力更强，通过大数据技术可以深入分析用户个体与群体的消费偏好，实现精准化营销，为客户提供个性化服务。

1.1.2 互联网金融的定义

2012年8月，谢平在《互联网金融模式研究》中指出，互联网金融在经济学上还没有一个严格的定义，它更接近于一个谱系概念。谢平将其定义为：一种受互联网技术、互联网精神的影响，从传统银行、证券、保险、交易所等金融中介到无中介瓦尔拉斯一般均衡[①]之间的所有金融交易和组织形式。互联网金融的形式既不同于商业银行间接融资，也不同于资本市场直接融资。这一定义体现了互联网金融去中介化的特点。

2013年6月，阿里巴巴集团董事长马云在相关媒体发表文章称，未来的金融有两大机会：一个是金融互联网，金融行业走向互联网；另一个是互联网金融，由纯粹的外行领导。其实，很多行业的创新都是因为外行的进入才引发的，金融行业需要“搅局者”，更需要那些外行的人进来并进行变革。

2014年4月，《中国金融稳定报告（2014）》提出：互联网金融是互联网与金融的结合，是借助互联网和移动通信技术实现资金融通、支付和信息中介功能的新兴金融模式。广义的互联网金融既包括作为非金融机构的互联网企业从事的金融业务，也包括金融机构通过互联网开展的业务；狭义的互联网金融仅指互联网企业开展的、基于互联网技术的金融业务。

2015年7月18日，《关于促进互联网金融健康发展的指导意见》指出，互联网金融是传统金融机构与互联网企业利用互联网技术和信息通信技术实现资金融通、支付、投资和信息中介服务的新型金融业务模式。互联网金融的主要业态包括互联网支付、网络借贷、股权众筹融资、互联网基金销售、互联网保险、互联网信托和互联网消费金融等。

从以上定义看，有些强调互联网金融呈现出去中介化和新型金融业态的特征；有些认为互联网只是一种工具，更多的是为金融的发展提供支持；有些则关注互联网精神在金融中的应用。实际上，准确定义“互联网金融”是一件比较困难的事情。第一，不同的机构以及个人会从不同的角度来理解和解读互联网金融。与此同时，不同领域以及不同模式的互联网金融既存在一些共同点，也存在不少差异，因此难以完全概括。第二，“互联网金融”及“金融互联网”其实是动态的、阶段性的概念，需要历史地去看待和评价。比如，今天再来评价10多年前互联网证券交易在我国的发展，似乎就属于“金融互联网”的范畴，可就当时的大环境而言，这已经是非常超前的了，或许应该归于“互联网金融”。第三，严格意义上的互联网金融与金融互联网其实是一个链条的两端，现实世界的业态主要分布在中间状态，有些可能距离理想化的互联网金融更近一些，有些可能更靠近金融互联网这一端，因此在区分时只能做出一个大致的判断。

综上所述，互联网金融是一种基于互联网、大数据、云计算、移动通信、社交平台及搜索引擎等信息技术，实现资金融通、支付、结算等金融相关服务的金

① 瓦尔拉斯一般均衡（Walrasian Equilibrium）是指整个市场上过度需求与过剩供给的总额必定相等的情况。

融业态。互联网金融是现有金融体系的进一步完善和普惠金融的重要内容，其表现形式既包括以互联网为主要业务载体的第三方支付、金融超市等新兴金融业态，也包括持牌互联网金融机构，以及各类持牌金融机构设立的主要从事互联网金融相关业务的法人机构。互联网金融的内涵不是互联网和金融业的简单结合，是以互联网时代的技术为基础，为适应新的需求而产生的新模式及新业务，是传统金融行业与互联网精神相结合的新兴领域。互联网金融与传统金融的区别除了金融业务所采用的媒介不同，更重要的是金融参与者深谙互联网开放、平等、协作、分享的精髓，通过PC互联网、移动互联网等渠道，使得传统金融业务呈现出透明度更强、参与度更高、协作性更好、中间成本更低、操作更便捷等特征。

1.1.3 互联网金融的特点

1）信息的多维采集与深度运用

互联网金融采集并使用了更多的信息——大数据。市场主体不是独立存在的，会与其他市场主体发生联系，如供货商、客户、银行等，可通过互联网从多个侧面搜集这一市场主体的信息，并通过信息的拼接对市场主体有一个整体性的认识，进而获得该主体其他方面的信息。例如，阿里金融通过分析客户在淘宝上的消费等情况，能够判断出客户可能的生活情况以及潜在的消费需求，甚至能够通过客户缴纳水、电、煤气费的地址来判断客户是否有稳定的住所，并对客户的信用情况做出合理的判断。

互联网金融采用了新的信息处理方式——云计算。在传统金融模式下，信息资源分散庞杂，数据难以有效处理和应用。在互联网金融模式下，社交网络生成和传播信息，有些信息是个人和机构没有义务披露的；搜索引擎对信息进行组织、排序和检索，有针对性地满足信息需求；云计算可以提高海量信息的处理能力，将不对称、金字塔形的信息扁平化，实现数据的标准化和结构化，最终形成时间连续、动态变化的金融市场信息序列，而这些信息恰恰是传统金融机构参与主体迫切需要但难以获得的。

2）去中介化

在互联网金融模式下，资金的供求信息在互联网上发布，不仅供求双方能够凭借信息技术全面深入地掌握交易对象的交易信息，并据此找到合适的风险管理和分散工具，而且双方或多方交易也可以同时进行，定价完全竞争，最大化地提升资金配置效率，实现社会福利最大化。互联网金融本质上是直接融资，资金供求信息在互联网上形成“充分交易可能性集合”，双方资金供求匹配成功后即可直接交易，在没有金融中介参与的情况下，高效解决资金融通问题。

3）传统金融机构的后台化

以第三方支付为代表的互联网金融对银行等传统金融机构最大的冲击在于其切断了银行和客户之间原来的直接联系。客户直接面对的将只是第三方支付机构，传统的银行账户、基金账户全部后台化，客户甚至感觉不到其存在。随着账户同一化趋势的发展，“账户为王”时代即将到来，第三方支付账户可能会成为人们支付和消费的首要甚至是唯一入口，其他账户全部隐藏在第三方支付账户的背后，成为其附庸。中国人民银行于2015年12月25日发布《关于改进个人银行账户服务加强账户管理的通知》（以下简称《通知》），宣布将对落实个人银行账户实名制、建立银行账户分类管理机制、规范代理开立个人银行账户、强化银行内部管理和改进银行账户服务五方面进行规范。

《通知》指出，未来存款人可通过Ⅰ类银行账户办理存款、购买投资理财产品、转账、消费和缴费支付、支取现金等业务，通过Ⅱ类银行账户办理存款、购买投资理财产品、限定金额的消费和缴费支付等业务，通过Ⅲ类银行账户办理限定金额的消费和缴费支付服务。Ⅱ类银行账户和Ⅲ类银行账户不得存取现金，不得配发实体介质。

2016年9月30日，中国人民银行下发《关于加强支付结算管理防范电信网络新型违法犯罪有关事项的通知》，再次细化银行账户管理。2016年11月25日，中国人民银行下发特急文件《关于落实个人银行账户分类管理制度的通知》，再次重申账户管理形式，并对原《通知》在账户分类的管理上做出更详细的解释。

2019年3月27日，为有效应对和防范电信网络新型违法犯罪的新形势和新问题，中国人民银行发布了《关于进一步加强支付结算管理防范电信网络新型违法犯罪有关事项的通知》，要求银行、第三方支付机构和转接清算机构等进一步加强支付结算管理并落实责任追究机制。在加强账户实名制管理方面，该通知强调，支付机构应当于2019年4月1日前制订核实计划，于2019年6月30日前完成核实工作。

2022年1月19日，为预防和遏制洗钱行为和恐怖融资活动，维护国家安全和金融秩序，中国人民银行发布了《金融机构客户尽职调查和客户身份资料及交易记录保存管理办法》，要求金融机构采取持续的尽职调查措施，并妥善保存客户身份资料与交易记录。

1.1.4 互联网金融的功能

从目前的发展情况看，互联网金融的功能主要体现在提供金融活动平台、优化资源配置、提升支付效率、提供价格信息、分散风险等方面。

1）提供金融活动平台

互联网金融通过网络为客户提供了便捷快速的平台，客户可随意选择金融产品，足不出户就能完成支付、理财、贷款等金融服务。互联网金融平台充分发挥平台的集群效应，利用网络技术撮合金融产品供需双方进行交易，在克服时间和空间限制的基础上，加快资金周转速度，最大限度地保证双方尤其是资金接收方的利益。

2）优化资源配置

互联网金融本质上是一种直接融资方式，其核心是资金的供给方通过金融市场将资金的使用权让渡给资金需求方的过程。互联网可以有效识别信用风险，并且有效降低市场中信息不对称的程度，因此，基于网络平台的金融明显更有利于金融资源配置功能的实现。

3）提升支付效率

传统的支付渠道主要是商业银行。在互联网金融模式下，可以进一步改善现行的以商业银行为主体的支付体系，更可以方便快捷地提供支付清算服务，大幅提升金融的支付清算效率。互联网金融平台汇总支付清算交易笔数后进行轧差清算，降低了银行的清算成本，而其平台沉淀资金的变相垫资加快了某些支付清算行为的速度，是对当前支付清算体系的完善和补充。但是，在肯定互联网金融支付清算服务的同时，也应当重视其对支付清算体系的冲击以及带来的风险。

4）提供价格信息

互联网金融使价格信息更加准确、及时、丰富。互联网平台的引入，最大限度地提高了资金动员的能力和资金的使用效率，加快资金周转率，促进金融体系发展，尤其是与传统商业银行的竞争，使得资金的利率更加及时、准确地反映资金的供给和需求，进而引导资金合理流动。在互联网所创造出来的无边界交易平台上，厂商与消费者、厂商与厂商、消费者与消费者之间的竞价机制得到了极大的完善。在这里，价格不是由外部力量约束的，所有价格都是彼此之间竞价的结果。

5）分散风险

金融市场应该形成风险共担机制，金融机构的风险防控就是对交易定价中的风险进行分散和转移。因为市场中存在信息不对称，如果不能对社会风险进行有效的防控，则经济运作模式将无法正常运行。互联网金融在这方面强于传统金融，相比之下，互联网金融的开放平台更利于实现资源共享，大大解决了市场上信息不对称的问题，从而降低了交易成本，分散了交易风险。互联网金融利用其特殊的平台，收集并分析各企业用户的日常交易行为，判断他们的业务经营状况、经营信用情况、资金需求状况以及行业发展导向，解决了因无法掌握制度不健全的小企业的真实情况造成的信息不对称问题，在一定程度上降低和分散了道德风险和信用风险。

1.1.5 互联网金融的发展历程

互联网金融的发展可以从两个方面来分析：一是金融业务互联网化；二是互联网业务金融化。

关于金融业务互联网化，从图1-1中可以看到，最初的金融业务互联网化就是将传统的金融柜台服务扩展到线上，其中典型的就是网上银行，其扩大了银行的服务范围，另外电子银行、手机银行等都属于传统金融服务的互联网延伸的范围。后来随着技术的发展及境内电子商务的迅速发展，传统金融机构开始涉足电子商务领域，建立网上商城，开展电子商务业务。近年来，伴随互联网技术特别是大数据、云计算等技术的快速发展，银行凭借已有的资源优势开展各种互联网金融业务，直销银行正是在这样的背景下发展起来的。而传统金融机构从事网络货币交易及混业经营将会是其未来的发展方向。

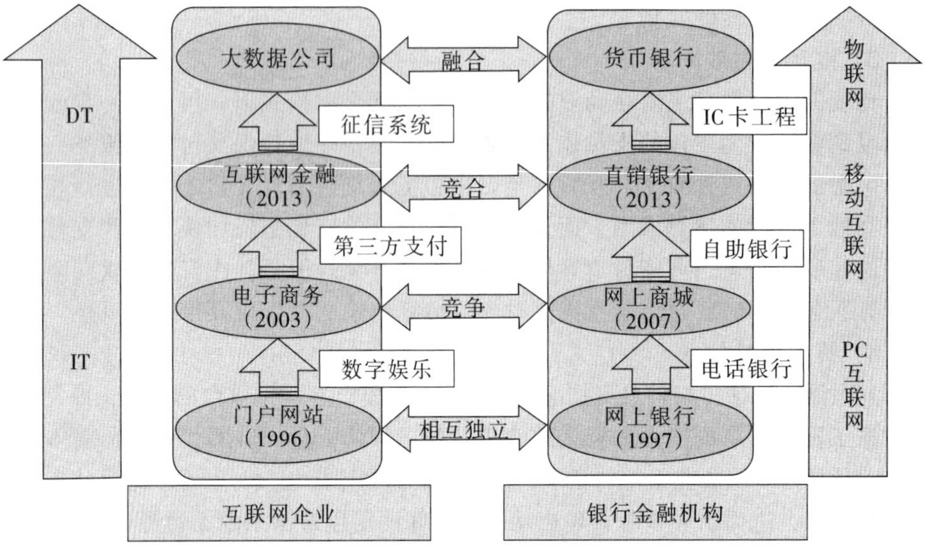

图1-1　互联网金融发展架构图

关于互联网业务金融化，从图1-1中可以看到，发展初期体现为门户网站，而后伴随境内电子商务的兴起，在激烈的竞争中生存下来的门户网站开始转型并朝着电子商务方向发展。近年来，在互联网技术包括大数据、云计算等技术的带动下，各大电子商务公司积极把握发展趋势，利用既有的数据资源开展互联网金融业务，比如第三方支付、投资理财等。随着电子商务公司业务多元化的发展，大数据公司则成为其主要的发展方向。

事实上，是否具备互联网精神、能否以客户需求为导向并注重客户体验等要素是互联网业务金融化与金融业务互联网化的本质区别。在互联网业务金融化方面，阿里金融是目前最接近理想的互联网业务金融化模式的一个样本，因此，表1-1主要结合阿里金融的实践对互联网业务金融化与金融业务互联网化进行比较。

表1-1　**互联网业务金融化与金融业务互联网化的比较**

比较项目		互联网业务金融化	金融业务互联网化
企业的角度	经营理念	开放、共享的互联网理念	传统理念
	组织架构	独立，多变	附属、分支，相对稳定
	交易金额与频率	金额小，频率高	金额大，频率低
	价格策略	免费、低价	相对高价
客户的角度	客户定位	开放、年轻的客户	稳健、保守的客户
	客户体验	便捷、快速、互动	烦琐、缓慢、单向
技术与信息的角度	信息	对称、透明	不对称、不透明
	去中介化	去中介化	中介化
	新技术应用	快	慢
安全角度	安全性	相对弱	相对强
	监管机制	相对薄弱，亟待完善	比较成熟

2011—2022年互联网金融发展大事记见表1-2。

表1-2 2011—2022年互联网金融发展大事记

时间	事件
2011年5月	中国人民银行开始发放第三方支付牌照，标志着互联网与金融结合的开始
2011年8月	银监会下发《关于人人贷有关风险提示的通知》
2012年6月	中国建设银行推出“善融商务”，标志着金融机构进入电商领域
2012年8月	中国投资有限责任公司原副总经理谢平在中国金融（CF）40人论坛上发表《互联网金融模式研究》报告，首次提出互联网金融的概念
2013年3月	证监会发布《证券投资基金销售机构通过第三方电子商务平台开展业务管理暂行规定》
2013年6月	支付宝联手天弘基金上线“余额宝”，上线3个月，规模达556.53亿元
2013年8月	微信支付功能上线
2013年11月	首家互联网保险公司——众安在线财产保险股份有限公司开业
2013年12月	中国支付清算协会成立互联网金融专业委员会，启动行业自律
2014年1月	微信抢红包功能上线，腾讯、阿里移动支付争夺战正式打响
2014年3月	李克强总理政府工作报告提及互联网金融
2014年7月	前海微众银行、天津金城银行、温州民商银行三家民营银行正式获批筹建
2014年12月	中国证券业协会发布《私募股权众筹融资管理办法（征求意见稿）》
2015年7月	中国人民银行联合十部委正式发布《关于促进互联网金融健康发展的指导意见》，首次定义了互联网金融的概念
2015年7月	中国人民银行发布《非银行支付机构网络支付业务管理办法（征求意见稿）》，强调第三方支付的中介属性，行业迎来快速洗牌期
2015年12月	宜信公司旗下宜人贷登陆美国纽约证券交易所，成为我国互联网金融行业赴美上市第一股
2015年12月	银监会起草《网络借贷信息中介机构业务活动管理暂行办法（征求意见稿）》，促进网络借贷行业健康发展
2016年8月	中国互联网金融协会向各会员单位下发《互联网金融信息披露标准——个体网络借贷（征求意见稿）》等，明确会员应该遵循“谁提供，谁负责”的原则，建立健全信息披露管理制度，完善信息披露流程
2016年10月	中国互联网金融协会向会员单位下发《中国互联网金融协会信息披露自律管理规范》和《互联网金融信息披露个体网络借贷》标准（T/NIFA1-2016），以期通过信息披露使行业达到“三个透明”

续表

时间	事件
2017年9月	关于ICO的新规出台，将ICO界定为“未经批准非法公开融资的行为，涉嫌非法发售代币票券、非法发行证券，以及非法集资、金融诈骗、传销等违法犯罪活动”，遂全面取缔，比特币等虚拟货币交易所的交易也被叫停，中国市场之于“币圈”陷入冰点期
2017年12月	互联网金融风险专项整治工作领导小组办公室印发《关于规范整顿“现金贷”业务的通知》。在此之前，现金贷是消费金融行业的火车头，在此之后，无场景依托的现金贷业务涉嫌违规，直接导致行业放贷规模的缩水和逾期率的提升
2018年4月	互联网金融风险专项整治工作领导小组办公室发布《关于加大通过互联网开展资产管理业务整治力度及开展验收工作的通知》，互联网平台与股票交易所、金融资产交易所联合发布的各类理财产品被叫停
2018年8月	十三届全国人大常委会第五次会议通过《中华人民共和国电子商务法》，对电子商务经营者、电子商务合同的订立与履行、电子商务争议解决、电子商务促进、法律责任等进行详细规定
2019年5月	国家互联网信息办公室发布《数据安全管理办法（征求意见稿）》，规定网络运营者对个人信息和重要数据的安全管理义务，使得信息安全与数据治理趋于规范
2019年8月	中国人民银行印发《金融科技发展规划（2019—2021年）》，明确了金融科技的定义，并确立了顶层设计与发展规划
2019年12月	《经济参考报》表示，监管部门加大互联网金融风险防范力度，强调金融机构、金融业务必须接受准入管理，同时大力发展监管科技，提高监管有效性
2020年2月	中国人民银行发布《网上银行系统信息安全通用规范》，为网上银行系统安全建设、内部信息安全检查和合规性审计提供依据
2020年4月	中国人民银行数字货币研究所推进数字货币试点工作，实现“双离线支付”
2020年12月	金融管理部门联合约谈蚂蚁集团，互联网平台金融活动纳入监管框架
2021年3月	《中华人民共和国国民经济和社会发展第十四个五年规划和2035年远景目标纲要》发布，高度重视发展数字经济，就建设数字中国做出重要部署
2021年7月	中国人民银行发布《中国数字人民币的研究进展白皮书》，数字人民币试点场景已超132万个，已成为升级版的数字金融基础设施
2022年1月	中国人民银行印发《金融科技发展规划（2022—2025年）》，指出将数字元素注入金融服务全流程，将数字思维贯穿业务运营全链条
2022年4月	中国人民银行印发《关于做好2022年金融支持全面推进乡村振兴重点工作的意见》，强调丰富农业经营主体和小农户专属金融产品，推动农村一二三产业融合发展
2022年10月	国家发改委发布《国务院关于数字经济发展情况的报告》，强调要抓住数字技术发展主动权，把握新一轮科技革命和产业变革发展先机，大力发展数字经济

1.2 金融业务互联网化

1.2.1 金融业务互联网化的发展

金融业务互联网化就是将金融业务通过互联网来完成，其发展主要经历了四个阶段：网上银行、网上商城、直销银行和货币银行。这四个阶段也恰恰映射着互联网发展的三个时代，即PC互联网时代、移动互联网时代和物联网时代，表明金融机构与互联网企业的结合越来越紧密，最后在物联网时代可能会融合在一起。

20世纪90年代，互联网金融的发展主要体现在金融机构将互联网作为技术支持，将银行业务从营业网点搬到网上，但此时还没有出现真正的互联网金融形态。1995年，世界上第一家网上银行在美国诞生，随后，世界各大银行紧随其脚步，开展网上银行业务。1996年，中国银行开通网站并构建网上银行系统，开启了中国网上银行发展的先河。1997年，招商银行推出了“一网通”业务，全面开展网上银行服务。随后，各家银行争先推出网银服务，截至2002年底，国有银行和股份制银行全部建立了网上银行。随着金融业的互联网化程度不断加深，我国金融业的互联网时代宣布到来。

2005年之后，随着电子商务的迅速发展，第三方支付机构逐渐成长，网络借贷也开始萌芽，金融与互联网的结合从技术领域深入到金融领域，境内各大商业银行纷纷试水电商业务，建立网上商城，如中国工商银行的融e购、招商银行的聚便宜、中国建设银行的善融商城等。

2013年被称为“互联网金融元年”。2013—2015年，由于互联网金融有着低于传统金融机构的门槛，所以一时间大量企业涌入互联网金融领域。自2013年9月18日北京银行与其境外战略合作伙伴荷兰ING集团深度合作推出了境内首家直销银行后，直销银行便迅速崛起。2014年2月28日，中国民生银行直销银行也正式上线。随后，兴业银行、平安银行、浦发银行、华夏银行、上海银行、浙商银行、江苏银行等相继推出了直销银行业务。中国工商银行也于2015年2月9日正式上线了名为“工银融e行”的直销银行。目前，城市商业银行、股份制商业银行乃至国有商业银行均已涉足直销银行业务。2014年12月，我国首家互联网银行“微众银行”经监管机构批准开业，总部位于深圳。2014年11月19日，国务院常务会议首次提出“要建立资本市场小额再融资快速机制，开展股权众筹融资试点”，为股权众筹行业的发展提供了政策内生支持。2015年4月，蚂蚁花呗正式上线。2015年6月25日，浙江网商银行作为银监会批准的我国首批5家民营银行之一正式开业。

2017年被金融业称为“史上最严”监管年，监管令密集发布，大额罚单不断开出。2018年，金融业继续将主动防范化解系统性风险放在首位，监管机构的牙齿更为“锋利”，监管更加严格，标准更高，对违法违规行为的处罚力度也有所加大。2019年，随着互联网金融风险专项整治工作成效显著，总体风险水平下降。2020年，民间借贷迎来史上最严“利率红线”，银保监会于7月下发

拓展阅读1-1

金融科技发展规划（2022—2025年）

《商业银行互联网贷款管理暂行办法》，促进互联网贷款业务合规发展。2021年，银保监会提出切实加强对互联网金融活动的监督，依法将金融活动全面纳入监管。2022年是《金融科技发展规划（2022—2025年）》实施的第一年，强调全方位应用监管科技，强化数字化监管能力建设，筑牢金融与科技的风险防火墙。

上述互联网金融发展史，如图1-2所示。

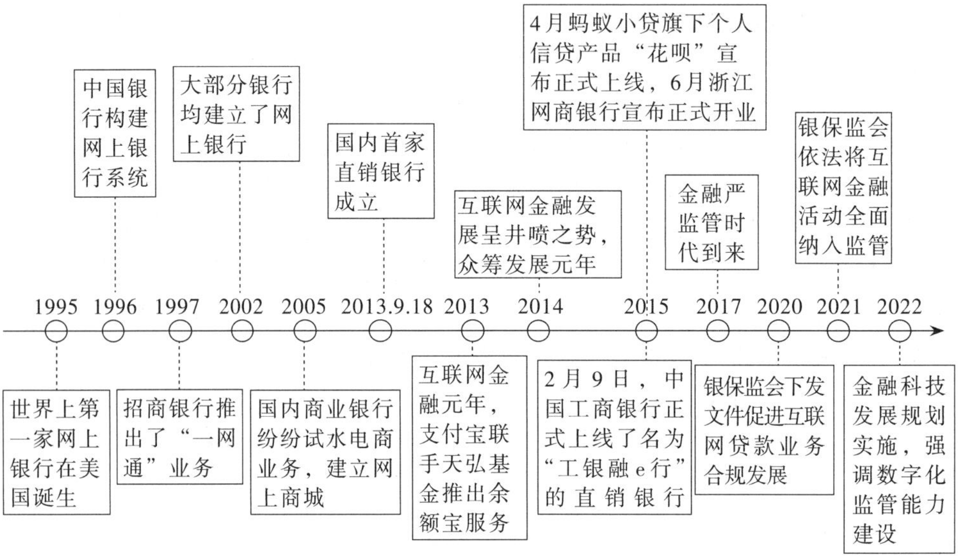

图1-2 互联网金融发展史

1.2.2 金融业务互联网化的类型

1）网上银行

在银行业、信息与通信技术、互联网飞速发展以及通信信息技术广泛应用于金融范畴的情势下，网上银行伴随而生。网上银行通过互联网提供传统银行业务和因通信信息技术应用带来的新兴业务，它不受时间、空间限制，使人们感受到了前所未有的金融消费的多样性。

20世纪末期，随着计算机的发展及应用，银行的经营方式出现了网络化趋势。世界上第一家网上银行——美国安全第一网络银行问世，吸引了世人的眼球。与此同时，我国商业银行的发展也在悄然进行。中国银行于1996年开始筹建自己的网上银行，用了一年的时间完成了整个架构，创立了独具特色的网站。由于商业银行具有极强的同质性，所以我国各大商业银行纷纷效仿推出自己的网上银行业务及服务。同时，随着用户规模的扩大，用户量级的快速增长以及移动支付的迅猛发展使得手机银行拥有了更多的使用机会。相比网上银行，手机银行存在一定的优势，如手机便于携带、可以方便获得用户所处的地理位置、便于分析用户的行为等。

2022年9月，中国银行业协会发布了《2021年中国银行业社会责任报告》。该报告显示，2021年，在复杂严峻的全球经济金融环境下，中国银行业积极践行“责任银行、和谐发展”的理念，主动承担社会责任。据不完全统计，截至2022年年末，手机银行交易笔数达1 585.07亿笔，同比增长4.81%，交易金额达499.62万亿元；网上银行交易笔数达1 021.26亿笔，同比降低0.15%，交易金额达2 527.95万亿元，同比增长7.39%；电商平台交易金额达43.83万亿元，同比增长3.5%；电子商务从业人员6 937.18万人，同比增长3.1%。2012—2018年我国网上银行用户规模及交易规模，如图1-3和图1-4所示。

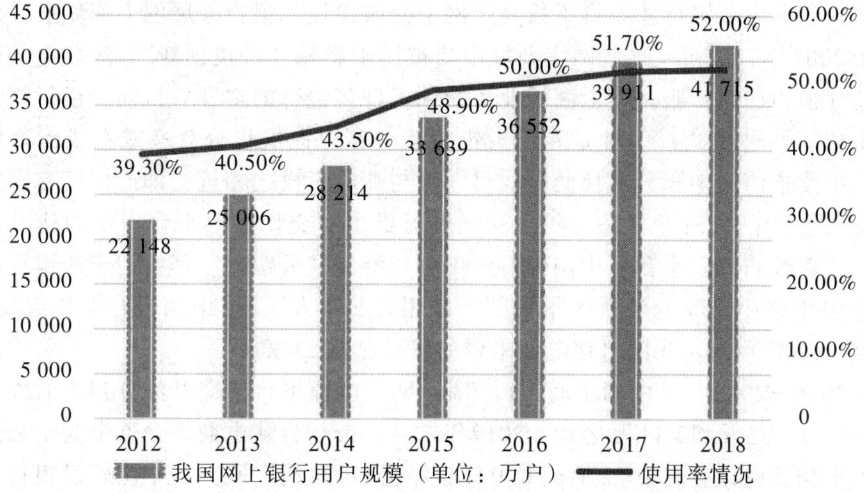

图1-3　2012—2018年我国网上银行用户规模及使用率情况

资料来源　中国互联网络信息中心.

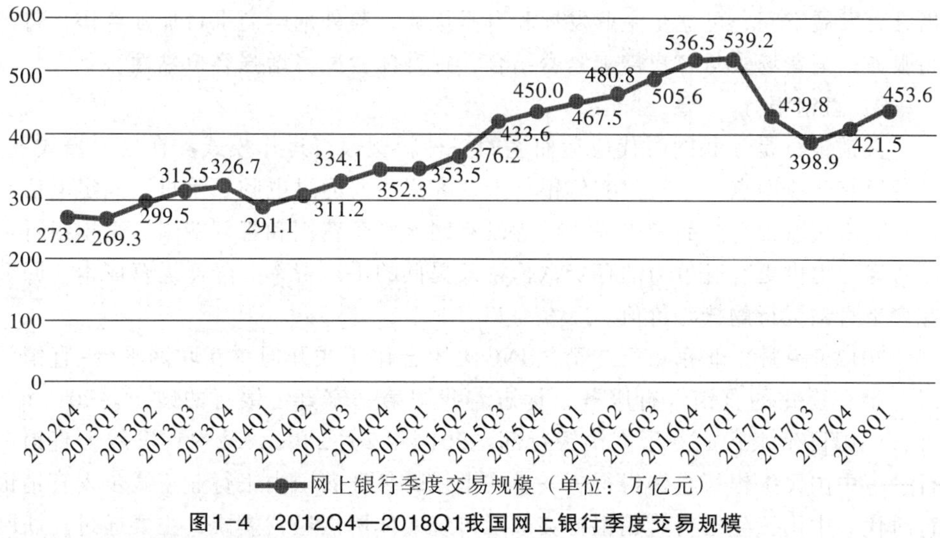

图1-4　2012Q4—2018Q1我国网上银行季度交易规模

资料来源　易观智库产业数据库.

2）网上商城

从2006年起，各大商业银行的官方网站上相继出现了“网上商城”板块。然而，那时的“网上商城”对银行而言，仅仅是面子工程，既不能在线下单，也不能浏览详情，只是提供了跳转至各大合作商户的外部链接而已。在相当长的一段时间内，银行的“网上商城”算不上真正意义上的网上商城，而是用于维护企业客户关系，为企业商户提供一个免费展示的宣传窗口。流量导出、客户转化率、利润分成等指标，在当时都是不被关心的话题。电子商务在银行领域并没有像今天这般举足轻重。

随着第三方机构对银行业务的不断渗透，“金融脱媒”程度日益加深，银行中间业务因此受到一定的影响和冲击。在传统经营模式越来越难以为继的预期背景下，各大商业银行才不得不投身于网上商城建设。银行开展网上商城业务，起始于2007年。最初，这些网上商城主要被用于彰显“科技创新”。随着电子商务市场规模的快速膨胀，网上商城业务受到了许多银行的重视。目前，银行网上商城主要有两种模式：一种是专门为银行持卡客户提供积分兑换或在线购物的模式，主要指信用卡积分兑换商城；另一种与纯电商模式相近，即面向所有客户进行各类商品在线销售。2012年，交通银行推出“交博汇”平台、中国建设银行推出“善融商务”平台、中国银行中山分行推出“云购物”平台、宁波银行推出首个中小企业专属金融社区平台“宁波银行E家人”。据中国银行业协会统计，截至2018年年末，我国自建电商平台的银行已达23家。

2016—2018年，中国工商银行“融e购”电商平台年交易额分别为1.27万亿元、1.03万亿元和1.11万亿元。2019年之后，银行自建电商平台逐渐淡出公众视野，中国工商银行自2022年6月30日起停止“融e购”服务，中国建设银行、中国农业银行、中国民生银行等也对其电商业务进行了调整。银行电商平台变动的原因主要是为降低运营成本和满足行业合规要求。从中长期来看，银行电商平台仍具有发展空间，可立足主业发展和自身优势，与外部电商平台加强合作，将产品服务、消费场景与客户需求紧密结合，提升体验感，增强客户黏性[①]。

3）直销银行

直销银行是互联网时代应运而生的一种新型银行运作模式。在这一模式下，银行没有营业网点，不发放实体银行卡，客户主要通过电脑、手机、固定电话等远程渠道获取银行产品和服务。因为没有网点经营费用和管理费用，直销银行可以为客户提供更有竞争力的存贷款价格及更低的手续费率。降低运营成本、回馈客户是直销银行的核心价值。

2013年9月，北京银行与荷兰ING集团合作正式开通“互联网平台+直销门店”融合模式的直销银行服务，标志着我国第一家直销银行的破土。2013年7月，中国民生银行成立了直销银行部。2014年2月28日，境内首家线上直销银行——中国民生银行直销银行——正式上线，象征着国内银行业正式步入直销银行时代。中国民生银行直销银行突破了传统实体网点经营模式，主要通过互联网渠道拓展客户，具有客群清晰、产品简单、渠道便捷等特点。2014年3月，兴业银行推出直销银行，其特点在于用户可以持中国工商银行、中国建设银行、中国农业银行、招商银行、中信银行等多家银行卡，通过电脑、手机等设备直接在其

① 闫佳佳，石丹．银行系电商，失掉高光时刻［J］．商学院，2022（08）：131-133.

平台上选购热销理财产品、基金，以及定期存款、通知存款等，免去了烦琐的注册、登录、跨行资金划转步骤，一键购买，省时省力。用户可以随时随地随身“一站式”查看、管理、调拨上述各家银行卡上的资金，享受在线理财规划服务。

中信银行与百度于2015年11月18日举行战略合作发布会，宣布共同发起成立“百信银行”，我国首家独立法人模式的直销银行问世。此前，银行开展直销银行业务都是在内部展开，而中信银行此次的尝试是以子公司独立法人的模式发起。2020年，招商银行联手京东旗下支付平台网银在线共同成立“招商拓扑银行”，成为国内第二家独立法人直销银行。至此，国内已推出直销银行模式或类似经营形态的银行达到136家①。

1.3 互联网业务金融化

1.3.1 互联网业务金融化的发展

互联网企业正是在不断与金融机构进行竞争、合作的过程中发展壮大的，从初期的相互独立到中期的竞争合作再到现在的融合，可以说没有金融机构，互联网企业是不会发展到如此规模的。从时间轴来看，互联网业务的金融化经历了四个阶段，即门户网站、电子商务、互联网金融（狭义）、大数据时代，完成了从IT到DT的转换。

1997年6月，网易公司成立，标志着门户网站在中国的诞生。1998年2月25日，我国首家大型分类查询搜索引擎——搜狐——正式诞生。随后，四通利方宣布并购海外最大的华人网站公司“华渊资讯”，成立全球最大的华人网站“新浪网”。我国门户网站三足鼎立的局面逐渐形成。门户网站在发展初期以网络广告为盈利点，通过最大化地吸引用户注意力、提高浏览量来获得风险投资者和网络广告主的青睐。这些互联网企业几乎还没有任何产品，与传统金融机构业务发展没有交集，相互独立。但由于收入模式过于单一，很多门户网站的发展受到限制，因此，它们开始对自身发展模式进行思考和调整，走向业务多元化，而不再像传统门户网站那样只以网络广告为主营业务。

虽然我国电子商务的发展最早可以追溯到1993年，但在2003年之前，电子商务发展十分缓慢，处于初步的发展阶段，网民的网络生活方式还仅停留于电子邮件和新闻浏览的阶段。2003年以后的几年里，一方面，当当、卓越、阿里巴巴、慧聪、全球采购、淘宝这几家电商企业陆续出现在人们的视野中，另一方面，“非典”暴发让人们体验到了这些电商企业所带来的便利。这一阶段，大批的网民逐步接受了网络购物的生活方式，而且其规模还在高速扩张；众多的中小型企业从B2B电子商务中获得了订单和销售机会，“网商”的概念深入商家之心；电子商务基础环境不断成熟，物流、支付、诚信瓶颈得到基本解决，在B2B、

① 中国民生银行，中国金融认证中心．2020中国直销银行发展白皮书［R］．北京：中国民生银行，2021.

B2C、C2C领域里，有不少的网络商家迅速成长，积累了大量的电子商务运营管理经验和资金。

2005年，计算机和宽带的普及以及电子商务基础设施的完善促进了第三方支付行业的快速发展，使我国第三方支付行业迎来了春天，支付规模达到196亿元。

2007年6月，网络借贷网站“拍拍贷”成立，开启了我国网络借贷的先河。这也对传统金融机构的统治地位构成了挑战，互联网企业开始涉足金融领域，与银行展开竞争。

前面两个阶段的发展为互联网企业进入互联网金融时代打下了基础。互联网企业的金融化又分为三个发展阶段：①20世纪90年代，互联网企业发展模式单一，产品稀少；②随着计算机和通信技术的广泛应用以及电子商务的发展，第三方支付机构逐渐成长，网络借贷也开始萌芽，互联网与金融的结合从技术领域慢慢深入到金融业务领域；③随着互联网股权投融资的出现，互联网企业开始提供更多的投融资服务，金融化进一步加深。

2013年是互联网金融发展“革命性”的一年，这一年也被称为“互联网金融元年”。

2014年，根据对325家重点网贷平台的监测结果，2014年网贷平台综合成交量超过2 500亿元，是2013年的3.29倍，并且基本保持逐月递增趋势，2014年3月涨幅达到峰值106.90%。但由于网贷发展还处于初级阶段，缺乏相关部门的监管，法律政策等也相对匮乏，平台“跑路”事件频频发生。

随着“大众创业、万众创新”政策的推进，国务院先后数次推动互联网股权投融资事业的发展。2015年，全国成功筹资114.24亿元，首次全年破百亿元，同比增长429.38%。

上述互联网业务金融化的进程，如图1-5所示。

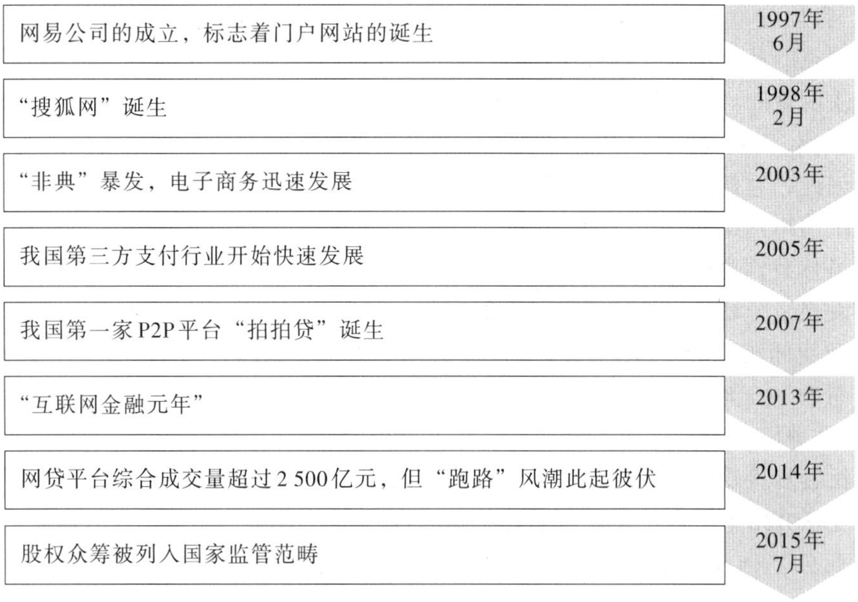
网易公司的成立，标志着门户网站的诞生
1997年6月
“搜狐网”诞生
1998年2月
“非典”暴发，电子商务迅速发展
2003年
我国第三方支付行业开始快速发展
2005年
我国第一家P2P平台“拍拍贷”诞生
2007年
“互联网金融元年”
2013年
网贷平台综合成交量超过2 500亿元，但“跑路”风潮此起彼伏
2014年
股权众筹被列入国家监管范畴
2015年7月

图1-5 互联网业务金融化进程图

2015年是互联网金融进入爆发式增长的一年，也是行业最不平静的一年。2015年12月16日，总成交量超过740亿元的“e租宝”平台涉嫌犯罪，被立案侦查，引发行业内震。2016年1月，警方公布“e租宝”非法集资500多亿元。2016年，专项整治工作正式开始。2016年10月，中国人民银行、银监会、证监会、保监会联合其他部门各自印发互联网金融的监管整治方案。同年10月13日，国务院办公厅印发《互联网金融风险专项整治工作实施方案》，对网贷、互联网股权投融资、互联网保险、第三方支付、互联网资产管理及跨界从事金融业务等领域进行大范围排查，旨在促使互联网金融行业快速出清，淘汰不规范的平台，保障互联网金融行业长期稳定、健康和可持续发展。2016年底，中央经济工作会议强调要把防范金融风险放到更加重要的位置。

2017年召开的全国金融工作会议提出，要紧紧围绕服务实体经济、防控金融风险、深化金融改革三项任务，回归本源、加强监管协调、补齐短板。2017年中央经济工作会议提出：打好防范化解重大风险攻坚战，重点是防控金融风险，要服务于供给侧结构性改革这条主线，促进形成金融和实体经济、金融和房地产、金融体系内部的良性循环，做好重点领域风险防范和处置，坚决打击违法违规金融活动，加强薄弱环节监管制度建设。

2017年11月8日，国务院金融稳定发展委员会（简称金稳委）成立并召开第一次会议。金稳委成立之后，监管协调工作明显加强，监管空白区域明显减少，监管套利空间大幅压缩。

2017年底密集出台的监管政策，如中国人民银行、银监会、证监会和保监会联合发布的《关于规范债券市场参与者债券交易业务的通知》（银发〔2017〕302号）及其配套文件，银监会下发的《商业银行大额风险暴露管理办法（征求意见稿）》《商业银行委托贷款管理办法》等，加速了金融生态链重塑的进程。

2018年1月13日，银监会发布《关于进一步深化整治银行业市场乱象的通知》（银监发〔2018〕4号），明确表示要突出“监管姓监”，将监管重心定位于防范和处置各类金融风险，而不是做大做强银行业。2018年4月24日，《商业银行大额风险暴露管理办法》公布，自2018年7月1日起施行。

2019年1月，《关于做好网贷机构分类处置和风险防范工作的意见》发布，坚持以机构退出为主要工作方向，加大整治工作的力度和速度。2019年11月，《关于网络借贷信息中介机构转型为小额贷款公司试点的指导意见》发布，为具备条件的网贷机构转型为小额贷款公司提供依据。

2020年是金融科技强监管的一年，多项监管政策出台。2020年7月，银保监会发布《商业银行互联网贷款管理暂行办法》，促进互联网贷款业务获客、风控、催收等环节合规发展。2020年11月，银保监会等部门起草《网络小额贷款业务暂行办法（征求意见稿）》，明确小额贷款公司的注册资本、杠杆率、贷款金额、联合贷款出资比例等规定。

2021年，互联网金融野蛮生长的发展环境已不复存在，互联网存贷款业务均被纳入监管序列，监管部门对蚂蚁金服等互联网金融平台进行了专项整治，同时密集颁布了针对互联网企业的规范性制度文件。

2022年1月，国家发改委、中国人民银行等九部门联合印发《关于推动平台经济规范健康持续发展的若干意见》，强调完善金融领域监管规则体系，坚持金融活动全部纳入金融监管，金融业务必须持牌经营。

大数据的发展从以谷歌、亚马逊、雅虎为代表的互联网大公司，拓展到越来越多的创业公司以及金融、电力、电信等各种传统行业，这些公司和行业在不同的维度进行数据挖掘和分析，创造出更多的商业模式和经济增长点。同时，包括美国在内的诸多国家，都将大数据管理上升到国家战略层面，从国家层面通盘考虑其发展战略。大数据中的数据主要包括“在线”大数据和“离线”大数据。虽然从事大数据研究和开发的公司及研究单位对于这些数据有着不同的业务逻辑，但是大的处理技术基本类似，包括数据采集、导入和预处理、统计和分析、挖掘。目前，在我国，大数据在各大企业（如阿里巴巴、百度、腾讯）中已经有了成熟和广泛的应用，大数据商业模式逐渐形成。

1.3.2 互联网业务金融化的代表类型

如果说被称为“互联网金融元年”的2013年是伴随着各种“宝宝类”网销货币基金横空出世的一年，那么随后的2014年，互联网支付、互联网理财和保险等各类互联网金融消费产品进入大众视线，则代表了“互联网金融创新发展年”。通过“互联网+”的技术创新和金融服务融合互动式突破，互联网金融已成为日趋成熟的消费行业。同时，随着移动智能终端的普及、手机银行的推出，以及各大互联网巨头发力移动支付市场，第三方支付成为互联网金融行业发展较早且较成熟的代表，已在国家金融体系中占据了举足轻重的地位。

1999年，美国出台的《金融服务现代化法案》将第三方支付机构定性为非银行金融机构，将第三方支付业务定性为货币转移业务。2010年，中国人民银行出台的《非金融机构支付服务管理办法》将第三方支付业务定义为：在收款人和付款人之间作为中介机构提供货币资金转移服务，包括网络支付、预付卡、银行卡收单等业务。在资金流转过程中，第三方支付平台只起到中转作用，但不拥有资金所有权，它主要解决不同开户行银行卡的网上对接以及异常交易带来的信用缺失等问题，通过提供资金流通渠道完成消费者、商户以及金融机构之间的货币支付、资金清算、查询统计等过程。尽管第三方支付业务脱胎于银行业务，但是第三方支付业务模式并非一成不变，在众多第三方支付机构中，每家公司的运营模式不尽相同。典型的第三方支付业务模式有两类：一类是以“快钱”为代表的独立第三方支付模式；另一类是依托于自有B2C、C2C电子商务网站提供担保功能的第三方支付模式，如“支付宝”“财付通”等。

第三方支付业务自2004年出现以来一直呈现快速增长态势。中国人民银行数据显示，截至2015年9月，已获得第三方支付业务许可证的机构为270家，其中，“支付宝”市场份额为47.6%，“财付通”市场份额为20.1%，“银联在线”市场份额为11.1%（如图1-6所示）。以上三家支付企业的市场份额已接近80%，市场集中度较高，核心企业市场份额保持稳定。这表明经过10多年的快速发展，第三方支付市场趋于成熟。

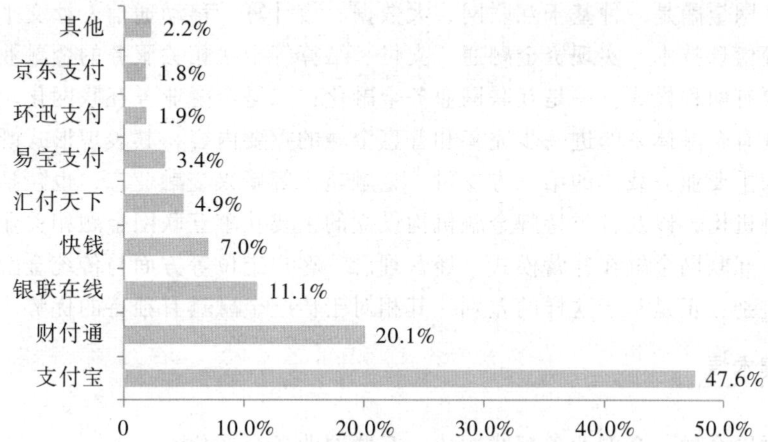

图1-6　2015年9月第三方支付核心企业市场份额

资料来源　中国人民银行.

根据艾媒咨询的统计，2020年，第三方移动支付与第三方互联网支付的总规模达271万亿元。2020年第2季度，第三方支付市场上支付宝、财付通和银联商务分别以49.16%、33.74%和6.93%的市场份额位居前三。这三家支付企业的市场份额已接近90%，且呈现以支付宝和财付通为首的“双寡头”格局，市场集中度进一步提高。

第三方研究机构易观分析发布的《中国第三方支付移动支付市场季度监测报告2022年第4季度》显示，2022年第4季度，我国第三方支付移动支付市场交易规模达76.48万亿元，环比下降0.29%（如图1-7所示）。受疫情的暂时性影响，2022年第4季度，我国第三方移动支付交易规模环比增速有所下降。易观分析预计，随着疫情防控优化措施的陆续出台，经济逐步恢复正常化，第三方移动支付市场也将迎来暖春。

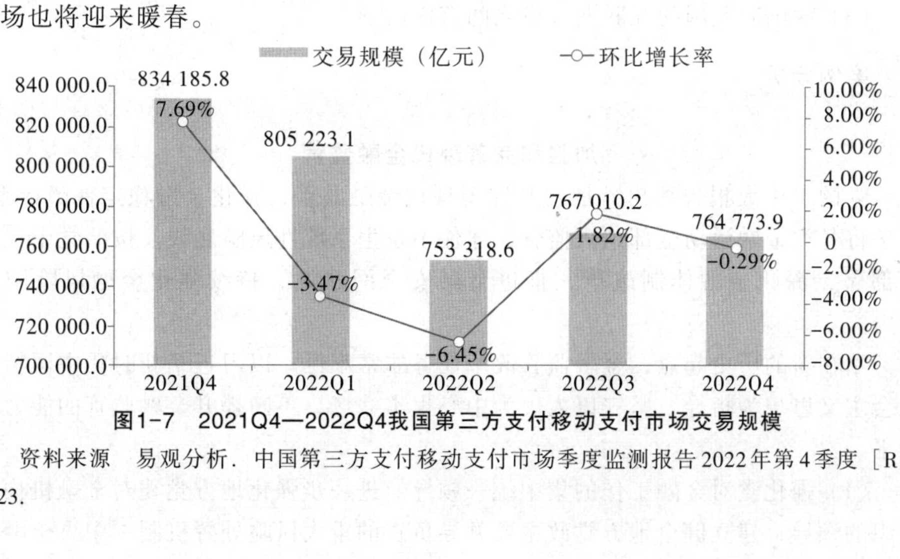

图1-7　2021Q4—2022Q4我国第三方支付移动支付市场交易规模

资料来源　易观分析．中国第三方支付移动支付市场季度监测报告2022年第4季度［R］. 2023.

本章小结

拓展阅读1-2

移动支付行业数字化进程分析

互联网金融是一种基于互联网、大数据、云计算、移动通信、社交平台及搜索引擎等信息技术，实现资金融通、支付、结算等金融相关服务的金融业态。其发展主要有两种模式：一是互联网业务金融化；二是金融业务互联网化。互联网金融是现有金融体系的进一步完善和普惠金融的重要内容，其表现形式既包括以互联网为主要业务载体的第三方支付、金融超市等新兴金融业态，也包括持牌互联网金融机构，以及各类持牌金融机构设立的主要从事互联网金融相关业务的法人机构。互联网金融在经营模式、经营理念、客户定位等方面与传统金融都有着很大的差别，正是基于这样的差别，其相对于传统金融具有独特的优势。

关键术语

互联网金融；金融业务互联网化；互联网业务金融化

习题

复习思考题：

（1）什么是互联网金融？互联网金融有哪些表现形式？

（2）分别阐述金融业务互联网化和互联网业务金融化。

（3）简述互联网金融与传统金融的不同。

研讨题：

通过互联网查询资料，就以下问题展开讨论：

（1）党的二十大报告提出建立现代金融监管体系，在此基础上互联网金融未来的发展趋势是什么？

（2）结合实际，谈谈互联网金融的出现给我们的生活带来了哪些影响。

（3）我国同美国的互联网金融之间有何区别？

案例分析

加强和完善现代金融监管

党的二十大报告提出，加强和完善现代金融监管，强化金融稳定保障体系，依法将各类金融活动全部纳入监管，守住不发生系统性风险底线。按照党中央决策部署，深化金融体制改革，推进金融安全网建设，持续强化金融风险防控能力。

站在新的历史起点，金融监管改革任务非常艰巨。以习近平新时代中国特色社会主义思想为指导，坚守以人民为中心根本立场，不断提升金融监管的能力和水平。

（1）强化党对金融工作的集中统一领导。进一步强化地方党委对金融机构党组织的领导，建立健全地方党政主要领导负责的重大风险处置机制。中央金融管理部门要依照法定职责承担监管主体责任，派出机构要自觉服从地方党委政府领导，积极发挥专业优势和履行行业管理职责，共同推动建立科学高效的金融稳定保障体系，公开透明地使用好风险处置资金。

（2）深化金融供给侧结构性改革。完善金融支持创新体系，加大对先进制造业、战略性新兴产业的中长期资金支持。健全普惠金融体系，改进小微企业和“三农”金融供给，提升新市民金融服务水平，巩固拓展金融扶贫成果。督促中小银行深耕本地，严格规范跨区域经营。强化保险保障功能，加快发展健康保险，规范发展第三支柱养老保险，健全国家巨灾保险体系。

（3）健全“风险为本”的审慎监管框架。加强功能监管和综合监管，对同质同类金融产品，按照“实质重于形式”原则进行穿透式监管，实行公平统一的监管规则。坚持金融创新必须在审慎监管的前提下进行，对互联网平台金融业务实施常态化监管，推动平台经济规范健康持续发展。强化金融反垄断和反不正当竞争，依法规范和引导资本健康发展，防止资本在金融领域无序扩张。

（4）加强金融机构公司治理和内部控制。筑牢产业资本和金融资本“防火墙”，依法规范非金融企业投资金融机构。加强董事会、高级管理层履职行为监督，引导金融机构选配政治强、业务精的专业团队，不断增强公司治理机构之间和高管人员之间的相互支持、相互监督。督促金融机构全面细化和完善内控体系，严守会计准则和审慎监管要求。强化外部监督，规范信息披露，增强市场约束。

拓展阅读1-3

2021年中国互联网金融发展状况

（5）加快金融监管数字化、智能化转型。积极推进监管大数据平台建设，开发智能化风险分析工具，完善风险早期预警模块，增强风险监测前瞻性、穿透性、全面性。逐步实现行政审批、非现场监管、现场检查、行政处罚等各项监管流程的标准化、线上化，确保监管行为可审计、可追溯。

资料来源　郭树清. 加强和完善现代金融监管［N］. 人民日报，2022（12）：13.

问题：结合案例内容，分析现代金融监管体系对互联网金融的必要性，互联网金融如何适应现代金融监管体系。

第2章 传统金融机构互联网化

教学目标

【知识传授目标】

了解银行互联网化的基本概念和特点；了解传统金融机构互联网化的内容；了解传统金融机构的未来发展趋势以及传统金融机构网络业务间的联系和区别。

【能力培养目标】

掌握银行互联网化的基本知识，把握银行互联网化的发展趋势；掌握传统金融机构互联网化的基本知识和分析能力；掌握金融业务互联网化未来发展的基本知识和分析能力。

【价值塑造目标】

掌握传统金融机构互联网化的基本内容和未来发展趋势；梳理不同金融机构互联网化的内在逻辑；熟悉国家对传统金融机构互联网化的政策导向和规范监管；了解互联网时代发展背景下传统金融机构的发展战略；积极探索传统金融机构网络业务的技术手段，培养创新探索精神，提升综合分析能力。

知识架构

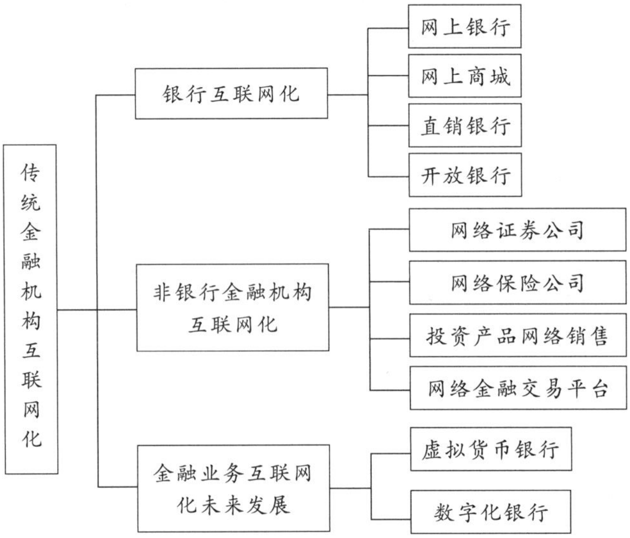

导入案例 中国工商银行加快推进互联网场景建设

2022年12月27日，中国工商银行（以下简称工行）推出全新“工银e生活”App，在已经搭建的互联网金融基础架构之上，围绕吃穿住行等居民消费场景，全力打造用户和商户、供给与需求、线上及线下高效对接、相互带动的消费服务平台。工行在为商户提供便捷互联网支付服务的基础上，深度融合商户与场景，构建以线上线下交互为特色的“一键响应”金融服务模式。

此前，互联网金融品牌“e-ICBC”的发布，标志着工行成为境内第一家发布互联网金融品牌的商业银行。“e-ICBC”互联网金融品牌主要包括“融e购”电商平台、“融e联”即时通信平台和“融e行”直销银行平台三大平台，支付、融资和投资理财三大产品线上的“工银e支付”“逸贷”“网贷通”“工银e投资”“工银e缴费”等一系列互联网金融产品，以及“支付+融资”“线上+线下”“渠道+实时”多场景应用等。随着线上线下经济融合发展，工行积极探索“金融+”场景建设，利用互联网平台打造流量入口，构建开放共赢的金融生态圈。

2022年，为促进数字化转型，工行深化数字工行（D-ICBC）建设，e-ICBC4.0生态银行成为数字工行的重要组成部分，手机银行8.0版本和工银e生活5.0版本推出，开放式财富社区搭建，互联网金融服务能力大大提升，融e行、融e购、融e联“三融”平台用户数全面破亿，其中手机银行“融e行”客户达到5.16亿户，客户规模、客户黏性和活跃度均位居市场第一。智慧银行生态系统（ECOS）持续升级，通过API平台和金融生态云的开放，已有上千项金融服务开放给合作伙伴，服务上亿用户。场景建设加快推进，互联网场景建设涵盖政务、信息、生活、消费、出行、教育、理财投资、公共服务等主要生产生活领域。工行金融科技部的组建进一步提升了科技研发效率和成果转化应用能力，2022年工行新增和累计专利授权数均居国内银行业第一。

资料来源 [1] 张添，肖钢. 中国工商银行发布互联网金融品牌 [EB/OL]. [2023-06-06]. http://news.sina.com.cn/o/2015-03-23/214831636614.shtml. [2] 中国工商银行. 中国工商银行2022年经营发展稳中提质 [EB/OL]. [2023-06-06]. https://www.icbc-ltd.com/page/814947803314110464.html. [3] 中国工商银行.工行推出全新“工银e生活”消费服务平台 [EB/OL]. [2023-06-06]. https://www.icbc.com.cn/page/781368660169158656.html.

从2015年开始，我国的传统金融业逐步进入一个加速向互联网模式转型运营的阶段，出现了多种多样的互联网金融创新模式，与新兴互联网金融机构开展多元化合作与竞争。那么，传统金融机构互联网化包含哪些内容？分别有哪些特点？本章将介绍银行和非银行金融机构的互联网化，以及金融业务互联网化的未来发展，方便读者学习思考。

2.1 银行互联网化

2.1.1 网上银行

1）含义与演变

（1）含义

网上银行包括两种含义：一种是机构概念，指通过信息网络开办业务的银行，这种银行没有实际的物理柜台作为支持，基本没有分支机构，绝大部分只能通过网络进行，因此也称“虚拟银行”；另一种是业务概念，指银行通过信息网络提供的金融服务，包括传统银行业务和因信息技术应用带来的新兴业务，又被称为“在线银行”或“网络银行”，实际上其是作为传统银行服务在互联网上的延伸。

同时，网上银行还被称为“3A银行”，即可以在任何时间（anytime）、在任何地点（anywhere）、以任何方式（anyhow）为客户提供快捷的金融服务。在日常生活和工作中，我们提及网上银行，更多的是第二种概念，即网上银行业务的概念。网上银行业务不仅仅是传统银行产品从线下转移到线上，其服务方式和内涵也发生了一定变化，同时由于信息技术的应用还产生了全新的业务品种。

（2）演变

20世纪80年代初，境外银行业发动了一场促使银行发展产生巨大变化的信息革命，这场革命使所有的银行业务活动都被嵌入了计算机信息网络。从20世纪50年代开始，商业银行的信息化大致经历了业务处理电子化、经营管理电子化、银行再造这三个阶段。

在第一阶段，银行主要通过计算机模拟原有银行手工业务和部门分工的传统管理模式。银行利用计算机进行票据集中录入，实现账务管理的批量处理，进一步实行了办公自动化。计算机批量处理的应用在客观上使银行的账务管理模式由分散走向了集中，但由于当时信息通信技术还不够发达，银行信息系统仍然分散而封闭。

在第二阶段，信息技术的快速发展以及成本的大幅降低，为银行业广泛应用网络信息技术提供了有利条件，银行实现了联网实时交易、异地通存通兑。同时，内部网络电子银行开始兴起，出现了ATM、POS等新型自助服务渠道，超出了传统的存贷款服务范畴。

在第三阶段，以1995年10月美国第一家网上银行——安全第一网络银行——的诞生为标志，出现了电话银行、电视银行、网上银行和手机银行等新型服务渠道，提供了虚拟化、个性化的服务，客户可以在任何时间、在任何地点、以任何方式得到各种金融服务。在这一阶段，网上金融机构突破了传统金融业的各种限制，银行、证券、保险等以及其他类型的金融服务得到高度的融合，大大拓宽了金融企业的获利空间。银行业务的发展，又增加了对信息通信技术的需求，出现了大量的IT外包活动。

2）特点、优势与风险

（1）特点

与传统银行业务相比，网上银行业务有以下特点：

① 以计算机技术为基础，以网络为媒介。

② 灵活便捷的24小时服务。

③ 客户自助服务。

④ 边际经营成本低。

⑤ 业务综合性强。

（2）优势

网上银行的出现，改变了商业银行的竞争方向和发展模式，也改变了商业银行风险管理的范畴。与传统银行相比，网上银行的优势有：

① 打破地域和时间限制，在降低服务成本的同时，提升了服务的便捷性和可访问性。

② 采用网络化、无纸化运作，提高了服务的速度和效率。

③ 扩展了服务范围，有利于服务创新，向客户提供个性化、多样化服务。

④ 服务更加标准、规范，避免了人工服务质量参差不齐的不足。

⑤ 减少了银行的网点、人员、设备等投入，节省了银行成本。

⑥ 有利于银行业务向更大范围开拓以及全球化目标的实现。

（3）风险

网上银行包含两类风险：一类是银行普遍存在的风险；另一类是网上银行特有的风险（见表2-1）。

表2-1　**网上银行风险分类表**

第一类风险	操作风险	主要指未经过明确授权使用客户账户，可能导致客户直接经济损失的风险
	信誉风险	主要指负面的舆论导致网上银行声誉受损、顾客减少、盈利下降的风险
	信用风险	又称对手风险，主要指由于交易对手不能履行责任而造成的风险
	流动性风险	由于其无法保证任何时间都有足够的资金满足客户兑现或结算要求而面临的风险，也称挤兑风险
	法律风险	主要源于违反或不遵守法律、法规或约定的惯例，或者没有明确规定有关交易各方在法律上的权利和义务。网上银行给银行零售业务带来了相对较新的特点，而交易各方的权利和义务在某些情况下还未确定
	管理风险	主要指网上银行的管理现状及管理水平与网上银行业务快速发展的现状不协调而造成的风险

续表

第二类风险	系统安全风险	网上银行以互联网为载体，使得网上银行天生具有系统安全风险，黑客的攻击、电信诈骗、使用假网站骗取客户信息等显示出网络自身的弱点。网上银行的系统安全风险主要存在于数据传输的安全性、网站建设的可靠性，以及客户操作的安全环境等方面
	业务运行连续性风险	主要指网上银行业务中断或系统失败给银行带来的损失或风险，会给银行带来巨大的经济损失，同时还可能危及银行信誉，最终引发信誉风险
	外包管理风险	银行为满足网上银行、电话银行、自助设备等多种服务渠道的技术需要，会借助外部研发团队的力量来开发软件系统，实现其功能，这种同第三方服务提供商的合作虽然节约了一定的银行资源，但是同时带来了潜在的风险，有可能导致银行重要信息泄露

3）境内网上银行的发展

如今，发达国家的商业银行已经进入银行再造阶段，以客户为中心，充分利用网络通信、电子化等信息技术来优化整合业务流程，创造出品种繁多的新型金融产品，不断进行全面的企业重组。我国的商业银行向现代商业银行的转轨尚未完成，在管理体制、战略管理以及业务流程等方面仍在探索之中，信息技术应用和金融电子化建设仍处于第二阶段，初步实现了全国范围内的网点电子化，形成了以银行卡系统、会计系统、对公系统、储蓄系统为主要内容的“新一代综合业务系统”。从整体上讲，我国目前金融科技的发展水平还比较落后，还不具备以客户为中心进行银行再造的环境和条件，今后应当加大基于信息技术的金融创新力度，以此来提高我国金融科技水平和金融科学技术的应用能力。

我国的网上银行发展起步比美国稍晚。中国银行于1996年建立了自己的网站，通过互联网提供金融服务。1999年9月，招商银行推出了网络银行服务，率先在全国范围内提供网上服务。此后，中国工商银行、中国建设银行、交通银行、光大银行以及中国农业银行等也陆续推出了网上银行业务，开通了网上支付、网上自助转账和网上缴费等金融业务。此外，深圳商业银行、深圳发展银行、浦发银行等地方性银行也针对网络时代和电子商务的需求，相继投入了网络银行业务的开发与竞争，以求进一步的发展与机遇。银行业通过建立网上银行提高自己的信息化水平及管理决策水平，借助网络在世界范围内宣传自己的形象并开展网上业务，接受电子商务的交易方式，给我国的网络银行发展带来巨大的机遇。

总体来看，我国网上银行的发展呈现出以下特点：

（1）交易量和客户量快速增加

网上银行数量的增加，使网上银行客户规模和交易量迅速扩大，呈现跳跃式发展。中国银行业协会发布的《2020年中国银行业社会责任报告》显示，截至2020年年末，手机银行交易笔数达1 919.46亿笔，同比增长58.04%，交易金额达439.24万亿元，同比增长30.87%；网上银行交易笔数达1 550.30亿笔，略有下滑，交易金额达1 818.19万亿元，同比增长9.68%（如图2-1和图2-2所示）。根据2016—2020年中国银行业协会发布的《中国银行业社会责任报告》中手机银行、网上银行交易数据的变化，发现5年间，手机银行的交易金额均为直线增长，而网上银行的交易金额虽然总体上呈现上升趋势，但是有所波动，其间出现下滑。2020年，手机银行交易笔数增速创新高，网上银行交易笔数则是5年来的首次下滑。虽然网上银行的交易金额和客户量仍在增多，但是其发展呈现移动化趋势。

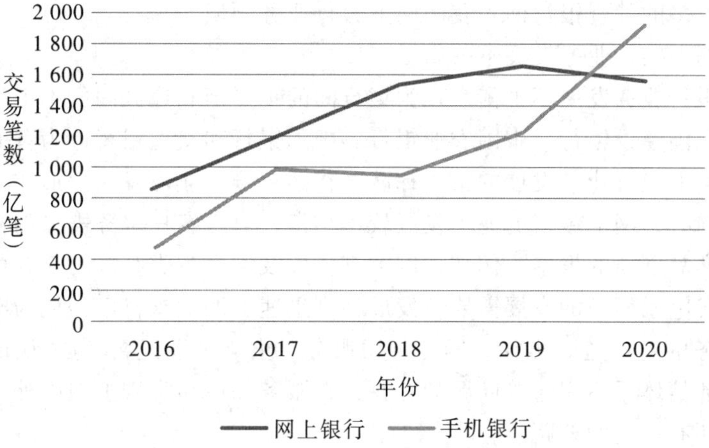

图2-1　2016—2020年网上银行和手机银行交易笔数

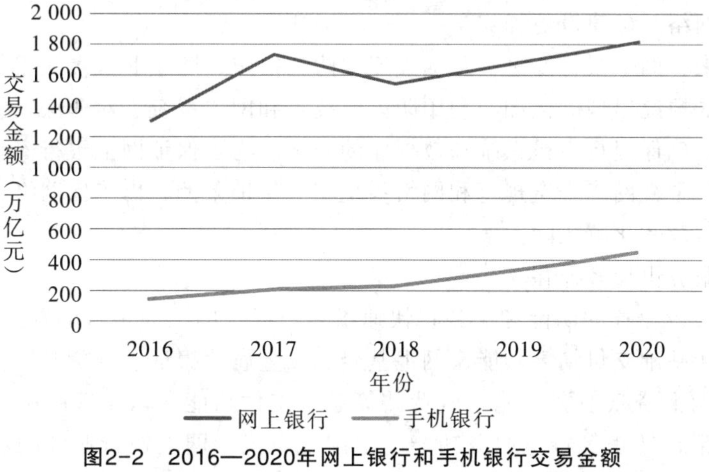

图2-2　2016—2020年网上银行和手机银行交易金额

（2）业务和服务大大增多

我国网上银行业务虽然发展时间只有二十几年，但其发展速度较快，在匹配客户需求的基础上不断更新自己的产品。目前，大部分银行不仅能够提供账户查询、投资理财咨询、存贷款利率查询、外汇牌价查询等查询类业务，还能为企业和客户提供网上支付、账户管理、资金转账、代理支付、银证转账、挂失、代客外汇买卖等交易类业务。一些银行对企业集团客户提供指令转账、资金划拨、资金监控、财务管理等服务，对个人客户提供国债买卖、外汇交易、电子汇款等服务。一些银行还办理住房按揭贷款、网上小额质押贷款等授信业务。同时，各家银行已开始重视业务经营中的品牌战略，逐渐出现了名牌网站和名牌产品。例如，中国农业银行的“金e顺”、中国工商银行的“金融@家”、中国建设银行的“e路”等都获得了不错的口碑。

（3）外资银行积极涉足网上银行领域

自从我国加入世界贸易组织后，花旗银行、汇丰银行等10多家外资银行先后面向我国开通网上银行业务。随着我国经济的快速发展和全球经济一体化程度的加深，更多的外资银行涌入我国网上银行业务领域。

（4）网上银行业务发展不平衡

网上银行业务发展不平衡表现为银行间的不平衡和地区间的不平衡。中国工商银行、中国建设银行、中国农业银行、中国银行和交通银行等为首的佼佼者已经走在了网上银行业务发展的第一梯队，在客户群、业务发展上形成了一定的业务规模。同时，网上银行的业务发展较不均衡，对于客户服务需求的挖掘是实现银行服务产品创新的根本。例如，网上支付以及网上各类结算功能，由于满足了互联网时代电子商务的发展需要，发展特别迅速。网上支付已经成为电子商务在线支付服务的主渠道。再如，网上理财服务，由于分业经营、CA认证、安全问题、社会征信体系不完善等问题的存在，在服务和产品类别上与国外一流的外资银行相比还有一定的差距。

4）未来发展趋势

（1）网络基础建设更加完备

在未来，网上银行要进一步加强安全防范措施，防止非法侵入银行主机系统和数据库的情况出现。例如，利用防火墙技术和网关系统，对非法入侵者进行严格的审查，确保银行主机系统和数据库的安全。为了保证网上银行安全运营，银行将会更加重视网络安全规范和网络系统安全保护条例，以确保网络金融业务的安全性，防范和化解风险。

（2）服务更加多样化

网上银行业务的功能和服务将快速增多。以中国工商银行的网上银行为例，其功能包括基础支付结算功能，网上基金、贵金属、银证、期货及网上汇市等理财功能，网上贷款融资功能，缴费站等缴费支付功能，以及银医服务、私人银行、银商银权转账等特色服务功能。中国工商银行网上银行业务的功能不断完善，满足了不同客户的多样化需求。

（3）构建客户关系系统，进一步完善网上银行功能

外资银行进入我国市场后，依赖其先进的网上银行系统，对高收入客户甚至是更狭窄的客户群进行激烈的“争夺”。因此，我国商业银行必须充分利用已有的客户资源，构建客户关系系统，通过收集客户的相关资料，形成数据库，并进行市场划分，应用数据挖掘技术对客户信息进行整理、分析和挖掘，建立数据模型及利润分析模型，根据客户不同的特点，提供有针对性、高附加值的产品和服务，从而提高盈利能力。

(4) 完善网上银行管理模式，加快业务流程再造和组织体系变革

传统的商业银行组织是金字塔结构，信息系统部门的割据阻碍了银行不同部门之间的信息共享，而网上银行具有经营层级少、管理链条短、客户交易自主性强、运营效率高等优势，这必然对商业银行原有的组织体系、管理体制、运营模式和业务流程等方面产生冲击。商业银行如果要通过网上银行提高业务处理效率，必须对传统的组织结构和业务流程进行再造，实现从垂直结构到交互式扁平结构的转化。

2.1.2 网上商城

1）概念

网上商城类似于现实世界当中的商店，二者的区别主要是网上商城利用电子商务等手段，在商品买卖的过程中，减少中间环节，消除运输成本和代理中间差价，加快市场流通，推动商品交易的快速发展，促进国内生产总值的提高。

网上商城在为个人用户和企业用户提供人性化的全方位服务的同时，为用户创造亲切、轻松和愉悦的购物环境，不断丰富和拓展产品结构，最大化地满足消费者多样化的购物需求，并凭借具有竞争力的价格和日益完善的物流配送体系赢得市场占有率。

2）优缺点及面临的问题

(1) 优点

① 没有时空限制。每周7天、每天24小时允许顾客进行商品的浏览和购买，顾客在工作时间可以随时与客服进行交流，解决购物中遇到的问题。任何人都可以通过浏览器访问网上商店，而不受时间和空间限制。

② 服务优质。网上商城可以为用户提供更加全面的商品信息，同时提供良好的客户服务，更好地促进商品的交易。

③ 节约成本。成本的节约体现在实体物品和虚拟品两方面。实体物品方面包括店面、装修材料、印刷品、办公用品等的支出大大减少；虚拟品方面包括网上商城购物系统、网络信息、图片、视频等可长期循环使用，节约了交易成本。所以，网上商城的商品价格往往会比传统店面便宜。

④ 提高管理效率。网上商城由专业的软件公司开发购物系统，并负责与系统相关的维护及运营工作，服务器会自动进行信息的统计、归档，这一过程受到24×7小时的全面监控与管理。同时，运用信息化的数据库进行管理，出现人工操作错误的概率较低，管理者可以随时查阅、核算、统计数据，提高了企业管理的效率和质量。

(2) 缺点

网上商城对货物的描述具有一定的迷惑性，主要体现在顾客无法直接看到和触摸到商品，全凭店主的描述来购物。顾客无法判断货物是否来自正规渠道，或者是否为正品。若为仿制品，消费者的维权之路往往举步维艰。网上商城对卖家的审核往往有很大的局限性，也会导致假冒伪劣产品泛滥。长期下来会引发大量

对网上商城的负面评论，影响网上商城的长远发展。若能很好地解决假冒伪劣商品的问题，网上商城的潜力将难以估量。

（3）网上商城面临的问题

① 消费者消费能力偏低。虽然目前我国网上商城的发展势头较好，但网上商城所面临的问题还有很多，其中很重要的一点就是我国消费者的平均消费能力较低。与美国等发达国家相比，我国人均GDP偏低，国民收入普遍略低，而在网上购物的用户群体中，大部分是中低收入阶层，这部分消费者的消费能力有限。据统计，大部分网购消费者每月仅能消费1 000元到3 000元人民币不等的商品，仅占每月整体支出的30%左右，这在一定程度上制约了网上商城的发展。

② 网购诚信监管制度不完善。对于网上商城来说，其诚信度是决定购买量的一个重要指标。为此，各大主流网上商城均推出了各自的诚信评价制度，其在一定程度上缓解了这一问题，但仍然无法较好地杜绝诚信缺失现象，网购监管体系仍需进一步完善。

③ 物流体系混杂。网上商城的发展极大地促进了物流业的发展，但目前我国物流业仍然存在良莠不齐的情况，各物流公司的配货效率、送货效率和服务态度等都有明显差距，这些也从侧面制约了我国网上商城的发展。

3）网上商城的发展趋势

（1）多元化和专一化发展

我国的网上商城主要有综合型和专一型，两者各有优缺点。综合型网上商城包括淘宝、京东等，这些商城涉猎的商品品种比较广泛，用户量较大，每年的销售额都很高，能够满足各类消费者的需求，但总体来说其商品杂而不精，质量良莠不齐。专一型网上商城的用户量较少，但专业性较强，能为用户提供相关行业全面且专业的产品和服务，客户群体主要是那些有某种特定需求的用户。

（2）诚信化发展趋势

商品质量的好坏以及商家的服务态度一直是网上商城关注的焦点，经营的诚信度决定了网上商城的发展方向。因此，网上商城必须不断完善诚信问题处理机制，加强商城内各零售商的诚信度建设工作，促使网上商城向着诚信化的方向发展。

（3）商城-物流一体化发展

目前，大部分网上商城仍依靠多家物流公司进行货品配送。在未来的发展进程中，网上商城将注重与实力较强的物流公司合作，为商城内的各商户指定物流公司，同时提供相应的优惠措施。

2.1.3 直销银行

1）概念和特点

直销银行（direct bank）是一种新型的银行运作模式，主要通过电脑、手机、电话等远程渠道为客户提供产品和服务，不发放实体银行卡，几乎不设立实体业务网点。由于没有网点经营费用和管理费用，直销银行可以为客户提供更低的手续费率和更有竞争力的存贷款价格。直销银行的核心价值主要是降低运营成本、提高服务水平、回馈客户。绝大部分的直销银行都作为大型银行集团的附属机构或子公司存在。

直销银行可以根据运营模式的不同分为两类：一类是纯线上模式；另一类是线上与线下融合模式。纯线上模式是通过线上系统和呼叫中心提供所有产品与服务，如中国民生银行联合阿里巴巴推出的纯“线上”的服务模式、汇丰集团旗下的First Direct银行。线上与线下融合模式是除线上服务外，还提供部分辅助性质的线下服务，即线上和线下相结合的模式，如北京银行采用“线上互联网平台”和“线下直销门店”相结合的服务模式，服务对象主要是大众零售客户和小微企业客户，24小时不间断地提供金融服务。线上服务由互联网综合营销平台、手机银行、网上银行等多种终端渠道构成，线下模式是建立便民直销银行，设置存取款机、自助缴费终端、远程签约机等。

直销银行模式充分利用现代信息通信技术，借助互联网开展金融业务，具有低成本和方便快捷的优势，具有广阔的市场发展前景。直销银行模式具有以下特点：

① 几乎没有实体营业网点，运营成本低；

② 以低价格、高收益的金融产品和高质量的服务吸引客户；

③ 通过大数据技术进行准确的客户定位，提高交易效率；

④ 简单舒适的交易体验。

直销银行的基本模式是进行客户定位，通过低成本的电子渠道提供简单、低价格、高收益的金融产品，其中的转折点是互联网和移动互联网的飞速发展以及人们金融消费习惯的改变。值得注意的是，有不少直销银行转型或被收购，成为传统银行的网络渠道。例如，美国安全第一网络银行成立后的头3年内一直未能盈利，1998年被加拿大皇家银行收购，转型后为加拿大皇家银行提供网络服务。

2）直销银行与网上银行、手机银行的区别

网上银行、手机银行依托的载体是实体银行，而直销银行不依赖实体网点，是脱离了传统银行的具有独立法人资格的组织。实体银行由于有线下的一些运营成本，所以其手续费会比直销银行高一些；直销银行是纯网络的，没有任何的网点，所有业务都是在互联网上办理的，运营成本较低，向用户收取的费用也较低。

直销银行与网上银行、手机银行的主要区别体现在业务模式和业务工具上。网上银行、手机银行是商业银行等金融机构利用网络、电话等通信通道为客户提供服务的一种模式，即网上银行、手机银行只是把传统银行业务放到线上，以便更好、更快地开展相关业务，其仅是一种提供金融服务的工具。而直销银行则构建了一种全新的业务模式，即银行充分利用互联网的独特优势（互联网所拥有的数据和客户）来进行银行业务的延伸拓展，为客户提供更多和更优惠的金融服务。所以，相较而言，网上银行、手机银行只是银行的简单网络化，而直销银行则是银行与互联网结合的更高级的产物。

3）直销银行的优缺点

（1）优点

① 直销银行在业务运转、人工服务等方面不依赖物理网点，因此，直销银行在经营成本方面更具优势，能够提供比传统银行费用更低的产品、服务和更有吸引力的利率水平。

② 直销银行是虚拟机构，所以一般不收取账户管理费或网银年费。

③ 直销银行不需要银行卡号，能够24小时不间断提供产品和服务，更方便快捷。

（2）缺点

尽管直销银行有不少优点，但其仍存在一些“硬伤”：

① 客户潜力受到限制。直销银行的客户需要掌握一定的互联网相关知识，而中老年人接受度不高，也就限制了客户群体的扩展。此外，直销银行由于没有实体营业场所而相应地失去了直接向顾客推销产品的机会。

② 现金服务严重缺失。过去为了满足顾客现金支取的需要，一些较大的直销银行设立了自己的自动取款机，但数量明显不足。而大部分直销银行都是借助其他金融机构网点的自动取款机，或是加入自动取款机联盟，提供现金服务的过程较为烦琐，无法体现直销银行方便快捷的优势。2015年12月，中国人民银行正式下发《关于改进个人银行账户服务加强账户管理的通知》，规定银行建立账户分类管理的机制，而直销银行账户属于Ⅱ类账户，不能存取现金，不能向非绑定账户转账，因此，用户调配各家银行资产的愿望还难以实现。

③ 账户数据和资金安全存在隐患。虽然直销银行都非常重视网络安全和信息保密，在客户网上转账和支付的过程中设置了多重安全屏障，比如电子口令、个人密码认证、交易码认证等，但其公司规模和资金投入有限，与“财大气粗”的传统商业银行相比仍有较大差距，其安全保障能力也受到一定程度的质疑。

4）直销银行现状

直销银行模式于20世纪80年代末最早出现在欧美发达国家。直销银行在发展的初始阶段以电话、邮件等线上渠道代替传统银行的线下网点来服务客户。随着互联网的普及，直销银行的服务渠道得到大幅拓宽，可视化的自助服务系统吸引了众多客户，同时，直销银行精减人员使运营成本进一步降低，加大了盈利空间。

2013年，国内直销银行开启了快速发展时期。2013年7月，中国民生银行创立了第一家直销银行；同年9月，北京银行与ING（荷兰国际集团）合作推出了直销银行。这些开创性的举措促进了后期直销银行的爆发式增长。直销银行是对互联网金融快速发展的积极应对。目前，我国银行业电子银行替代率普遍已经超过70%。未来金融业与互联网结合的空间巨大，互联网金融的快速发展抢占了一部分资金市场，对银行产生了巨大的冲击和挑战。如何充分及合理地利用互联网已成为传统银行应对挑战的重要任务。

截至2020年，国内已推出的直销银行超过136家。随着招商银行联手京东旗下支付平台网银在线共同成立的“招商拓扑银行”获批，成为国内第二家独立法人直销银行，标志着我国直销银行趋向多元化探索发展，并随着数字技术的发展向数字化转型。大型银行和区域中小银行发展直销银行的目的和定位有很大差别。中小银行尤其是城市商业银行是直销银行的主力军，以争夺异地客户、跨行客户为主要目标，这种策略的制定与这些银行存在网点数量有限、跨地经营受限以及揽储压力巨大等问题有关。直销银行往往作为中小银行进行前瞻性布局、实现跨越式发展和弯道超车的有力武器。对大型银行而言，发展直销银行是对竞争对手布局的防御，也是应对客户、技术和行业发展趋势的主动出击，是顺应市场变化和技术发展的必然选择。

现阶段，国内直销银行业务和模式的同质化现象较严重，在定位、架构、渠道、产品等方面的差异化探索相当有限。在定位上，直销银行普遍以线上外部获客为主要目标，多数未形成差异化的客户定位和价值主张；在架构上，直销银行多数作为母行的附属部门，与母行共享后台资源，未能独立运营；在产品上，种类相似，同质化现象十分严重；在渠道上，大多数直销银行都采用网页端+App（应用程序）的模式，在移动端和外部渠道的拓展上仍有待探索。

此外，未来国内直销银行将会面临政策、风险控制、内外部竞争和资源协同等各方面的挑战。在政策方面，某些监管政策限制仍需克服，如直销银行牌照政策以及远程开户准入都是需要打破的政策壁垒；在风险控制方面，网络安全风险仍是直销银行关注的重点，大数据的积累和运用也是进行风险控制的有效手段；在内外部竞争方面，外部金融科技公司的冲击以及与传统银行的竞争给直销银行带来了巨大挑战；在资源协同方面，我国直销银行架构多依赖于母行，这种非独立性会面临交叉销售、资源共享、内部分配利润等方面存在的问题。

小案例2-1　　中国民生银行率先推出“直销银行”业务

2013年9月，中国民生银行（以下简称民生银行）与阿里巴巴展开全面战略合作，其合作重点是直销银行业务。2014年2月28日，民生银行直销银行正式上线。民生银行直销银行主要通过互联网渠道拓展客户，具有客户群清晰、产品简单、渠道便捷等特点。在客户拓展上，精准定位“忙、潮、精”的客户群。在产品设计上，突出简单、实惠。首期主打两款产品：一是“随心存”储蓄产品，确保客户利息收益最大化；二是“如意宝”余额理财产品，对接货币基金，具有购买门槛低、实时支取、日日复利的特点。在渠道建设上，充分尊重互联网用户习惯，提供操作便捷的网站、手机银行和微信银行等多渠道互联网金融服务。

截至2014年5月31日，上线仅3个月的民生银行直销银行客户总量已达47万户，“如意宝”产品申购额超470亿元，保有量达141亿元。2017年12月，民生银行直销银行客户数超1 000万户，资产规模突破1 000亿元。2022年年末，民生银行直销银行客户数超3 000万户，累计服务商户超30万户。

为不断提升金融服务，做到金融服务“无感化”，民生银行在2018年年初印发了《改革转型暨三年发展规划整体实施方案》，民生银行直销银行的目标是成为一家数字化、普惠化、云化的同业标杆银行。其中，“数字化”即做强科技金融，以互联网公司和零售客户为中心，寻求真正意义上的“新技术引领新金融”。

为此，民生银行直销银行再次创新升级，基于3.0开放式综合金融云服务平台，推出了“集团钱包生态系统”。“集团钱包生态系统”将为全行业的集团客户、核心企业、独角兽公司提供稳定敏捷的生态金融线上开发功能，进一步将企业综合服务、客户场景深挖、生态系统经营等科技金融服务向实、准、稳推进，未来将涵盖零售、医疗、能源、教育、商旅等领域，开启互联网运作新模式。

资料来源 [1] 刘智国，魏劭琨．互联网金融背景下的直销银行［J］．银行家，2014（10）：108-111．［2］张雪囡．民生银行发布“集团钱包生态系统”［EB/OL］．［2023-06-06］．https：// http：//www.stcn.com/article/detail/9305.html.

5）发展直销银行的意义

目前，我国银行业正处于一个深刻的变革和转型时期，需要不断加快金融业的创新和变革速度。尽管直销银行在我国刚刚起步，但是未来还有巨大的发展空间。直销银行作为一种新的经营模式，必然会成为银行业进行业务拓展的重要选择，也会成为未来我国金融市场的一股重要力量。

直销银行是利率市场化的积极产物。从美国直销银行的发展历程来看，1986年美国完成利率市场化以后，银行间在存款利率方面开展竞争。直销银行由于具有成本优势，因此能够提供远远高于传统银行的利息率而获得强大的竞争优势，实现快速发展。

当前，我国利率市场化进程逐步加快，例如，中国人民银行自2012年6月起允许存款利率上浮10%，自2013年7月20日起全面放开金融机构贷款利率管制，取消金融机构贷款利率0.7倍的浮动区间下限。种种迹象表明，国内利率市场化工作正在稳步推进，利率完全放开指日可待，创造了相对宽松的市场竞争环境。余额宝等互联网金融产品以较高的收益率优势，对传统银行造成了不小冲击，而直销银行的出现则正好能够支付较高的收益率来弥补这方面的不足。

不同于传统银行的商业模式，直销银行满足了客户对简单化、透明化服务的需求，通过其优惠的价格和快捷的服务在欧美国家获得了成功。直销银行的价值充分体现在其经营理念上：作为银行在互联网浪潮中的转型方向之一，直销银行通过实惠的价格、差异化的经营策略、简洁的流程设计以及亲切的客户体验，为特定目标客户群体提供有针对性的金融服务。从现状来看，相较于银行和互联网金融产品的杂而不精，直销银行“简单”的产品更容易被广大客户接受。

6）直销银行的拓展和完善

（1）直销银行存在的问题

① 客户服务体系较为落后。在登录直销银行界面后，除初次使用时弹出的产品介绍外，客户办理业务全程都只能自力更生、自主完成，客户服务多限于银行呼叫中心的电话服务，比较缺乏在线客服或者智能客服提供及时帮助和疑难解答。

② 安全措施不完善。一是手机端安全设置有待完善。目前，部分直销银行手机端登录密保比较简单，大多数登录密码支持“数字+字母”组合，暂时没有安全验证码；而少数直销银行登录密码更为简单，只需6位数字的查询密码，无须验证码。二是存在PC端和手机端同时登录的状态。有的直销银行两个端口账户可同时在线使用，并没有冲突提示，有的甚至没有登录安全提示，账户安全保护措施明显不完善。三是在转账过程中，有的直销银行无须交易密码，只需手机验证码即可完成，无相关的交易提示，资金安全保障措施欠缺。四是用户在有些直销银行平台网页端登录后关闭页面，再次打开时仍然处于登录状态，存在信息泄露、资金被盗等风险。

③ 功能有待完善。一是功能相对单一。存款、理财、货币基金购买几乎是每家直销银行都具有的业务功能，而信用卡还款、生活服务类缴费、短信服务、网点查询等实用性较强的服务功能，在直销银行平台上还未普及。二是附属功能较少。大部分直销银行未在PC端页面推出信息公告或新闻资讯，部分直销银行PC端页面没有直销银行的基本介绍或新手帮助信息，致使客户第一次登录直销银行时无所适从。另外，有的直销银行只有在客户注册之后才允许查看产品详情，由此给客户带来较差体验。

④ 产品数量少、更新速度慢。一是产品匮乏。许多直销银行在其平台上除了“宝宝类”基金产品、存款类产品，再无其他产品，无法满足客户多元化的产品需求。在直销银行的产品和服务中，银行理财是最受欢迎的功能，使用频率占比为70.36%，排行第二的余额理财使用频率占比为51.71%，而贷款服务仅拥有6.08%的占比。在直销银行用户体验调查中，以理财服务为例，有51.49%的用户认为直销银行提供的理财产品种类不够丰富。产品和服务的多样性选择是用户考虑的重要因素，而目前直销银行存在产品种类较少的问题[①]。二是产品更新速度慢。由于直销银行经营成本低、费用低，能够给客户提供更高的产品收益，产品一经推出就会吸引大量客户抢购，所以容易出现断档期；同时，平台推出新产品速度较慢，更新频率偏低，无法满足客户个性化需求。三是已推出的一些产品还需完善。直销银行平台提供的贷款产品并非真正意义上的纯线上贷款产品，而只是提供了在线贷款申请服务，且未突破地域限制。例如，重庆银行直销银行推出的个人贷款产品“DIY贷”，目前只针对重庆、西安和成都等城市的客户，而无法满足其他地区客户的需求。

（2）相关建议

① 建立更加完备的产品服务体系。一是积极与基金、证券、保险、电商等企业展开跨界合作，推动金融产品服务的创新，建立自主特色品牌。二是组建产品研发团队，负责市场需求和产品策略研究，实现市场需求与创新模式的有效匹配；制定产品组合策略，在平台上推出更加符合客户需求和更具竞争力的金融产品，逐步形成完备的产品服务体系。三是加强产品生命周期管理。互联网金融产

① 中国民生银行，中国金融认证中心．2020中国直销银行发展白皮书［R］．北京：中国民生银行，2021.

品具有变化快、周期短、产品新的特点，因此需要及时推出新产品，避免出现断档期长、产品更新速度慢的现象。

② 加强管理，做好风险防范。一是监管部门要加强监管。由于直销银行不依托于实体网点，所以要根据直销银行的特点，重点监管电子账户、信用风险、利率水平、金融消费者维权等，对监管方式进行创新，冲破创新发展的政策障碍，积极营造安全的政策环境。二是直销银行要加强自身管理，进一步完善风险防控体系。安全性是直销银行生存和发展的基础，直销银行依托的载体是互联网，不免会存在交易欺诈、敏感信息泄露、资金被盗等风险。直销银行往往采用密码控件、短信验证码等安全措施保障，除了对电子账户进行支付控制和白名单控制以外，还应进一步加大技术创新确保交易安全，将现代信息技术应用于创新性运营模式与产品，积极研究应用互联网风险防范技术，建立起相对完善的风险防控体系，以提供更安全的交易环境。

③ 加强平台建设，完善直销银行功能。为了完善平台功能，直销银行应进一步加大手机端（包括微信公众平台）、PC端建设力度，加大资金、技术、人力资本投入，加快建设创新型功能，不断提升客户体验。目前，我国直销银行还处于初步探索阶段，银行机构应积极借鉴境外直销银行建设的成功经验，逐步完善我国直销银行功能。

④ 加大宣传力度，提高直销银行认知度。当前，我国直销银行的普及率还很低，获客存在困难。中国金融认证中心（CFCA）发布的《2019中国电子银行调查报告》显示，自有渠道仍然是直销银行获客的重要渠道，且获客占比65%，而通过第三方平台合作引流获客的模式存在直销银行客户黏性较低、对银行品牌忠诚度不高的问题。商业银行要充分利用网络、报纸等媒体手段开展宣传，向大众普及有关直销银行的基本知识，也可以依托于本行网点，发放宣传单、宣传册，或者利用网点的LED屏幕进行宣传。

此外，直销银行应在其平台上尽快健全客户咨询服务体系，完善在线服务、智能客服等多种咨询渠道，实现24小时在线咨询服务，可随时为客户解答疑问，从而提高客户对直销银行的认知度和忠诚度。

2.1.4 开放银行

1）概念

开放银行是指银行通过开放应用程序编程接口（Application Programming Interface，API），或者以场景服务需求为导向开放软件开发工具包（Software Development Kit，SDK）等技术方式，与商业生态系统合作伙伴共享金融数据，包括功能算法、交易信息、业务流程等数据，为合作伙伴提供金融产品和信息技术的便捷接入口，共同构建经营商业生态系统金融服务场景。

开放银行是一种“互联网+”商业模式，强调通过互联网平台化实现金融数据共享。在这一模式下，银行作为金融数据提供者，利用技术标准化方式，为合作伙伴提供金融产品和数据支持，同时注意金融风险的防控；商业生态系统合作伙伴作为服务场景搭建者，利用与银行共享的有效资源，完成场景融合，为客户提供场景化的金融服务；客户作为产品服务的实际使用者，其需求发挥着导向作用，为银行和合作伙伴打通产业链各个环节和搭建服务场景指引方向。

2）优缺点及面临的问题

（1）优点

① 场景应用能力增强。在开放银行这一互联网平台化商业模式下，银行可以借助技术方式和科技手段，以及与合作伙伴的共同经营，将金融产品和服务融入相关互联网场景平台，使金融服务面向更广阔的领域、更多样的生活场景与更广泛的受众群体，实现银行向外场景应用能力的提升。同时，银行与合作伙伴共同搭建场景服务平台，就需要完成自身金融生态场景的建立与开放，实现银行对内场景应用能力的提升。

② 服务渠道拓展，客户数量增加。通过开放银行平台，银行可以基于合作互联网场景拓宽金融服务渠道，向拥有流量和一定用户基数的互联网场景输出金融服务，从而丰富客户来源渠道，增加客户数量和扩大交易规模。

③ 服务质量优化，用户黏性增强。在开放银行模式下，银行和商业生态系统合作伙伴达成合作，共享金融数据，实现共同经营，而在此基础上的互联网场景业务和数据有利于银行不断优化和更新自身的金融产品和服务，并且新构建的场景和商业生态系统有利于银行开发创新金融产品和业务模式，在实际场景应用中使金融服务更贴近客户生活、满足用户需求，从而增强用户黏性。

（2）缺点

① 数据安全存在一定的隐患。开放银行强调的是金融数据共享，在商业生态系统中存在众多由银行提供金融产品和服务的合作主体，随着各类金融服务场景的构建，金融业务和数据面向更多的主体与应用情景，随着金融数据参与方的增多，数据安全风险增加。在数据采集、存储、使用等过程中，若有任何一个环节出现问题，或是任何一个参与方对数据的保护不到位，都会导致数据安全问题。

② 合作方存在一定的风险。开放银行的合作方是该模式下的重要参与者，合作方的运作会给银行带来一定的风险。随着场景领域的增加，合作方的数量和类别也会增多，银行需要额外的成本分析管理合作方的资质、信誉等信息，以降低合作方自身问题给银行带来的风险。

（3）开放银行面临的问题

① 相关监管制度不完善。在开放银行模式下，金融数据是银行开放场景的基础要素，但是目前的监管制度缺乏对于银行开放金融数据的规则和标准。如何通过监管政策的制定和完善，一方面使金融业务和数据能够在相关领域得到充分应用，规范和指引开放银行的发展，另一方面防止金融数据的过度开发，对金融安全保障要求做出明确规定，发挥制度的强监管作用，这是开放银行所面临的一个重要问题。目前，开放银行监管体系仍需要进一步完善。

② 银行的技术应用能力需要进一步增强。与传统自有渠道相比，开放银行的应用场景更广泛，其客户群体具有规模庞大、种类多样的特点，在不同场景下

客户需求更加复杂多变。因此，为满足客户多样化、个性化、生活化的服务需求，优化金融产品质量，银行的数据分析、信息管理和技术应用等能力面临更高的要求。

3）发展趋势

（1）数字化发展趋势

随着数字经济的发展，数字化转型成为银行的重要发展战略。在开放银行模式下，银行通过与合作伙伴共建场景，实现与外部商业生态的数字化连接。通过开放银行，商业银行可以吸收更大体量、更多场景下的数据，为数字化运营服务提供数据基础，促进银行的数字化转型。同时，银行将数字化转型升级后的金融产品与服务通过开放银行输出到外部生态，应用于各类场景之中，以数字化技术和能力促进开放银行的发展。

（2）个性化发展趋势

社交群体基于用户年龄、性别、职业、兴趣等因素差异划分，在不同生态领域和场景应用中，客户群体的分类更为明显，开放银行根据不同客户群体的需求提供优质化金融服务。随着开放银行的不断发展，其不仅要满足客户群体的需求，还要为客户提供个性化服务，在互联网生态下利用大数据、云计算、人工智能等信息技术为客户生成用户画像，针对不同客户提供定制化金融产品和服务，有效提高客户的体验感，增强客户黏性。

（3）场景化发展趋势

开放银行将金融服务与各类场景融合，使各领域生态能够嵌入更多的金融产品和服务，吸引更多的客户。由于目前开放银行仍处于发展阶段，各类场景存在一定的建设空间，银行应统筹规划产品战略，思考不同场景适配的金融产品与服务，通过开放银行将更优质的、满足服务需求的产品嵌入到场景中，提升开放银行产品和服务的质量。

小案例2-2　　布局开放银行　中信银行构建金融“生态圈”

近年来，有前瞻性的商业银行纷纷开展生态圈银行和开放银行的布局，提前占领与客户交互的场景。这一方面是由于金融科技的发展使银行越来越多地运用先进技术帮助消费者更好地管理金融生活；另一方面是因为互联网的发展和智能移动终端的普及促进更多的平台型科技企业的崛起，从而使金融场景营销更加丰富、多元。

打造开放式创新平台，零售五大能力跨界融合

在过去的几年中，围绕着数字化、大数据、金融科技、敏捷银行、开放银行和生态圈这6个主题，国内银行业纷纷开启探索之旅。

其中，开放银行是利用开放式应用程序编程接口（API）向合格的外部商业伙伴开放数据权限。金融企业和非金融企业通过金融数据共享，将在双方认同的平台上开展自己的业务，构建银行生态圈。

从银行的角度看，开放银行有众多潜在优势，包括优化客户体验、获得客户，实现新的收入来源，并在目前传统银行服务无法充分进入的市场中建立可持续的服务模式。

2018年，中信银行致力于金融科技与客户场景的深度融合，在大数据智慧经营引导下，将客户、产品、服务与场景进行广泛连接，通过将银行的账户能力、支付能力、特色产品能力、数字经营能力、全渠道服务能力等进行全面开放，与各类合作伙伴共建跨界融合生态。这与国际领先的商业银行正在兴起的"开放银行"浪潮是同步的。

中信银行开放银行以"走出去+引进来"双向开放战略为指引，通过标准化、模块化、轻型化的技术对接方案（包括但不限于SDK、H5、API、小程序），将金融或非金融服务嵌入到三方合作场景中，并引领三方服务入驻，以支撑零售、普惠金融、对公等特色产品服务的快速输出以及外部合作平台资源的高效引入。2022年，通过标准化产品服务组件与行业共建账户、支付、缴费等场景超1.8万个，服务用户超2 869万人次，累计资金交易金额超4 317亿元。

第一步，"走出去"与第三方机构融合，通过场景融合的方式与其他平台连接。例如，中信银行开放银行与京东、麦当劳、淘宝、滴滴等平台的账户连接，其合作的优势表现为：第一，将互联网大数据引入客户识别规则中，通过平台丰富的大数据能够更精准地识别客户营销机会与业务风险；第二，客户可以在各App平台上实现对自身账户的管理与查询，而不用重新登录中信银行系统，这样就能增加一个金融服务的触点；第三，开放产品，实现服务延伸，中信银行与滴滴合作的理财产品，就是将中信银行的明星余额理财产品"薪金煲"输出到滴滴平台上，为更多的车主、乘客提供结算性资金的增值便利。

第二步，共建共生，生态融合。中信银行开放银行模式已经从场景嵌入到深度渠道创新的合作方式，银行不再是单纯的API提供方，而是可以拿出自己的渠道和平台与非金融机构的生态圈打造开放式创新平台，让双方或多方的客户群在一个创新平台上共同体验数字金融旅程。

当中信银行开放银行切换到第二步模式时，中信银行所关注的主要是衣、食、住、行生态圈，如中信银行的动卡空间App与商旅商户、餐饮商户、影院商户、电商商户合作、融合，为消费者提供银行金融服务，如用商户积分付款、用银行积分购买电影票，以及实时查账、还款及获得到账提醒服务。

开放客户数字化体验，零售业务重构"数字商"格局

中信银行零售业务有着清晰的数字化蓝图。管理层认为，银行业已全面步入数字化时代，大型互联网公司和众多科技型初创公司正在寻找传统银行的替代方案，这一外界压力倒逼中信银行零售业务重构"数字商"格局，即银行上下各部门加强对新技术、新生态、新趋势中数字变革的认识。

开放银行从形式上看，是银行开放接口，为非金融平台服务；从内容上看，是将零售业务无限延伸出去，这样，客户不仅能够在银行获得数字金融旅程的体验，也能够通过开放银行平台在衣、食、住、行以及更多的平台触达数字金融生活。

从这一方面看，开放银行就是打造领先的数字化零售体验之旅，开放银行的意义可以概括为：推动更直接、更高效的交易。中信银行在定义开放银行的未来时，着重以开放“支付”为桥梁，连通无限场景，因为“支付”正是商业银行区别于互联网公司和科技公司的“硬实力”。

中信银行在支付签约方面，已分别与支付宝、京东支付、微信支付、美团支付等多家主流第三方支付机构合作，“切换”到开放银行模式后，可以顺利地打通数据和场景，能够为客户提供在银行侧无感开通“快捷支付”的服务，获得“即申即办即享”的用卡体验。也就是说，“切换”到开放银行模式后，客户用数字账户代替了银行卡。

拓展阅读2-1

开放银行的实践、挑战与对策

开放银行的大潮不仅将惠及终端用户，也将为银行与非银行机构之间开辟崭新的竞技场，更有望催生出一个全新的金融服务生态系统；同时，开放银行也带来包括数据治理、客户沟通等方面的挑战。

资料来源 中信银行．布局开放银行 中信银行构建金融“生态圈”[EB/OL]．[2023-06-06]．https：//baijiahao.baidu.com/s？id=1629239956536420615&wfr=spider&for=pc.

2.2 非银行金融机构互联网化

2.2.1 网络证券公司

1）概述

网络证券从操作上主要指投资者通过互联网手段，包括公用互联网、局域网、专网、无线互联网等传送交易信息和数据资料并进行与证券交易相关的活动，包括获取实时行情、相关市场资讯，投资咨询，网上委托等一系列服务。网络证券公司是证券公司运用互联网开展业务的一种表现形式。在互联网金融如火如荼地开展之前，证券公司就已经开始备战互联网金融。网上开户、网络商城、移动互联网交易、基于大数据的客户关系管理等业务已经在按部就班地进行。证券公司早已实现网络交易，拥有标准化大数据，在行业特性上具有融入互联网金融的天然属性。尽管第三方金融产品销售平台、网络经纪商、网络IPO等互联网金融模式对证券公司有着实在或潜在的影响，但总体而言必是机遇大于挑战。

互联网在降低信息传递和客户转换成本的同时，也加快了证券公司差异化的进程。在互联网金融背景下，证券公司的发展将是一个定位差异化的过程。在这一过程中，证券公司将依据自身优势进一步分化。证券公司的发展也将表现出业务范围不断扩大的趋势，从最初的网络销售到网上业务办理，再到大资管业务的扩张，最终扩展至业务覆盖证券、基金、信托、私人银行等领域，成为足以比肩银行的金融机构。在关注互联网金融的同时，更应注意到资本市场自身的变革给证券公司带来的更大机遇。资本市场改革利在长远，自主配售权和储架发行等举措将大幅提升证券公司的定价能力和客户黏性；并购和新三板市场的崛起可对冲传统IPO的下降颓势；资产证券化与银行对接，资金空间将破万亿。互联网金融对证券公司的冲击仅限于底层低端交易通道，但未来证券公司与科技企业将强强联合，网络证券金融更具想象空间。

我国互联网证券的发展历程较短，但是从2013年开始，互联网金融在证券方面得到了极大的发展，以“网上开户”为标志，互联网金融概念开始向更为全面的金融业务和领域扩展。2013年至今，证券公司进一步开发和升级App与移动端的业务，取得了较为理想的效果。

信息通信技术对我国证券业的影响非常深远，先后经历了以下阶段：一是集中交易，标志是1990年上海证券交易所的成立和1991年深圳证券交易所的成立。二是网上交易，标志是1997年3月华融信托投资公司湛江营业部推出网上交易系统。三是手机证券，这一阶段代表证券交易进入了可移动时代，人们可以在任何时间、地点获得证券服务。

2018年以来，虽然受监管部门对第三方支付等互联网金融行业的全面整治的影响，互联网证券业处于调整状态，但是总体而言，互联网证券业的发展前景较为乐观，具体体现在以下三方面：

首先，互联网证券业务仍在发展。2018年7月6日，中国证券业协会发出《关于有序规范证券公司互联网证券试点业务的函》，对互联网证券试点公司提出四点要求，包括已实际展业的公司不得新增开立理财账户，未展业的公司不得新开展此业务，已实际展业的公司引导客户主动将相关理财账户资金纳入客户交易结算资金监管体系等。

其次，中国证券改革或给互联网证券带来生机。2019年7月22日，科创板开市，首批25家企业实现科创板上市。从2018年11月5日到2019年7月22日，从宣布设立科创板并试点注册制到科创板正式开市，仅仅历时259天。快速实现落地的科创板及注册制，将带来市场各主体的全面的分化。独角兽公司上市或将提振股民交易热情，刺激互联网证券增长①。

最后，中国用户互联网理财需求持续攀升。互联网证券除了具备股票开户、交易等功能，还能提供基金、资管、在线理财业务。2020年以来，受宏观环境的影响，进一步强化了理财服务的线上化趋势。线下网点被迫关闭，难以直接接触到用户，使得传统理财业务在产品销售、贷后管理等方面都受到了极大影响。互联网理财业务的无接触性、便利性等优势特点凸显。互联网投资理财的投资门槛低、效率高，可以为用户节省时间、省去许多烦琐的手续，回报率也相对较高的优势日益凸显，迎来了它的黄金时代。根据Wind数据，国内互联网理财用户规模和使用频率不断增加，截至2022年年末，我国互联网理财用户规模达2.7亿人次，年度增速近20%。

① 李昕．科创板注册制将至，互联网证券能否迎来新的拐点？［EB/OL］．［2023-06-06］．https://www.01caijing.com/article/35461.htm.

2）主要模式

（1）国外模式

以美国为例，其证券公司在20世纪70年代经历了取消固定佣金制和折扣券商涌现的阶段，20世纪80年代进入计算机信息时代。在随后的10多年间，电子商务的潮流席卷证券行业，其中以传统折扣券商嘉信理财和新兴网络证券公司eTrade为代表，开启了网络互联交易的新模式。20世纪末，传统老牌证券公司诸如美林证券的介入更是加剧了网络证券行业的竞争，但也因此加速了网络证券公司成为金融业务的中枢、提供更为全面而具体的服务的趋势。

所以，美国的互联网证券公司主要是由传统证券公司和新兴网络证券公司组成的。根据利用互联网的深度和经纪业务的不同，美国的网络证券公司可以分为三类：一是以eTrade、TD Ameritrade为代表的纯网络证券公司（即eTrade模式）；二是以嘉信理财、Fidelity为代表的综合型证券公司（即嘉信模式）；三是以美林证券、A. G. Edwards为代表的传统证券公司（即美林模式）。

① eTrade模式。

eTrade模式属于“通道型”服务模式，其交易完全在网上开展，未开设实体营业网点，因而其运营成本较低，回馈给客户的红利较多，再加上这类纯网络证券公司本身的技术开发能力较强，与其他资产服务公司、信息咨询公司的合作较为紧密，资产管理、网络交易和客户个性化服务等能力突出，故在开拓新兴客户群体和吸引散户群体方面有其独到的优势。但同时也可以看到，纯网络证券公司由于缺乏长期积累的投资顾问和客户群体，在资金周转和防范风险冲击方面的能力较传统证券公司而言更为薄弱。

eTrade公司于1992年成立，成立之初就通过US-Online、CompuServe向折扣经纪商提供后台服务，1996年正式建立网络平台，直接面对网上客户进行证券交易。虽然eTrade在之后的发展中陆续经历了佣金价格战和金融危机，但最后通过企业的兼并重组和机构合作，顽强地生存了下来。目前，eTrade已经成为全球最大的个人在线投资服务站点，也是全球最大的纯网络经纪商，客户已经遍及全球100多个国家和地区。

② 嘉信模式。

嘉信理财（Charles Schwab）成立于1971年，最初以提供传统经纪服务为主。美国证券交易委员会开始在证券交易中实行议价佣金制时，嘉信理财抓住了机会，在其他证券公司纷纷抬高佣金的情况下，反其道而行之，开始推出折扣经纪业务来抢占市场，再加上其在20世纪80年代积极涉足共同基金领域并大获成功，进而一举奠定了在业界的领导地位。20世纪90年代中期，嘉信理财率先投资互联网在线交易系统，如E-Schwab、Cyber-Trader等。在采取这一系列的举措后，嘉信理财凭借其传统经纪、基金和互联网业务的优势，迅速成为全美最大的网络证券交易商。与eTrade模式不同的是，嘉信模式不是纯粹的网络证券公司，其还通过店面向投资者提供服务。如今，嘉信理财的优势已经由过去的佣金红利转变为特色资管和特色理财等方面的优势，资产管理业务的收入占据了嘉信理财营业收入的近半份额。

③ 美林模式。

美林证券（Merrill Lynch）的前身成立于1914年，1915年正式更名，是世界领先的财务管理和金融咨询公司。美林证券的主要业务囊括了个人理财、证券经纪、外汇交易、衍生投资和投资银行等。美林证券作为老牌的传统证券公司，在业务互联网化方面的反应较为迟缓，随着客户的流失和形势的日益严峻，美林证券不得不重新审视自己在网络证券化上的战略安排。20世纪末，美林证券推出“综合性选择战略”，开始向客户提供自助交易和网上交易的服务账户，随后又推出了自己的交易网站ML-Direct和线上经纪平台Unlimited-Advantage。这些举措在一定程度上稳固了其作为老牌证券公司的地位。美林模式主要定位于高端客户，为客户提供面对面、全方位资产投资咨询服务，拥有强大的投资研究能力和资产组合咨询能力，但其高端定位也使得客户群体存在局限性。此外，由于高端客户大多数需要个性化的服务，美林证券利用互联网的深度不及前两种模式。

网络证券公司主要模式的比较见表2-2。

表2-2 网络证券公司主要模式比较

类型划分	代表公司	客户定位	优势	劣势
网络通道型机构	eTrade TD-Ameritrade	价格弹性较差、收入较低的客户	①纯网络交易，无实体营业网点，操作便捷 ②低佣金价格 ③金融信息供给全面	①无独立研发能力 ②客户服务层次较低
综合折扣型机构	嘉信理财	中高端客户和部分机构客户	①定位明确 ②金融产品创新能力强	管理者知识水平较差，市场预测、决策和管理能力较弱
老牌传统型机构	美林证券	高端客户	提供高端、专业、个性化、全方位理财服务	①成本较高 ②客户有限

（2）国内模式

在当前同质同业竞争愈发激烈、“一人多户”政策、互联网金融来势汹汹等因素的影响下，国内证券公司也不可避免地踏上了互联网运作的道路。

中国证券业协会对证券公司的经营数据进行了统计。截至2021年12月31日，140家证券公司总资产为10.59万亿元，净资产为2.57万亿元，净资本为2万亿元。另外，截至2022年6月30日，证券行业客户交易结算资金余额（含信用交易资金）为2.13万亿元，受托资产总净值为10.99万亿元。

国内证券公司在布局互联网金融方面虽然起步较晚，但自互联网元年（2013年）以来，不断取得了令人瞩目的成就。从架构模式上来看，目前国内的互联网证券公司中并没有类似于eTrade的纯网络证券公司，仅包括传统证券公司的互联网化和互联网企业券商化两种模式。本节主要讨论传统证券公司互联网化的情况，其包括两类：一是以线下的营业网点为主体，将部分业务或业务的外放部分嫁接到互联网上，依托互联网的通道性和便捷性，提高业务订单的处理效率，降低证券公司的运营成本和客户的服务成本，以获得更高收益。二是研发和推出基于互联网概念的产品和服务，构建基于投资银行和资产管理的综合全能账户体系，构建“场景化”的社交顾问服务平台，在大数据的基础上推出智慧理财模式，创新金融服务功能和业务种类，进一步拓展移动平台的广度和深度。

证券公司的互联网化可以通过三种方式实现：一是自己搭建电子商务网站；二是通过与淘宝、腾讯等大型网络公司合作，借助第三方平台销售；三是资本较充足的证券公司可以直接收购第三方电子商务公司，整个业务囊括网上开户、证券交易通道、资讯、金融产品网上销售和提供点对点服务等方面。

国内互联网证券公司主要包括以下四种模式：

① 证券公司+网上商城。2013年12月3日，国泰君安证券打造的“君宏金融商城”正式对外运营，商城账户集证券账户、资管账户和基金账户于一体，提供投资理财服务和信用业务，首创金融产品交易方式和团购方式，成为之后许多证券公司争相效仿的案例。2013年3月13日，方正证券正式入驻天猫商城，这是证券业内首家入驻B2C电商平台的证券公司。

② 证券公司+移动终端+网上开户。互联网证券移动端的发展最早可以追溯到证券公司与电信运营商的合作，中国移动早期与部分证券公司推出了“移动证券”和“彩信通”等业务。2006年，以招商证券和国信证券为代表，证券公司开始自主研发智能手机证券业务，为之后的基于互联网技术下的App开发打下了坚实的基础。中投证券、国信证券、国泰君安证券、华泰证券、中信证券、光大证券等一大批知名证券公司早已先后发布新一代手机证券软件。一般来说，手机炒股应用软件系统除了具有普通的行情揭示、股票委托功能外，还加入了开放式基金委托、专有手机资信公告、特色资信等功能，丰富了手机终端内容。不过，当前证券公司在手机等终端上的耕耘多限于资讯服务和交易服务。未来，移动终端将会承载更多的交互性服务。网上开户助推了经纪业务转型。中国证监会放开非现场开户业务之后，国泰君安证券、中信建投证券、华泰证券等证券公司纷纷启动网上开户模式。2014年可以说是券商互联网化元年。多家国内券商经中国证券业协会批准获得互联网证券业务试点资格。与此同时，敏感的互联网公司也加紧了布局互联网券商的步伐，既有百度、腾讯、新浪等大型综合门户网站，也有金融界、91金融等专业的互联网金融平台。当移动互联改变传统的信息获取方式时，当证券投资渗透到更加广泛的人群时，券商和互联网的融合已成大势所趋。

③ 证券公司+互联网平台。在国金证券、中山证券牵手腾讯进军互联网金融后，以传统经纪业务见长的华泰证券也同网易进行合作，由双方共同设计、包装和销售金融理财产品，建立互动社区模式。2016年1月22日，中泰证券与新浪达成战略合作关系，深度挖掘双方的优势资源，尝试多渠道、多平台、多形式的合作创新，实现资源的深度对接，以期实现共赢。中泰证券和新浪战略合作的重点在于布局移动端，这是网络社交平台和证券公司成功合作的一次典型案例。

2017年9月20日晚间，中金公司宣布与腾讯签署认股协议，腾讯认购中金公司新发行的2.075亿股H股，分别占中金公司发行后H股的12.01%及总股本的4.95%。券商与互联网巨擘联姻，引发市场无限遐想。

④ 成立电子商务公司。继国泰君安证券、华泰证券等证券公司先后成立网络金融部以来，齐鲁证券也着手调整公司组织架构，其电子商务分公司于2013年7月底正式获批。此外，华安证券、财通证券等多家证券公司于2013年5月分别申报了电子券商经营模式、券商与电商合作路径等课题。分公司是一个经营单位，具有经营职能，相对于部门而言，分公司的业务范围可以更广，利于证券公司整合资源形成合力，以备战互联网金融。

2.2.2 网络保险公司

网上保险是指保险公司或者其他中介机构运用互联网来开展保险业务，有狭义和广义两种。狭义的网上保险是指保险公司或者其他中介机构通过互联网为客户提供有关保险产品和服务的信息，并实现网上投保，直接完成保险产品和服务的销售。广义的网上保险还包括保险公司内部基于互联网的经营管理活动，以及在此基础上的保险公司之间，保险公司与公司股东以及保险监管、税务、市场监督管理等机构之间的交易和信息交流活动。网络保险公司则是保险公司运用互联网开展业务后的一种表现形式。

1）发展概况

在保险业，信息通信技术最初主要用于保险产品电子化（即电子保单），同时销售方式也部分实现电子化，主要是网络营销和电话销售等。

我国网上保险处于初级阶段，大多数保险公司只是建立了自己的门户网站，而网上销售和网上交易基本上还未成气候。虽然2001年中国平安就推出了货运险网上交易系统，但我国保险业的信息化水平还远远不够。2012年6月19日"放心保"成功上线，兼具B2B和B2C交易模式，属于网上保险的一类，同时也是保险产品的第三方销售平台。2013年，阿里巴巴、中国平安和腾讯联合设立众安在线财产保险公司，突破国内现有保险营销模式，不设实体分支机构，取而代之的是互联网销售和理赔。互联网科技浪潮所演化出的保险科技将改变保险业的传统模式，重塑保险业的未来，也将成为保险业接下来的主要战场之一。2018年，我国互联网保险保费的收入达到1 889亿元。

2018年之后，受益于百万医疗等短期健康险的畅销，互联网保费再次快速增长。2020年上半年，我国互联网保险保费规模达到1 766亿元，同比增长9%，其中，人身险保费收入为1 394.4亿元，占比接近八成，渗透率为6.6%；财产险保费收入为371.12亿元，渗透率为5.1%。

近年来，《促进大数据发展行动纲要》《国务院关于积极推进"互联网+"行动的指导意见》等一系列政策的相继出台，以及资本不断涌进互联网、大数据、云计算等新技术市场，使得新技术的发展进程不断加快。2022年，我国互联网保险保费的收入达到3 846.92亿元。

2）主要模式

网上开展保险业务的模式主要有三类：一是保险公司提供网上保险服务；二是专门公司经营网上保险业务；三是多家保险机构共建网上保险业务。借鉴上述分类方法，并结合目前网络保险公司的服务内容，可以将网络保险公司分为如下几种模式：

（1）保险公司网站模式

在这种模式下，保险公司通过自己的门户网站向客户展示保险产品，提供联系方式，扩展销售渠道等。该模式可以起到如下作用：第一，宣传公司及产品；第二，网上销售保险，扩展产品销售渠道；第三，便于保险公司对客户资料进行管理；第四，提供其他增值服务，如免费短信俱乐部、个性化邮件订阅等。这种模式的缺点是内容信息量不足（因为仅展示了自己公司的产品，没有融合其他保险公司的产品），对公司信息技术水平要求高。

（2）网络保险超市模式

在这种模式下，网络平台把有关联的所有保险公司的保险产品信息放在一个网站上介绍，让用户根据自身实际情况自主选择所需要的保险产品，将用户与保险公司联系起来，从中收取较低的佣金或手续费。该模式下，客户可以快速找到自己需要的各种保险产品信息，可以对比选购多家保险公司的产品。在国内，采用这种模式的代表是慧择保险网，它是我国首家集产品对比、保险垂直交易与预约购买、保险专业咨询互动为一体的综合型第三方保险电子商务平台，联合了十几家大型保险公司共同实现了网上保险实时投保。在国外，采用这种模式比较典型的是美国的INSWEB，它已经与世界上50多家著名保险公司签订协议，同时还通过与其他180多个著名站点进行合作的方式，吸引源源不断的客户访问该平台。客户只需在网上输入需求信息，网站就会根据相关信息自动对各家会员保险公司的产品进行比较分析，然后将结果反馈给客户。这种模式的盈利点主要有三个：一是供求匹配的中介费，一般向消费者收取；二是为代理人提供消费者信息和需求，并向代理人收取费用；三是广告费等其他费用。

（3）网络保险淘宝模式

在这种模式下，网络保险网站既不提供保险产品，也不提供专业的保险信息，只是提供平台，由保险供求双方自行匹配。这个网站的核心是为供求双方提供平台，由供求双方自主选择，同时供求双方的相互交流可以为保险市场提供一些“软”信息，有利于客户进行决策。目前，很多保险公司已经入驻淘宝平台，包括中国平安、中国人保在内的多家公司已在天猫商城开设网上旗舰店，在线销售意外险、车险、健康险等保险产品。

（4）网络保险支持平台

这类平台不直接提供网络保险产品的买卖服务，而是为网络保险提供信息和技术支持。信息平台一般由一些非保险类机构创办，这些机构一般有很深的保险业背景，有强大的信息优势和社会公信力。其典型代表如中国保险网，为保险从业者和消费者提供保险理论与政策、会员交流与沟通、保险业实时新闻、数据资料、培训信息等服务，以及有关保险公司、保险代理人、保险经纪人等的诸多信息。而网络保险技术支持平台，则专门为保险公司提供信息技术。其典型代表如易保网，其不是买方和卖方之间的中介机构，既不承保，也不作为网络保险代理人，不向客户推荐任何一个具体公司的产品，而是为保险公司提供技术保证与服务。

2.2.3 投资产品网络销售

目前，网络销售的金融投资产品主要分为三大类：网络理财、网络信托和网络基金。各大金融机构纷纷着手嫁接线下理财产品和网络销售渠道，或者直接基于互联网目标客户，重新设计投融资理财产品，通过搭建销售平台和第三方销售渠道服务广大线上人群。其主要模式有以下三种：

（1）自建平台销售金融产品

随着互联网金融的兴起，各大商业银行和证券公司逐步建立了自己的电子商务平台，不仅提供支付业务，而且提供一揽子金融服务。

（2）利用第三方渠道销售金融产品

这种模式主要有三种方式：一是在电商平台上开店来销售产品，如天猫旗舰店等。二是以余额宝为代表的第三方金融产品，主要是与基金公司合作，来推出符合互联网特性的基金产品。三是基金超市，用户可以比价选择不同基金产品，以数米基金网、好买基金网为代表。

（3）利用社交网络销售金融产品

这种模式是指金融机构通过社会化平台，连接金融机构和用户，并以此来销售金融产品。这种模式充分利用了社交网络平台的大数据分析、数据流、云计算和社交关系，能够获得一些“软”信息。同时，通过虚拟的线上贵宾室，客户可以享受到以往要在金融机构柜台上才能完成的业务。利用社交网络平台销售金融产品，可以从根本上改变金融机构与客户的关系，实现客户与金融机构的实时对话，对话机会越多，信息共享也就越多，金融机构就越能准确判断客户的需求。其典型代表如微博银行、微信银行、百度金融等。

最后值得一提的是，不是所有的金融产品都适合网上营销，特别是复杂程度高、条款个性化、风险高、需要投资者做出大量判断的金融产品，因此要根据各种理财产品的特性来对其是否适合网络销售进行综合的考量。

2.2.4 网络金融交易平台

网络金融交易平台是互联网金融的主要形式之一，以SecondMarket、SharesPost为代表。网络金融交易平台的出现，源于资本市场多层次化发展的内在需求。在股票、债券、衍生品、大宗商品等主流交易场所之外（有的是场内，但更多的是场外），还有大量金融产品由于条款标准化程度、风险收益特征、信息披露等方面的原因，适合不同个人、机构的差异化融资和风险管理需求，适用于不同的托管、交易和清算机制，也适合具有不同风险识别和承受能力的投资者。很多投资者的风险收益偏好，也需要通过这些金融产品来满足。这就是各种金融交易平台大量出现的原因，不仅在我国如此（而且屡禁不止），在发达国家也出现了机构投资者之间的大量“黑池交易”。互联网的介入，主要是拓展这些金融交易平台的交易可能性边界，并提高交易效率。

非银行金融机构布局互联网金融的进程大致分为四个阶段：一是搭建网络销售平台，通过互联网销售金融产品；二是搭建围绕客户提供服务的网络平台；三是开发互联网金融产品；四是自建或投资互联网金融企业。这些阶段都是大部分金融机构触网所要经历的步骤，如何抓住机遇，把握好每一步的走向，关系到机构自身能否在今后的同业及跨业竞争中抢占高地、统筹大局。

2.3 金融业务互联网化未来发展

2.3.1 虚拟货币银行

随着互联网技术的飞速发展，货币存在的形式更加虚拟化，出现了摆脱任何事物形态、只以电子信号形式存在的虚拟货币。虚拟货币银行是主要经营虚拟货币的企业，它的存在方便了虚拟资金的筹措与融通，它是金融机构里面重要的一员。和现实银行的业务类似，一方面，虚拟货币银行以吸收存款的方式，将网络上闲置的虚拟货币资金和小额货币结余集中起来，然后以贷款的形式借给需要补充虚拟货币的人去使用。在这里，虚拟货币银行充当贷款人和借款人的中介。另一方面，虚拟货币银行为买方和卖方办理虚拟货币的收付、结算等业务，其又充当了支付中介。在整个金融体系与线上商务的发展中，虚拟货币银行将起到信用中介作用。

2.3.2 数字化银行

2022年的《政府工作报告》提出，大力发展数字经济。当前，金融业的数字化转型正在提速，通过完善战略规划、提升科技能力、深挖数据价值，不断提升金融服务实体经济的有效性与精准度。越来越多的商业银行将“科技立行”“科技兴行”“科技强行”作为自身的发展战略，全面加快数字化转型。

2022年1月，中国银保监会发布的《关于银行业保险业数字化转型的指导意见》明确要求，银行保险机构董事会要加强顶层设计和统筹规划，围绕服务实体经济目标和国家重大战略部署，科学制定和实施数字化转型战略，将其纳入机构整体战略规划，明确分阶段实施目标，长期投入、持续推进。

2022年7月，毕马威发布的《2022年中国银行业调查报告》显示，中国银行业将进入以追求高质量、数字化为导向的转型发展“跋涉期”。近年来，在数字化浪潮下，各家商业银行纷纷按下数字化转型“加速键”。2021年，6家国有大型商业银行的金融科技资金投入总量已超过千亿元，同比增长10%以上。

小案例2-3 西安银行构建数字化银行发展新生态

支持国家战略部署，积极拓展数字人民币生态体系

2020年11月底，西安市被确定为数字人民币第二批试点城市。为积极稳妥推进西安市数字人民币试点工作，西安银行高度重视、精心组织、积极推进，于2021年5月21日成功实现手机银行接入数字人民币，成为全国首批、陕西省内法人机构首家通过同业代理模式接入数字人民币的银行业金融机构，在陕西省内形成“6+1”运营模式，并为其他机构接入数字人民币带来示范效应。现已支持数字人民币个人钱包、对公钱包、商户收单及薪资福利补贴代发等数字人民币全场景功能，亦可依托自身金融科技优势，为客户提供定制化的数字人民币解决方案。

坚持“移动优先”战略，构建面向移动互联时代的“超级App”

西安银行创新地将手机银行打造为ABC（零售客户、公司客户、员工）三面融合的统一移动门户，构建了面向移动互联时代的“超级App”，实现端到端的客户旅程数字化改造，拓宽、深化服务半径，从而同时满足普通消费者及企业客户的移动化金融服务需求，打通线上与线下、界内与界外，使个人手机银行、企业手机银行、员工移动柜台三面服务快捷切换。“一键”融合智能顾问、账户管家、财富伙伴、专属助理、生活帮手等5大服务，AI数字员工拟人化视频互动交流，专属顾问一对一远程在线服务，历史交易明细一键查询打印，数字人民币实时开通抢鲜体验；房贷客户专区还款、估值省时省力，代发工资专区薪资查询一目了然，外币业务专区跨境金融指尖即享，适老服务专区关爱老人温暖相伴。“一键”构建“B+C”一站式移动金融服务平台，为对公用户提供账户管理、移动授权、智能转账、理财超市、代发工资、银企对账、电子回单与交易明细打印等多项业务的移动化办理服务。“一键”聚焦解决高频次、多场景业务办理中的痛点、难点，“移动柜台”随身带，突破厅堂限制，构建了便捷的移动化金融服务平台，实现业务办理过程中的前中后台高效实时协作。

深耕本地普惠民生，打造多元融合的嵌入式场景金融服务

基于开放银行理念，以互联网开放平台为依托，坚持产品、渠道、技术创新，将银行自有的金融服务通过API、SDK、H5、小程序等形式开放给第三方合作伙伴，在发展储蓄、支付、结算业务的同时，带动个人信贷、供应链金融、小企业信贷、理财销售等业务发展。同时，围绕本地智慧城市建设，强化G、B、C三端联动，搭建本地化场景服务框架，借助云缴费平台、西银钱包、慧管家、智慧医院等创新产品，提供涵盖“B+C”“G+C”“B+G+C”的综合解决方案，将居民生活服务、社会公共服务与银行金融服务有机整合，构建具有本地特色的吃、住、行、游、购、娱、医和教等8大领域的生活服务，重点布局交通、便民、政务、医疗、旅游、社区和文化等7大场景，输出账户、支付、理财和缴费等4大能力，在建立、拓展及巩固对公客户合作关系的同时，从场景中低成本、批量化获取零售客户，为公司及零售客户提供更为丰富且差异化的权益和服务体验，构建有利于区域竞争的数字化壁垒。

推进网点智慧化转型，建立“线上+线下”互联互通的服务体系

为满足用户“去网点办理业务可以不带卡”的需求，西安银行通过科技创新实现网点各渠道与线上App应用场景的互联互通，打造新时代的新型服务模式，实现网点无卡化，将银行卡“搬”到手机银行App上。用户在网点办理业务时，只需登录西安银行手机银行App，出示银行卡二维码，柜面人员通过扫描二维码即可轻松办理业务。目前，西安银行“网点无卡化”所覆盖的业务包括存取款、修改个人信息、理财、保险及第三方签约等，除应监管合规、风险控制等要求的极少数业务外，几乎涵盖了目前网点零售客户必须出示银行卡的全部场景。

拓展阅读2-2

商业银行数字化运营六要素

资料来源　西安银行科技部. 西安银行：线上线下相融合 构建数字化银行发展新生态［EB/OL］.［2023-06-06］. https://www.fintechinchina.com/index/article/info.html?type=9&article_id=4376.

2.3.3 展望

2019年2月22日，习近平总书记在主持十九届中央政治局第十三次集体学习时强调，要深化对金融本质和规律的认识，立足中国实际，走出中国特色金融发展之路。未来，金融机构将会与互联网企业等市场主体开展跨界合作，实现优势互补，建立良好的互联网金融生态环境和产业链。在线上线下混业经营的趋势下，金融机构将会与互联网企业和电商企业建立战略合作关系，积极与各类工业园区、垂直类电商以及大学校园等领域代表企业或单位深入接触，一同构建共赢的商业合作模式，创新实现金融服务效率和效果的提升。

在实现合作共赢的前提下，互联网企业开展的金融业务将以传统银行、证券公司的互联网业务为基础，支持第三方支付机构的运作和网上基金销售；银行等金融机构将为第三方支付机构等互联网企业继续提供资金存管、支付清算、小额贷款等金融服务。此外，证券、基金、期货类机构与互联网企业合作，进一步拓宽金融产品销售渠道，创新财富管理模式，再加上保险公司与互联网企业合作，开展履约保险业务，不断改善互联网金融风险管理水平，最终达到“互联网企业前台资源整合，金融机构后台资金运营”的混业整合模式。

可以设想，未来随着互联网金融发展的不断深化，其市场份额和盈利额将不断增加，互联网金融势必会从金融机构的一项业务转变为部门机构独立出来。以商业银行为例，现今商业银行设计众筹产品时只是将其作为一项业务进行运作，缺乏专业团队对产品进行前期的调研和后期的运营维护，使其相较于互联网金融企业的同质产品要稍逊一筹。而其未来的发展趋势将会像平安集团部署陆金所一样设置专业的互联网金融部门和机构。可以大胆设想，未来将依照业务的不同对互联网金融各专业性银行进行划分，包括网商银行等具体形态，以提高银行等金融机构在互联网金融市场的专业性和占有度。

@ 本章小结

传统金融机构中银行的互联网化主要包括网上银行、网上商城、直销银行和开放银行等业务或部门。除了银行之外的其他金融机构的互联网化则包括网络证券、网络保险和其他金融互联网业务的延伸等。其各自都有着不同的发展现状、特点和发展趋势，但可以想象，最后在传统金融机构互联网化的大趋势下，一定会催生出虚拟货币银行、数字化银行等金融机构，助推传统金融机构不断创新与变革。

@ 关键术语

网上银行；直销银行；开放银行；非银行金融机构互联网化；数字化银行

@ 习题

复习思考题：

(1) 什么是直销银行？它和网上银行有何区别？

(2) 阐述网络证券公司各种模式的特点。

(3) 通过现实中的实例来说明互联网保险的利弊。

(4) 简述数字化银行未来的发展前景。

研讨题：

关注中国互联网金融协会牵头组织政产学研相关单位在中国人民银行、银保监会、证监会等金融管理部门和民政部、国家统计局等部委的指导下联合编制完成的《中国互联网金融年报2021》，通过查询资料就以下问题展开讨论：

(1) 习近平总书记指出，金融安全是国家安全的重要组成部分，是经济平稳健康发展的重要基础。维护金融安全，是关系我国经济社会发展全局的一件带有战略性、根本性的大事。结合实际分析，目前我国互联网金融行业面临哪些风险与挑战？

(2) 党的二十大报告指出，我们要坚持以推动高质量发展为主题，把实施扩大内需战略同深化供给侧结构性改革有机结合起来，增强国内大循环内生动力和可靠性，提升国际循环质量和水平。促进消费增长是推动国内大循环，扩大内需战略的关键一招，对经济社会发展具有基础性作用。在注重消费者体验的经济环境下，移动互联网金融在未来会如何发展？

(3) 互联网跨境支付高速发展给人们带来极大便利的同时，对支付机构自身系统建设、保护系统信息安全及信息甄别能力提出了哪些挑战？

(4) 未来网络支付的发展趋势是什么？

案例分析

数智赋能：构建手机银行生态圈

随着数字化转型进程的不断加快，数字营销获得了更广阔的发展空间。作为银行数字营销的重要渠道之一，手机银行在获客方面具有优势和挑战，需要借助多渠道营销的策略和实施方法，逐步提高获客效果和客户黏性。

创新技术/模式应用

手机银行作为客户使用银行服务的主渠道，是各家银行接触客户的触角，是银行数字化转型的主战场。恒丰银行构建“媒体营销宣传—平台合作引流—客户经营与管理—客户转介拉新”的手机银行数字化营销生态圈，主要通过以下四个方面：

1）媒体营销宣传

银行广告宣传是吸引和拓展客户群体的重要手段之一，而手机银行计划通过各种渠道的广告宣传来进行获客引流。除了通过在银行网点、地铁、公交车、商场等线下公共场所张贴广告，吸引身处不同场景的潜在客户关注手机银行广告宣传外，恒丰银行更加注重新媒体宣传。通过在搜索引擎、社交媒体、银行官网、微信公众号等渠道的广告投放，以此建立全年营销日历，梳理全年营销节点触达客户，按月发布宣传图文与营销活动，按季组织互动话题。恒丰银行利用内容聚客活客，累计阅读量33.4万次，公众号吸粉12.7万人并吸引潜在客户关注手机银行，增加手机银行App点击率和注册量。

2）平台合作引流

对接外部平台是银行线上快速获取客户的有效手段，恒丰银行围绕“外拓场景，内建平台，流量经营”的中心路径，积极构建“数字化+智能化”的客户拓展经营体系，先后落地推广多个外部合作线上平台，在交通出行、在线影音、数字校园、生活消费等四大场景实现突破。通过长尾客群经营和价值客户挖掘实现合作方与银行方双向流量转化，将合作方互联客户回流手机银行，提升用户活跃和黏性价值。

3）客户经营与管理

客户经营与管理是当前线上运营的重要手段，旨在通过全面了解客户需求和行为，建立长期稳定的合作关系，提高客户价值和业务收益。恒丰银行倾力打造移动端客户经理营销维护工具，基于手机银行埋点采集客户行为和业务数据，勾勒出基础的用户画像，通过大数据模型推演，筛选出目标营销客户推荐适合的理财产品或存款到期提醒并一键触发推送给客户，同时帮助销售人员及时跟进客户、记录客户的沟通历史和反馈意见，提高客户满意度和忠诚度。恒丰银行实现组织在线、客户在线、员工在线、服务在线，为数字化经营开辟空间。

4）客户转介拉新

客户转介拉新是恒丰银行手机银行线上经营的标准化流程的重要一环，主要围绕客户增长、MAU提升等重点经营指标，依托“线下+线上+空中”等多渠道联动，以“产品+权益+功能”为主要抓手，开展一系列联合运营活动。比如老带新MGM、产品页转发等功能作为营销转介工具，调动存量客户积极性促进产品购买，提升客户价值，实现营销裂变和经营闭环，推动手机银行获客模式的数字化运用。恒丰银行借助线上获客，吸引更多潜在客户关注和使用手机银行，扩大手机银行客户规模。

综上所述，恒丰银行以媒体营销宣传、平台合作引流、客户经营与管理和客户转介拉新等方式，实现手机银行品牌的建设和传播，通过线上手机银行客户数字化金融模式助力恒丰数字现代化进程，助推数字经济快速发展。

资料来源　恒丰银行．数智赋能：构建手机银行生态圈［EB/OL］．［2023-06-06］．http：//www.cebnet.com.cn/20230426/102875912.html.

问题：恒丰银行的“生态圈银行”体现了哪些互联网金融的元素及尝试？请探讨在整个系统的运营过程中客户的资金风险该如何把控。

拓展阅读2-3

银行加速“开放”互联网化成趋势

第3章 互联网机构业务金融化

教学目标

【知识传授目标】

掌握门户网站的发展历程和盈利模式；掌握电子商务的概念和商务模式；了解互联网金融的概念和发展现状；了解互联网金融的发展趋势。

【能力培养目标】

提高自学能力，分析问题和解决问题的能力，运用知识能力和创新能力。

【价值塑造目标】

通过学习互联网机构业务金融化的发展历程，感受国家发展实力，坚定四个自信；注重互联网金融时代前沿的引领，培养新时代促进国家和社会发展进步的责任感。

知识架构

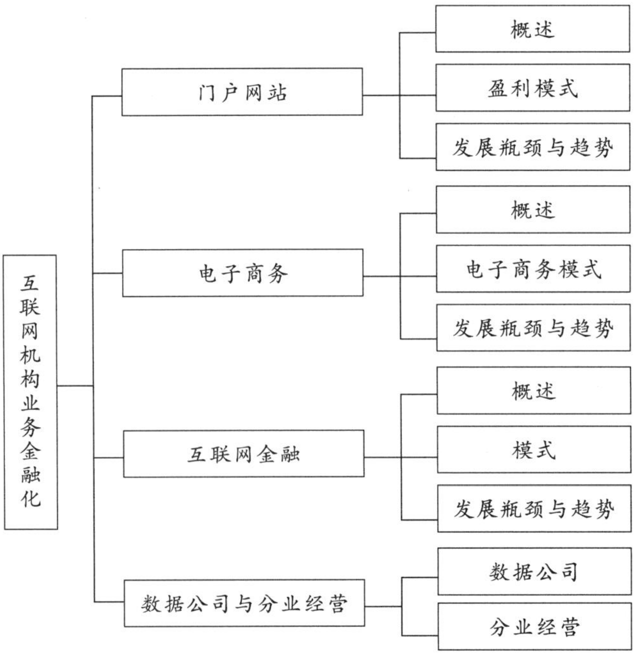

@ 导入案例　　　　**腾讯网改版凸显“个性化”**

深圳市腾讯计算机系统有限公司（以下简称“腾讯”）是我国最大的互联网综合服务提供商之一，也是我国服务用户最多的互联网企业之一，它提供的服务包括社交和通信服务QQ及微信、社交网络平台QQ空间、网络视频服务、门户网站腾讯网、腾讯游戏旗下QQ游戏平台、腾讯新闻客户端等。

2003年以前，腾讯主攻即时通信软件QQ的研发，收入主要来自无线业务，从2003年开始筹建门户网站腾讯网，但是其主攻方向仍然是开发休闲游戏。腾讯网是集新闻信息、互动社区、娱乐产品和基础服务于一体的大型综合门户网站，致力成为最具传播力和互动性的互联网媒体平台，通过强大的实时新闻和全面的信息资讯服务，为互联网用户提供内容丰富的上网体验。

2006年，腾讯启动腾讯网区域门户市场发展战略。2009年1月9日，腾讯将西安腾讯网更名为大秦网，开始推出腾讯地方站系列。腾讯目前已经建成大闽网、大渝网、大燕网、大成网、大楚网、大秦网、大粤网、大豫网、大湘网、大浙网、大申网、大辽网、大苏网等地方站点，形成了规模庞大的“腾讯大网系”，腾讯门户网站地方站逐渐形成气候。

自2012年起，腾讯网为满足用户“便携性、个性化、社会化分享”的需求，先后进行了两次首页改版，改版后的腾讯网首页凸显“个性化、社会化”属性。2013年，腾讯网再次进行首页改版，进一步强调了“内容精品化、形态简洁化”。2014年5月15日，腾讯网新版首页正式上线。本次“个性化”改版，不仅体现在新闻内容的变化上，更突出在专属用户的信息资讯上。

资料来源　刀马. 腾讯门户首页，大变［EB/OL］.［2023-06-07］. http: //www.ithome.com/html/it/85443.htm.

近年来，互联网机构业务金融化加速发展，使人们的生活发生了改变。那么，什么是互联网机构业务金融化？它包含哪些类型？本书在第1章中已经介绍，从时间轴来看，互联网机构业务的金融化经历了四个阶段，即门户网站、电子商务、互联网金融（狭义）、大数据时代。本章将介绍互联网机构业务金融化的基本内容，以解答上述问题，方便读者学习思考。

3.1 门户网站

3.1.1 概述

1）概念和分类

门户网站是一种建立在搜索引擎基础上的综合性网站，是一个能够给用户提供从平台服务、ISP（Internet Service Provider，互联网服务提供商）、ICP（Internet Content Provider，互联网内容提供商）到网上搜索服务等基本网络服务的网络站点。门户的含义就是用户开始网络应用的起点之处。

按照其提供信息服务特点的不同，门户网站主要分为综合型门户网站和行业型门户网站（垂直门户网站）。前者在我国主要有新浪、搜狐和网易等，主要提供新闻资讯、搜索引擎、在线游戏、网络邮箱、移动增值、电子商务等各类服务，占有较高的人气；后者如携程旅行、搜房、中国化工等，专注于某一领域（或地域）如娱乐、财经、体育、房产、汽车等，在内容与服务方面更加专业、灵活，用户忠诚度和精准度较高，在细分人群的规模效应和网络效应方面凸显其价值。

2）发展历程

门户网站是互联网商业模式之一。在互联网发展历程中，在境内外的互联网市场中，门户网站都曾是互联网发展的主导模式，境外以雅虎、AOL为代表，境内以新浪、搜狐、网易为典型代表。

1997年6月，网易公司成立，并正式推出全中文搜索引擎服务。1998年2月25日，爱特信公司推出我国首家大型分类查询搜索引擎——“搜狐”产品，并将该公司更名为“搜狐”公司。1998年12月28日，四通利方并购海外最大的华人网站公司“华渊资讯”，成立全球最大的华人网站“新浪网”。作为第一批在境内成立的门户网站，新浪等门户网站在起步阶段完全仿照境外门户网站雅虎的运作模式，采用“风险投资+网络广告”的发展方式。伴随着互联网经济的迅速发展，网易、搜狐和新浪成为我国三大门户网站。

1999年7月12日，中华网在美国纳斯达克首发上市，募集股本总额8 600万美元，2000年1月再发新股二次上市，募集资金3亿美元。中华网在美国纳斯达克受到热烈追捧。2000年4月，新浪在美国纳斯达克上市融资，成为境内第一家海外上市的门户网站。同年6月和7月，网易和搜狐也相继在美国上市，再次证明了互联网概念在中国蔚然成风。然而，就在境内门户网站上市不久后，全球出现了网络经济泡沫，包括新浪、网易、搜狐、中华网在内的所有中国概念网络股价格相继下跌。2000年11月以后，股市继续走低，网站并购、网站裁员等事件，使整个门户网站产业进入低谷期。对盈利模式的探索和对盈利时间的预期成为各大门户网站面临的最紧迫的问题，于是，各大门户网站开始调整发展方向。2002年7月，境内三大门户网站先后公布第二季度财务报告，宣告企业开始步入盈利阶段。经过三年的艰苦转型期，我国三大门户网站从单纯模仿雅虎进入到自我创新的成长期，并有了不同的定位：新浪侧重于“在线媒体及增值资讯服务提供商”；搜狐主打多元化，目标是“一家新媒体、电子商务、通信和移动增值服务公司”；网易则将收费增值服务、网络游戏作为其战略转型突破口。三大门户网站形成了以短信、网络广告和网络游戏为主要方向的门户盈利模式。从2004年开始，我国门户网站进入平稳发展时期。

在新浪、搜狐、网易遭到资本市场打击的同时，境内一些新兴门户网站逐渐兴起。先有TOM、腾讯纷纷将触角伸进门户网站，之后盛大试图通过收购新浪占据门户老大的地位。大批竞争者的涌入加剧了各大门户网站在人才、内容、盈利模式、社会影响力等方面的竞争。随着手机网民数量的快速增加以及移动、社交技术和个性化推荐技术的快速发展，门户网站已经不能满足用户的需求。以新浪微博、腾讯微信、今日头条等为代表的自媒体平台给门户网站带来了巨大影响。阿里巴巴、腾讯、百度、奇虎360和小米等互联网巨头正在大力打造属于自身的生态系统。在互联网巨头的生态系统中，与社交媒体和新一代智媒体相比，门户网站的价值越来越低。

目前迫于资本市场的压力，境内外的门户网站正处于业务转型阶段，需要根据企业自身特点调整业务发展战略和方向，开辟多种营收渠道，进行差异化经营。以搜狐、网易为例：在开发互联网应用、服务及其他技术方面，网易推出了包括中文全文检索、全中文大容量免费邮箱系统、无限容量免费网络相册、免费电子贺卡站、网上虚拟社区、网上拍卖平台、24小时客户服务中心在内的业内领先产品或服务，还通过自主研发推出了国产网络游戏。未来网易或将集中精力在元宇宙、人工智能等新概念应用技术场景和商用价值拓展上①。搜狐目前的战略方向更加注重内容的传播，而视频业务的长期投入虽然给盈利造成了一些压力，但亏损面在大幅收窄，盈利可期。2019年，搜狐推出旗下社交App狐友正式版，重新回归社交核心价值。2021年9月，搜狐将拥有的所有搜狗普通股出售给了腾讯，搜狗业务陆续停止运营。

2021年3月23日，新浪正式宣布完成私有化。从美国纳斯达克退市以后，新浪改名为“新浪集团控股有限公司”。以新浪移动为主体的原有新浪门户业务将与微博业务更加紧密地整合，而原有新浪的一些垂直业务，如新浪财经、新浪金融以及新浪体育等，将更加独立地发展②。

3.1.2 盈利模式

门户网站作为商业型网站，盈利是其最主要的目标。盈利模式是指企业通过一系列业务来创造价值，从而形成产品或服务流、资金流、信息流，并从客户获取收益的商业系统。其基本构成要素有利润点、利润对象、利润杠杆和利润屏障等四个方面。在不断变化的互联网背景下，综合门户网站面临着行业门户网站的挑战，而以专业领域广告投放作为主要盈利来源的行业门户网站的业务模式也亟待转型。

1）从利润点进行分析

利润点是指企业获得利润的产品或服务。我国综合门户网站发展至今已经从最初单一的网络广告收入发展到多元化的业务收入，如新闻、搜索引擎、网络游戏、影音资讯、电子商务等，而行业门户网站的业务则相对单一。

表3-1是2022年两大综合门户网站的相关数据③。通过分析比较可知，搜狐和网易的收入来源主要集中于在线游戏领域，只是由于技术与品牌定位的不同，

① 易弋力.专家解读网易财报：游戏收入占比小幅下降，新概念应用技术转型布局提速［EB/OL］.［2023-06-06］. https://www.thecover.cn/news/w1wsLCi7HG6H90qSdq8Jkw==.

② 梁辰，白金蕾. 上市21年后老牌门户网站新浪退市：私有化如何救新浪?［EB/OL］.［2023-06-06］. https://www.bjnews.com.cn/detail/161648965115030.html.

③ 2021年北京时间3月23日，新浪从美国纳斯达克退市，改名为“新浪集团控股有限公司”，其年报未公开，数据无法获取，故分析利润点时没有包含新浪。

其侧重点有所不同。搜狐领先的人工智能技术不仅在国际比赛中获得认可，而且应用于新的商业场景。游戏一直是网易的核心业务，是网易的高毛利和现金流支柱。网易2022年第四季度财报中，游戏和相关增值服务净收入为190.857亿元人民币（约合27.672亿美元），相比整体净收入253.541亿元人民币，占比接近75.3%，其中在线游戏运营的净收入约占该部门总净收入的91.8%。

表3-1　**2022年两大综合门户网站利润点比较**　金额单位：亿美元

<table>
<tr><th colspan="2">项目</th><th colspan="2">网易</th><th colspan="2">搜狐</th></tr>
<tr><td rowspan="4">利润点</td><td rowspan="4">主要产品及服务</td><td>游戏和相关增值服务净收入</td><td>108.111（77.27%）</td><td>品牌广告收入</td><td>1.032（14%）</td></tr>
<tr><td>有道净收入</td><td>7.268（5.20%）</td><td>—</td><td>—</td></tr>
<tr><td>云音乐净收入</td><td>13.037（9.32%）</td><td>在线游戏业务收入</td><td>5.854（80%）</td></tr>
<tr><td>创新及其他业务净收入</td><td>11.489（8.21%）</td><td>其他</td><td>0.452（6%）</td></tr>
<tr><td colspan="2">总营业收入</td><td colspan="2">139.905</td><td colspan="2">7.338</td></tr>
<tr><td colspan="2">净利润</td><td colspan="2">29.487</td><td colspan="2">-0.7</td></tr>
</table>

数据来源　根据各企业2022年年报数据整理.

2）从利润对象进行分析

利润对象指的是各类客户。不同类型的门户网站设置多种板块、提供多种服务来吸引不同类型的用户，以此作为获取利润的先决条件。新浪、搜狐和网易等综合门户网站，在品牌知名度、用户数、跨行业经营等方面具有行业门户网站难以企及的优势，而后者则在用户精准度和行业服务深度方面有着自己的特色。例如搜房网，其业务覆盖房地产新房、二手房、租房、别墅、写字楼、商铺、家居、装修装饰等各个领域，依托门户网站及数据库处理中心，在为房地产交易各个环节提供服务的同时，收取信息服务费及广告费，这是其主要的盈利方式。

3）从利润杠杆进行分析

利润杠杆是指企业生产的产品或服务，以及吸引客户购买和使用产品或服务的一系列业务活动，反映的是企业为了盈利进行的一部分投入。目前，不管是综合门户网站还是行业门户网站，都对新闻资讯、线下服务等其他业务较为重视，以形成未来具有重要发展潜力的利润杠杆。例如，网易主打的“电子邮箱”产品，重视电子邮箱的安全技术研发投入，保证用户传输和接收文件的安全性，设计个性化、舒适的界面，满足用户的不同需求。此外，网易还推出了即时通信工具、搜索工具、电子贺卡等产品。为了促进发展，行业门户网站也在不断调整自身的发展策略。例如，2014年8月搜房网公布了变身“房天下”背后的发展战略，着力打造“移动互联网平台、交易平台和金融平台”三大平台建设，建立更为系统、全面的合作伙伴机制。相关数据显示，房天下业务覆盖全球24个国家、658个城市。房天下App累计装机量超2亿次，在移动技术、产品、推广方面全面布局，锁定了移动领域的优势地位。房天下原董事长莫天全曾表示：房天下正在不断改革和升级，未来将会把更多精力放在数据分析、互联网、广告和挂牌业务上。

4）从利润屏障进行分析

利润屏障是指企业为了防止竞争者瓜分本企业的利润而采取的防范措施。一方面，综合门户网站“大而全”，但分配到各个频道的资源以及精确程度却远不及行业门户网站。所以，如何将已有业务捆绑进行资源共享，并寻求新的利润点是综合门户网站考虑的重点。自2017年搜狐宣布退出视频头部版权内容竞争后，搜狐视频走上了“原创自制道路”，通过低成本优质原创内容形成自身独有的“自制路线”。2018年，搜狐以自制剧以及自制综艺节目为特色，实现了在线视频领域的差异化竞争策略。另一方面，行业门户网站也以其定位与所拥有的资源为基础，进行功能性业务开拓，从而增加收益。2022年，随着网易游戏多元化战略的推进和电商、广告及其他业务的稳健增长，网易的年度净收入超过964.958亿元人民币，同比增长10.15%。

3.1.3 发展瓶颈与趋势

1）发展遇到的问题

虽然综合门户网站和行业门户网站的盈利模式各有优势，但其存在的问题仍制约着未来的发展。首先，综合门户网站占有较高的人气和平台优势，适合投放面向大众市场的标准化产品广告，但在广告价格相差不大、客户产品较有针对性时，行业门户网站具有更大的广告价值。其次，各大综合门户网站盈利模式总体来看仍然较为单一，虽然各网站的发展策略各有侧重，但服务方面仍存在较为激烈的同质化竞争。随着互联网内容与商务整合时期的到来，综合门户网站仍需进行多样化，进一步分析用户需求，提供个性化、差异化的服务，才能在细分市场领域占据优势。行业门户网站的客户大部分集中在本地和周边城市，在区域化业务拓展的情况下，如何赢得会员与客户的信任，实现物流、资金流的有效运转，仍有待解决。最后，行业门户网站的搜索引擎本身应具有精确性、专业性特点，但目前，部分行业的垂直网站搜索引擎不仅无法实现精确化搜索，而且功能较为单一，没有将搜索引擎与网站本身的功能进行有效结合，这些都是有待解决的问题。

2）未来趋势

互联网行业的关键在于合作、共赢、跨界。对于在新形势下存在相互竞争和发展瓶颈的综合门户网站与行业门户网站来说，其关键是整合资源。通过行业间的联合或者上下游的扩张，形成完整的产业链，不仅有利于提高利润空间，还可以提升综合竞争力。

（1）加强合作，求得共赢

门户网站的合作有多种类型：第一类，“自有垂直网站+合作门户频道”。例如，易车网与腾讯、新浪、网易三大门户网站均开展了深度合作，建立起“自有垂直网站+合作门户频道”的核心优势，扩大了客户群体，进一步实现了资源整合。第二类，“通用搜索+垂直门户”。例如，中国房产信息集团与百度展开战略合作，合作后的“百度乐居”全面享有百度优势资源，覆盖全国购房人群。对于搜索引擎企业来说，这种合作方式可以引入新的竞争动力，而且直接支持垂直网站业务的快速发展，有利于用户体验的完整性和需求的精确性。第三类，“垂直网站+电子商务”。目前，在专业领域中的广告投放是大部分垂直网站的主要盈利来源，而这种业务模式已经面临严重挑战。在未来的竞争中，需要与联盟成员共享目标客户的需求信息，同时要挖掘那些潜在的需求，“垂直网站+电子商务”的模式将有利于整合产业链的上、下游关系。透过资本市场的态度来看，模式更重的垂直电商却已然开始受到新一轮的青睐，比如二手车、生鲜、家居等。一方面，综合类电商平台注定不会在一个细分领域投入过大比重，更倾向于满足用户“一站式”的购物需求，选择性忽略掉一些亟待解决的行业痛点；另一方面，互联网的整体流量越来越贵，获客成本越来越高，客单价更高的垂直服务因为无可替代性而备受资本市场的厚爱。

与此同时，诸如“我在家”等场景电商的诞生，表明垂直电商创业者正在转换思路。仅以“我在家”为例，在电商的基本商业模式之外，其还引入了共享、直购、“生活家”、商业空间赋能等新思路，通过个人空间和商业空间的共享模式，零成本解决了线下体验的痛点，而直购完成了电商去中心化的使命，在保障品质和服务的前提下，为消费者提供了更具性价比的购物方案。

（2）促进创新，再获新机

企业需在发挥自身优势的基础上，创新盈利模式与策略。例如，百度乐居利利用新浪乐居房地产资料库的楼盘信息系统，不但整合了房产新闻，还创新出一种按效果付费的新型互联网营销模式。该服务将房产信息搜索与400电话系统联合起来，每个楼盘都与专属的400电话分机号绑定，用户通过网页上的400电话即可直接与开发商进行沟通，不仅提升了用户体验，还大幅降低了单个客户的营销成本，使得旗下行业频道再获新机。再如，垂直行业网站淘宝推出“按成交付费”的新模式，为用户提供专业的导购信息和一键到位的便捷购物体验，短短几个月内吸引了上百万参与者，成为其除广告收入外的另一个盈利模式。以标准化程度低、客单价高的家居市场为例，诸如“我在家”等互联网家居分享直购平台给出的模式就是“新零售+共享经济”。一方面，将在平台上消费过的老客户转化为“生活家”，让新客户可以去“生活家”中体验家居真实使用情况；另一方面，与酒店、民宿、书店、餐厅等不同领域的商业伙伴进行合作，扩充家居体验场景，并以此来颠覆传统家居市场的零售模式。更准确地说，将不同的商业模式吸收融合，场景电商的变种将成为垂直市场的主流，也是垂直电商下一步发展的新希望[①]。

总之，互联网行业是一个迅速发展的行业，在这个日新月异的行业里，任何暂时的优势和领先地位随时都有被超越的可能，所以，无论是综合门户网站还是行业门户网站，需要做的是在自身品牌和平台优势的基础上，不断地探索、创新，或者强强联合追求协同发展，进一步探索和发现具有竞争力的利润来源，在未来互联网信息服务方面取得领先地位。

3.2 电子商务

3.2.1 概述

1）背景

计算机产业从20世纪70年代末80年代初开始迅速发展，世界经济也随之逐渐向信息经济过渡。在此之前，全球贸易都以传统贸易方式为主，即买卖双方直接见面，就商品的价格、质量、其他细节等多方面进行讨论，最终在双方达成一致的前提条件下成交，并且一手交钱一手交货。从人类社会迈入20世纪90年代开始，网络技术在产生质的飞跃的同时，也正式带领全球国际贸易走进以电子商务为主的新时代。

自1997年7月美国政府正式发布《全球电子商务政策框架》以来，在全球范围内掀起了电子商务的热潮，电子商务成为20世纪末经济活动的核心。1998年12月，阿里巴巴集团正式在开曼群岛注册成立，次年3月其子公司阿里巴巴中国在杭州创建。2000—2001年，在互联网泡沫破灭的大前提下，电子商务的发展也受到严重的影响，互联网企业经历着冰与火的考验。2003年5月，阿里巴巴投资1亿元人民币推出个人网上交易（C2C）平台淘宝网。2005年12月7日，业内知名咨询机构易观国际发布报告称，当时在中国C2C市场上，淘宝网占据了57.10%的市场份额，而eBay中国的这一数字为34.19%，这表明淘宝网已经处于绝对领先地位。

在2007年9月15日召开的网商大会上，阿里巴巴集团创始人马云说："未来我们将投资100亿元打造电子商务生态链。""100亿"和"电子商务生态链"这两个关键词，为传统企业的B2C商业模式的出世埋下了伏笔。同年，线下女鞋领导品牌达芙妮率先与淘宝网联手，在淘宝网开设旗舰店，开创了境内线下品牌触网B2C的先河。随着网购主流化进程的加速，消费者的需求也逐渐表现出多样化趋势，更加注重高品质消费。2008年，淘宝网强势推出淘宝商城，意图整合传统品牌厂商，以传统品牌企业作为商城的主力军，这为传统企业进驻B2C平台吹响了号角。

2011年是境内B2C市场全面爆发的一年，诸多B2C网站开疆辟土。京东商

① ALTER. 垂直电商的新零售尝试 找到"活路"了吗？[EB/OL]. [2023-06-07]. http://www.sohu.com/a/218404762_118792.

城涉足日用百货、图书音像、奢侈品等领域，当当网持续推进百货化，苏宁易购也从主营家电数码向图书、百货拓展。2011年的“双11”淘宝商城全场促销，创造了10个商家单日单店销售超过千万元的奇迹。2012年1月11日，阿里巴巴旗下B2C平台淘宝商城在北京举行战略发布会，正式将中文品牌“淘宝商城”更名为“天猫商城”。淘宝效应告诉我们：电子商务背景下的新渠道将改变传统品牌的产销模式。

2008年以来，受全球金融危机蔓延深化的影响，我国多数行业都遭受了不同程度的冲击，但网络零售行业的发展却一路繁荣，成为危机背景下的一个亮点。为了推动经济快速回升，商务部于2009年发布了《关于加快流通领域电子商务发展的意见》，开始有针对性地扶持和规范各地方企业发展电子商务，致力于将电子商务培植成为后金融危机时期的经济增长点。电子商务引发的是一个超越与被超越的时代，凭借传统实体的供应链资源和独特优势，传统企业发展电子商务是一股不可逆的潮流。电子商务不仅适合大企业，对众多中小企业也非常有利。互联网作为一种信息技术，让小企业可以从信息管理的各个方面入手将自己的产品和服务销售到全国各地，做大做强，拥有了一个与大型企业缩短差距、站在同一起跑线上的机会。

商务部于2022年11月16日发布的《中国电子商务报告（2021）》显示，2021年我国电子商务交易额达42.30万亿元，同比增长19.60%。其中，2021年B2B（企业对企业的营销）交易额达29.95万亿元，同比增长11.34%；网络零售市场交易规模达13.09万亿元，同比增长14.10%。中国电子商务研究中心高级分析师张周平认为，从市场增速来看，我国电子商务已经进入成熟期；在市场结构上，B2B仍然占主导地位，网络零售占比持续扩大。2021年，B2B服务商不断探索盈利模式的多元化，从而推动整体交易规模稳定增长；网络零售市场持续升温，行业进入兼并整合期，巨头企业通过收购、兼并等资本投资方式，迅速对新市场、新业务领域进行渗透，同时不断拓展新的业务线。

根据中商产业研究院发布的《2019—2024年中国网络购物市场前景及投资机会研究报告》，2022年我国电子商务产业发展水平进一步提高，应用领域逐渐深化，配套支撑不断完善，电子商务总体发展水平走在世界前列。从产业规模来看，电子商务交易额快速增长，网络零售额连续10年稳居世界第一。2013—2022年，我国电子商务交易额从10.40万亿元增长到43.80万亿元，年均复合增长率为15.50%。2022年，全国网上零售额达13.79万亿元，同比增长4%。其中，实物商品网上零售额达11.96亿元，增长6.20%，占社会消费品零售总额的比重为27.20%，比2021年提高了2.7个百分点。

由此可见，我国电子商务市场一直保持着高速增长，这也充分证明了我国国民的消费观念也在逐步向足不出户的电子商务方式转变。

2）概念

电子商务通常是指在全球各地广泛的商业贸易活动中，在互联网开放的网络环境下，基于浏览器或者服务器应用方式，买卖双方不谋面地进行各种商贸活动，实现消费者的网上购物、商户之间的网上交易和在线电子支付以及各种商务活动、交易活动、金融活动和相关的综合服务活动的一种新型的商业运营模式。联合国国际贸易程序简化工作组对电子商务的定义是：采用电子形式开展商务活动，它包括在供应商、客户、政府及其他参与方之间通过任何电子工具，如电子数据交换（EDI）、Web技术、电子邮件等共享非结构化商务信息，并管理和完成在商务活动、管理活动和消费活动中的各种交易。即使在各国或不同的领域，电子商务有着不同的定义，但其关键依然是依靠电子设备和网络技术进行的商业模式。

随着电子商务的高速发展，它已不仅包括其购物的主要内涵，还包括物流配送等附带服务。电子商务包括电子货币交换、供应链管理、电子交易市场、网络营销、在线事务处理、EDI、存货管理和自动数据收集系统。在此过程中利用到的信息技术包括互联网、外联网、电子邮件、数据库、电子目录和移动电话。

电子商务一般被划分为广义和狭义的电子商务。从广义上讲，电子商务一词源自electronic business，就是通过电子手段进行的商业事务活动。基于互联网等技术，公司内部、供应商、客户和合作伙伴之间，利用电子业务共享信息，实现企业间业务流程的电子化，配合企业内部的电子化生产管理系统，提高企业的生产、库存、流通和资金等各个环节的效率。从狭义上讲，电子商务（electronic commerce，EC）主要利用互联网从事商务或相关活动，是指使用电子工具（包括电报、电话、广播、电视、传真、计算机、计算机网络、移动通信等）在全球范围内进行的商务贸易活动。它是以计算机网络为基础所进行的各种商务活动，包括商品和服务的提供者、广告商、消费者、中介商等有关各方行为的总和。人们一般理解的电子商务是指狭义的电子商务。

3）分类

按照不同的分类标准，可以将电子商务分为不同的类型：

按照商业活动的运行方式，电子商务可以分为完全电子商务和非完全电子商务；按照商务活动的内容，电子商务主要包括间接电子商务（有形货物的电子订货和付款，仍然需要利用传统渠道如邮政服务和商业快递送货）和直接电子商务（无形货物和服务，如某些计算机软件、娱乐产品的联机订购、付款和交付，或者是全球规模的信息服务）；按照开展电子交易的范围，电子商务可以分为区域化电子商务、远程境内电子商务、全球电子商务；按照使用网络的类型，电子商务可以分为基于专门增值网络（EDI）的电子商务、基于互联网的电子商务、基于Intranet的电子商务；按照交易的对象，电子商务可以分为企业对企业的电子商务（B2B），企业对消费者的电子商务（B2C），企业对政府的电子商务（B2G），消费者对政府的电子商务（C2G），消费者对消费者的电子商务（C2C），企业、消费者、代理商三者相互转化的电子商务（ABC），以消费者为中心的全新商业模式（C2B2S），以供需方为目标的新型电子商务（P2D）。

本书提出了一种全新的分类模式，即根据交易对象的性质，电子商务可以分为提袋类电子商务和非提袋类电子商务，将在下节内容中进行详细的介绍。

3.2.2 电子商务模式

根据现代电子商务平台的业务范畴，可以将电子商务模式分为提袋类和非提袋类两类。其中，根据其运作模式，提袋类可以分为平台模式、自营模式和垂直电商模式；非提袋类可以分为信息类模式、服务类模式。电子商务的具体分类模式，如图3-1所示。

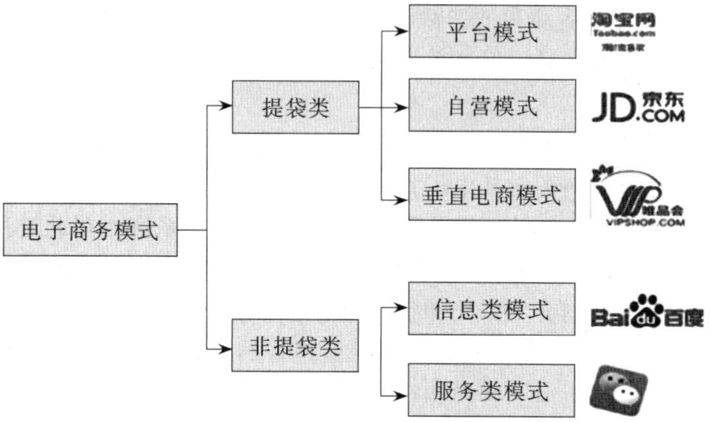

图3-1　电子商务模式分类图

1）提袋类电子商务模式

提袋类电子商务模式的业务范畴核心是进行有形商品的交易活动。

（1）平台模式

平台模式是指独立于产品或服务的提供者和需求者，通过网络服务平台，按照特定的交易和服务规范，为买卖双方提供服务。该模式具有代表性的电子商务平台是天猫商城，它相当于一个大型线上商场，店家在商场开店，提供各种商品，如服饰、食品、书籍等，顾客通过商品搜索或者店铺搜索找到自己的需求商品或店铺，在第三方平台上完成交易，具体模式如图3-2所示。同线下商城一样，天猫商城入驻者则需要向其缴纳一定的店铺租金。

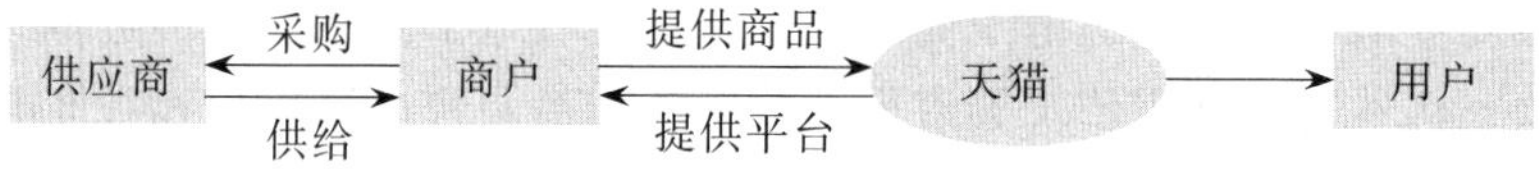

图3-2　天猫平台模式图

（2）自营模式

自营模式是指产品或服务的提供者又是平台的拥有者。自营型电子商务经营者在线上搭建平台，通过企业生产或以较低的进价买入商品，随后在平台上售出，从而获得盈利。与平台模式不同，自营模式不存在商家，不存在为商家提供服务，所有的问题都需要自己为自己解决。自营模式最具代表性的电子商务平台是京东、苏宁等，具体模式如图3-3所示。

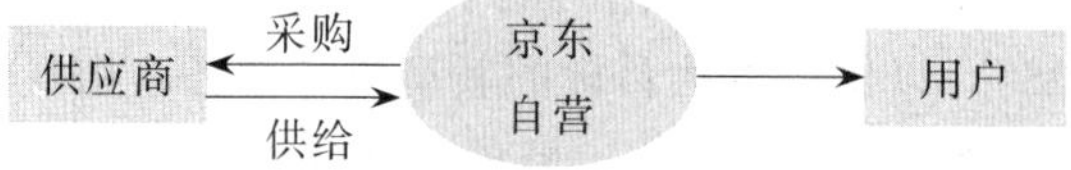

图3-3　京东自营模式图

(3) 垂直电商模式

垂直电商模式是指在某一个行业或细分市场深化运营的电子商务模式。其产品主要来源于企业购买。企业通过低价买入产品，再以相对高价卖出，从差价中获得盈利。这类电子商务模式的典型代表是唯品会。唯品会采用线上销售模式，通过唯品会平台直接销售厂方的商品，省去了中间多级的销售渠道，通过与许多品牌厂商的长期合作，形成合作模式，如跨季度商品采购、计划外库存采购、大批量采购等，货源价格最大化优惠，具体模式如图3-4所示。其“限时限量”模式，可以减少商品的积压，并且可以根据订单生产，降低了经营成本，有更大的让利空间。

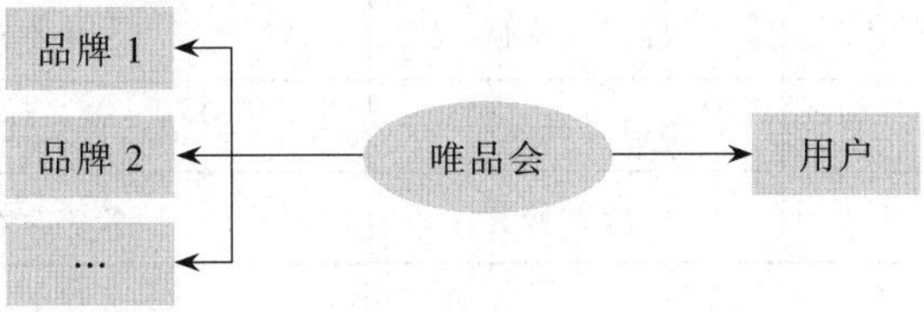

图3-4 唯品会垂直电商模式图

2) 非提袋类电子商务模式

非提袋类电子商务模式主要是为消费者提供信息与服务等无形商品。

(1) 信息类模式

信息类模式作为中介平台出现，为用户提供特定领域或多个领域的信息，如为用户提供旅游、餐饮等信息，各个年龄段的各种需求几乎都可以在这种类型的某个网站上得以满足。这类模式具有代表性的电子商务平台是58同城等。信息提供者在网站上发布信息，信息需求者根据个人需要寻找信息，并与信息发布者直接联系，具体模式如图3-5所示。在该模式下，平台并不参与到交易中。

图3-5 58同城信息类模式图

(2) 服务类模式

服务类模式作为第三方外包商，为用户提供网站建设、运营、策划等一站式众包服务。这种模式具有代表性的电子商务平台是猪八戒网等。买家把需要解决的问题放在猪八戒网上，通过悬赏模式可以获得多种方案，选到百里挑一的作品，通过速配模式，可以寻找到能力精准匹配的服务商来提供服务，具体模式如图3-6所示。总而言之，企业机构和个人可以在猪八戒网上获得低成本、高效益的服务。

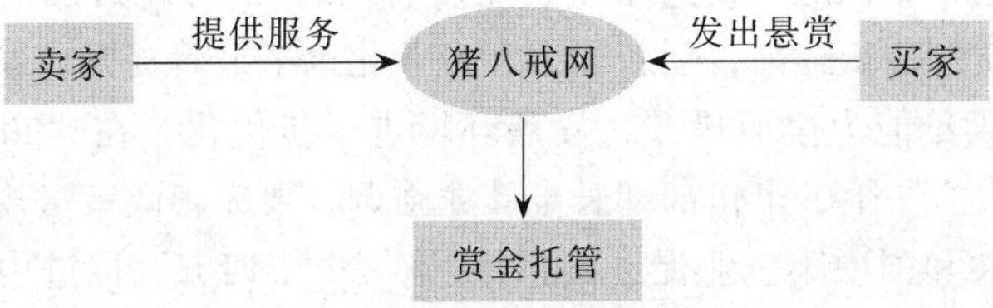

图3-6 猪八戒网服务类模式图

3）优劣势对比

不同模式下的电商平台由于自身规模、服务对象、经营种类的不同，其各自的优劣势也有不同。五种模式的优劣势对比见表3-2。

表3-2 **五种模式优劣势对比表**

模式类型	优势	劣势
平台模式	品种全	质量参差不齐
自营模式	口碑好	种类较少
垂直电商模式	经营成本低	种类较少
信息类模式	信息齐全	信息真实性无法保证
服务类模式	体验差异化	水平参差不齐

3.2.3 发展瓶颈与趋势

1）发展遇到的问题

（1）商业模式缺乏创新

目前，我国境内电子商务存在对传统商业模式和境外经营模式模仿等问题，缺乏与我国国情相结合的创新模式。虽然网站爆炸式增长，但与网站的“烧钱式”亏损形成了巨大的反差。据有关人士分析，理论上电子商务可节省76.59%的交易费用，但由于我国部分电子商务网站“大肆炒作、吸引公众、争取广告、上市圈钱”，过少的网上交易量不足以维持日常运转，不得不依靠外来资金投入，因此，实际上只节省了11.61%的交易费用。

（2）企业信息化水平较低

企业信息化水平与电子商务是密不可分的，企业信息化是开展电子商务的基础。企业信息化落后严重制约着电子商务在我国的发展。企业作为电子商务的主体，业务流程和管理过程的信息化是企业开展电子商务的必要前提。在国家市场监督管理部门注册登记的几千万家中小企业中，只有少数企业拥有一定的现代化信息手段。我国中小企业只有10%左右实施了ERP和CRM方案，6%左右实施了SCM方案，绝大多数企业的信息化水平仍停留在文字处理、财务管理等办公自动化及劳动人事管理阶段，局域网的应用也主要处在信息共享层面上，生产控制方面的应用较少。

2021年12月，工业和信息化部会同国家发改委、科技部、财政部等十九部门联合发布了《“十四五”促进中小企业发展规划》，明确到2025年，中小企业实现整体发展质量稳步提高，创新能力和专业化水平显著提升，经营管理水平明显提高，服务供给能力全面提升，发展环境进一步优化。在“2022全国中小企业数字化转型大会”上，工信部部长金壮龙强调，要完善政策法规体系，深入贯彻《中华人民共和国中小企业促进法》，实施《“十四五”促进中小企业发展规划》，出台鼓励创新、加快数字化发展的配套措施。

(3) 电子商务政策法规不健全

在宏观层面上，政策法规不健全、标准不统一以及商务实践的盲目性在一定程度上制约着我国电子商务的发展。电子商务是一项复杂的系统工程，它不仅涉及参加交易的双方，而且涉及不同国家、不同地区的市场监督管理、海关、保险、税收、银行等部门。这就需要有统一的法律和政策框架以及强有力的跨地区、跨部门的综合协调机构。现行管理体制存在的问题，集中表现为条块分割、设置不合理、协调不够、办事效率低下、对新经济适应性较差等。虽然近年来我国已经出台了一些法律法规，但总体来看，针对电子商务的专门立法仍然欠缺，尤其是在跨国家、跨地区、跨部门协调方面存在不少问题。

2）未来趋势

经过多年沉淀，2018年的电商产业吸引了我国互联网领域最多的明星企业在这片广袤的战场展开角逐，上演了一场教科书式的商战案例。阿里巴巴作为领先者，为了捍卫自己的领先优势严防死守；京东作为挑战者，在正面战场持续进攻；拼多多利用微信社交网络与“五环外市场”的无争地带，从侧翼包抄进入主战场；苏宁线上、线下结合，使尽浑身解数留在核心竞争者的位置；网易严选、云集与小红书则避开巨头优势，分别在精选电商、会员电商与社区电商等细分市场抢得一块阵地；唯品会与当当等昔日的明星电商企业，则在新的竞争环境下束手无策，逐渐沉沦。未来，我国的电商产业又会如何演进呢？要想准确判断这些企业的未来走势，最好的方式是回到用户交易场景的原点进行思考。

我国目前约有14亿人口，这是一个巨大的市场，这个市场由很多种不同类型的分众用户组成。用户交易场景的本质是这些分众用户在购买决策时的真实心理需求。企业竞争归根结底就是看谁能最高效率地提供满足这些场景的产品与服务。所以，我国电商企业的竞争，本质上也是用户的交易场景之争[①]。

3.3 互联网金融

3.3.1 概述

由第1章的介绍可知，互联网金融是指传统金融机构与互联网企业利用互联网技术和信息通信技术实现资金融通、支付、投资和信息中介服务的新型金融业务模式。互联网金融不是互联网和金融业的简单结合，而是在实现安全、移动等网络技术水平上，被用户熟悉并接受后（尤其是对电子商务的接受），自然而然地为适应新的需求而产生的新模式及新业务，是传统金融行业与互联网精神相结合的新兴领域。

一方面，互联网的特性决定了互联网金融的传播效率远高于传统金融；另一

① 邓文君．深入解读中国电商行业现状［EB/OL］．［2023-06-07］．https：//www.hishop.com.cn/cooperation/show_66499.html.

方面，互联网受众群体逐年增加，使得我国的互联网金融具有极大的发展空间，而受众群体的年轻化发展，也使得互联网金融具有高增长率和成长性。《关于促进互联网金融健康发展的指导意见》指出：支持互联网企业依法合规设立互联网支付机构、网络借贷平台、股权众筹融资平台、网络金融产品销售平台，建立服务实体经济的多层次金融服务体系，更好地满足中小微企业和个人投融资需求，进一步拓展普惠金融的广度和深度。本节介绍的互联网金融是指狭义的概念，即互联网企业开展的、基于互联网技术的金融业务。

国内互联网金融在发展过程中呈现出多种多样的业务模式和运行机制。

3.3.2 模式

目前大家普遍接受的对互联网金融模式的分类主要有大数据金融、第三方支付、信息化金融机构、互联网金融门户四大类，但由于互联网金融正处于快速发展期，目前的分类仅是一个阶段的粗浅分类，即使将电子货币、虚拟货币归入第三方支付，四大模式也无法包容诸如比特币等新兴互联网金融创新产物。下面以支付宝和微信支付为例对移动端互联网金融模式进行分析。

1）支付宝，全面发力移动端

支付宝从发布9.0版本以后，便不再只是一个互联网支付平台，同时也成为涵盖各类消费的移动金融生态平台。用户在使用PC端支付宝向其他支付宝账户进行转账等业务时，需要支付一定的手续费，而使用移动端支付宝向其他支付宝账户进行转账一直享受免费政策，这无疑会促使很多PC端用户下载支付宝的手机App。截至2020年8月16日，支付宝的国内年度活跃用户超过9亿人，其中80%的用户使用3项及以上支付宝的服务。

从合作的角度看，支付宝作为接入电商、团购、O2O等各类线上消费平台的支付工具，必然要不断创新移动端，创造快捷、安全的支付条件。支付平台与电商生态是相辅相成的。

从竞争的角度看，支付宝最大的竞争对手是微信支付。凭借社交平台的独特优势，微信支付在移动端所表现出来的爆发力让支付宝难以企及，所以良好的竞争能够促进支付宝创新升级。

从线下支付的角度看，支付宝正在全面进军线下支付市场。支付宝钱包通过依附智能手机，大大提升了线下支付的便利性。比如2015年的滴滴快的大战，其背后是支付宝和微信支付的线下抢夺战。

2）微信支付，百分百移动端

微信支付是集成在微信客户端的支付功能，用户可以通过手机快速完成支付流程。微信支付以绑定银行卡的快捷支付为基础，向用户提供安全、快捷、高效的支付服务。作为境内第一移动客户端，其拥有超过10亿用户数量。尤其是微信红包掀起的发红包大潮，让微信支付的用户在手机端出现了爆发式增长。微信的服务功能，如图3-7所示。

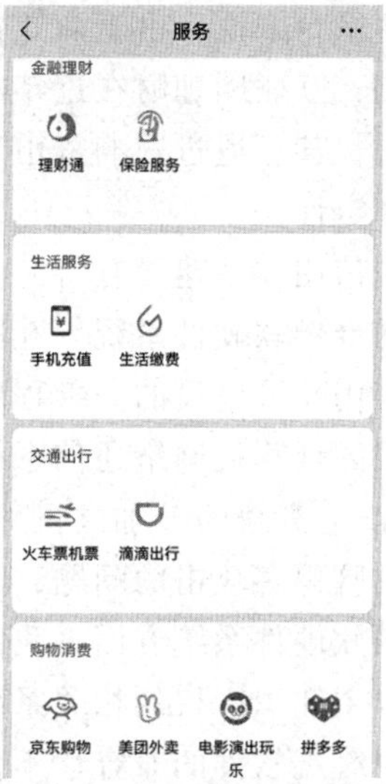

图3-7 微信服务功能图

微信支付实际上是依托于财付通发展起来的，而且正在进行全面的移动金融生态布局：

首先，通过对微信公众号商家的开放，微信支付正在接入越来越多的移动商家。微信支付在帮助这些商家打通移动支付闭环的同时，构筑了强大的生态壁垒。很多消费者通过各类微信公众号进行支付时，可直接使用微信支付完成。

其次，微信支付通过与线下零售商和百货商场达成合作，让越来越多的线下商家接受顾客在线下通过手机微信进行付款，支付过程非常方便。对于这类线下的零售商和百货商场来说，与微信支付达成合作，也同样为他们拓展线上业务打通了支付关。

再次，微信在服务功能中接入了金融理财、生活服务、交通出行、购物消费等系列入口，围绕着微信支付构建了自有的生态体系，同时也大大增强了微信支付的用户黏性。

最后，微信支付正在与越来越多的电商平台、O2O平台、团购网站进行合作，对外全面开放微信支付。过去在PC时代，电子商务占据了线上支付的主流，在淘宝和天猫的支撑下，支付宝一家独大，而现今在移动互联网时代，O2O模式的兴起使得微信支付更加受到这类平台商家的欢迎。

3.3.3 发展瓶颈与趋势

1）发展遇到的问题

首先，我国的互联网金融是随着互联网等信息技术的快速发展和广泛应用而自发形成和发展起来的，先后经历了从网上银行到第三方支付，再到大数据金融和第三方支付理财的发展历程，其在发展过程中暴露出了缺乏有效管理的问题。这些问题突出表现在以下两个方面：第一，依托电子商务发展产生的大数据而发展起来的大数据金融，最初是由电商平台与商业银行合作实现的，而后二者逐渐分立，演化出了电商大数据金融和商业银行自建电商平台开展大数据金融两种形式。而对于商业银行自建电商平台来说，由于商业银行并不熟悉电商平台的运作模式，其发展困难重重。第二，互联网理财在近年的井喷式发展，对传统银行存款业务和理财产品形成了冲击，甚至通过影响货币乘数极大地影响了我国货币政策的实施效果和金融体系的稳定性。

其次，互联网信息技术和信用体系建设有待完善。互联网金融发展的基础是计算机网络通信系统和互联网金融软硬件系统等互联网信息技术以及信用体系建设，因此互联网信息技术和信用体系建设的完善程度对我国互联网金融的发展起着至关重要的作用。目前我国的计算机网络通信系统还存在密钥管理和加密技术不完善、TCP/IP协议安全性较差等缺陷，加之网络通信系统具有的开放式特点造成其易遭受计算机病毒和电脑黑客攻击的问题，为我国互联网金融交易带来较大的技术风险。在互联网金融软硬件系统方面，我国境内的互联网金融软硬件系统大多来自国外，缺乏具有自主知识产权的相关系统，这导致我国互联网金融所需的技术解决方案面临与客户终端软件的兼容性不佳，可能被技术变革淘汰，乃至威胁整个金融体系安全的风险。而在信用体系建设方面，我国互联网金融赖以发展的信用体系建设还很不完善，信用风险较高。

最后，互联网金融监管体系不健全，在一定程度上制约了互联网金融的健康、稳定发展。现阶段我国的互联网金融监管体系是在20世纪90年代中期沿袭传统金融监管体系形成的，但其后，特别是2013年以来，随着互联网金融的快速发展，这一监管体系暴露出了诸多问题。例如，当前我国出现了对银行主导型的网络融资监管过多、对非银行主导型的网络融资监管不足，以及由此导致的商业银行贷款无法创新、大量的非银行网络融资风险巨大的问题。这些问题如果不加以解决，必然会严重影响我国互联网金融的健康、稳定发展。

2）未来趋势

互联网金融的发展，机遇和挑战并存，这更加需要其中的参与者不断创新探索。互联网金融在实现金融包容和服务创新方面，具有独特的发展前景与战略意义。虽然目前我国互联网金融发展方兴未艾，各界评论褒贬不一，但值得肯定的是，互联网金融在我国已经成为一种新兴业态，由此引发的金融市场的“鲶鱼效应”和普惠金融理念正在倒逼金融体制改革和金融服务创新，进而成为影响未来金融发展格局的重要变量。

在未来，互联网金融将逐步转入“分类监管、有序竞争”的发展阶段，成为传统金融的有益补充。国际经验也已表明，互联网金融与传统金融之间并非一种“非此即彼”的替代关系，而是丰富金融生态环境的互补与共生力量，其关键在于相关政策能否着力于培育信息化、国际化和法治化的营商环境。为此，深化金融体制必须从构建公平竞争的营商环境入手，革除各种形式的金融垄断，加快利率市场化进程，鼓励互联网金融业态创新；强化互联网金融分类监管，加快信息基础设施建设，完善第三方支付凭证管理等。要进一步发挥互联网金融在我国经济升级过程中的驱动作用，通过深化改革、简政放权，塑造公平的竞争环境，充分发挥互联网金融在资源配置、价格发现、信息对称、降低成本等方面的功能与优势，合理解决互联网金融发展过程中遇到的各类问题，培育和助推我国经济创新转型中的互联网金融企业。

3.4 数据公司与分业经营

3.4.1 数据公司

1）概述

大数据主要是指无法在可承受的时间范围内用常规软件工具进行捕捉、管理和处理的数据集合，是需要采用新处理模式才能获得更强的决策力、洞察发现力和流程优化能力的海量、高增长率和多样化的信息资产。麦肯锡全球研究所对大数据给出的定义是：一种规模在获取、存储、管理、分析方面大大超出了传统数据库软件工具能力范围的数据集合，具有海量的数据规模、快速的数据流转、多样的数据类型和价值密度低等特点。

大数据技术的战略意义不在于掌握庞大的数据信息，而在于对这些含有意义的数据进行专业化处理。数据公司通过对企业的海量数据进行分析、处理，整合各类相关数据，利用不同的数据源联动分析出结果，为企业提供征信评级信息，对企业决策进行预测分析或者为企业提供相关决策信息，帮助企业了解用户、锁定资源、规划生产、做好运营、开展服务。同时，数据公司也可以为投资者提供有价值的投资信息，帮助投资者进行价值分析。目前，数据公司主要涉及金融、零售、医疗卫生、电信、能源与公共事业、数字媒体、交通运输等行业。

截至2022年有关大数据的大事记见表3-3。

表3-3 **截至2022年大数据发展大事记**

2005年	Hadoop项目诞生，它是雅虎公司用来解决网页搜索问题的一个项目，是由多个软件产品组成的一个生态系统，实现全面功能和灵活的大数据分析
2008年12月	“大数据”得到部分美国知名计算机科学研究人员的认可，业界组织计算社区联盟发表了一份有影响力的白皮书——《大数据计算：在商务、科学和社会领域创建革命性突破》
2009年	印度政府建立了用于身份识别管理的生物识别数据库，联合国全球脉冲项目已研究如何利用手机和社交网站的数据源来分析预测从螺旋价格到疾病暴发之类的问题
2009年	美国政府通过启动Data.gov网站的方式进一步开放了数据的大门，这个网站向公众提供各种各样的政府数据
2010年2月	肯尼斯·库克尔在《经济学人》上发表了长达14页的大数据专题报告《数据，无所不在的数据》
2011年2月	IBM的沃森超级计算机每秒可扫描并分析4TB的数据量，并在美国著名智力竞赛电视节目《危险边缘》（Jeopardy）上击败两名人类选手而夺冠。《纽约时报》认为这一刻是“大数据计算的胜利”

续表

2011年12月	我国工业和信息化部发布的物联网“十二五”规划，将信息处理技术作为4项关键技术创新工程之一提出来，其中包括海量数据存储、数据挖掘、图像视频智能分析，这些都是大数据的重要组成部分
2012年4月	Google推出一项企业级大数据分析的云服务BigQuery，用来在云端处理大数据
2012年7月	联合国在美国纽约发布了一份关于大数据政务的白皮书——《大数据促发展：挑战与机遇》，总结了各国政府如何利用大数据更好地服务和保护人民
2013年6月	美国零售巨头沃尔玛成功收购数据分析初创公司Inkiru，以增强自身的电子商务能力并与亚马逊的在线业务相竞争
2013年9月	腾讯云在中国北京举行开放战略发布会，正式宣布全面开放。据悉，腾讯云定位于服务互联网应用开发者的公有云平台，覆盖了计算云、数据云、个人云三个层面
2014年4月	世界经济论坛以“大数据的回报与风险”为主题发布了《全球信息技术报告》（第13版）
2014年5月	美国白宫发布了2014年全球“大数据”白皮书——《大数据：抓住机遇、守护价值》
2015年8月	我国国务院正式印发《促进大数据发展行动纲要》
2016年	我国《大数据产业发展规划（2016—2020年）》已征求专家意见，并进行集中讨论和修改，涉及内容包括推动大数据在工业研发、制造、产业链全流程各环节的应用，支持服务业利用大数据建立品牌、精准营销和定制服务等
2017年5月	我国上海大数据联盟、大数据产业基地（市北高新园区）组织本市大数据重点企业组成代表团赴美国硅谷开展国际合作交流系列活动
2017年9月	为落实国家大数据发展战略，由上海数据交易中心、仪电集团、电科智能等8家单位共同发起成立的上海大数据应用创新中心正式获得上海市经济和信息化委员会批复
2018年3月	我国最高人民检察院党组书记、检察长曹建明指出，各级检察机关要把智慧检务建设摆在更加重要的位置，推动互联网、大数据、人工智能和检察工作深度融合
2019年12月	中国信息通信研究院发布《大数据白皮书（2019年）》
2020年	Facebook在丹麦建设的超大型数据中心，已全部采用可再生能源技术
2020年8月	“2020（第五届）大数据产业生态大会”在中国北京隆重召开
2020年9月	美国硅谷大数据公司Palantir上市，市值高达209亿美元
2021年	我国工业和信息化部印发《“十四五”大数据产业发展规划》
2022年2月	国家发改委、中央网信办、工业和信息化部、国家能源局联合印发通知，同意在京津冀、长三角、粤港澳大湾区、成渝、内蒙古、贵州、甘肃、宁夏等8地启动建设国家算力枢纽节点，并规划了10个国家数据中心集群。至此，全国一体化大数据中心体系完成总体布局设计，“东数西算”工程正式全面启动
2022年	亚马逊云科技在2022 re:Invent全球大会上发布了全新的数据管理服务Amazon DataZone，助力客户更快、更轻松地对存储在亚马逊云科技、客户本地和第三方来源的数据进行编目、发现、共享和治理，同时提供更精细的控制工具，管理和治理数据访问权限，确保数据安全

拓展阅读3-1

数说“东数西算”

目前，国内的大数据公司可以分成两类：一类是已有获取大数据能力的公司，如百度、腾讯、阿里巴巴等互联网巨头以及华为、浪潮、中兴等国内领军企业，涵盖了数据采集、数据存储、数据分析、数据可视化以及数据安全等领域；另一类是初创的大数据公司，这类公司依赖于大数据工具，针对市场需求，根据数据处理的结果为市场带来创新方案并推动技术发展。截至目前，大多数的大数据应用还是需要第三方公司提供服务。

从数据采集、存储、处理、分析挖掘到展现各个环节，大数据在不同行业都有相关应用。具体来说，可以将大数据创业公司分为行业应用、数据技术、数据资源三个方向（见表3-4）。统计数据显示，2018年大数据领域融资事件有381起，2019年大数据领域融资事件有所下降，但仍保持较高的水平。随着智慧城市的发展，大数据融资依然保持较高的热度。

表3-4　**大数据创业公司应用方向**

方向		公司名
行业应用	广告推荐	秒针系统、百分点等
	征信	百融金服等
	金融	数联铭品等
	交通	海视智能等
	旅游	妙计旅行等
	影视	艺恩、艾漫等
	医疗	其明信息等
数据技术	分析	永洪科技等
	存储管理	华云数据、数梦工场等
	采集	视界信息等
数据资源	交易	九次方、数据堂等

数据来源　中商情报网.

随着技术和理念的发展，大数据在我国逐渐普及开来，行业应用日益增多。企业通过引进大数据改善经营管理，提升与此相支撑的数据采集、可视化等硬件技术，增强企业竞争力，扩大市场规模。除了营销、金融等原本就需要数据驱动的行业外，大数据还可应用在健康医疗、交通、气象、公共服务治理等方面。

2）发展现状

大数据的出现，带来了新一波的创新浪潮。一方面，相对于前些年很多公司号称自己是“大数据”公司但实则仅仅是查询搜索数据或是还在利用人工采集数据的状况，目前很多创业公司已经有了很好的行业知识、技术架构、数据采集能力和算法分析能力，这些给未来行业的深入发展打下了良好的基础。同时，大数据的相关培训，为大数据人才的培养创造了良好的条件。中国信息协会大数据分会与北京国润互联信息技术研究院共同发布的《2021—2022中国大数据产业发展报告》显示，2020年中国大数据行业市场规模为7 486.2亿元。随着一系列政策的出台，大数据国家战略正在加速落地，大数据行业持续增长，预计未来3年增速保持12%以上，到2023年产业规模将达到11 522.5亿元。随着大数据在各行业的融合应用、不断深化，数据挖掘、机器学习、产业转型、数据资产管理、信息安全等大数据技术及应用领域都将面临新的发展突破，成为推动经济高质量发展的新动力。但是，大数据在我国兴起才不过几年，从技术到分析水平都还在起步阶段，在技术基础设施领域，我国的大数据创业公司明显缺乏创新，同时也有部分企业并没有相关的技术实力，却乘着政府政策扶植的东风谋求发展，给行业带来一定的概念泡沫。

3）发展趋势

大数据的出现，开启了一次重大的时代转型。过去，在IT领域，技术是发展的核心力量，如今，随着大数据技术的发展，数据的价值凸显，信息的重要性日益提高，今后将由数据推动技术的进步。大数据不仅改变了社会经济生活，也影响了每个人的生活和思维方式。

大数据发展的主要方向如下：

（1）规模更大、种类更多、结构更复杂的数据

虽然目前以Hadoop为代表的技术取得了巨大的成功，但是随着大数据的迅猛发展，各类相关技术也会随之更新换代，就如同Hadoop，它的理论基础早在2006年就已诞生。为了更好地应对未来规模更大、种类更多、结构更复杂的数据，很多研究者已经开始关注此问题，其中最为著名的当属谷歌的全球级的分布式数据库Spanner，以及可容错可扩展的分布式关系型数据库F1。未来，大数据的存储技术将建立在分布式数据库的基础上，支持类似于关系型数据库的事务机制，可以通过类SQL语法高效地操作数据。

（2）数据的资源化

大数据蕴含了无数资源，也就有了很大的商业价值。从大数据的价值链分析，其价值来自数据本身、技术和思维，而核心就是数据资源，离开了数据、技术和思维是无法创造价值的。不同数据集的重组和整合，可以创造出更多的价值。掌控大数据资源的企业，可以将数据使用权进行出租和转让，以获得巨大的利润。

（3）大数据可视化

许多人机交互场景都遵循所见即所得的原则，如文本和图像编辑器等。在大数据应用中，混杂的数据本身是难以辅助决策的，只有将分析后的结果以友好的形式展现，才会被用户接受并加以利用。报表、直方图、饼状图、回归曲线等经

常用于表现数据分析的结果，以后肯定会出现更多的新颖的表现形式，如微软的“人立方”社交搜索引擎使用关系图来表现人际关系。

（4）面向数据

程序是数据结构和算法，而数据结构就是存储数据的。从程序设计的发展历程中可以看出，数据的地位越来越重要。在逻辑比数据复杂的小规模数据时代，程序设计以面向过程为主；业务数据的复杂化催生了面向对象的设计方法。如今，业务数据的复杂度已经远远超过业务逻辑，程序也逐渐从算法密集型转向数据密集型。可以预见，未来一定会出现面向数据的程序设计方法，如同面向对象一样，在软件工程、体系结构、模式设计等方面对信息技术的发展产生深远的影响。

3.4.2 分业经营

1）概述

截至2020年有关分业经营的大事记见表3-5。

表3-5 **截至2020年分业经营发展大事记**

2005年1月26日	在瑞士达沃斯世界经济论坛上，马云首先提出“第三方支付平台”的概念，2005年被称为“支付元年”
2009年9月	阿里云计算公司成立，4个月后基于云计算的贷款产品开始上线
2013年6月13日	余额宝上线，截至2013年底，余额宝的客户数高达4 303万人，规模为1 853亿元，2013年被称为“互联网金融元年”
2016年11月	建信财险在宁夏银川宣告成立，注册资本金为10亿元。国有商业银行完成在保险领域的布局：中国工商银行的工银安盛人寿，中国农业银行的农银人寿，交通银行的交银康联人寿，中国建设银行的建信人寿、建信财险，中国银行的中银三星人寿、中银保险
2017年	第五次全国金融工作会议提出成立“国务院金融稳定发展委员会”，统筹协调金融监管政策、监管部门之间以及其他相关政策的配合
2018年3月	银监会与保监会合并为银保监会，“一行三会”变为“一行两会”
2019年7月	银保监会和证监会等相关部门起草并对外发布了《金融控股公司监督管理试行办法（征求意见稿）》，这意味着我国金融业正式进入混业经营的规范化时代
2020年9月	国务院印发了《关于实施金融控股公司准入管理的决定》，随后中国人民银行发布了《金融控股公司监督管理试行办法》，旨在规范金融综合经营和产融结合，加强金融控股公司统筹监管。在坚持分业经营、分业监管的原则下，我国金融机构或将在金融控股公司的大框架下探索混业经营模式

互联网企业在选择开展金融业务时，可以选择三种业务方向：一是靠金融业务本身获得直接收益；二是通过提供金融服务增强原业务体系收益能力；三是更看重金融业务未来在生态体系中的价值。互联网公司可以利用现有入口资源、数据资源与金融业务结合产生收益，体现为渠道类产品覆盖广泛，消费贷款、供应链贷款兴起，大公司从事征信和支付业务的意愿强烈。

在1993年以前，我国实行的是混业经营模式，但却带来了金融市场的混乱现象，大量金融机构从事高风险业务，银行体系中出现较为严重的资金运用问题，金融秩序出现较大的动荡。于是，从1993年开始，我国大力整顿金融秩序，1993年11月，党的十一届三中全会通过了《中共中央关于建立社会主义市场经济体制若干问题的决定》，明确指出“银行业和证券业实行分业管理”。1993年12月，国务院发布了《关于金融体制改革的决定》，提出“国有商业银行不得对非金融机构投资，在人、财、物等方面要与保险业、信托业和证券业脱钩，实行分业经营”。在此后的期间内，我国金融业一直坚持分业经营的原则，这是在长期的实践探索中形成的，符合我国经济发展的现状。

本书所提到的分业经营是指对金融机构业务范围进行某种程度的“分业”管制。按照程度的不同，分业经营有三个层次：一是指金融业与非金融业的分离，金融机构不能经营非金融业务，也不能对非金融机构持股。二是指金融业中银行、保险、证券三个子行业的分离，其只能经营各自的业务。三是指银行、证券、保险各子行业内部有关业务的进一步分离。

2）阿里巴巴集团的持牌合法经营

阿里巴巴集团成立于1999年，创建至今已经成长为一家在电子商务、第三方支付、B2B、云计算等领域领先于同业的多元化的企业。近年来，阿里巴巴集团在互联网金融领域积极开拓，其对电子商务发展趋势的独特洞察力，使得支付宝在第三方支付平台领域遥遥领先。为了解决中小型企业贷款难的困境，阿里巴巴集团联合其他企业成立阿里巴巴小额贷款公司，为中小型企业提供便捷的线上贷款服务。为了推动普惠金融在我国的发展，阿里巴巴集团通过渠道创新推出余额宝，这种余额增值的服务为大众理财开拓了新的渠道。通过不断地整合、创新，阿里巴巴集团走在互联网金融发展的前沿，为我国互联网金融的发展起到了重要的推动作用。

2019年7月12日，阿里巴巴集团宣布完成2019年中的新一轮组织架构调整。阿里巴巴集团CEO张勇在全员信中表示：“阿里巴巴数字经济体已经初步完成了全方位的统一作战，以及面向未来创新的组织架构升级。接下来我们将聚焦于组织的效率和活力，通人才、通策略、通技术。”阿里巴巴集团调整后的组织架构，如图3-8所示[①]。

---

① 方正证券．阿里组织架构及战略变迁［EB/OL］．［2023-06-07］．https：//max.book118.com/html/2022/0429/8042061121004075.shtm.

图3-8 阿里巴巴集团组织架构图

其中，蚂蚁金股集团起步于2004年成立的支付宝，于2014年10月正式成立，客户群体主要是消费者和小微企业，包括第三方支付公司、小额贷款公司、线上保险和担保公司等。蚂蚁金服集团的数据主要来源于阿里巴巴集团的电子商务平台累积的庞大交易数据，通过对数据的分析和挖掘，可以为相关金融业务的开展提供数据和技术上的支持。在电子商务平台与金融服务平台相结合的基础上，阿里巴巴集团抢占了我国发展互联网金融的先机。

阿里巴巴集团在互联网金融领域的发展主要经历了三个阶段，如图3-9所示。

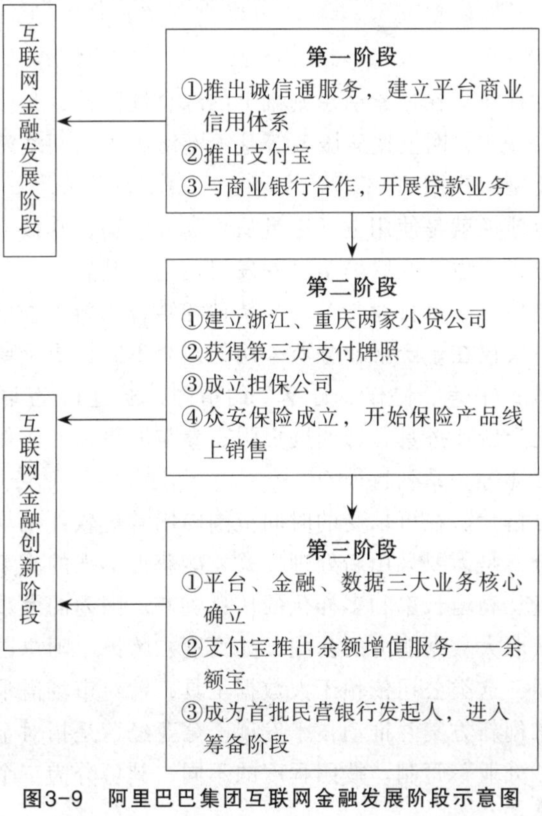

图3-9 阿里巴巴集团互联网金融发展阶段示意图

金融行业作为国内监管最为严格的行业之一，金融牌照即金融机构经营许可证，是批准金融机构开展业务的正式文件。凡从事金融业务的机构，必须先取得与之对应的金融机构经营许可证并登记备案。目前我国需要审批的金融牌照包括银行、保险、信托、券商、金融租赁、期货、资管、金控、基金、基金子公司、基金销售、第三方支付、小额贷款、典当等三十种牌照。

2020年，蚂蚁集团筹建重庆蚂蚁消费金融公司获批，这表明蚂蚁集团终于将消费金融的牌照收入囊中。至此，蚂蚁集团集齐了七张含金量最高的金融牌照，包括民营银行、网络小贷、基金销售、第三方支付、保险、证券和消费金融。2021年，为了符合监管的要求，蚂蚁集团将主业进行分业化经营，在重庆蚂蚁消费金融公司开业六个月内对“花呗”和“借呗”进行整改，完成后“花呗”和“借呗”成为重庆蚂蚁消费金融公司的专属信贷产品，其他金融机构借助蚂蚁集团提供的数据信息所发放的消费信贷，不再标挂“花呗”和“借呗”的名称。

随着我国金融监管体系的不断完善，金融监管的专业性和有效性不断提高，2022年，中央全面深化改革委员会再度提及，要推动大型支付和金融科技平台回归本源，健全监管规则，补齐制度短板，坚持金融业务持牌经营，要依法将平台企业支付和其他金融活动全部纳入监管。因此，蚂蚁集团还需要将各项业务慢慢拆分到监管框架下，做到牌照化经营，依法合规地开展金融业务。

@ 本章小结

门户网站是一种建立在搜索引擎基础上的综合性网站，是一个能够给用户提供平台服务、ISP、ICP、网上搜索服务等基本网络服务的网络站点，可分为综合型门户网站和行业型门户网站。

电子商务简单地说就是使用电子工具从事商务活动，其极大地改变了人们生活消费的观念和方式，也为互联网金融的发展奠定了基础。

互联网金融是传统金融行业与互联网精神相结合的新兴领域。互联网金融与传统金融的区别不仅仅在于金融业务所采用的媒介不同，更重要的是金融参与者深谙互联网“开放、平等、协作、分享”的精髓，通过PC互联网、移动互联网等工具，使得传统金融业务具备透明度更强、参与度更高、协作性更好、中间成本更低、操作更便捷等一系列特征。

大数据主要是指无法在可承受的时间范围内用常规软件工具进行捕捉、管理和处理的数据集合，是需要采用新处理模式才能获得更强的决策力、洞察力和流程优化能力的海量、高增长率和多样化的信息资产。国内的大数据公司可分成两类：一类是已有获取大数据能力的公司，如百度、腾讯、阿里巴巴等；另一类是初创的大数据公司，这类公司依赖于大数据工具，针对市场需求，根据数据处理的结果为市场带来创新方案并推动技术发展。分业经营是指对金融机构业务范围进行某种程度的“分业”管制。按照程度的不同，其可分为三个层次：一是指金融业与非金融业的分离，金融机构不能经营非金融业务，也不能对非金融机构持股；二是指金融业中银行、保险、证券三个子行业的分离，其只能经营各自的业务；三是指银行、证券、保险各子行业内部有关业务的进一步分离。

@ 关键术语

门户网站；电子商务；大数据；分业经营

@ 习题

复习思考题：

（1）互联网机构业务金融化的过程是什么？

（2）试阐述互联网金融模式的分类以及各部分之间的联系。

（3）试通过现实中的实例来说明大数据的应用。

研讨题：

根据门户网站、电子商务、互联网金融、数据公司四个阶段的转化，结合党的二十大精神，通过查询资料就以下问题展开讨论：

（1）互联网机构业务金融化发展的内在和外在的推动力是什么？党的二十大报告指出，要对互联网平台金融业务实施常态化监管，这将对互联网金融机构业务金融化发展有什么样的影响？

（2）思考互联网机构业务金融化分别对互联网企业和传统金融机构产生的影响。

（3）党的二十大报告指出，要不断实现人民对美好生活的向往。那么互联网机构业务金融化发展给我们的生活带来了哪些利弊？

@ 案例分析

新浪进军互联网金融领域

新浪是一家服务于中国及全球华人社群的领先在线媒体及增值资讯服务提供商。新浪拥有多家地区性网站，以服务大中华地区与海外华人为己任，通过旗下五大业务主线，即提供网络资讯及内容服务的新浪网（sina.com）、提供移动增值服务的新浪无线（sina mobile）、提供Web2.0服务及游戏的新浪互动社区（sina community）、提供搜索及企业服务的新浪企业服务（sina.net）以及提供网上购物服务的新浪电子商务（sina e-commerce），向广大用户提供包括地区性门户网站、移动增值服务、搜索引擎及目录索引、兴趣分类与社区建设型频道、免费及收费邮箱、博客、影音流媒体、网络游戏、分类信息、收费服务、电子商务和企业电子解决方案等在内的一系列服务。新浪收入中的大部分来自网络广告和移动增值服务，少部分来自搜索及其他收费服务。

2013年3月20日，新浪正式获得中国证监会下发的基金销售支付结算牌照，这是继新浪获得中国人民银行颁布的第三方支付资质牌照以后又一重要的金融许可证，为其进军互联网金融领域铺平了道路。

2013年4月，新浪微博迎来了最大战略投资者阿里巴巴，双方签署战略合作协议，阿里巴巴斥资5.86亿美元购入新浪微博发行的优先股和普通股，约占新浪微博全稀释摊薄后总股份的18%，同时获得增持新浪微博股份至30%的许可。截至2019年3月31日，新浪持有微博45.2%的股权，为第一大股东，拥有71.2%的投票权，阿里巴巴持股为30.2%，拥有15.8%的投票权，依然为微博的第二大股东。

2017年6月，新浪金融正式成立，旗下有微聚未来、小象优品、仓石基金、新浪易融等业务条线，覆盖消费金融和财富管理两大类业务。新浪金融背靠微博2.11亿日均活跃用户、4.86亿月活用户以及新浪各垂直频道用户群体，拥有强大的流量和优质的用户资源。

2019年6月24日，银保监会发布《内蒙古银保监局关于包头市包银消费金融股份有限公司增加注册资本及调整股权结构的批复》，同意包银消费金融将注册资本由人民币3亿元增加至5亿元。此次新增的人民币2亿元资金全部由新浪微博旗下全资子公司微梦创科提供[①]。

拓展阅读3-2

互联网金融公司纷纷“去金融化”

新浪金融涵盖了第三方支付、商业保理、保险经纪等金融类牌照，并在多地开展了互联网金融项目，组建了专业的金融团队。除此之外，为了让用户能够享受到更好的服务，2022年，新浪金融也对新浪金融客服进行了相关升级，比如提升新浪金融客服的知识专业性以及良好的服务态度等，从多个角度出发，为用户排忧解难，致力于为用户提供更好的解决措施，努力给用户提供一份满意的答卷[②]。

资料来源 根据新浪财经相关介绍和报道整理。

问题：根据案例内容，谈一谈你所了解的新浪具备的互联网金融方面的功能，以及你认为新浪在未来互联网金融领域的发展趋势。

① 佚名．新浪金融，10年跑出来的一匹“黑马”［EB/OL］．［2023-06-06］．https：//baijiahao.baidu.com/s？id=1658393179207261959&wfr=spider&for=pc.

② 佚名．新浪金融客服用专业知识为用户提供解决方案，时刻为用户着想［EB/OL］．［2023-06-06］．http：//sqtv.net/news/bencandy.php？fid=37&id=216102.

第4章

基于互联网的银行业务

教学目标

【知识传授目标】

了解互联网银行发展状况，掌握境内互联网银行的特点，熟悉其经营模式及存在的问题；了解个人征信发展状况，掌握互联网个人征信的特点及模式；了解消费金融发展状况，掌握消费金融的运营模式及意义；了解基于互联网的银行业务对商业银行产生的影响。

【能力培养目标】

具备消费金融的基础理论知识，具有理解、分析经济领域实际问题的初步能力；掌握个人征信业务的运行方法，具备识别潜在金融风险，提出有效风控措施的能力；掌握互联网银行基本业务知识和管理操作方法、专业技能与管理技巧。

【价值塑造目标】

树立正确的价值观，正确认识自我，弱化盲从、虚荣心理，增强自律自主意识，杜绝消费中的攀比、盲目行为；养成良好的消费习惯，不追求骄奢淫逸，不贪图物质享受，在自身经济承受范围内合理消费，树立科学、健康、理性的消费观念，正确处理物质消费与精神消费的关系，促进知识结构和道德情操的完善。

知识架构

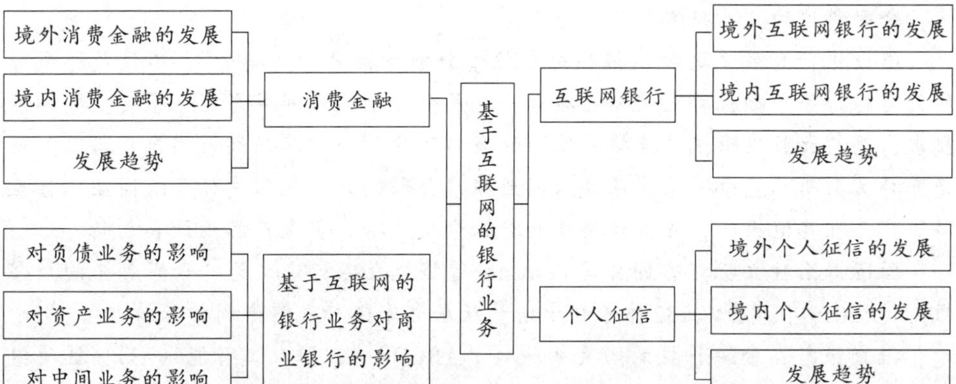

导入案例　第一个“吃螃蟹”的互联网银行——微众银行

金融科技能力的不断提升，涌现出大数据、云计算、人工智能、区块链等先进互联网技术，迫使传统金融市场及金融服务模式进行改革，催化出互联网银行这类新型产物。

乘东风的“新物种”

2013年7月，国务院办公厅下发《关于金融支持经济结构调整和转型升级的指导意见》，明确提出尝试由民间资本发起设立自担风险的民营银行、金融租赁公司和消费金融公司等金融机构。2014年3月，经监管机构确定深圳前海微众银行、上海华瑞银行、温州民商银行、天津金城银行、浙江网商银行五家民营银行进入首批试点，揭开了民营银行的发展序幕。

2014年12月16日，经有关监管机构核准，深圳前海微众银行股份有限公司（以下简称微众银行）正式设立。其主要股东有腾讯持股30%、百业源集团持股20%、立业集团持股20%等。它肩负着推进金融改革、践行普惠金融的重大使命，致力于为公众提供差异化的特色金融服务。

2015年1月4日，李克强总理前往微众银行考察，亲自按下回车键发放了微众银行的首笔贷款，象征着微众银行贷款业务的开端，同样也是国内首家开业的互联网民营银行完成的第一笔放贷业务。

微众银行既无物理网点，也无财产担保，通过人脸识别技术和大数据风控发放贷款，作为新生事物，它并不是互联网与银行的简单相加，而是互联网思维在金融领域的创新应用。

微众银行主要以个人消费者、小微企业作为服务对象，涉及消费信贷（微粒贷）、财富管理（微众银行App）、企业金融（微业贷、微众企业爱普App）、平台金融（微车贷）等板块，初步实现了业务多元化，并成功将金融服务嵌入到线上线下、衣食住行等生活场景，以满足长尾用户在不同场景下的金融需求。

目前，国际评级机构穆迪和标普分别给予微众银行“A3”和“BBB+”评级，展望为“稳定”，在国内仅次于六大国有商业银行。

金融科技的“连接者”

微众银行自成立之初便将公司定位于金融科技的“连接者”，不仅是腾讯客户群与银行等金融机构之间的连接者，也是金融机构之间或与其他平台之间的连接者，这与大股东腾讯“连接一切”的战略高度契合。其始终表明自己与银行业是互补关系而非竞争关系，选择跟同业深度合作的方式把客户分享给同业，甚至将账户开在其他银行，并提供科技和数据分析支持，负责产品设计和创新。

国际知名独立研究咨询公司Forrester曾将微众银行定义为“世界领先的数字银行”。2019年，其以632件专利申请量跃居全球银行发明专利排行榜首位。

微众银行在金融科技的四大领域（“ABCD”），即人工智能（AI）、区块链（Block Chain）、云计算（Cloud Computing）和大数据（Big Data）深耕，成功打造了多个国际和行业领先的创新性技术及应用，且通过金融科技实现了“三升两降”，即提升效率、体验、规模，同时降低成本和风险，最终全面实现“3A+S”的普惠金融目标，即Accessible（方便获取）、Affordable（价格可负担）、Appropriate（产品贴合需求）以及Sustainable（商业可持续）。

微众银行主导研发的区块链底层技术开源平台FISCO BCOS汇聚了上万名社区成员，并帮助合作伙伴在生产环境落地超过数十个应用案例，成为最大、最活跃的国产联盟链开源生态圈，同时成为国家级区块链服务网络（BSN）中首个国产联盟链底层平台。

2022年4月，微众银行为了解决贷款过程中客户需要提供包括产权和信用报告在内的大量文件，这一金融领域痛点，推出了一个基于区块链的网络的全新的信息验证平台，该平台将公证处和借款人连接起来，从而加快和改善贷款的申请流程，迄今已有约250万用户。该平台推出后，购车者申请的在线汽车贷款的通过率已经从20%上升到80%。这一举措，也使其成功跻身于2023年福布斯全球区块链50强。

同时，微众银行金融科技组织架构设置颇具互联网公司风格，部门大多以“XX科技产品部”命名。其深刻明白，要真正进行产品化运作，必须将科技与产品融合起来，不是等产品提出需求，而是让科技走在前面。公司直接以银行作为主体对外进行金融科技输出，已经打造了微核心、场景金融平台、创新技术三大金融科技产品线。其核心支柱产品“微粒贷”所产生的“联合贷款”模式就是微众银行“连接”战略的最佳体现（如图4-1所示）。

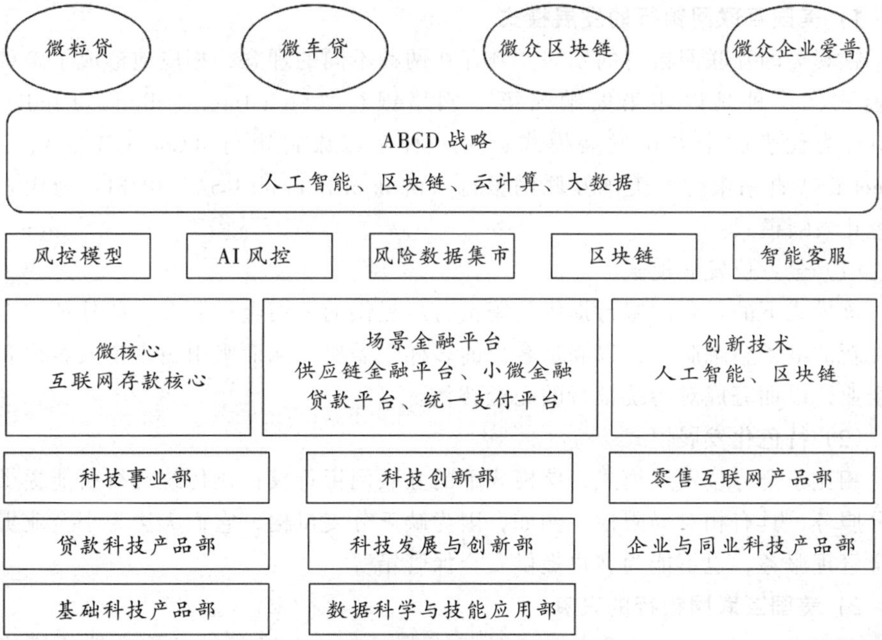

图4-1 微众银行金融科技组织架构

资料来源 [1] 肖楠. 李克强见证互联网银行“吃螃蟹”[N]. 新京报，2015-01-05(05). [2] 佚名. 微众银行获得“中国数字普惠金融典型案例”[EB/OL]. [2023-06-06]. http://client.sina.com.cn/2019-08-05/doc-ihytcerm8672664.shtml. [3] 佚名. 聚焦普惠金融，微众银行笃行不怠 [EB/OL]. [2023-06-06]. http://finance.ce.cn/bank12/scroll/202304/25/t20230425_38518223.shtml.

“乘东风”的互联网与传统银行相比，有什么不同？它具有哪些特点和优势，并对我国金融行业供给侧结构性改革和经济高质量发展会产生何种影响？针对这些问题，本章将进行初步解答，为读者理清思路。

4.1 互联网银行

网络信息技术的进步，推动了互联网金融的进一步发展。一方面，传统银行开始积极探索新的网络运营模式，另一方面，互联网企业也开始涉足银行业。因此，在利率市场化的不断推动下，基于传统银行建立的网上银行业务，与拥有互联网企业背景的“互联网银行”（online-only bank）相继诞生。中国互联网络信息中心（CNNIC）第51次《中国互联网络发展状况统计报告》显示，截至2022年12月，我国网民规模达10.67亿人，较2021年12月增长3 549万人，互联网普及率达75.6%。可见，传统银行的网上银行业务和互联网企业背景下的互联网银行未来将面对一个巨大的市场，拥有良好的发展前景。本节将侧重介绍拥有互联网企业背景的互联网银行。

4.1.1 境外互联网银行的发展

1）美国互联网银行的发展模式

纵观美国互联网银行的发展，其存在两种不同的理念，相应地形成了两种发展模式：一种是以印第安纳州第一网络银行（First Internet Bank of Indiana，FIBI）为代表的全方位发展模式；另一种是以康普银行（CompuBank）、ING Direct USA直销银行、美国互联网银行（Bank of Internet USA，BOFI）为代表的特色化发展模式。

（1）全方位发展模式

该模式下的互联网银行提供传统银行所提供的一切金融服务，此外还致力于开发新的电子金融服务，以满足客户的多样化需要，从而吸引更多个人客户和中小企业，以期完成对传统银行的完全替代。

（2）特色化发展模式

相比于全方位发展模式，该模式下的互联网银行仅提供传统银行所能提供的部分服务，具有相对局限性。例如，因为缺乏分支机构，它们无法为小企业提供现金管理服务，也不能为客户提供安全保管箱等。

2）美国互联网银行的兴衰

1995年10月，全球首家以互联网银行冠名的金融组织“安全第一网络银行”（SFNB）在美国成立，该银行是一家全能型银行，且没有设立任何物理网点，它标志着一种新的银行模式的诞生，从此互联网银行的数目和发展范围就像雨后春笋般飞速增长。但经过多年的发展，传统银行实施了“网上、网下业务兼营”战略，生意兴隆，而不少互联网银行却面临着衰退的危险，陷入了利润下滑、亏损，甚至被兼并重组的困境。例如，SFNB在1998年就出现了发展停滞的迹象，并在同年被加拿大规模最大的皇家银行以2 000万美元收购。对美国互联网银行进行研究后发现，采用全方位发展模式的互联网银行已所剩无几，目前仅存的知名的就是印第安纳州第一网络银行。而选择特色化发展模式的互联网银行在传统银行的夹缝中占据了一席之地，发展较好的有ING Direct USA直销银行、BOFI等。根据美国互联网银行的发展现状，两种发展模式的对比分析见表4-1。

表4-1 美国互联网银行发展模式对比

美国互联网银行发展模式	全方位发展模式（以美国SFNB为例）	特色化发展模式（以ING Direct USA为例）
目标客户群（who）	所有人群	划分目标客户群，有精准的客户定位
产品服务类型（what）	大量的差异化金融服务	细分领域简单、金融服务有限
服务提供方式（how）	缺乏专业金融服务、技能	培训金融顾问，作为第三方提供存款保障

4.1.2 境内互联网银行的发展

1）概述

2014年年初，中央提出“发展普惠金融，鼓励金融创新，丰富金融市场层次和产品”的理念，提倡以小微、民营经济撬动改革大局，密集出台金融政策为民营银行开局破冰。同年3月，国务院批准5家民营银行试点方案。2015年5月27日，浙江网商银行各项准备工作就绪，并获得浙江银监局正式批复开业，标志着我国首批试点的5家民营银行全部拿到“通行证”。建立民营银行主要是为了打破我国商业银行业务单元国有垄断的局面，实现金融机构多元化，促进金融市场的公平竞争，促进国有金融企业的改革。而其中备受关注的则是由腾讯、阿里巴巴分别作为大股东的深圳前海微众银行和浙江网商银行（见表4-2）。与另外3家民营银行不同的是，深圳前海微众银行和浙江网商银行是不设立网点的纯互联网银行。在互联网企业纷纷加入互联网金融业务之际，2015年11月18日，百度与中信集团达成战略合作，共同发起设立我国首家独立法人直销银行——百信银行。2016年11月底，中国人民银行发布紧急文件，要求从2016年12月1日开始对个人银行账户进行分类管理，并提到有条件的银行可以通过视频或者人脸识别等安全有效的技术手段作为辅助核实个人身份信息的方式。该政策的出台与落地，对于互联网银行的开户及使用相关类别账户购买理财产品等业务均给出了明确的规范，明显利好互联网银行的业务发展。2017年，美团点评参与的亿联银行、苏宁云商参与的苏宁银行以及百度参与的百信银行先后正式开业。根据各家互联网银行2018年年报，浙江网商银行、四川新网银行、北京中关村银行均交出了较为亮眼的成绩单，且在服务小微企业方面都取得了显著成果。浙江网商银行净利润为6.71亿元，同比增长66.09%；四川新网银行营业收入为13.35亿元，较上年大涨272.34%，净利润为3.68亿元；北京中关村银行实现营业收入

4.33亿元、净利润8 988.54万元。2019年5月至今，8家融合了互联网与传统银行基因的虚拟银行获得了在中国香港开业的牌照。

表4-2 **深圳前海微众银行和浙江网商银行对比**

互联网银行	深圳前海微众银行（Webank）	浙江网商银行（MYbank）
目标客户	个人消费者和小微企业客户	小微企业、大众消费者、农村经营者与农户、中小金融机构
业务模式	大存小贷	小存小贷
经营业务	信用卡业务、小额消费信贷业务，以及嵌入腾讯客户线上行为的金融服务	主要为电子商务中的小微企业和个人消费者提供20万元以下的个人存款产品和100万元以下的贷款产品
大数据征信	主要为社交数据	主要为交易数据
平台背景	微信、财付通、QQ、腾讯征信公司	支付宝、蚂蚁小贷、芝麻信用、淘宝及天猫
合作伙伴	华夏银行，东亚银行（中国）	暂无

2）互联网银行的经营模式

下面以浙江网商银行为例，说明互联网银行的经营模式。浙江网商银行从股权结构看，完全属于由民间资本发起设立的民营银行，注册资本40亿元，持股30%并拥有控制权的第一大股东为浙江蚂蚁小微金融服务集团有限公司，因此，浙江网商银行属于阿里巴巴的金融体系，可以充分获取阿里巴巴商业生态系统的电子商务平台、用户、数据和技术等资源，其经营模式围绕线上运作、挖掘大数据、定位小微企业和个人用户进行布局。

（1）完全网络化运营

浙江网商银行完全网络化运营，不设立实体分支机构，业务往来完全依托互联网渠道展开，业务处理主要通过银行计算机系统自动完成，并将大数据等现代信息技术用于业务创新；延续阿里巴巴组织结构扁平化的特点，减少不必要的组织层级，信息直达服务前台，使后台工作人员和服务系统通过互联网直接连接客户终端，使服务更贴近客户。

相比传统实体银行，浙江网商银行具有如下特征：一是业务覆盖面广，服务可覆盖现有的主流互联网终端（PC端、移动端），未来甚至可借助物联网延伸至线下物理世界，没有物理网点营业时间、空间和地域的限制。二是业务可塑性强，网络化业务流程和产品设计极为灵活，可大量嵌入新型现代信息技术，能依据客户需求弹性进行调整以提供针对性金融产品和服务。三是流程高效便捷，通过互联网缩短与客户之间的距离，去除烦琐的手续，业务处理自动化程度高、系统响应迅速。四是运营成本低，不依赖大型固定资产和大量人工操作，降低固定资产购置、维护和人员薪酬支出，将其转化为产品和服务的价格优惠，形成成本领先优势。

(2) 注重大数据应用

浙江网商银行对接阿里巴巴电子商务平台，充分挖掘平台内小微企业和个人用户积累的大数据资源。平台内用户因频繁的电子商务活动沉淀的海量大数据来自平台交易记录、物流公司信息反馈等实时性的数据源，与四流合一的商品流、物流、资金流和信息流联动。对动态大数据的深入挖掘能够多维度揭示数据所关联的实时性的有效信息，精确反映用户各对应层面的特征，据以判断其现状及未来趋势，可降低信息的收集成本，消除信息的不对称性和不完全性，提高信息使用效率和资源配置效率。相比传统银行仅掌握静态的征信记录、孤立的现金流水账等有限信息而难以真正挖掘大数据，对大数据的挖掘和应用成为浙江网商银行的核心竞争力。

浙江网商银行以大数据技术为依托，对阿里巴巴平台、物流企业等第三方机构的数据进行获取、集成、分析、解释，将大数据应用于三个方面：一是精准营销，准确识别客户收入、偏好、需求等特征，据以对客户细分，以恰当方式营销针对性产品和服务，实现金融资源供需有效匹配；二是产品和服务创新，判断、预测客户需求和行业趋势，相应创新产品和服务并合理定价；三是贷款风险管理，用于贷前调查的信息采集，贷中审核的信用评级，贷后监督的实时监控，通过销售记录、客户评价、缴费清单等数据判断用户信用状况，通过订单物流信息、现金流水账等动态数据追踪其偿债能力和履约意愿，合理授信、量化风险、风险预警，提高风险控制能力，降低贷款业务的信用风险。

(3) 深入开发长尾市场

依据长尾理论，深入挖掘需求曲线长尾部分的市场能够获得不亚于需求曲线前部主流市场的效益，即向传统金融所忽视的数量庞大的小微企业和普通个人提供针对性金融服务能够产生巨大的总体收益，颠覆“二八定律”，是普惠金融的有效实践。据阿里巴巴集团数据，B2B平台阿里中国站企业会员达800万家，B2C平台天猫店铺有逾50万家，C2C平台淘宝商户超过1 000万家，可提供基础性客户和数据资源，阿里巴巴电子商务平台是潜力巨大的长尾市场。截至2022年12月，阿里巴巴集团全球年活跃消费者达到12.8亿人，单季增长4 300万人。其中，中国市场消费者单季净增长2 600万人至9.79亿人；中国市场电商零售消费者增长2 000万人至8.82亿人，单季净增长约2 000万人[①]。

浙江网商银行定位为零售银行，目标客户为阿里巴巴平台的小微企业和个人消费者，向其提供20万元以下的存款产品和100万元以下的贷款服务，即小存小贷，避开传统商业银行垄断的批发银行业务，挖掘长尾市场。一方面，通过大数据应用分析平台的小微企业和个人需求，吸纳潜在客户，延展需求长尾；另一方面，依据小微企业和个人的差异化需求，提供针对性金融服务，增加用户黏性，重点解决长尾市场的资金需求问题，提供小微企业信贷业务、消费者金融服务，

---

① 李成东. 电商资讯：阿里中国市场用户接近10亿［EB/OL］.［2023-06-06］. https://baijiahao.baidu.com/s?id=1756623749749708882&wfr=spider&for=pc.

如小微企业短期小额信用贷款、供应链金融和消费者信用支付、分期网购等服务。

3）互联网银行面临的业务层面问题

互联网银行尽管基于互联网金融对银行商业模式进行颠覆性的创新，突破性地采用完全网络化运营、大数据应用、深入开发长尾市场的经营模式，但要在现阶段的市场条件下顺利投入运营，在实际运营中发挥其功能，还需要突破以下诸多业务层次的障碍：

（1）吸收公众存款问题

由于拥有互联网企业背景的互联网银行属于Ⅱ类户（Ⅱ类户可以通过电子方式办理资金划转、购买投资理财产品、办理限定金额的消费和缴费支付等，但不能存取现金，不能向非绑定账户转账），导致其无法获得持续性、低成本资金来源，制约贷款规模，无法满足未来开发长尾市场的资金需求，且电子银行和互联网货币基金对其替代程度高。电子银行的业务体系较为全面，涵盖大部分银行业务，可在线销售各类存款和理财产品，且电子账户大多与实体银行账户绑定，因此在银行存量用户中覆盖面广，由于用户黏性的存在，互联网银行难以吸引电子银行用户的存款向其转移。而互联网货币基金的认购门槛低，采用T+0赎回机制，收益率高于同期活期存款利率，对利率敏感的客户更具吸引力。互联网银行在存款利率管制尚未完全放开的情况下，无法发挥存款的价格竞争机制，面临存款流失风险。

（2）存款准备金缴纳问题

《中华人民共和国商业银行法》第三十二条规定，商业银行应当按照中国人民银行的规定，向中国人民银行缴存存款准备金，留足备付金。互联网银行依据《中华人民共和国商业银行法》的规定需要缴纳存款准备金，但因其为“纯网络无实体”模式，无网点和金库，其存款需存放在其他商业银行，缴纳存款准备金依然要依靠其他合作银行去完成。其存款准备金的缴纳标准和缴纳方式、各家合作银行是否收费、如何避免重复缴纳存款准备金等问题都亟待解决。

（3）保障系统安全问题

互联网银行的计算机应用系统由应用服务器、数据库服务器、网站服务器和客户端组成。由于其业务完全基于网络渠道，业务处理大多依靠系统自动完成，交易记录、客户信息等数据电子化储存，相比传统银行更倚重系统安全，但其与各类外部系统对接，网站服务器作为公共站点，使整个系统对互联网敞开，面临比传统银行更严重的系统安全风险。系统安全风险来自计算机系统故障、黑客入侵系统、计算机病毒破坏三个方面，将导致系统无法运转、客户资金被盗、存储数据丢失等问题，使互联网银行遭受经济损失并影响其声誉。另外，大型网络购物活动中密集的网购交易产生的大量支付结算业务，也将给银行系统运作造成巨大压力。

（4）长尾客户的风险控制问题

未能享受传统金融服务的长尾客户，多集中于年轻人群体、三线以下城市和农村地区人群以及进城务工人员、草根创业者等群体，这类客群往往具有收入不稳定、抗风险能力较低以及顺经济周期性明显等特点。由于互联网贷款呈现出小额、分散、量大等特征，一旦出现批量违约，进入诉讼阶段的烦琐流程和高额累加成本将严重阻碍互联网银行开展催收工作，对其造成实质性损失的概率增大。

（5）数据使用方面可能面临挑战

目前，互联网银行客户信用方面的数据大多是通过向其他平台、单位购买获取的，在个人信息数据采集使用管理不断规范、监管要求越来越严格的背景下，可能会造成一些挑战。例如，2022年12月，工业和信息化部印发《工业和信息化领域数据安全管理办法（试行）》，对数据的获取和使用做出了更多的限制性规定，可能导致数据采集难度加大或者成本升高[①]。

4）对策建议

（1）采用多层次开户体系，降低开户门槛

① 借鉴现有开户方式。第一，开设客户自助开户程序。由客户自助填写注册信息，上传身份证扫描件或其他有效证件，通过与全国公民身份信息系统联网比对、手机短信确认等交叉验证方式实现远程开户。第二，利用互联网金融的现有用户和数据资源。例如，2020年，支付宝国内年活跃用户达9亿人，全球用户约12亿人，金融服务覆盖7.2亿消费者和2 800万中小微企业[②]。平台记录着用户的各类真实信息，可有效验证客户身份的真实性，同时，其依托大数据技术重点挖掘用户信息。在开户时，将有效信息映射至浙江网商银行开户系统，可减免填写信息、客户自证等开户手续，将平台的用户流量转为浙江网商银行的现实客户。

② 借助物联网远程开户。物联网将互联网延伸至物理世界，运用物联网感知层技术验证开户人身份信息，可替代传统的实地面签。例如，以人脸识别技术获取人脸生物特征，再比对全国公民身份信息系统中的身份信息就能准确识别个人身份，并结合其他交叉验证方式，保证用户良好的使用体验。2015年1月4日，深圳前海微众银行首笔贷款业务即在人脸识别技术的帮助下完成，同年3月，马云在德国汉诺威消费电子展上展示了使用基于人脸识别技术的Smile to Pay支付认证技术完成网购支付。

（2）创新存款业务，吸引存款流入

第一，服务价格优惠。对于降低的运营成本，以减免转账手续费、账户管理费的方式回馈给客户，降低客户交易成本。第二，提供增值服务。例如，浙江网商银行可依据存款额度等指标增加贷款授信额度，或联合阿里巴巴平台向用户发

① 《工业和信息化领域数据安全管理办法（试行）》公开征求意见稿的具体内容参见网址：http：//www.gov.cn/hudong/2022-02/13/5673340/files/895420e2bf564609812ac305213a290e.pdf.

② 新浪VR.蚂蚁集团：支付宝国内年活跃用户达9亿全球用户约12亿［EB/OL］.［2023-06-06］.http：//vr.sina.com.cn/news/report/2020-08-19/doc-iivhuipn9444331.shtml.

放购物红包，增强用户效用和用户黏性。第三，推广移动支付。开发手机应用程序，支持二维码支付（二维码反扫）、指纹支付等移动支付方式用于线下实体商店消费。第四，创新存款产品。开发特色存款增值产品，兼顾高收益和流动性，同时满足闲散资金理财和便捷消费需求。

（3）建立完善的存款保险制度

《存款保险条例》（以下简称《条例》）经2014年10月29日国务院第67次常务会议通过，自2015年5月1日起实施。《条例》共计二十三条，其中强制规定所有的银行业金融机构都必须依规投保存款保险。存款保险实行限额偿付，目前最高偿付50万元。此外，《条例》还实行差别费率。随着深圳前海微众银行等民营银行进入银行业市场，竞争将更加激烈。存款保险制度的建立有利于保护存款人利益和金融稳定。对互联网银行而言，存款保险也有助于获得客户信任，促进其稳定、持续、健康发展。美国的网络银行就全部加入了联邦保险存款制度。

（4）以云计算构建银行系统，增强系统安全

云计算以虚拟化技术为核心，依托计算服务、储存服务、宽带资源的大型服务器集群，通过网络向用户提供灵活的软、硬件资源和计算服务。以云计算构建互联网银行系统，可以增强系统弹性，灵活增减IT资源，避免系统安全风险，从而降低设施购置、维护的成本。互联网银行部署云计算的可行方式是将云计算外包给云计算供应商，以获取专业化的云服务，避免自建云计算系统的高额成本。例如，浙江网商银行的金融云系统即由阿里巴巴的云计算服务商阿里云提供技术支持。

（5）依托金融科技建立智能风险控制体系

风险控制是互联网银行现在以及未来经营的重点。互联网银行基于其风险控制技术和能力，将充分运用金融科技手段，构建全新的智能风控体系，重塑其核心竞争力。与传统风控模式相比，智能风控体系可以收集、积累、整合交易数据、经营数据及财务数据等，减少对人力和经验的依赖，将有效提升银行传统风控算法和模型的效率和精度，建立全新的风险管控模式，在高度自动化的运营过程中实现大数据风险管控。

4.1.3 发展趋势

1）发挥成本优势，共享收益

互联网银行具有不设立物理性网点的特点，能够节省传统银行所需的大规模员工工资和客户信息搜寻成本。同时，小微客户小额、短期、高频的理财和融资需求特点与互联网银行的金融电子化相适应，能够解决传统银行处理此类业务交易和信息成本过高的问题。在未来的发展中，这些低成本优势又可以支持互联网银行将节省的费用一部分转化为高额利润与股东共享，一部分转化为较高的存款利息、低收费、部分服务免费等与客户共享，有利于进一步扩大客户市场。

2）积累信用信息数据，加速资源配置效率

基于互联网提供金融服务的互联网银行，能够在任何时间、任何地点以任何方式来为客户提供方便、快捷、高效和可靠的全方位实时金融服务，满足用户的个性化需求且节约用户的交易时间，减少中间环节，提高金融服务的质量和效率，并能够积累信用信息数据。更加透明的信息使得资金拥有者能够迅速做出决策，资金需求者也能够快速获得所需资金，节省资金需求双方进行借贷的时间和精力，提高资源的配置效率。

3）客户黏性不断增强，扩大客户市场

随着我国互联网的不断普及和电子商务的快速发展，网络平台积累了庞大的数据资料，随着这些平台的发展和新平台的搭建，客户规模将不断扩大，客户黏性会不断加强。据统计，截至2022年，微信、支付宝、QQ三大国民应用位列MAU（月活跃用户量）前三，MAU分别为12.99亿人、8.01亿人、5.69亿人。阿里巴巴平台还拥有上亿淘宝用户，蚂蚁小贷、芝麻信用等平台都积累了大量的客户信息，包括社交、游戏、交易等数据，可凭借数据分析对客户进行授信及客户细分等活动。在得到银行牌照之前，阿里巴巴的业务其实已经渗透到了银行传统的“存、贷、汇”业务。在获得银行牌照之后，阿里巴巴的“存”“贷”业务彻底打通，这些都为其积累了丰富的经验和庞大的客户基础，有利于互联网银行的发展。

拓展阅读4-1

互联网银行驱动数字普惠金融高质量发展

互联网银行的发展具有双面性，既有其投资少、维持费用低、跨越时空局限、业务功能强大、信息传递瞬时等优势的一面，又有其安全性较低、进入壁垒较低、风险具有扩散性等劣势的一面。在经济全球化的时代，各国之间的经济联系越来越紧密，我国金融业的改革是全球瞩目的大事。随着信息时代的到来，传统的银行发展模式已经发生了不可逆转的变化，从传统银行到互联网银行，银行从实体化向虚拟化发展。这实际上是一个不断“扬弃”的过程，互联网金融的发展将不断推动金融业改革创新，以不断适应时代的发展需要，可以说，互联网银行是未来银行业必不可少的组成部分和发展的必然趋势。

4.2 个人征信

随着消费信贷需求的快速增长，以互联网为代表的信息技术的高速发展以及数据采集技术的进步等，我国个人征信发展恰当其时。2015年1月5日，中国人民银行印发《关于做好个人征信业务准备工作的通知》，要求包括阿里巴巴集团旗下的芝麻信用以及腾讯公司旗下的腾讯征信在内的8家机构做好个人征信业务的准备工作，这标志着我国个人征信业务市场化的闸门正式开启。芝麻信用和腾讯征信被选定为首批个人征信业务试点机构，意味着以阿里巴巴、腾讯为代表的互联网公司将通过用户的互联网行为数据建立起个人征信体系，并成为我国个人征信市场的重要组成部分。

4.2.1 境外个人征信的发展

美国的个人征信行业在百年整合发展过程中经历了快速发展期、法律完善期、并购整合期以及成熟拓展期四大发展阶段，已经形成了较完整的征信体系。美国的信用体系主要由三部分组成：一是比较完善、有效的信用管理体系；二是市场化运作的信用服务行业；三是涉及经济与社会各个层面的庞大信用产品用户。在美国，个人信用体系已经超出商业活动的范畴，成为一种保障经济运行的重要社会制度。从某种程度上讲，信用实质上已经成为一种商品，美国的个人征信机构从营利目的出发，向社会提供有偿服务，完全实行市场化运作。美国的个人征信行业在金融危机背景下爆发出强劲的发展活力，其市场化运作模式、数据标准化机制以及监管机制对我国发展个人征信体系具有很强的借鉴意义。

1）美国个人征信市场化运作的特点

（1）行业集中度高，寡头垄断特征明显

美国的个人征信行业诞生于19世纪初期。伴随着信息技术的发展、信息共享程度的提高、消费信贷的持续增长，个人征信市场得到长足发展，并建立了市场化运作模式。1960年年末，美国征信公司达2 200家，区域性特征明显。在信息技术进步、银行卡联盟发展、全国性银行出现等外力推动下，个人征信市场经历并购潮，小规模、区域性征信公司被淘汰，形成以益百利（Experian）、艾可飞（Equifax）、环联（TransUnion）3家为行业巨头，其余250余家与它们有紧密合作关系的整体格局。在全面、完善的征信法律体系指导下，美国征信市场综合监管日趋规范，个人征信市场已进入成熟期，基于反垄断法，美国征信行业三巨头格局长期稳定。

（2）在市场化模式下鼓励自由竞争，政府侧重监管

市场化的征信模式能够最大限度地发挥市场主体的能动性，有利于征信机构根据市场个性化需求实现征信服务对象多元化、创新产品多样性，同时刺激消费信贷增加，提高经济运行效率。政府在该模式下侧重监管，通过立法规范征信信息采集、整理、存储及加工流通整个流程，利用完备的征信法律体系为征信市场发展保驾护航。

（3）征信公司进行商业运作，需求主体具有多元性

美国征信公司以营利为目的，业务流程分为数据收集、数据处理、数据销售三个环节。以美国最大的征信公司益百利为例，该公司将征信报告作为商品进行整体营销运作（如图4-2所示）。其需求主体由消费信贷高速发展催生，并呈现多元化特征——个人消费者，银行、抵押贷款公司等传统金融领域客户收入占比已不足50%，而医疗保健机构、电信运营商、零售商等新兴客户群体对征信需求日趋增加，互联网金融迅速崛起使行业征信需求猛增。

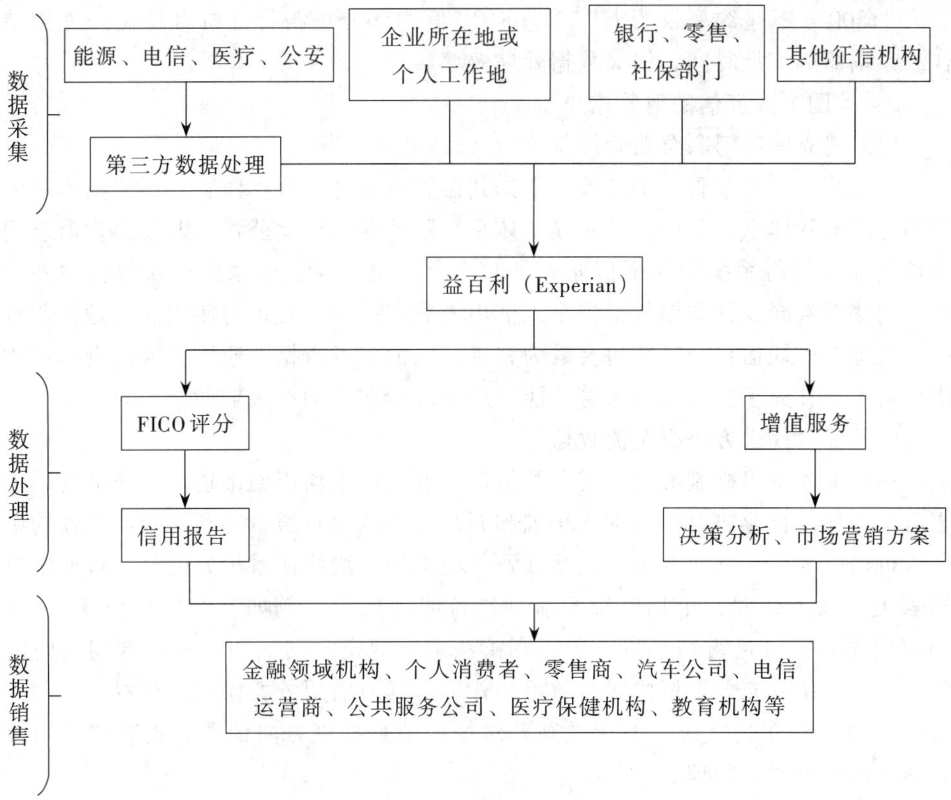

图4-2　益百利公司征信流程图

资料来源　美国消费者数据产业协会.

2）美国个人征信数据的标准化机制

（1）数据采集规范化，格式标准化

为规范市场中征信主体数据标准，促进信息共享机制，美国信用局协会（ACR）制定了专门用于个人征信机构的统一标准数据采集与报告格式Metro2。为避免信息资源浪费，确保原始数据具有真实性与一致性，Metro2设定了标准字段和字长，任何行业和单位必须使用统一、标准和开放的计算机数据输入标准格式提供信息。鉴于个人隐私保护，美国法律对数据采集过程中的数据范畴进行了明确规定，如个人政治倾向、种族、宗教信仰、收入情况、保险单信息、证券账户信息、储蓄账户信息、医疗记录、驾驶记录、犯罪记录等均禁止出现在数据报送中。

（2）利用FICO信用评分法，统一数据处理量化标准

美国征信机构统一采用FICO信用评分法进行数据处理，该方法属于客观经济计量模型量化评分法，确保机构间信用报告的可比性。征信机构进行数据采集后，把有关某个消费者在各部门、各领域、各地方的分散数据甄别出来，利用FICO信用评分法进行权重设置，明确罗列具体条目，综合计算得分，得分区间通常为300分～850分。通过大数据测算，FICO分数与贷款违约率形成关联，分数低于600分，违约率可达到1/8，分数为700分～800分，违约率为1/123，而分

数大于800分，违约率仅为1/1 292。FICO信用评分法与计算机自动化处理相结合，大幅缩减审批时间，提高数据处理效率。

3）美国个人征信的监管措施

（1）建立跨部门联合监管体系

一是政府分类监管。美国政府根据其监管范畴进行分类监管，形成整体跨部门的有序监管体系。其中，联邦储备体系、联邦存款保险公司、财政部货币监理局负责监管银行系统个人征信业务；联邦贸易委员会、国家信用联盟管理办公室、司法部共同监管非银行机构个人信用的数据提供、处理与使用。二是行业自律。美国个人征信行业自律协会较为完善，以消费者数据产业协会为代表的自律协会极大地补充了个人征信监管功能，成为政府监管的有效辅助。

（2）征信提供方进行全流程监管

一是准入退出机制灵活。美国征信市场准入退出均遵循市场化运作机制，主要由个人征信行业协会提供准入培训和颁发行业从业执照，并利用行业章程约束征信机构行为。二是业务流程监管细致。美国征信法律体系十分健全，对征信数据采集、加工处理、市场营销全流程进行明确规定。例如，在信息公开方面，1967年颁布的《格雷姆·里奇·比利雷法案》规定一切信用交易条款均须向消费者公开，使其充分了解内容和效果，并可与其他信用条款比较；在费用控制方面，1974年颁布的《统一商业准则》对征信信息提供方向消费者收取的费用或者利息率进行封顶管理。

（3）对数据使用者进行法律约束

在数据使用条件方面，美国个人征信法律体系重视对当事人知情权的保护，实现保护个人隐私和满足信用交易对数据储存和使用需要之间的平衡。《公平信用报告法》要求使用方在获得信用中介机构提供的个人征信报告时，必须确定报告当事人知晓该情况。未经授权的个人信用报告，信用中介服务机构无权向任何机构或个人提供。此外，即使获得授权，中介机构也不能向法律未明确允许的机构或个人提供个人信用信息。在信用报告使用目的方面，《公平信用报告法》以列举形式规定法律允许的信用报告使用范围，出于规定目的外的情况均不能予以提供和使用信用报告，否则即使当事人同意也属违法行为。

4.2.2 境内个人征信的发展

1）概述

1999年7月，中国人民银行征信中心旗下上海资信有限公司（以下简称“上海资信”）成立，开始试点个人征信业务。我国个人征信业的发展始于2003年，国务院赋予中国人民银行“管理信贷征信业，推动建立社会信用体系”职责，批准设立征信管理局。此后，在中国人民银行的推动下，以商业银行为主要信用信息报送来源的全国个人信用信息基础数据库开始搭建，并于2006年正式运行，开展商业银行和个人信用信息查询业务。2013年，《征信业管理条例》《征信机构管理办法》相继实施，明确中国人民银行为征信业监督管理部门，征信业步入了有法可依的轨道。2014年，《征信业管理条例》授权中国人民银行向企业征信机构发放牌照，企业征信机构实行备案制。2015年年初，中国人民银行批准芝麻信用等8家民间机构开展个人征信准备工作。这8家民间机构也推出了诸如信用评分、人脸识别技术、反欺诈产品、贷中风险防控、用户画像等征信产品，并为征信市场的发展做出了贡献①。根据中国人民银行征信管理局资讯发布，截至2022年2月，全国共有26个省（直辖市）的136家企业征信机构在中国人民银行分支行完成备案②。境内个人征信业务的发展进程见表4-3。

表4-3　**境内个人征信业务发展进程**

时间	主要进程
1999年7月	中国人民银行批准上海开展个人征信试点，上海资信成立
2003年9月	国务院明确赋予中国人民银行“管理信贷征信业”职责，中国人民银行设立征信管理局
2003年10月	党的十六届三中全会提出“加快建设企业和个人信用服务体系”
2004年12月	中国人民银行建成全国个人信用信息基础数据库
2005年8月	中国人民银行出台配套制度，规范基础数据库的运行和使用
2006年1月	全国个人信用信息数据库正式运行
2013年3月	《征信业管理条例》正式实施
2013年11月	党的十八届三中全会提出“要建立健全社会征信体系，褒扬诚信，惩戒失信”
2013年12月	《征信机构管理办法》正式实施
2015年1月	中国人民银行要求8家个人征信机构做好准备工作
2015年6月	“信用中国”网站正式上线，全社会统一的信用信息共享平台逐步搭建
2015年7月	8家征信机构完成中国人民银行要求开展的个人征信业务准备工作，牌照发放在即
2015年12月	中国人民银行发布《征信机构监管指引》
2016年5月	中国人民银行发布《征信业务管理办法（草稿）》
2016年6月	国务院发布《关于建立完善守信联合激励和失信联合惩戒制度、加快推进社会诚信建设的指导意见》
2017年12月	中国人民银行下发特急文件《关于开展金融信用信息基础数据库接入机构征信信息泄露风险自查的通知》
2018年2月	首家个人征信公司百行征信获中国人民银行许可
2018年3月	国家发改委财金司启动综合信用服务机构试点申报工作
2018年5月	中国人民银行下发《关于进一步加强征信信息安全管理的通知》

① 佚名. 中国人民银行印发《关于做好个人征信业务准备工作的通知》[EB/OL]. [2023-06-06]. https://www.gov.cn/xinwen/2015-01/05/content_2800381.htm.

② 马梅若. 全国136家企业征信机构完成备案[EB/OL]. [2023-06-06]. https://finance.sina.com.cn/chanjing/cyxw/2022-03-18/doc-imcwiwss6704128.shtml.

续表

时间	主要进程
2018年9月	益博睿备案成功，标志着我国金融业对外开放进入了全新阶段，说明我国企业征信市场的对外开放已经常态化
2019年5月	新版个人征信（银行版）正式切换
2019年8月	国家发改委印发《关于进一步降低中国人民银行征信中心服务收费标准的通知》
2020年7月	百行征信完成了企业征信业务经营备案，成为国内首家同时拥有个人征信和企业征信双业务资质的市场化征信机构
2020年12月	继百行征信之后，朴道征信拿到了个人征信业务许可，成为第二家获中国人民银行批准的个人征信公司
2021年9月	中国人民银行会议通过《征信业务管理办法》
2023年1月	国家发改委公布《失信行为纠正后的信用信息修复管理办法（试行）》，自2023年5月1日起施行

总体而言，我国境内当前个人征信业务主要由中国人民银行主导。全国个人信用信息基础数据库是目前覆盖面最广、使用最广泛的征信数据库。据中国人民银行统计，截至2022年底，中国人民银行征信系统收录11.6亿自然人，个人征信接入机构达到5 328家，个人征信业务新增接入机构就有162家，个人征信业务查询量达到41.7亿次，日均查询量1 143.2万次①。首先，从覆盖范围来看，全社会的征信系统已经初步建立。同时，中国人民银行征信中心纳入信息已经覆盖了所有银行，未来还将进一步向保险、证券等领域扩展。其次，从信息量分析，我国征信系统蕴含的信息量堪称全球最多。但是，中国人民银行主导的征信数据仍存在局限性：一方面，商业银行的贷款结构正在发生变化，依赖抵押技术控制信用风险的工商业贷款占比将逐步下降，而运用征信技术控制信用风险的个人信用贷款占比不断提高，消费金融快速崛起；另一方面，以互联网银行为代表的互联网金融新业态的出现带来了新的征信应用场景。

高质量的个人征信服务需要市场化机构来提供，只有加快个人信息市场化建设，使信息网络迅速覆盖全体公民，推动诚信市场化建设，增强全民诚信意识和信用意识，才能推动我国市场经济有序发展。

2）传统个人征信与互联网个人征信

所谓个人征信，是指依法设立的个人征信机构对个人信用信息进行采集和加工，并根据用户要求提供个人信用信息查询和评估服务的活动。传统个人征信主要是指如果个人在银行办理过信用卡、贷款、为他人贷款担保等业务，其信贷交易历史信息则被记入个人征信系统，从而形成个人的信用报告。在个人申请信用卡或是贷款消费时，商业银行便会查看申请人的信用报告，了解申请人的信用记录。互联网个人征信于2013年兴起，通过采集个人在互联网交易或使用互联网

① 源点．央行：征信系统收录11.6亿自然人、1亿户企业和其他机构［EB/OL］．［2023-06-06］．https：//www.sohu.com/a/645693831_121123710.

各类服务中留下的信息数据，并结合通过线下渠道采集的信息数据，利用大数据、云计算等技术对个人进行信用评估。其中，数据类型的多样化、评价体系的完备化、数据处理的高效化等，都是互联网金融为征信领域带来的全新机遇。随着中国人民银行下发的《关于做好个人征信业务准备工作的通知》要求8家机构做好个人征信业务的准备工作，我国开始由传统个人征信向互联网个人征信过渡。

与传统个人征信相比，互联网个人征信数据源自互联网，这一根本性区别进而演化成二者在各方面的差异（见表4-4）。传统个人征信数据来源于借贷领域，因此，只有在银行贷过款、办理过信用卡的用户在中国人民银行征信系统里才有所记录；另外，传统个人征信的评价思路是以以往的记录来评定个人信用，因此，对于过往没有信用记录或信用记录不良的用户，就无法判断其当前的信用状况。而互联网个人征信在人群覆盖、数据信息、信用评分技术、应用场景等各方面为传统个人征信进行了正面延伸和有益补充。第一，覆盖人群广，可覆盖到大量在传统征信体系中信用记录空白的用户；第二，信息采集成本较低，其主要依靠互联网大数据、云计算等技术搜集信息主体在线上的一些行为数据，不需要另行专门录入；第三，数据多维度，传统个人征信只采集信贷、财务数据，而互联网个人征信还包括网络购物、支付、网络理财、社交等多维度信息；第四，信用评分模式不同，传统个人征信主要基于信用记录进行评估，而互联网个人征信的评分模型则要求将电子商务、社交行为等信息转化为信用信息，模型更加复杂；第五，应用场景更加广泛，不局限于预测信用交易风险和偿还能力，而且应用于酒店、婚恋、签证等多领域的生活场景。

表4-4　　**传统个人征信与互联网个人征信的对比分析**

项目	传统个人征信	互联网个人征信
覆盖人群	在银行有过借贷行为、办理过信用卡的用户	覆盖人群广泛
信息采集成本	较低	较高
数据采集	来源单一，主要是银行信用数据；采集频率低	来源多维度： ①用户属性数据（年龄、职业、受教育程度、兴趣爱好等）； ②用户行为数据（网络购物、网络支付、社交等）； ③第三方数据（信贷、财务数据等）。 高频、实时采集
信用评分技术	传统统计方法，如线性回归、聚类分析、因子分析、分类树等	传统统计方法结合大数据方法，如Deep Learning、Page Rank、Neural Network、RF……
数据使用	应用场景有限，主要用于预测信用交易风险和偿还能力	应用场景广泛，如贷款额度、定价、反欺诈、租赁、酒店预订、婚恋、签证等

3）互联网个人征信平台分类

我国互联网个人征信平台可以划分为基于电商平台、社交平台、金融和保险平台、支付端、公共服务平台五大类征信机构。①基于电商平台的征信机构中具有代表意义的是阿里巴巴旗下于2015年1月28日正式开始试运行的芝麻信用，以及错失首批征信业务试点的京东白条。②基于社交平台的典型征信机构是腾讯征信，它是腾讯旗下的全资子公司。③基于金融和保险平台的征信机构是征信行业的先行者，其运营模式相比于其他机构更为传统，如中国平安旗下的前海征信。④基于支付端的典型征信机构是华道征信，其在数据的流入和流出两端相比其他平台更有优势，但是在数据信息处理方面则需要与其他公司合作。⑤基于公共服务平台的征信机构虽然也是民营的个人征信机构，但其通常与国有企业相联系，如中诚信征信、鹏元征信和中智诚征信。互联网个人征信平台的对比见表4–5。

表4–5 互联网个人征信平台对比

项目	电商平台	社交平台	金融和保险平台	支付端	公共服务平台
信息来源	电商数据、公共服务，与银行之间存在一定壁垒	社交数据、电商数据、公众平台数据、游戏数据、外部数据	母公司及银联的金融数据	个人用户、线下商户	电商平台数据、与各行业中国企业合作所得数据
数据类型	基本信息、借贷信息、消费信息、公共信息	身份属性、充值信息、消费记录、社交影响、信用记录	借款信息、贷款信息、车险违章等	基本信息、金融信息、电商消费、生活缴费及互联网行为数据	身份属性、信用记录、履约能力、行为特质、社交影响
信息处理	类似于银行的违约概率模型，以线性回归和逻辑回归为主	机器学习与数据挖掘技术	银行及保险业信用算法，较为传统、通用	较多地考虑互联网上的行为数据，具体算法未知	借鉴企业、债券及公共项目评级方法
服务输出	平台内部使用，租房、租车、婚恋等	银行、消费金融公司、汽车金融公司、小贷公司等	金融机构，同时面向个人	个人用户、加盟的中小企业、自有信贷业务	针对企业，集中于电子商务、移动通信、银行保险、能源使用商等
收益渠道	暂不收费，未来数据查询收费或与查询量和数据贡献度挂钩	向申请使用数据的机构收费	往往不以营利为目的	向申请使用数据的机构收费	通过提供信用报告和个人信用信息认证收费

4）互联网个人征信的三种模式

（1）会员制征信模式

会员制征信体系的运作模式主要是会员单位（如银行）合作成立征信机构，征信机构信息主要来自会员单位，并在各会员之间实现信息共享。会员制征信模式的主要特点是会员之间信息共享高效，管理上主要以行业协会规章制度规范为主，与此同时，由于会员制征信模式具有严格的入会审核要求，使得非会员难以获取信用数据。

2013年3月，通过借鉴境外成功经验和境内发展实践，北京安融惠众征信有限公司创建了以会员制同业征信模式为基础的“小额信用信息共享平台”（MSP），采用封闭式的会员制共享模式，主要为各类小额信贷机构提供同业间的借款信用信息共享服务，旨在帮助业内机构防范借款人多重负债，降低坏账损失，建立行业失信惩戒机制。

该平台主要包括三方面信息：一是行业内从业人员的不良信息；二是行业的“黑名单”信息，即借款违约在1个月以上的个人借贷信息及已经认定的借款人欺诈等信息；三是涉及一笔借贷生命周期全过程的信用信息，包括申请信息、批准信息、逾期信息等，这是一个闭环式信息流，也是该平台共享服务的核心内容。

该平台计划下一步以会员机构的需求为驱动，不断整合行业外信用信息资源，为会员机构提供更加精准、多样化的征信服务。

（2）传统征信模式

2013年8月，上海资信宣布全国首个基于互联网提供服务的征信系统——网络金融征信系统（NFCS）正式上线，该系统优化服务于国家金融信用信息数据库尚未涉及的网络金融领域，为网络金融机构业务活动提供信用信息支持。

NFCS是网络金融开展业务的必要基础设施，是中国人民银行征信系统的有效补充。该系统主要用以采集全国的网络借贷、小额贷款、消费金融、融资租赁等互联网金融及非银金融信用信息，并帮助网贷机构接入央行征信系统。其最终目标是打通线上线下、新型金融与传统金融的信息壁垒，实现网贷企业之间的信息共享，记录个人线上线下融资的完整债务历史，探索网贷业务与传统信贷业务的不同之处，为网贷企业定制与传统征信服务不同的服务产品，从而保障出借人的资金安全。

（3）数据挖掘模式

在数据挖掘模式下，互联网企业基于电商、社交、公共服务等平台行为数据，依托互联网供应链，运用云计算、数据挖掘等技术手段对海量数据进行处理分析，从而完成对互联网用户的信用评估。该模式下的个人信用评估具有实时更新、应用场景广泛的突出特点。

小案例4-1 **芝麻信用**

2014年，阿里巴巴旗下的芝麻征信正式推出我国首个基于互联网用户行为数据的信用产品——芝麻信用。该信用服务体系以FICO评分系统为基础，从信用历史、身份特质、履约能力、行为偏好、人脉关系等方面综合评分（如图4-3所示）。该系统分数分为五个级别：较差（350分～550分）、中等（550分～600分）、良好（600分～650分）、优秀（650分～700分）、极好（700分～950分）。芝麻信用于2015年1月28日在支付宝内部测试上线后反响强烈，基于阿里巴巴在网络购物和网络支付领域强势的产品线，芝麻信用具有丰富的应用场景。

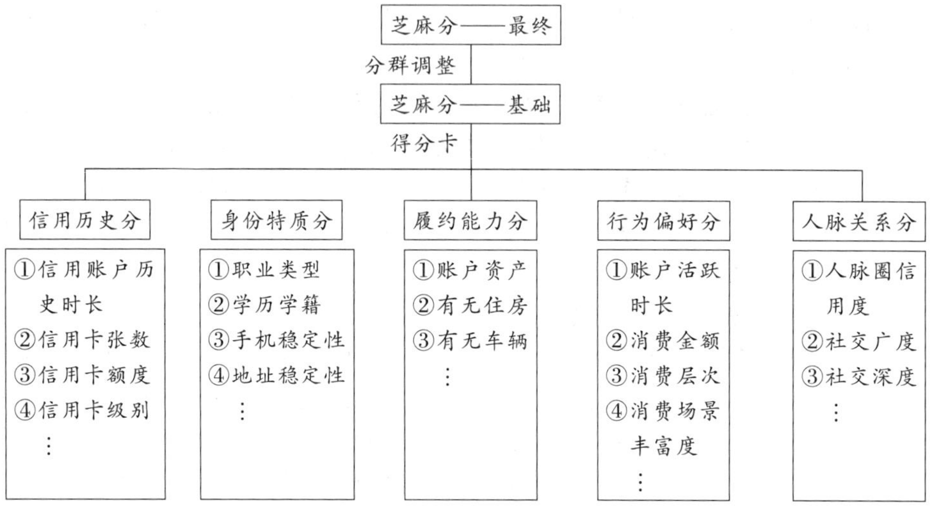

图4-3　芝麻信用评分

芝麻信用的动态评估体系主要由数据收集、技术处理、应用场景三部分构成（如图4-4所示），具有以下特点：第一，传统评估指标和互联网评估指标相结合。芝麻信用是利用互联网数据对传统征信进行的拓展及革新。第二，动态指标和静态指标相结合。芝麻信用不仅包括基本信息类指标、支付和资金类指标等静态评估指标，还包含消费偏好、人脉关系、黑名单信息等动态指标。动态指标的加入意味着信用评估需要通过对用户最新消费及经济水平等信息的评估得到实时的结果。第三，信用使用与信用评估相结合。芝麻信用保持实时更新，从而更准确、及时地反映用户的信用水平。

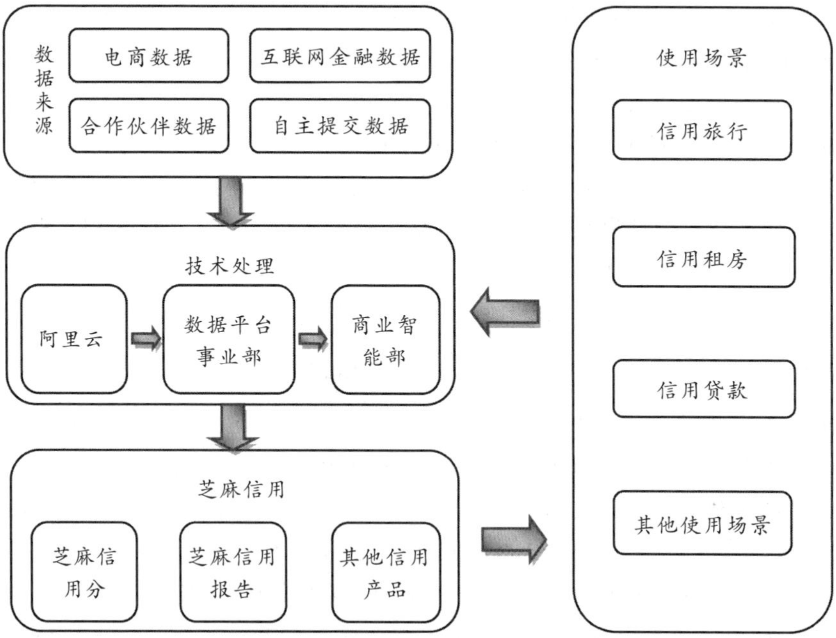

图4-4　芝麻信用动态评估体系

目前，芝麻信用利用云计算、机器学习等领先科技客观呈现个人和企业的商业信用状况，已在租赁、购物、商旅出行、本地生活等众多商业场景中通过信用科技赋能，让商户为更多用户提供更好、更便利的服务。

可以预见，未来将会有更多的阿里产品和合作伙伴以芝麻信用分作为对用户某种资质的审核参考，而各种应用场景下的用户行为数据又会返回芝麻信用，进一步对用户的信用进行更准确的评估，从而形成一个动态评估过程。

4.2.3 发展趋势

1）发展建议

（1）建立个人网络行为数据的统一身份识别，实现数据融通

第一，互联网征信机构之间存在数据收集过程的“信息孤岛”问题。由于用户的互联网行为数据分散在不同的互联网应用中，这些应用分属于不同的互联网企业，有效数据的缺乏会导致对用户信用评估的不准确。因此，应建立统一的身份识别体系，从而实现网络行为数据在应用之间的融通。

第二，传统征信机构与互联网征信机构之间数据分割，信息不能共享。中国人民银行征信系统拥有借记卡记录、社保记录、贷款记录等核心数据，个人信用报告的设立有效地提高了银行的放贷效率。而互联网征信机构如芝麻信用、腾讯征信掌握着大量的个人行为数据。两方的数据来源呈互补性特征，若能流动共享，将使信息发挥更大的价值。

（2）完善数据采集及使用范围，明确数据所有权，保护用户隐私

互联网征信往往需要多维度的用户行为数据，这一定会在某种程度上侵犯用户隐私，尤其是进行评估时往往需要使用用户财务、社交关系等方面的信息，这些信息一旦被企业用作非法用途，将会给用户造成巨大损失。因此，在发展互联网征信的同时，国家应建立相应的政策法规对行业发展设立标准并进行规范，确保用户隐私不受侵犯。

（3）提升业务能力，加强征信产品创新，促进征信业差异化竞争

目前，个人用户在互联网行为中产生的非结构化数据（如图片、视频、音频等内容）在用户行为数据中的占比不断增加，有效数据积累不足，如何将海量的行为和关系性数据通过特定算法模型转化为信用评估数据，设计出接受程度较高的信用评估框架以及开发出专业化细分的应用场景是互联网征信机构急需解决的核心问题。因此，互联网个人征信机构可以通过与传统金融机构合作，积累金融风险控制方面的经验。此外，各类大数据征信机构可针对不同客户拓展征信产品种类，从而满足不同层次客户的市场需求，实现差异化竞争。

2）个人征信提速影响互联网金融未来发展

互联网金融作为一种新兴的金融形态，迫切需要信用服务网络化，个人征信作为互联网金融的重要基础设施，有望为互联网金融的发展提供新的动力，推动互联网金融快车进一步提速。

（1）推动互联网金融高质量发展

征信作为重要的金融基础设施，其完善有利于互联网金融发展，其影响主要体现在三个方面：一是影响互联网金融生态。征信机构作为连接者，将在金融机构与各类信息主体、信息使用者之间发挥更重要的桥梁和纽带作用，征信领域“断直连”将加快推进。二是影响互联网金融模式。对于互联网平台来说，左手获取各类信用信息、右手进行倒腾售卖的模式将不复存在，所谓的集支付、电商、社交、借贷、资管等业务为一体的闭环将被逐渐打破。三是影响数字金融产品。特别是对于互联网贷款来说，部分银行与外部机构合作的联合贷款、助贷产品应将进行流程重构。大量从事“类征信”业务的市场机构由于难以取得征信业务资质，将进行全面转型，重塑业务模式与合作方式，但与征信机构、金融机构合作的大门并没有关上。

（2）促进网络支付信用化

基于个人的购买行为、社交行为、财务状况等大数据，个人征信机构可提供个人信用支付评级和报告。根据个人信用数据及信用报告，电商或者支付机构可以评估用户的信用风险，推广信用支付、虚拟信用卡业务，进一步发掘其消费支付能力。例如，蚂蚁金服根据支付宝用户的芝麻信用评分，向其推出名为“花呗”的信用支付产品，最高额度为5万元。

（3）提升个人信用服务

征信产业链可以分为输入端的征信数据采集和输出端的征信服务。无论是企业征信还是个人征信，都只是从输入端进行分类，输出端主要还是为信贷机构服务。而在互联网个人征信时代，互联网金融机构也可以面向个人提供信用服务。例如，谷歌旗下的Credit Karma，就免费为用户提供个人信用评级和报告，以此吸引用户群体，同时基于对这些信用报告及用户个人金融信息的挖掘和分析，有针对性地向用户推荐金融产品，如自助导购服务等。其盈利主要来自消费性金融机构的广告收益以及信贷产品的创新。

拓展阅读4-2

普及征信知识 保护个人权益

4.3 消费金融

目前，我国已经形成了多层次的消费金融服务体系：以商业银行、持牌消费金融公司为主，其中银行占据主体地位，市场份额约70%。从家庭收入水平看，银行消费贷在中高收入人群中覆盖较广，非银机构消费贷则在中低收入人群中覆盖较广，两者分层互补。截至2022年年末，金融机构人民币各项贷款余额213.99万亿元，同比增长11.1%，人民币消费贷款余额达到56.04万亿元，增加1.15万亿元，住户短期消费贷款余额9.35万亿元，减少90亿元，住户中长期消费贷款余额46.69万亿元，增加1.16万亿元[①]。

---

① 佚名．央行：2022年年末金融机构人民币各项贷款余额213.99万亿元［EB/OL］．［2023-06-06］．https：//chinanews.com.cn/cj/2023/02-03/9946726.shtml.

4.3.1 境外消费金融的发展

国际消费金融的产生和发展是以美国为代表的发达国家消费者信贷呈爆炸式增长为前提的。20世纪70年代中期，美国传统银行业务发生变化。在此之前，传统的银行家们主要致力于服务和维系大公司客户，零售银行虽然存在，但贷款业务仅限于提供住房贷款、汽车贷款以及一些有限的循环贷款，而且主要是在总部或分行柜台上进行销售。20世纪70年代中后期，美国的金融业务版图发生变化，以个人信用卡业务为代表的消费金融和消费信贷蓬勃发展，消费者显示出激增的借贷意愿，或更准确地说是更大的需求热情寻求消费类贷款。从广义上来说，这些贷款需求包括房贷、车贷、私人高档消费贷款（如移动房车、小型游船等）、家居贷款、电器贷款、服务型消费贷款（如旅游、度假、结婚和养生计划）等。面对这种形式，金融机构开始积极地和创造性地开发并推出不同的消费信贷产品，来满足消费者日益增长的金融需求。

小案例4-2　　通用电气金融服务公司（GE Capital）

通用电气金融服务公司是通用电气旗下的消费金融服务公司，其业务可以分为针对消费者的零售金融业务和针对企业的商务金融业务两种。此处主要介绍通用电气金融服务公司的零售金融板块。20世纪30年代，美国经济开始复苏，消费者希望有更多和更灵活的付款方式来购买通用电气生产的既时髦又好用的电器，通用电气敏感地嗅到了这个商机，开始向消费者提供消费信贷和分期付款服务。之后，随着通用电气总公司业务的扩张，通用电气金融服务公司开始涉足家具、装修、汽车和零部件、售后服务、健康服务等全新领域。通过自有品牌信用卡和各种灵活的贷款计划，再加上通用电气金融服务公司自身的品牌效应，以及与其他生产厂商和服务商的广泛合作，通用电气金融服务公司成功地把自己打造成为一个全能型、一站式的消费者金融服务平台，同时在财务上也为通用电气总公司做出了重要的利润贡献。通用电气的消费金融发展可以追溯到1932年，当时通用电气意识到了消费者在融资和付款方式上的需求，其关键的历史节点如图4-5所示。

然而，GE金融在金融危机中遭受重创，使得整个GE的股价大幅下挫。2015年4月10日，GE宣布将在未来两年内剥离旗下价值3 630亿美元GE金融的大部分金融业务，“结束公司多元化发展的历史，以期更加专注于高端制造业”。这意味着，GE在经历了80多年科技与金融结合发展后，抛弃产融结合，回归制造业。GE在金融危机中和危机后的表现说明，制造业集团拥有的巨额金融资产和金融业务会在金融危机中面临巨大风险，从而波及整个集团。GE放弃金融业务，宣布回归制造业，也说明金融与科技合营存在巨大的风险。

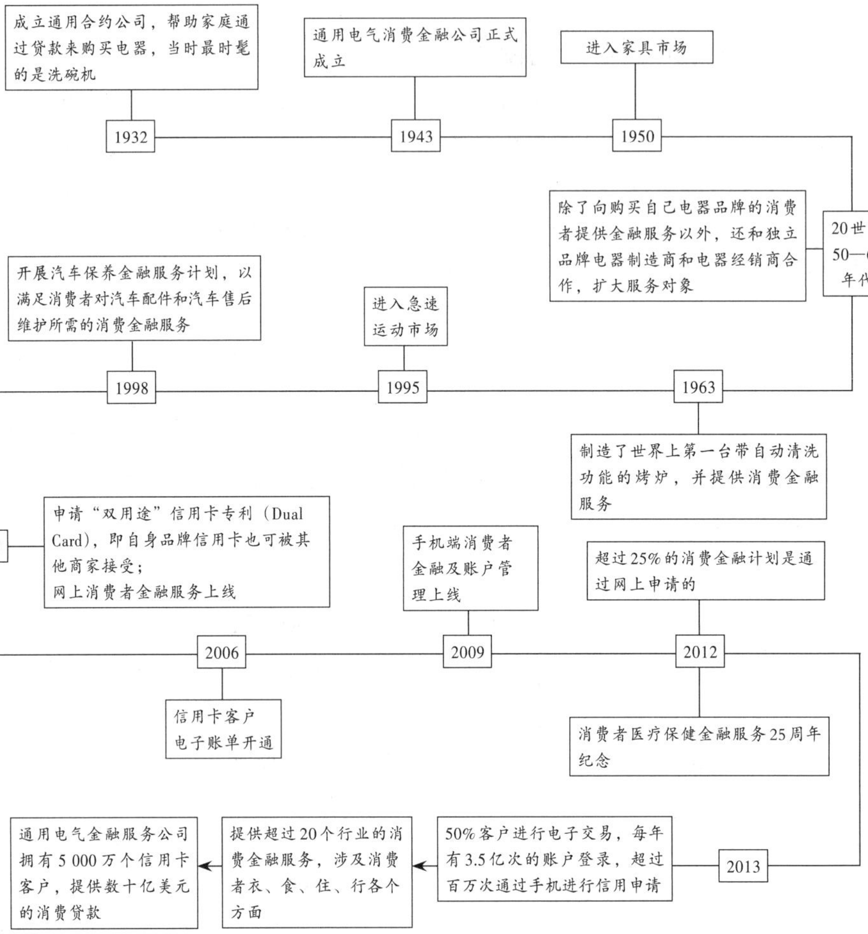

图4-5 通用电气消费金融80余年发展历程（1932—2013年）

资料来源 ［1］李晗．消费金融公司的国际经验与启示［J］．银行家，2013（11）．［2］欧阳辉，刘一楠．通用电气为何抛弃金融部门［J］．财经，2015（36）：88-90.

4.3.2 境内消费金融的发展

1）发展背景

消费金融的发展在我国已有10多年时间。2004年，PPF集团在中国设立办事处，于2007年正式开始在广东地区试点消费金融。2009年，随着《消费金融试点管理办法》的出台，北京、上海、天津、成都分别设立了消费金融公司，我国的消费金融领域开始进入大众视野。而直到2013年12月银监会将消费金融公司扩大到16家，消费金融才被大家所熟知。2015年6月10日，李克强总理主持召开国务院常务会议，决定将消费金融公司试点扩至全国，鼓励符合条件的民间资本、境内外银行业机构和互联网企业发起设立消费金融公司，此后互联网企业纷纷加入，消费金融业务呈现井喷式增长。2020年9月，中国人民银行发布《中国人民银行金融消费者权益保护实施办法》并提升文件效力层级，预示着侵害金融消费者权益成本将大幅提高[1]。

消费金融的产生和发展壮大，与其所创造的“多赢”的局面分不开。第一，对于消费品生产厂家（包括服务消费）和销售方来说，消费金融可以帮助其扩大客户范围，实现更多的额外销售。第二，对于消费金融贷款提供方来说，消费金融可以为其贷款产品拓宽销售渠道，增加利润。第三，对于消费者来说，消费金融可以在其负担得起的情况下，立刻满足其对商品和服务的需要。消费金融除了手续方便、办理迅速以外，贷款利率较之其他贷款途径也往往更加经济划算。第四，由于消费金融的出现，社会整体消费呈几何级数增长，这对促进经济和发展就业也将产生巨大的推动作用。

因此，在我国经济发展进入“稳增长”的新形势下，随着国民消费能力的持续提升以及互联网使用习惯的全面养成，互联网消费金融作为一种全新的消费金融工具对于释放国民消费潜力、完善金融市场结构、提升经济发展质量均发挥着重要作用。

2）概述

消费金融是指为满足个人或家庭对最终商品和服务的消费需求而提供的金融服务。互联网消费金融是“互联网+消费金融”的新型金融服务方式。在我国，互联网消费金融有着特定的经营服务范围。《关于促进互联网金融健康发展的指导意见》将互联网金融业态分为互联网支付、网络借贷、股权众筹融资、互联网基金销售、互联网保险、互联网信托和互联网消费金融7大类。其中，互联网支付、网络借贷和互联网消费金融属于广义消费金融范畴。但是，从《关于促进互联网金融健康发展的指导意见》的表述来看，我国对互联网消费金融采取了相对严格的界定：一是互联网消费金融不包括互联网支付内容，两者分别由银监会和中国人民银行监管；二是互联网消费金融不包括网络借贷；三是互联网消费金融业务额度缩小化。

因此，本书中的互联网消费金融是指银行、消费金融公司或互联网企业等市场主体出资成立的非存款性借贷公司，以互联网技术和信息通信技术为工具，以满足个人或家庭对除房屋和汽车之外的其他商品和服务消费需求为目的，向其出借资金并由其分期偿还的信用活动。通常这一类贷款形式具有金额小、期限短、无须办理烦琐的贷款手续等特点，自推出以来受到了消费者的广泛欢迎。

无论是传统金融主体如商业银行、消费金融公司等，还是以京东、阿里巴巴等为代表的电商企业，它们都在通过不同的方式和途径推动互联网消费金融产业的快速发展，形成了完整的互联网消费金融产业链。在这条产业链上，主要包括以下4类参与者（如图4-6所示）：

① 消费者，消费金融的核心，利用金融机构提供的资金进行消费，在约定时间进行偿还；

② 金融机构，包括商业银行、消费金融公司、电商企业等，根据消费者的信用状况、消费能力等提供资金给消费者；

---

① 《中国人民银行金融消费者权益保护实施办法》的具体内容参见网址：http://www.pbc.gov.cn/zhengwugongkai/resource/cms/2021/12/2021122715462561557.pdf.

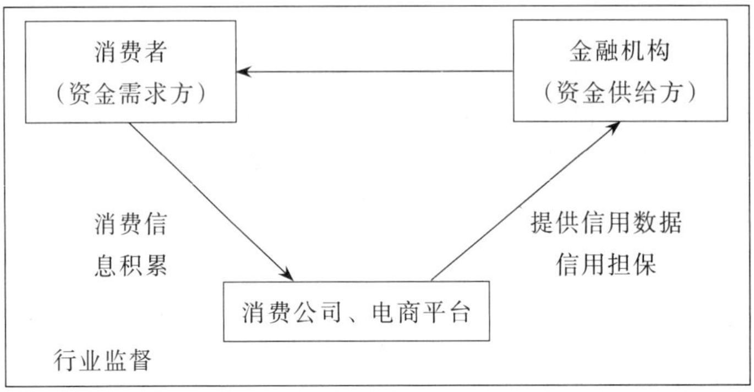

图4-6 互联网消费金融产业链

③ 消费公司、电商平台等；

④ 行业监督，如国家金融监督管理总局、消费品领域委员会及行业协会等。

具体而言，互联网消费金融呈现出如下特点：①在范围上，互联网消费金融将服务范围扩展至健康、旅游、日常消费等价值低、期限短的商品；②在资金渠道上，互联网消费金融以线上为主，资金渠道更加广泛；③在授信方式上，互联网消费金融的审批除了借鉴传统的审批方式外，还可以借助现代化的信息技术得到客户的历史交易金额、交易频率等数据，来考察客户的信用状况，从而决定是否放贷。

3）运营模式

互联网消费金融与传统消费金融最大的不同体现在资金的筹集方式上，即互联网消费金融依托线上的筹集方式，如通过商业银行的线上业务，消费金融公司、电子商务平台等其他的创新企业开展的消费信贷业务（如图4-7所示）。

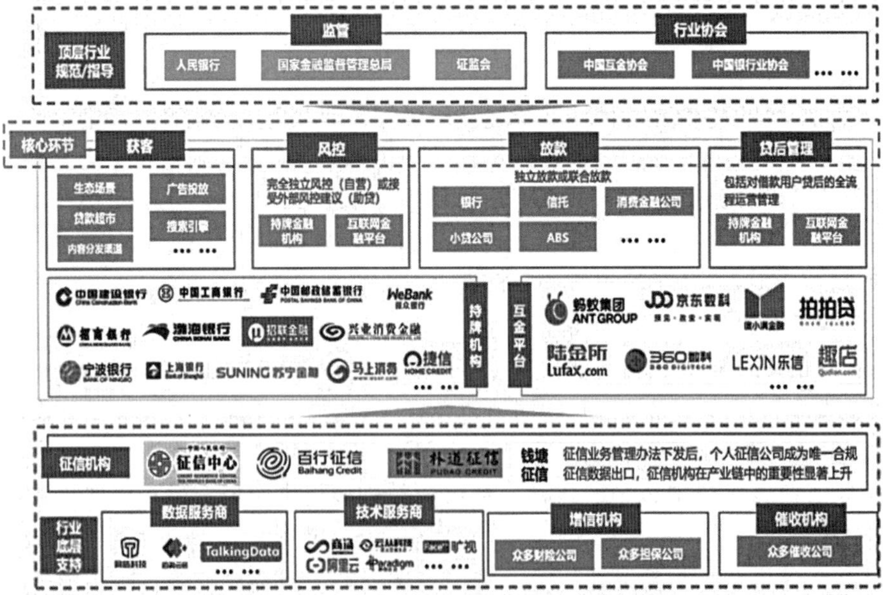

图4-7 消费金融产业图谱

资料来源 艾瑞咨询．2022年中国消费金融行业研究报告［EB/OL］．［2023-06-06］．https：//report.iresearch.cn/report/202204/3982.shtml.

目前，我国互联网消费金融有以下3种运营模式：

（1）银行搭建线上消费金融平台

传统商业银行依托自身的客户资源和金融服务优势，通过创新线上消费服务模式，搭建起旅游频道、购房中心、汽车城等子消费平台，并在其中嵌入线上消费信贷服务，为客户提供线上消费体验。

（2）互联网消费金融公司

互联网消费金融公司不吸收公众存款，以小额、分散为原则，通过自有资金为我国境内居民提供个人耐用消费品贷款及一般用途个人消费贷款。2015年1月7日，重庆百货与其他5家公司共同发起设立了境内首家互联网消费金融公司——马上消费金融股份有限公司。与传统消费金融公司最大的不同是，该公司搭建了互联网平台，从基础设施、平台、渠道、场景等4个方面扩展互联网平台业务，从而实现"无边界、全渠道"的经营服务。

（3）基于电子商务交易平台的互联网消费金融

在该模式下，电商企业通过交易平台分析消费者的交易数据及其他外部数据，提供给消费者数额不等的信用额度，消费者可以在信用额度内在该电子商务交易平台上进行消费，由电子商务交易平台成立的消费信贷公司或第三方进行资金垫付，消费者在约定的还款期限内还款，电子商务交易平台收取一定比例的服务费。这种模式使得电子商务交易平台、资金提供方和消费者三方构成了一个良性的生态循环系统。因此，基于电子商务交易平台的互联网消费金融是本节侧重讲述的部分。

在这种模式下，电子商务交易平台是其中的核心参与方，因为它是最直接面对消费者的，并且在商品渠道、支付渠道上掌握了消费者的信息流、商品流、资金流信息，这样多方信息能够快速对称，降低风险发生的概率。对这些信息的掌握成为电商企业参与消费金融市场的核心能力。同时，电商企业利用这些信息可以了解消费者的消费习惯、消费需求等，提高销售额，成功地将消费需求与资金联系起来。

主流电商平台和传统银行的消费金融业务的比较分析见表4-6。

表4-6 **主流电商平台和传统银行的消费金融业务的比较分析**

项目	主流电商平台			传统银行
典型代表	京东白条	蚂蚁花呗	苏宁任性付	银行信用卡分期
消费场景	京东商城自营产品、部分第三方商户的实物商品和170手机号购买	淘宝、天猫商城（部分商户、商品不支持），唯品会等40余家电商平台	苏宁易购、苏宁云商、部分合作商，除虚拟商品外	国美在线商城（支持银行：招商银行、中国民生银行、北京银行、中信银行、广发银行、中国建设银行、兴业银行、中国农业银行等）

续表

项目	主流电商平台			传统银行
典型代表	京东白条	蚂蚁花呗	苏宁任性付	银行信用卡分期
手续费（月）	0.5% ~ 1.2%	2.5% ~ 8.8%	0.798% ~ 0.833%	0.9% ~ 8.4%（中国建设银行最低，广发银行最高）
分期付款特点	(1) 最长30天延后付款期；(2) 3至24个月分期付款	一般每月8日、9日或10日固定日期还款；最长免息期达41天，最短免息期为7天	30天免息、指定商品“三零”分期(零首付、零利息、零手续费)、最长分期5年（特殊商品）	按3、6、12期支付(中国建设银行支持18、24期)，通过网络使用信用卡即时完成分期付款
逾期费率（日）	0.05%	0.05%	0.05%	一般为0.05%+滞纳金
最高信用额度及特点	1.5万元，大多数用户不超过1万元，普通用户只有6 000元	从几千元到5万元不等；分大众会员、黄金会员、铂金会员和钻石会员等不同等级	V1用户3 000元；V2用户5 000元；V3用户8 000元；最高可达20万元	参照相应发卡行信用卡授信额度（最高一般为50 000元）

4.3.3 发展趋势

1）建议

(1) 拓宽融资来源，降低融资成本

境内外的消费金融有一个共同特点，就是不吸纳存款。缺少稳定和庞大的存款这一资金来源，不仅限制了消费金融的发展，同时给融资成本带来了不确定性。我国的消费金融除了依靠出资者提供的启动资金和利用银行同业拆借等融资手段外，应广开思路，广泛开拓融资渠道和产品；政府和金融监管部门也应为其提供更好的融资环境，大力推广资产证券化等创新金融产品。

(2) 加强消费金融的风险控制

在消费金融的风险控制和持续发展方面，应重点从3个方面着手：

第一，加快推动信用体系建设，支持民营个人信用机构的发展，充分利用大数据的技术手段，积累有效的个人信用评价机制，与中国人民银行征信体系形成有效互补。同时，逐渐使得各类非银行消费金融机构、新兴金融组织与整个信用体系建设融合起来，使其能够有效利用各类信用数据库，同时提供更多的消费信用信息。

第二，对于非银行的消费金融提供主体来说，应该争取建立独立的风险评估部门和完善的风险控制措施，同时有效管理消费金融业务，与其他主业进行协调定位，避免出现财务风险和流动性风险。

第三，充分运用各种风险分散手段，如保险和担保支持。保险业可以通过提供征信服务、小额信贷保险等来解决消费信用风险控制问题。担保同样为消费金融的发展提供专业化的风险防范机制。例如，现有的汽车消费信贷保证保险、助学贷款信用保证保险、小额信贷保证保险都对促进消费发挥着重要作用。

第四，有效监督消费信贷用途，建立奖惩机制，使得贷款人真正利用消费金融工具来进行日常消费，而不是把资金用作他途。

（3）提高消费金融公司的通盘运营管理水平

经营消费金融公司在某种程度上比经营银行更复杂。消费金融公司由于更集中于某一行业领域，其专业性和风险管理要求更高。因此，消费金融公司应切实做好全面、细致的规划，着重考虑一些关键问题，如引入谁作为战略投资者，战略投资者是否能带来自身所不具备的金融管理经验，特别是风险管理的经验，自己的消费金融公司是否要独揽全部业务，部分业务如自有品牌信用卡是否外包给专业性更强的信用卡公司等。

（4）明确定位，走特色化发展道路

在客户定位上，消费金融公司应明确定位于中低端消费人群，通过拓展业务合作和销售渠道，锁定潜在客户，加大营销力度。在产品设计上，消费金融公司应通过对消费市场和居民需求进行细分和研究，根据市场需求的特点探索与之相适应的业务和产品结构，按照客户家庭分层设计更多个性化的信贷产品，不断丰富产品功能，为客户提供全面化、专业化、标准化、自动化的便捷高效的融资服务。

2）未来发展

当前，各种各样的电商、厂商、互联网金融企业都参与到消费金融产品创新中。应该说，这些新产品是基于商业信用开展的消费金融创新，有助于推动内生于实体部门的消费金融模式的发展。实际上，在许多国家，最早的消费金融服务提供者都是实体企业。我国同样可以鼓励和促进包括商业企业、流通企业、互联网企业、第三方支付企业在内的不同主体充分介入到消费金融业务创新中，并为此创造更多的制度保障：一方面，可以借鉴境外经验推动政策突破，为非金融机构发行信用卡提供支持；另一方面，基于商业信用的赊销预付形式，更加密切地与网络消费购物结合，使互联网消费金融成为消费金融体系的重要组成部分。

伴随网络时代带来的金融综合化、智能化，各类消费金融提供主体都应加快推动业务方式转变。一是对商业银行而言，其重点是充分利用自身优势，为消费者提供更具有服务深度和广度的“消费金融服务超市”，充分满足消费者的多样化金融和非金融的消费需求。二是对于消费金融公司来说，其错位发展的重点可集中于现有消费金融的“短板”，如非抵押的信用消费、农村消费金融等领域，加快自身的专业化、区域化、特色化分工。三是把消费金融业务发展与互联网金融结合起来，积极结合移动支付等新技术平台，推动网络与渠道的创新。四是充分借鉴“余额宝”类产品的特点，努力把居民消费服务与理财结合起来，更好地实现金融服务功能的深化。

拓展阅读4-3

消费金融2022年“成绩单”

4.4 基于互联网的银行业务对商业银行的影响

4.4.1 对负债业务的影响

商业银行负债业务是指商业银行通过负债筹集资金，以形成资金来源的业务，是商业银行资产业务和中间业务的基础。互联网金融对商业银行负债业务的影响主要体现为存款的流失和负债成本的提高。

1）商业银行的存款面临流失的威胁

类似“余额宝”的互联网投资理财产品在保证流动性的基础上，为客户的活期存款提供了一条几乎没有风险的资金增值渠道。在收益方面，尽管受到中国人民银行宽松货币政策的影响，互联网理财产品的收益有所下降，但“余额宝”类互联网投资理财产品的收益率仍高出银行活期存款收益率数倍。在使用方面，类似“余额宝”的互联网投资理财产品十分方便灵活，可以7×24小时随取随用，2小时内快速提现到银行卡，并且没有任何手续费，丝毫不影响流动性。自推出以来，“余额宝”类产品一直保持着旺盛的申购和赎回交易状态。从受众来看，互联网理财产品的用户集中在青年群体，并且以小额投资居多，但青年群体具有较高的风险承受能力和对互联网理财的高认可度，且随着时间的推移，青年群体的财富将不断累积，也将持续分流银行的存款。

2）商业银行的负债成本有上升的压力

由于互联网投资理财产品很大部分投资于银行定期存单、协议存款、同业存款等，因此从商业银行流出的储蓄存款又以其他存款的形式回流到商业银行，使银行的负债结构发生改变，而银行协议存款的利率高于储蓄存款的利率，随着互联网投资理财产品规模的不断增长，其对商业银行负债成本的提高效应将越来越明显。

此外，第三方支付平台的发展使商业银行的负债成本有所提高。由于第三方支付平台还没有实现实时到账，具有延迟支付的特点，凡是经过第三方支付结算的资金都会有一部分沉淀，随着第三方支付逐步扩展到线下支付和大额支付领域，资金沉淀规模将只增不减，这些沉淀在第三方支付体系的巨额资金，需要银行为其支付大量利息，间接提高了银行的利息支出。

4.4.2 对资产业务的影响

商业银行资产业务是指商业银行对通过负债业务吸收的资金加以运用以获得收益的业务。资金运用得是否合理、高效、科学，在很大程度上决定了商业银行经营的好坏。互联网金融对商业银行资产业务的影响主要体现在小微贷款和信用卡领域。

1）互联网信贷的发展对商业银行的小微贷款造成冲击

网络借贷通过挖掘互联网大数据，创新征信手段，大大降低了服务的信息成本和交易成本。小微企业贷款和个人信贷业务是利率市场化背景下银行业降低成本消耗、提高资本回报率的重要发展方向。然而小微信贷市场，已有互联网金融企业捷足先登。与商业银行相比，网络借贷的门槛低、速度快。商业银行贷款流程繁杂，等候时间长，办理完相关手续才能发放贷款，而网络借贷简化了相关流程，并且处理速度更快。因此，对于小微企业来说，这些便利条件可能会使其优先选择网络借贷这一融资渠道。目前，互联网贷款平台仅分流了中小银行的部分小微企业客户和个人客户，对中小银行的贷款业务产生影响，导致其利差空间收窄。将来，如果互联网贷款平台的信息收集和处理能力进一步升级，客户范围向大中型企业延伸，则大型银行的贷款业务也会受到影响。相关数据显示，2021年我国的小微企业最终产品和服务价值占国内生产总值的比重在60%以上。所以，小微企业逐渐倾向于网络借贷，会使得商业银行的贷款业务受到较大的冲击，这就要求商业银行采取相关措施抓住小微企业的借贷机会。

2）互联网消费金融的大力发展直接威胁银行信用卡业务

首先，互联网消费金融的推出对商业银行信用卡业务有一定的替代效应。互联网企业利用所掌握的数据优势，为个人消费者提供网络消费信贷产品。例如，蚂蚁微贷联手天猫商城推出了可在天猫赊购的分期服务，其中分3期是免手续费的；京东商城的“京东白条”业务，用户可在10天~40天内还款，可选择3期、6期、12期，最高24期分期，分期服务费率为0.5%~1.2%，若出现逾期，按日息0.05%计收违约金，无论是分期利率还是罚息都比一般的信用卡业务优惠。

其次，互联网消费金融的发展对商业银行信用卡业务的收入有一定影响。不同银行的信用卡业务收入来源大同小异，主要有收单商户回佣、刷卡手续费、逾期利息等。随着电子商务的蓬勃发展以及第三方支付企业积极布局线下支付，原本属于发卡行的线下刷卡消费的佣金收入由于第三方支付机构的线上绕转和线下套扣而大幅减少。尽管信用卡也可用于网上支付，但是商业银行几乎没有商户回佣的定价权，因为商业银行仅掌握有限的商户数量，且不能直接从收单商户获取回佣，而第三方支付机构控制了利润分成的比例，商业银行的信用卡业务收入受到很大影响。

4.4.3 对中间业务的影响

商业银行中间业务是指商业银行不需动用或占用很少自有资金，仅依托自身网点、员工、技术和信用等优势，作为中间人为客户办理收付款等事项，并收取手续费的业务。互联网金融对商业银行中间业务的影响主要有：

1）商业银行的结算业务受到挤压

支付结算业务传统上是由商业银行垄断的，银行通过遍布世界各地的网点，通过电话、电报、网络相互联系，或使用各种结算工具为客户办理。商业银行通过办理支付结算业务，不仅可以占用从中产生的大量沉淀资金，而且也会取得结算业务手续费作为中间业务收入。但在互联网时代，第三方支付凭借全天候服务、极低的费用以及简单易学的操作流程等，被消费者普遍接受，削弱了银行作为主要支付结算渠道的地位，造成渠道脱媒。并且，手机网民的剧增使得移动支付在支付方式中占主导地位。中国互联网络信息中心（CNNIC）发布的第51次《中国互联网络发展状况统计报告》显示，截至2022年12月，我国网络支付用户规模达9.11亿人，较2021年12月增长781万人，占网民整体的85.4%。因此，商业银行的支付结算业务受到挤压。

2）商业银行的中间业务收入受到冲击

随着互联网技术的云端技术、搜索引擎、SNS、大数据分析等的快速发展，信息的传递方式发生了改变，由信息不对称导致的较高交易成本的问题得到了显著改善，并且间接地削弱了商业银行的中介职能，其影响也波及了中间业务。互联网金融模式下产生很多先进技术，譬如数据交互、数据加工、数据搜索，第三方平台可以通过数据挖掘、云计算，使资金供需双方得以匹配，简化信用审批、评级程序，进而合理地对贷款进行定价。这在一定程度上解决了商业银行中间业务的一些问题，同时也对商业银行的手续费及佣金净收入形成一定的挤出效应。

例如，微信、支付宝这样的第三方支付平台还将业务范围扩展到现实生活的场景中，如在超市、便利店等，通过建立各种结账收款系统来加入线下市场争夺，这给传统银行的中间业务带来了新的挑战。

@ 本章小结

互联网银行（online-only bank）采用数据挖掘技术，不设立网点，其业务主要定位于小微企业和个人用户，并且对传统银行商业模式产生了颠覆性创新，但在远程开户、吸收公众存款、存款准备金缴纳方面仍存在问题。

互联网个人征信是通过采集个人在互联网交易或使用互联网各类服务中留下的信息数据，并结合通过线下渠道采集的信息数据，利用大数据、云计算等技术对个人进行信用评估，目前主要有会员制征信模式、传统征信模式和数据挖掘模式三种。

消费金融是指为满足个人或家庭对最终商品和服务的消费需求而提供的金融服务。目前在我国，互联网消费金融有银行搭建线上消费金融平台、互联网消费金融公司、基于电子商务交易平台的互联网消费金融三种运营模式。作为一种全新的消费金融工具，互联网消费金融对于释放国民消费潜力、提升经济发展质量具有重要作用。

@ 关键术语

互联网银行；互联网个人征信；互联网消费金融

@ 习题

复习思考题：

（1）互联网银行具有哪些突出特点？未来它将具有什么样的发展趋势？

（2）互联网个人征信与传统个人征信相比有哪些特点？互联网个人征信对我国金融基础设施建设具有什么意义？

（3）什么是消费金融？它对于促进我国经济高质量发展有何意义？

（4）基于互联网的银行业务对商业银行会产生哪些影响？商业银行应如何改进以应对竞争？

研讨题：

通过互联网查询资料，就以下问题展开讨论：

（1）境外的互联网银行发展模式与境内的有什么区别？

（2）个人征信将渗透到日常生活的方方面面，举例说明个人征信的具体应用。

（3）消费金融与信用卡业务有哪些相似之处？随着消费金融的发展，信用卡业务是否会被挤兑？

（4）消费金融是普惠金融吗？如何定义消费金融和普惠金融？

@ 案例分析

上海证券交易所首单互联网消费金融ABS诞生

2015年12月29日，境内领先的互联网消费金融平台分期乐正式收到上海证券交易所（以下简称上交所）的无异议确认函。这是境内第一单登陆上交所的互联网消费金融资产证券化（asset-backed securities，ABS）产品，也是首单基于年轻人分期消费债权资产的资产证券化产品。

分期乐是境内第一家专注于年轻人分期购物的互联网消费金融平台，目前用户群体以大学生为主。其业务模式是针对个人端消费的赊销，一方面提供安全便捷的消费场景，另一方面对接资金端，打通互联网消费金融的生态链，为大学生提供高质量的普惠金融服务。

分期乐的商业模式一直备受境内外投资机构的青睐，分别获得过经纬中国领投的数千万元A轮融资，以及DST（Digital Sky Technologies）领投，贝塔斯曼、经纬中国以及险峰华兴跟投的B轮融资，并于2015年3月又获京东商城战略投资，进一步巩固了行业领先地位。

此次，分期乐收到上交所确认函，一方面说明了分期乐债权的优质性，另一方面体现出分期乐首创的大学生分期消费商业模式受到境内主流金融机构的认可。而作为分期乐最早期的合作方之一，真融宝在资产判断和选择上的实力从侧面得到了肯定。真融宝与分期乐长期保持着规模较大的资产合作。

真融宝选择的资产方必须符合以下标准才有合作的可能：①资产类别在消费金融、供应链金融以及汽车金融领域；②资产是小额分散的结构；③其高管团队成员有5年以上的金融管理经验；④知名投资机构投资。目前与真融宝合作的资产方均获得了B轮以上融资。真融宝更是制定了严格的风控标准，只有风控数据符合该标准的资产方才能最终成为真融宝的资产合作方，同时，真融宝也会定期对资产合作方进行风控评分，只有达到评分标准的资产方才会进行持续的合作。

在超过1年的合作时间里，分期乐在真融宝的资产方评分体系中的得分一直在评分标准之上，持续为真融宝投资用户提供稳健且高收益的资产。后期，真融宝计划与分期乐在消费金融分期领域展开更全面和深入的合作，完善消费场景以及普惠金融服务，为大学生消费金融助力，为投资用户提供更多优质的资产以及更有吸引力的收益。

拓展阅读4-4

百行征信

资料来源　刘丽．上交所首单互联网消费金融ABS即将诞生［EB/OL］.［2023-06-07］. http：//jjckb.xinhuanet.com/2015-12/31/c_134967343.htm.

问题：根据案例内容，谈一谈互联网消费金融平台与传统消费金融公司的区别，互联网消费金融ABS的诞生有何意义。

第5章

基于互联网的支付

教学目标

【知识传授目标】

掌握网络支付的基本概念和参与主体；掌握网络支付的模式分类；了解银行卡收单的基本概念与参与主体；掌握银行卡收单的不同分类；掌握清算的基本概念，区分结算与清算；了解关于基于区块链技术的支付的基本概念；了解境外与境内支付清算体系。

【能力培养目标】

了解本章节中所涉及的三种支付的未来发展趋势；熟悉本章节中所运用的基本理论；掌握基于互联网的支付，理解并能正确判断当今社会互联网金融领域支付的形式。

【价值塑造目标】

熟悉支付背后的国家政策和未来发展趋势，了解基于互联网的支付过程，培养自律意识和支付安全意识，深入思考互联网支付手段和形式的进步与发展如何对中国乃至世界产生影响，作为个人、金融机构和国家应该如何防范支付风险，进一步增强国家荣誉感与个人责任感。

知识架构

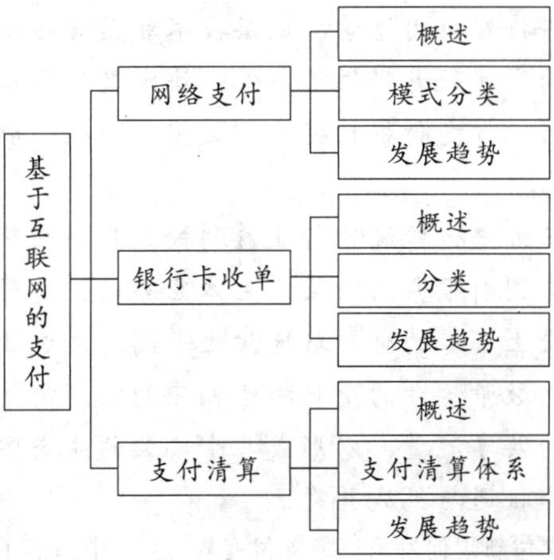

导入案例　　支付新规促发第三方支付变局

2021年1月，中国人民银行发布《非银行支付机构条例（征求意见稿）》（以下简称《条例》），将此前的监管措施从部门规章升级为行政法规，增强了法律威慑力。尤其是针对当前人们高度关注的市场垄断问题，《条例》第五十五条、第五十六条、第五十七条相应规定了市场支配地位预警措施、情形认定和监管措施等。《条例》中的很多内容不仅顺应了第三方支付行业快速发展的创新需求，而且在监管层面强化了行业规范和公司法人治理要求。对此，有业内人士表示，这标志着数字经济时代对非银行支付机构的监管进入了深化落实阶段，将对整个行业和市场的健康有序发展产生深远影响。

我国第三方支付是随着国内电子商务的兴起而出现的，从行业规模、经营模式和社会职能等角度来看，已经历了两个阶段：第一阶段以中国银联的成立为标志，我国银行卡受理市场快速发展，第三方支付主要基于银行卡卡基进行交易，重点为电子商务网站及大型商超、酒店和餐饮连锁商户提供支付服务；第二阶段以中国人民银行颁发支付业务许可证为标志，随着移动互联网的普及，第三方支付平台逐渐成为人们日常生活中不可或缺的支付渠道。

第三方支付行业将以《条例》的实施为契机进入发展新阶段。

在我国明确提出加快构建以国内大循环为主体、国内国际双循环相互促进的新发展格局的大背景下，生活消费、跨境贸易等经济活动更趋活跃，支付手段和服务方式的创新正是打开通向消费的渠道之门，第三方支付行业前景依然广阔，只是整个行业在经历了初诞、勃兴和乱象之后，将以《条例》的实施为契机进入新阶段。其具体体现是：第一，监管导向从原来的“呵护散养”转为更加注重规范有序，明确第三方支付行业补充完善我国金融产业结构、助力国民生产升级优化的定位和作用。第二，支付平台是资金流通的重要渠道，且数据真实、准确、实时，因此成为场景搭建的天然连接器。例如，近年来，腾讯、支付宝、美团和百度等互联网巨头在大数据、云计算、人工智能等科技手段的加持下，积极构建数字化、智能化闭环生态；华为也通过收购支付业务许可证完善其软件生态圈建设。第三，我国金融科技在应用场景、底层技术和监管环境等多个关键领域的突破为第三方支付机构的发展跃升提供了条件，法定数字货币的试点与加速更有助于其摆脱渠道制约，第三方支付机构将以“数据”为核心驱动力探索适合数字化时代的新商业发展模式。

在这一阶段，第三方支付传统的行业盈利模式日渐衰落，盈利将不再主要源于渠道加价，而是来自创新服务的增值。主体业务回归支付本位，依托自身特有的商户网络，构建连接上下游的全链路场景生态圈，促进业务自生长——借助安全便捷的支付工具，为数量庞大的商户构建相应的应用场景，为其引流，将多个私域流量汇聚成开放的共享流量，以形成共生共荣的生态圈。支付行业变革的冲锋号再次吹响，未来，机遇与挑战并存。

资料来源　陈玉明.支付新规促发第三方支付变局［J］.中国信用卡，2021（03）：38-40.

互联网的迅速发展以及网民数量的急剧增加，极大地促进了互联网支付的发展，因此，基于互联网的支付、清算、结算等相关交易环节显得越发重要。本章将从网络支付、银行卡收单、支付清算这三个维度讲述基于互联网的支付。

5.1 网络支付

5.1.1 概述

1）背景

为促进社会经济的发展，创造良好的境内支付环境，在各相关部门的推动下，我国相继出台了《中华人民共和国电子签名法》（以下简称《电子签名法》）、《电子支付指引》、《银行卡收单业务管理办法》和《支付清算组织管理办法》等相关法律法规。2010年6月，中国人民银行通过发布《非金融机构支付服务管理办法》使我国第三方支付机构在法律法规上得到了认可和保障；2021年1月，中国人民银行发布《非银行支付机构条例（征求意见稿）》，将此前的监管措施从部门规章升级为行政法规，增强了法律威慑力。

随着我国电子商务环境的逐渐完善，支付场景的不断丰富，以及金融创新能力的增强，互联网用户对在线完成快捷支付的需求增加，从而带动了互联网第三方支付业务的快速发展。第三方支付机构获得中国人民银行颁布的支付牌照后，可从事网络支付、预付卡发行与受理以及银行卡收单等相关业务。

第三方支付牌照经历了以下发展历程：

2011年5月18日，中国人民银行正式发放首批第三方支付牌照，支付宝、银联商务、财付通、拉卡拉、易宝、钱袋、快钱、盛付通、快付通等共计27家企业获得支付牌照。

2011年8月29日，中国人民银行正式发放第二批第三方支付牌照，共计13家企业获得支付牌照，其中7家为预付卡企业（预付卡发行与受理），其余6家为支付企业（互联网支付及移动支付）。

2011年12月22日，中国人民银行正式发放第三批第三方支付牌照，包括中国电信、中国移动和中国联通在内共计61家企业获得支付牌照。中国电信和中国联通的第三方牌照业务类型主要有移动电话支付、固定电话支付、银行卡收单，中国移动的第三方牌照业务类型主要为移动电话支付、银行卡收单。

2012年6月至7月，中国人民银行正式发放第四批第三方支付牌照，此次获批的企业多为区域性、行业性的第三方支付企业，数量高达96家。值得注意的是，数字电视支付首获牌照，银视通信息科技有限公司是第一家实现电视支付的企业。

2013年1月6日，中国人民银行正式发放第五批第三方支付牌照，共计26家企业获得支付牌照。其中，有20家企业的业务类型主要为预付卡发行与受理。该批获牌企业的业务覆盖范围以所在区域为主。

2013年7月12日，中国人民银行正式发放第六批第三方支付牌照，共计27家企业获得牌照。首批两家纯外资的支付企业——上海索迪斯万通服务有限公司和艾登瑞德（中国）有限公司——获得支付业务许可，且均从事预付卡业务。

2014年7月，中国人民银行正式发放第七批第三方支付牌照，此次获批企业共计19家：广东8家，北京3家，山东3家，重庆、湖北、广西、陕西、新疆各1家。此次中国人民银行发放了3张省级预付卡牌照，还为帮付宝、商物通、武汉合众易宝、北海石基等4家公司发放了全国性预付卡发行与受理牌照。此外，拉卡拉、平安付等多家公司也在原有牌照基础上获得了全国性预付卡发行与受理的业务资质。

2015年3月26日，中国人民银行正式发放第八批第三方支付牌照，仅广东广物电子商务公司1家获得牌照，其主营业务为预付卡发行与受理。

2017年6月29日，传化集团旗下传化智联发布公告称，传化智联下属公司传化支付接到中国人民银行通知，获得第三方支付牌照。中国人民银行官网显示，传化支付首次许可日期为2015年12月8日，实际上，自2015年12月起，传化支付及其母公司通过债权债务承接方式，配合地方政府处置浙江易士企业管理服务有限公司风险事件，中国人民银行暂未公告其许可信息，直至浙江易士的风险处置基本完毕，才按规定予以公告。

中国人民银行于2011—2015年发放了九批第三方支付牌照，共计271张（见表5-1和表5-2）[①]。此后，为了优化支付产业结构和规范市场发展，第三方支付牌照的发放一直处于“停滞”阶段。

表5-1　　**支付业务分类统计（271家）**

按发证时间分		按业务类型分		按业务覆盖范围分	
2011年5月	27	互联网支付	104	全国	128
2011年8月	13	预付卡发行与受理	164	区域	138
2011年12月	61	预付卡受理	7	地方或全国	20
2012年6月至7月	95	银行卡收单	60		
	1	移动电话支付	44		
2013年1月	26	数字电视支付	5		
2013年7月	27	货币汇兑	5		
2014年7月	19	固定电话支付	14		
2015年3月	1				
2015年12月	1				
共计	271				

① 资料来源：根据中国人民银行网站（http：//www.pbc.gov.cn）相关资料整理.

表5-2 **支付业务数量区域分类统计**

区域	省份	获牌	支付业务	区域	省份	获牌	支付业务
西南（17）	四川	5	网（互、移）、预、银	华东（119）	上海	54	网（货、互、移、固、数）预、银
	重庆	5	网（互）、预		江苏	16	网（互）、预
	云南	4	网（数）、预、银		浙江	17	网（货、互、移、固、数）预、银
	贵州	3	网（互）、预		山东	13	网（互）预、银
	西藏	0	—		福建	9	预、银
西北（8）	陕西	5	网（互）、预		安徽	8	预
	新疆	2	网（互）		江西	2	预
	甘肃	1	预	华北（70）	北京	58	网（货、互、移、固、数）预、银
	青海	0	—		天津	4	网（互、移）、预、银
	宁夏	0	—		河北	3	预
华中（13）	湖南	7	网（互、移）预、银		山西	3	预、银
	湖北	4	网（互）、预		内蒙古	2	网（互、移）、预
	河南	2	网（互）、预		黑龙江	3	网（互）、预
华南（37）	广东	32	网（互、移、固）预、银	东北（7）	辽宁	3	预
	广西	3	网（互）、预		吉林	1	预
	海南	2	网（互）、预	—	—	—	—

注："网"指网络支付，"互"指互联网支付，"预"指预付卡发行与受理，"银"指银行卡收单，"移"指移动支付，"数"指数字电视支付，"货"指货币汇兑，"固"指固定电话支付。

截至2023年2月，现存第三方支付牌照共193张，由于业务变动、公司合并、续展不通过等原因，已有78家机构的支付牌照被注销。

2018年3月19日，中国人民银行发布《中国人民银行公告〔2018〕第7号》，明确外商投资支付机构的准入和监管政策。此举表明我国正式放开外资进入中国支付市场限制。中国人民银行相关负责人表示，放开外商投资支付机构准入限制后，将通过对内资、外资同等对待的方式，实现统一的准入标准和监管要求。

2）特征

与传统的支付方式相比，网络支付具有以下特征：

（1）数字化

网络支付是采用先进的技术通过数字流转来完成信息传输的，其各种支付方式都是采用数字化的方式进行款项支付的。

（2）通信手段

网络支付使用的是最先进的通信手段，如Internet、Extranet，同时对软、硬件设施的要求很高，一般要求有联网的计算机、相关的软件及其他配套设施。

（3）经济优势

网络支付具有方便、快捷、高效、经济的优势。用户足不出户便可在很短的时间内完成整个支付过程，突破时空和地域的限制，大大提高了支付效率。

（4）增值服务

网络支付可以根据商户的业务发展和市场竞争情况创造新的商业模式，制定个性化的支付结算服务，如对航空公司提供的分账服务等。

3）网络支付的参与主体

网络支付的参与主体主要有消费者、金融机构、第三方支付机构。

（1）消费者：用户和商户

用户是指为满足生产、生活消费而需要购买和使用商品或是接受服务的个人客户群体和企业客户群体，是支付工具的被动接受者和使用者，只能选择满足其生活用品或服务需求的商户所提供的支付方式。商户是指为用户提供其生产、销售、生活所需的商品或服务的经营主体。

（2）金融机构

金融机构是指以银行为主体、其他非银行金融机构为补充的金融服务体。在网络支付领域，银行具有无法替代的优势，第三方支付机构离不开银行，必须以银行为基础，而银行与第三方支付机构合作也能提升用户使用网上银行的频率。

（3）第三方支付机构

第三方支付机构（非银行支付机构）指的是独立于商户和银行并且具有一定实力和信誉保障的独立机构，为商户和消费者提供转接支付服务。第三方支付机构与银行合作，以银行的支付结算功能为基础，向政府、企业和个人提供个性化的清算与增值服务。它的存在，将为用户、商户以及金融机构带来不可替代的价值。

在网络支付服务的过程中，众多的参与者形成了网络支付价值链，在价值链中，前端是网络消费者，中间是第三方支付平台，后端是以银行为代表的金融机构，如图5-1所示。

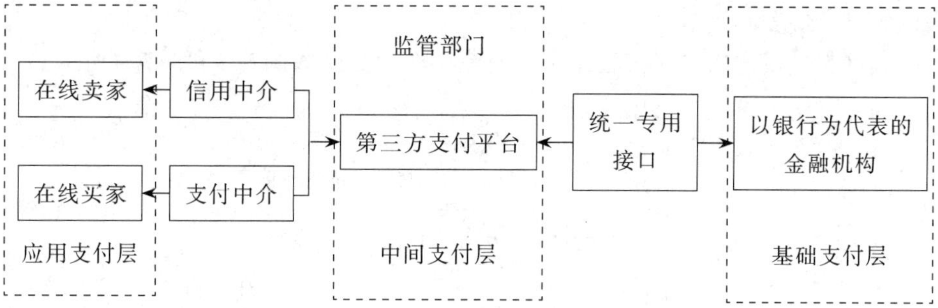

图5-1 网络支付价值链图

5.1.2 模式分类

随着电子商务的发展，一些具备一定实力和信誉保障的第三方独立机构和境内外各大银行签约，提供集成网上银行、电话、手机、虚拟账户等支付方式的网上交易支付平台。网络支付按照不同的维度，有不同的分类。

按照与电子商务的相关性，网络支付分为独立第三方支付和非独立第三方支付。独立第三方支付机构，不隶属于任何电子商务网站，不为特定的电子商务平台服务，不负有担保功能，仅为用户提供订单处理与支付系统解决方案。在这种模式下，平台分别与消费者、银行、商户签订合同并提供服务，是单纯的中介机构。从服务对象来说，目前在我国非独立第三方支付机构占绝对主导地位，比如支付宝、财付通、安付通等。

按照支付机构提供的支付服务方式和特色的不同，网络支付分为账户支付、网关支付和特殊的第三方支付。其中，账户支付是指用户在支付平台用E-mail或手机号开设虚拟账户，用户可以对虚拟账户进行充值和取现，并用虚拟账户中的资金进行支付，它按照是否具有担保功能可以分为具有担保的账户支付模式（间付支付模式）和不具有担保的账户支付模式（直付支付模式），如图5-2所示。从服务特色来看，目前市场上的第三方支付企业倾向于建立综合服务平台，提供的产品有属于网关支付模式的，也有属于账户支付模式的。

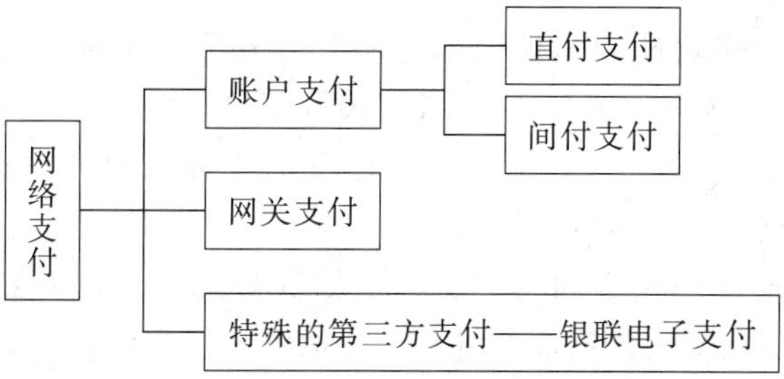

图5-2 网络支付模式的分类

1）账户支付

（1）直付支付模式

直付支付模式的支付流程与传统转账、汇款流程类似，只是屏蔽了银行账户，交易双方用虚拟账户资金进行支付。这种模式的典型应用有易宝账户支付、快钱账户支付等。

直付支付模式的支付流程图和资金流向图，分别如图5-3和图5-4所示。

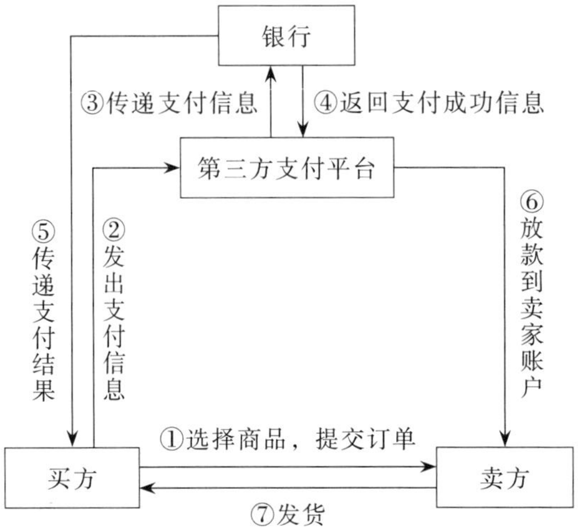

图5-3　直付支付模式支付流程图

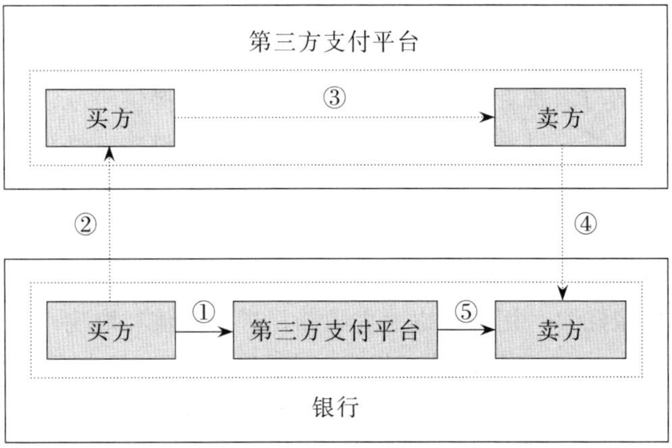

图5-4　直付支付模式资金流向图

具体而言，直付支付模式的资金流向如下：

① 买方向支付平台账户充值——实体资金流向。此时，实体资金是从买方银行账户转移到第三方支付平台用户清算银行账户。

② 买方向支付平台账户充值——平台虚拟资金流向。在买方充值成功后，第三方支付平台增加买方虚拟账户资金。

③ 进行交易时——买方向卖方支付货款资金流向。在买方向卖方支付货款时，实体资金不发生变化，只是支付平台虚拟资金发生转移，减少买方虚拟账户资金，增加卖方虚拟账户资金。

④ 卖方取现时——平台虚拟资金流向。在卖方取现成功后，第三方支付平台减少卖方虚拟账户资金。

⑤ 卖方取现时——实体资金流向。在卖方发出取现指令时，实体资金从第三方支付平台用户清算银行账户转移到卖方银行账户。

小案例5-1 易宝支付

易宝支付（YeePay.com）是我国第三方支付公司先行者，于2003年成立于北京，全国设有31家分公司，2011年首批获得中国人民银行颁发的支付业务许可证，并于2016年与2021年分别续展成功。易宝支付于2006年率先创立B端行业支付模式，业内率先推出网上在线支付、信用卡无卡支付、POS支付、一键支付、电子钱包等产品，为航空旅游、政务、教育、通信、零售、跨境、电力、电商、金融等众多行业提供服务。

易宝支付通过支付科技渗透到产业链上下游各个环节，与企业合作的同时，深入到企业上下游的厂商、经销商、品牌商等各个环节，通过支付服务、账户服务、供应链服务，并联合物流服务平台、金融服务机构帮助企业疏通产业链的各个堵塞环节。2013年，易宝支付首批获得国家外汇管理局批准的跨境外汇支付业务试点许可，并完成全国首笔由第三方支付公司处理的跨境外汇支付业务；2016年，易宝支付成为首批美国苹果公司认证通过的安全支付服务提供商，支持商户App实现Apple Pay服务；2018年，易宝支付支持国航电子钱包上线；2020年，易宝支付为央企消费扶贫电商平台提供一站式支付解决方案，助力脱贫攻坚；2021年，易宝支付为民航业提供数字人民币受理服务。

截至2023年，易宝支付已成为银联、网联、中行、农行、工行、建行等近百家金融机构的战略合作伙伴，服务商家超过百万，曾获得2021年中国数字化转型先锋企业、2021年度优秀金融科技机构、2021年度最佳金融服务先锋奖、2021年中国产业互联网优质服务商、2020年度卓越第三方支付平台、领先金融科技服务商、普惠金融优秀解决方案等200余项殊荣。

易宝支付的交易流程图，如图5-5所示。

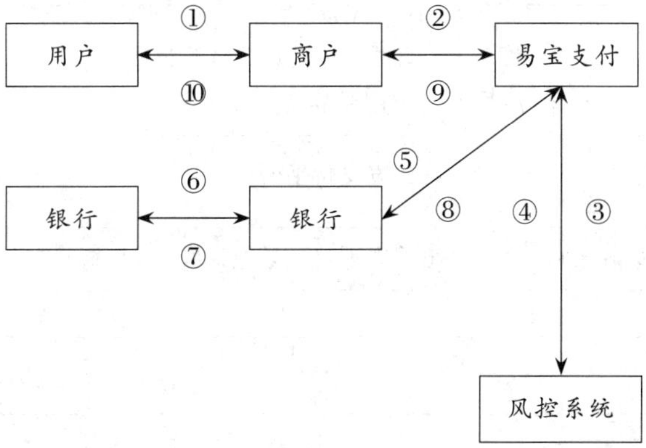

图5-5 易宝支付交易流程图

① 持卡人在商户网站下单；

② 商户网站向易宝支付平台发送支付请求；

③ 风控系统检测交易信息；

④ 反馈风控检测结果；

⑤ 向收单行发送支付请求；

⑥ 收单行向发卡行发送扣款请求；

⑦ 发卡行通知收单行扣款成功；

⑧ 收单行通知易宝支付扣款成功；

⑨ 通知商户支付成功；

⑩ 商户提供产品或服务。

资料来源 易宝支付网站（https：//www.yeepay.com）.

（2）间付支付模式

间付支付模式是指由电子商务平台独立或者合作开发，同各大银行建立合作关系，凭借其实力和信誉承担买卖双方中间担保的第三方支付业务，并利用自身的电子商务平台和中介担保支付平台吸引商家开展经营业务。该模式的典型应用为支付宝账户支付。

间付支付模式的支付流程图，如图5-6所示。

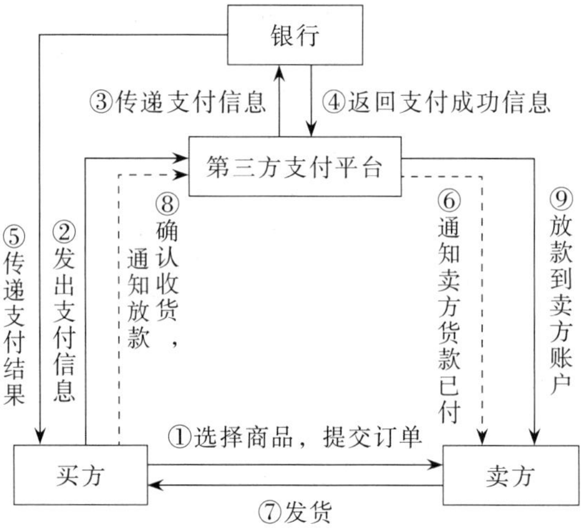

图5-6 间付支付模式支付流程图

间付支付模式的资金流向图，如图5-7所示。

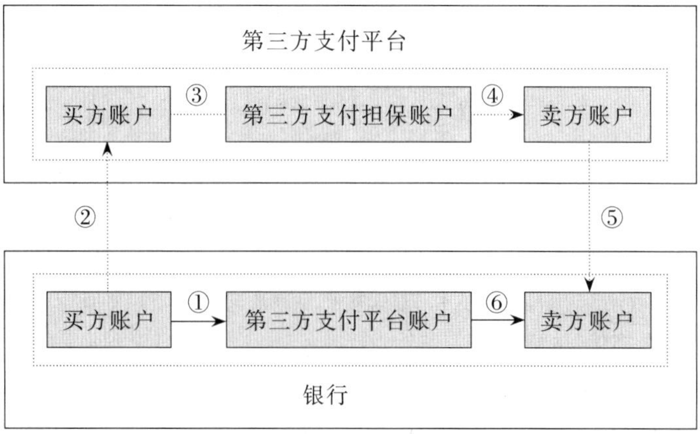

图5-7 间付支付模式资金流向图

① 买方向支付平台账户充值——实体资金流向。此时，实体资金是从买方银行账户转移到第三方支付平台用户清算银行账户。

② 买方向支付平台账户充值——平台虚拟资金流向。在买方充值成功后，第三方支付平台增加买方虚拟账户资金。

③ 进行交易时——买方向卖方支付货款资金流向。在买方向卖方支付货款时，实体资金不发生变化，而是支付平台虚拟资金发生转移，减少买方虚拟账户资金，增加第三方支付平台担保账户虚拟账户资金。

④ 买方收到货物，通知第三方支付平台放款时——买方向卖方支付货款资金流向。此时，实体资金同样不发生变化，只是虚拟资金从第三方支付平台担保账户转移到卖方虚拟账户。

⑤ 卖方取现时——平台虚拟资金流向。在卖方取现成功后，第三方支付平台减少卖方虚拟账户资金。

⑥ 卖方取现时——实体资金流向。在卖方发出取现指令时，实体资金从第三方支付平台用户清算银行账户转移到卖方银行账户。

小案例5-2　支付宝的支付流程

支付宝的支付流程图，如图5-8所示。

图5-8　支付宝支付流程图

① 买方在网上选中所需商品后与卖方取得联系并达成成交协议；

② 买方需将货款汇到支付宝第三方账户上；

③ 作为中介，支付宝立刻通知卖方钱已收到并可以发货；

④ 买方收到商品并确认无误后，支付宝将货款汇到卖方账户上，整个交易完成。

支付宝作为代收代付的中介，其主要作用是维护网络交易的安全性。

2）网关支付

在网关支付模式下，网络支付平台仅仅是银行内部金融网络和公共互联网的联结者，其主要作用是对两者之间的数据进行打包、加密、解密并完成数据之间的传递。其一般面向B2B和B2C两种市场。这类平台仅仅提供支付产品和支付系统解决方案，平台前端提供各种支付方法供网上商户和消费者选择，同时平台后端连接众多银行。由平台负责与各银行之间的账务清算，同时面向商户提供订单管理及账户查询功能。这种模式境内以首信易支付、百付通为典型代表。

网关支付模式的支付流程图，如图5-9所示。

网关支付模式的资金流向图，如图5-10所示。

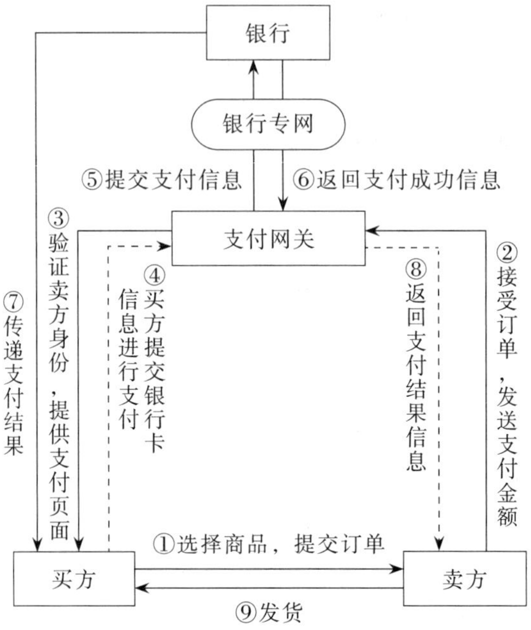

图5-9　网关支付模式支付流程图

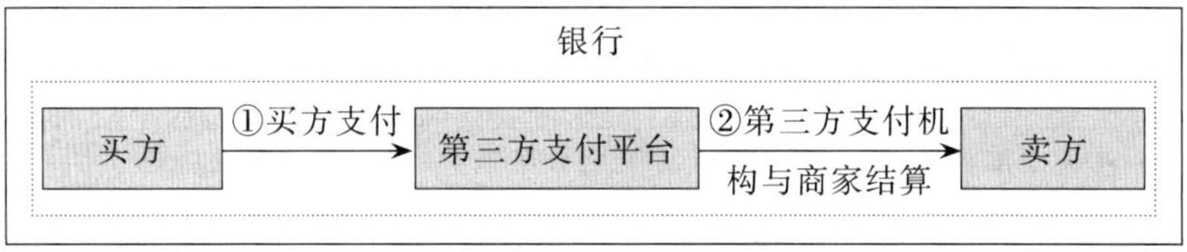

图5-10　网关支付模式资金流向图

小案例5-3　首信易支付

首信易支付自1999年3月开始运行，是我国首家实现跨银行、跨地域提供多种银行卡在线交易的网上支付服务平台，现支持全国范围内23家银行及全球范围内4种国际信用卡在线支付，拥有上千家大中型企事业单位、政府机关、社会团体组成的庞大客户群。其业务领域涉及图书音像、鲜花礼品、门户搜索、教育考试等。同时，首信易支付凭借其独具特色的二次结算模式，作为支付过程中的中立第三方，保留商户和消费者所有的有效交易信息，最大限度地避免了拒付和欺诈行为的发生。目前，首信易支付已经承担起部分政府机构与客户之间的桥梁作用，逐步渗透教育考试、政府服务、社区管理等公共事业领域，是少数持续盈利的第三方平台之一。

首信易支付的网上支付交易流程图，如图5-11所示。

① 网上消费者浏览检索商户网页，在商户网站上提交订单；

② 网上消费者选择支付方式——首信易支付，直接连接到首信易支付的安全支付服务器；

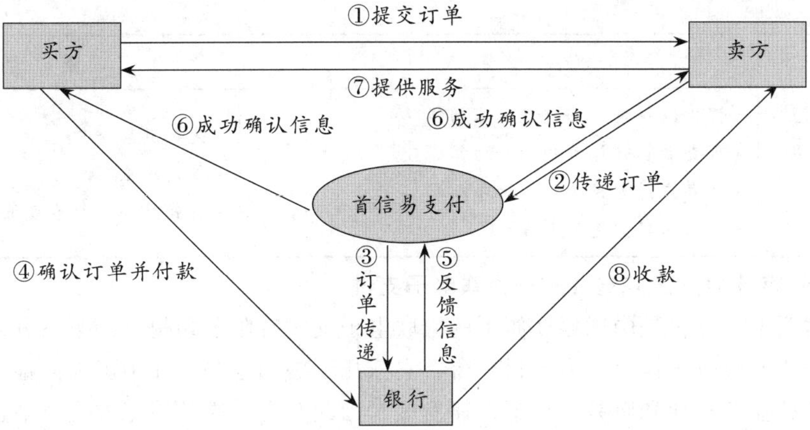

图5-11 首信易支付网上支付交易流程图

③ 网上消费者在支付页面上选择适合自己的支付方式，点击后进入银行（银联）支付页面进行支付操作；

④ 首信易支付将网上消费者的支付信息，按照各个银行（银联）支付网关的技术要求，传递到各相关银行（银联）；

⑤ 由相关银行（银联）检查网上消费者的支付能力，实行冻结、扣账或划账，并将结果信息传至首信易支付和网上消费者本身；

⑥ 首信易支付将支付结果通知网上消费者和商户；

⑦ 支付成功后，商户向网上消费者发货或提供服务；

⑧ 各个银行（银联）通过首信易支付向不同的、交易成功的商户实施清算。

知识链接5-1 支付平台的对比分析

支付平台的对比分析见表5-3。

表5-3 支付平台的对比分析

支付工具	优势	劣势
易宝支付	·独立的第三方支付提供商，与商家不会产生冲突 ·具有多元化的支付方式，如互联网支付、移动支付、银行卡支付等 ·提供量身定制的行业解决方案 ·首倡绿色支付理念，低成本、高效、快捷、安全	·在单个领域缺乏用户优势 ·知名度不高
支付宝	·贷款托管 ·具有良好的信用度和网站品牌支撑 ·全额先期赔偿损失 ·在线支付手续费全免 ·先付款后发货，安全高效	·流程有漏洞，会出现欺诈行为 ·有时偏向卖家，发生纠纷时听卖家解释

续表

支付工具	优势	劣势
首信易支付	·提供统一接口和自动对账功能 ·可查看实时订单明细，结算账款 ·业务广，支持多种支付手段 ·接入简单，适用范围广	·先付款后交货 ·信用度低 ·营销欠佳，知名度低

3）特殊的第三方支付——银联电子支付

银联电子支付是中国银联旗下的银联电子支付有限公司提供的第三方支付平台。作为非金融机构第三方支付平台，它依托于中国银联，在中国人民银行及中国银联的业务指导和政策支持下迅速发展，因此其是特殊的第三方支付平台。

银联电子支付拥有面向全国的统一支付平台，主要从事以互联网等新兴渠道为基础的网上支付、企业B2B账户支付、电话支付、网上跨行转账、网上基金交易、企业公对私资金代付、自助终端支付等银行卡网上支付及增值业务。它可以一次性连接多家商业银行和金融机构，支持境内主要商业银行发行的各类银行卡，可以实现跨银行、跨地区的实时支付。中国银联通过多元化的支付服务体系，为广大持卡人和各类商户提供安全、方便、快捷的银行卡支付及资金结算服务。

银联电子支付的支付交易流程，如图5-12所示。

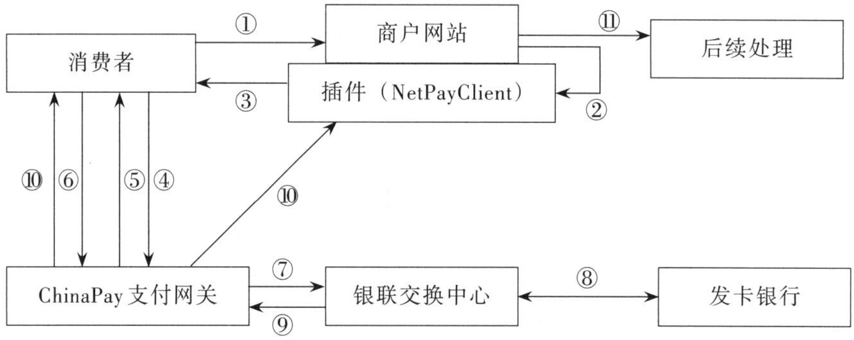

图5-12 银联电子支付支付交易流程图

① 消费者浏览商户网站，选购商品，放入购物车，进入收银台。

② 网上商户根据购物车内容，生成付款单，并调用ChinaPay支付网关商户端接口插件对付款单进行数字签名。

③ 网上商户将付款单和商户对该付款单的数字签名一起交消费者确认。

④ 一旦消费者确认支付，则该付款单和商户对该付款单的数字签名将自动转发至ChinaPay支付网关。

⑤ 支付网关验证该付款单的商户身份及数据一致性，生成支付页面显示给消费者，同时在消费者浏览器与支付网关之间建立SSL连接。

⑥ 消费者填写银行卡卡号、密码和有效期（适合信用卡），通过支付页面将支付信息加密后提交给支付网关。

⑦ 支付网关验证交易数据后，按照银联交换中心的要求组装消费交易，并通过硬件加密机加密后提交银联交换中心。

⑧ 银联交换中心根据支付银行卡信息将交易请求路由到消费者发卡银行，银行系统进行交易处理后将交易结果返回到银联交换中心。

⑨ 银联交换中心将支付结果回传到ChinaPay支付网关。

⑩ 支付网关验证交易应答，并进行数字签名后，发送给商户，同时向消费者显示支付结果。

⑪ 商户接收交易应答报文，并根据交易状态码进行后续处理。

4）三类支付模式的对比分析

三类支付模式的对比分析见表5-4。

表5-4 **支付模式的对比分析**

账户类型	特点	优势	劣势
账户支付	①通过绑定的虚拟账户进行交易 ②交易资金是银行卡中的“电子货币”形式（以法定货币为基础）	①第三方支付平台保障了交易中资金的安全性 ②支付成本较低，方便省时 ③支付担保业务可以在很大程度上保障付款人的利益	①消费者账户中的“电子货币”是虚拟的，无法得到保障 ②若第三方支付平台的信用度及保密手段存在问题，则会给付款人带来极大的风险 ③大量资金寄存在虚拟账户平台上，存在资金寄存风险
网关支付	①没有账户属性，仅为银行和商户提供服务 ②扮演“通道”角色，不涉及银行的支付与结算 ③独立的支付网关，验证交易双方身份信息	①各方职责分明，各司其职 ②交易双方的身份验证大大提高了其真实性 ③数据的加密/解密技术大大提高了交易信息的真实性、安全性、可靠性	①第三方支付机构没有完善的信用评价体系，抵御信用风险能力较弱 ②交易流程复杂，支付时间较长 ③增值服务开发空间小
银联电子支付	①非金融机构的第三方支付平台，有中国人民银行的业务指导和政策支持 ②整合各方资源，优势互补	①多元化的支付服务体系 ②提供安全有效的网络连接、多种支付操作平台和支付工具 ③个性化订单、自动分账系统，用户体验度增加	①交易集中时对系统的安全性和稳定性要求更高 ②交易集中时引起的网络拥挤、堵塞，可能会造成订单的重复支付

由此可知，三类支付模式各有其优劣势。在实际生活中，网络用户会根据自身的支付需求以及对资金安全等的考虑，选择不同的支付模式，从而带动不同的支付模式的共同发展进步，同时也对支付模式的创新提出了新的发展要求。

5）支付业务的新分类

中国人民银行于2021年发布的《非银行支付机构条例（征求意见稿）》将支付业务重新划分为两大类：储值账户运营、支付交易处理。

（1）储值账户运营

储值账户运营是指通过开立支付账户或者提供预付价值，根据收款人或者付款人提交的电子支付指令，转移货币资金的行为。法人机构发行且仅在其内部使用的预付价值除外。按照目前的支付产品进行参照分析，储值账户运营的业务范围包括：钱包类业务（个人支付账户）、多用途预付卡业务。

（2）支付交易处理

支付交易处理是指在不开立支付账户或者不提供预付价值的情况下，根据收款人或者付款人提交的电子支付指令，转移货币资金的行为。

根据上述定义，区分储值账户运营和支付交易处理这两类业务的关键在于是否开立支付账户或者提供预付价值。其核心的区分维度是“是否存在无特定交易场景的金额预充”，抑或“仅在发生特定的交易后（如各类购物消费等），处理对应交易的支付业务”。

5.1.3　支付方式的发展趋势

1）数字化支付方式逐步替代传统支付方式

传统支付方式有现金的流转、票据的转让、银行的汇兑等，通过物理实体的流转完成款项的支付与交易。随着全球经济的持续快速数字化，数字化支付方式能够极大地提高支付交易的效率和安全性，传统支付方式的使用份额将进一步下降，这也是未来发展的必然趋势。

2）移动支付引领综合性支付模式发展

受前沿技术发展与网络平台建设推动的影响，移动网络支付业务不断向标准化与规范化方向发展，不断完善对生活场景和下沉服务市场的覆盖，已经成为我国众多消费者日常的主要支付方式。未来，随着移动支付在公共交通、公共服务等领域的应用，消费者从PC端向移动端的迁移速度加快，移动支付场景的多元化发展加速不同支付方式的融合与补充发展，将综合性支付模式带入用户生活的各个方面，能够有效满足消费者在不同场景的消费需求。

3）支付安全与便捷性推动其他支付方式出现

随着金融科技、大数据、云计算、区块链等技术的不断迭代优化，用户对支付过程的安全性更加重视，多种支付方式如应用内支付、手机条码支付、人脸识别支付、超声波支付、融合线上线下支付、数字人民币支付等，将与主流支付方式形成优势互补，共同发展。其中，应用内支付是将账户支付融入手机浏览器，实现用户的手机上网购物，并可直接在浏览器中实现支付功能。手机条码支付已成功进入线下支付市场，为微型商户提供低成本的收银服务。人脸识别支付基于面部识别系统，通过支付平台，利用屏幕上的摄像头进行人像识别从而完成相关支付操作。超声波支付基于短距离的声波或超声波通信技术，允许电子设备之间进行非接触式点对点数据传输（在10cm内）交换数据。该技术定位为手机近场支付和线下业务服务的解决方案。融合线上线下支付是指支付工具不仅可以为购买特定商品和服务进行线下支付，也可以进行账户充值等线上支付。数字人民币支付是指使用数字人民币进行支付，其不需要依附传统银行绑定银行卡，可溯源、可双离线支付（收款方、付款方同时离线）、不可拒收。

拓展阅读5-1

了解数字人民币

5.2 银行卡收单

5.2.1 概述

1）背景

（1）我国银行卡产业发展历程

我国的银行卡业务起步较晚，经历了一个从无到有、从小到大的发展过程。我国的银行卡是伴随着经济体制改革和市场经济发展而来的，其发展的整个过程大致分为三个阶段：

① 起步阶段（1985年—1994年6月）。1979年，中国银行广东省分行与东亚银行签订协议，开始代理东亚地区的银行卡业务，开创了银行卡进入中国的先河。1985年3月，中国银行珠海分行发行了我国第一张信用卡“中银卡”，迈出了中国银行卡发展的第一步。1986年10月，我国第一张全国性银行卡——中国银行长城卡诞生。1994年4月，中国银行在海口推出了境内第一个银行IC卡系统，智能卡在中国境内宣告诞生，为银行卡业务的进一步发展奠定了基础。

② 初步发展阶段（1994年7月—2002年）。追溯到1993年，国务院启动了“金卡工程”来实现银行间货币的流通。“金卡工程”是中国银行卡发展的一个重要里程碑，其实施极大地促进了我国银行卡产业的发展。截至2002年底，我国共有88家发卡机构，发卡总量超过4.96亿张。我国逐步建成商业银行内部交换中心、市级银行卡信息交换中心和全国银行卡交换中心，基本建成国内较为完整的银行卡结算骨干网络，全国银行卡交易总额达到11.6万亿元。同时，中国人民银行于1996年发布了《信用卡业务管理办法》，逐步加强了银行卡业务管理，促进了银行卡技术标准和服务标准的统一，为我国银行卡的发展奠定了基础。

③ 银联推动下的发展新阶段（2002年至今）。2002年3月26日，中国银联股份有限公司在上海成立，中国银联的成立标志着我国银行卡有了自己的品牌，标志着我国银行卡专业金融机构的诞生，标志着我国银行卡进入了一个新的产业发展阶段。目前，我国银行卡业务已经进入一个全新的发展阶段，主要表现为：一是从数量扩张型向内涵效益型转变；二是从各自为政到网络化、普及化、联合化发展；三是同业业务将向更高层次发展；四是银行卡已经成为商业银行拓展市

场、增加市场份额的有力工具；五是加快境外结算网络建设与合作，让中国银行卡走向世界。

随着银行卡产业的不断发展，银行卡收单市场也发生着巨大的变化。尤其是2002年中国银联成立以来，我国银行卡产业迅速发展，银行卡发卡量和交易量成倍增长，银行卡作为一种支付手段在人们的经济生活中扮演着越来越重要的角色。

（2）我国银行卡收单市场发展历程

我国银行卡收单市场主要经历了四个发展阶段，每个阶段都有其特点，具体见表5-5。随着银行卡产业的发展及政策法规的不断完善，银行卡收单市场稳步发展。

表5-5 **我国银行卡收单市场发展历程**

发展阶段	时间	阶段特点
第一阶段	1985—2002年	各发卡行独立进行收单业务，“一行一网，一城多网，一柜多机”的现象普遍存在
第二阶段	2002—2003年	中国银联成立，收单业务向银联或区域性收单机构转移
第三阶段	2003—2010年	专门收单机构与银行共同收单，且允许非金融机构参与收单
第四阶段	2010年至今	非金融机构参与收单至今，国内传统POS收单业务在全国的布局形成，智能POS行业开始高速发展

发展至今，银行卡作为我国居民最广泛使用的非现金支付工具，其业务种类不断拓展——持卡人不仅实现了ATM自动取款、POS刷卡消费，还可以通过互联网、手机、固定电话、自助终端、数字电视机顶盒等新型的渠道，实现公共事业缴费，机票、酒店预订，信用卡还款，自助转账等多项活动，促使我国银行卡收单产业链的市场规模不断扩大。截至2021年年末，我国个人银行账户数量达到135.81亿户，同比增长8.99%，人均银行账户数量超过9户；开立银行卡92.47亿张，其中，借记卡84.47亿张，信用卡和借贷合一卡8亿张，人均持有银行卡6.55张，人均持有信用卡和借贷合一卡0.57张。在银行卡交易量方面，2021年，我国发生银行卡交易4 290.22亿笔，金额1 002.10万亿元，银行卡卡均消费金额1.47万元，同比增长12.87%。

2）银行卡收单相关定义

（1）银行卡收单的定义

依据中国人民银行于2013年7月5日颁布的《银行卡收单业务管理办法》的定义，银行卡收单业务是指收单机构与特约商户签订银行卡受理协议，在特约商户按约定受理银行卡并与持卡人达成交易后，为特约商户提供交易资金结算服务的行为。

（2）银行卡收单的核心业务

① 特约商户实名制审核、审批和签约；

② 特约商户档案和信息管理，含特约商户信息管理系统的运行和维护；

③ 收单交易处理，含收单交易处理系统的运行和维护；

④ 特约商户资金结算；

⑤ 收单业务差错和争议处理；

⑥ 收单交易监测、风险管控和处理，含收单交易监测系统和相关风险管控系统的运行和维护。

3）银行卡收单的参与主体

（1）发卡机构和持卡人

发卡机构是指发行银行卡，维护与银行卡关联的账户，并与持卡人在这两方面具有协议关系的机构。其主要职能是向持卡人发行各种银行卡，并通过提供各类相关的银行卡服务收取一定费用。通过发行银行卡，发卡机构获得持卡人支付的信用卡年费、透支利息，持卡人为享受各种服务支付的手续费，商户回佣分成等。同时，发卡机构通过提供多样化的服务来参与发卡市场的竞争，推出各类银行卡产品，并通过各种营销活动鼓励持卡人使用其银行卡产品进行支付。

持卡人基于银行卡方便、安全等优点选择银行卡，并在使用银行卡进行支付的同时向发卡机构支付一定的费用，如卡片年费、信用卡透支利息等。发卡机构和持卡人共同构成了发卡市场的供需双方。

（2）收单机构和特约商户

收单机构是指在跨行交易中兑付现金或与商户签约进行跨行交易资金结算，并且直接或间接地使交易达成转接的银行或专业组织。其主要职能是负责特约商户的开拓与管理、授权请求、账单结算等活动。其主要收益来源有商户回佣、商户支付的其他服务费（如POS终端租用费、月费等）及商户存款增加等。大多数发卡银行都兼营收单业务，也有一些非银行专业服务机构经营收单业务。

特约商户是指银行、其他金融机构和财务公司发行的信用卡作为一种支付手段在流通中被接受并愿意为其提供服务的各种单位。这些受理信用卡并向信用卡提供服务的商店、饭店、旅馆、娱乐场所等单位，统称为特约商户。

收单机构向商户提供终端设备，并进行资金清算，承担一定的资金清算风险。收单机构和特约商户构成了收单市场的供需双方。

（3）转接清算机构

在银行卡收单过程中，除了银行内的交易外，也存在银行间的交易。要实现跨行交易，则需要专门的机构来负责建设和维护银行卡跨行网络，并提供信息转接和资金清算服务，这一机构就是银行卡转接清算机构。在我国，提供转接清算服务的主要是中国银联以及其他第三方支付机构。

（4）专业服务机构

专业服务机构包括外包服务商，认证机构，机具、芯片生产厂商，系统供应和维护商，以及各类第三方服务机构。

（5）政府及行业管理者

整个银行卡收单市场的宏观管理者包括政府及相关职能部门，作为政策制定者及产业监管者，其行为对银行卡市场秩序的维护和发展产生重要的影响。

银行卡产业链图，如图5-13所示。从资金流动看，持卡人刷卡消费后，发卡机构将扣除手续费后的交易资金支付给收单机构，收单机构将剩余交易资金支付给商户。银行卡特约商户需要支付POS交易刷卡手续费，其中包括发卡机构收费、银行卡组织跨行转接收费、收单机构收费（其中线下POS刷卡现行的手续费分成是7：2：1，即发卡机构取七成、收单机构取两成、转接清算机构（中国银联等）取一成）。目前，我国商户扣率一般为0.38%～1.25%，具体比例视商户业务性质而定，即我国现行的刷卡手续费是按商户业务类别来区别收费的。

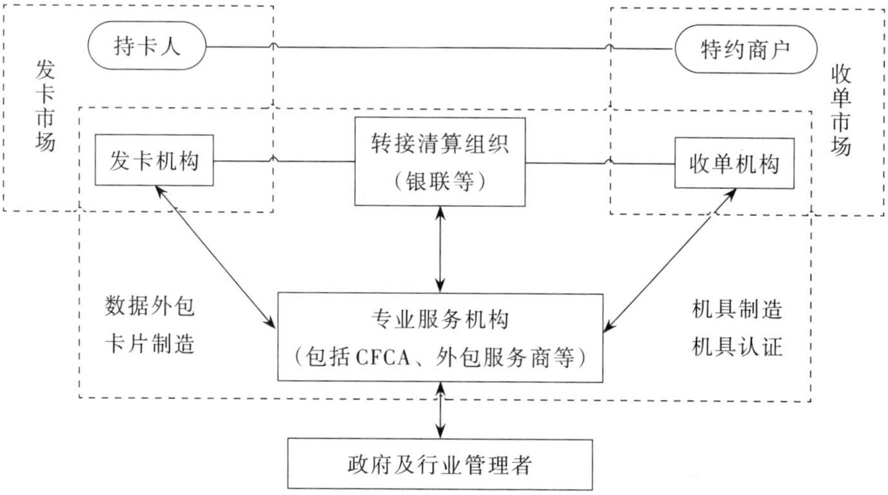

图5-13　银行卡产业链图

5.2.2　银行卡收单分类

1）银行卡收单现有的分类方式

银行卡收单主要有以下分类方式：

按照业务发起的介质和方式划分，银行卡收单可以分为刷卡、传统收单业务（有磁交易）和网络收单业务（无磁交易）；

按照受理渠道划分，银行卡收单可以分为POS收单、ATM收单、柜面收单和互联网收单等；

按照业务类别划分，银行卡收单可以分为ATM收单和POS收单。

下面主要介绍ATM收单和POS收单两大类。

（1）ATM收单

ATM收单可以分为两类：

一类为行内交易，即持卡人在发卡机构布放的ATM上取款（查询）或在发卡机构收单的商户处刷卡消费产生的交易。在行内交易中，发卡机构同时也是收单机构，持卡人的卡信息及交易请求通过终端机具直接传送到发卡系统，在得到发卡系统的自动授权后，交易即可完成；同时，发卡系统直接对持卡人账户进行相应的账务处理。所以，行内交易仅涉及发卡机构，其流程相对简单。

另一类为跨行交易，即持卡人在非发卡机构的ATM上取款（查询）或在非发卡机构收单的商户处刷卡消费产生的交易。与行内交易相比，跨行交易涉及发卡机构、转接清算机构、收单机构，其流程相对复杂，如图5-14所示。

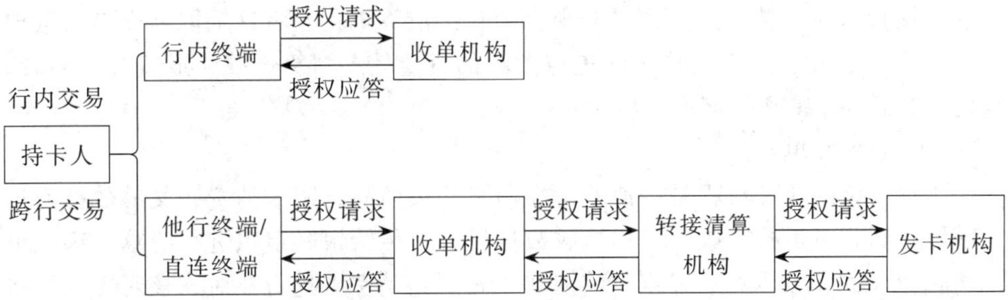

图5-14　银行卡交易流程图

下面以跨行交易为例，详细描述持卡人一次简单取款或刷卡消费的完整交易过程。持卡人拿着A银行发行的银行卡到B银行的ATM上取款的交易流程，如图5-15所示。

图5-15　ATM跨行取款处理流程

第一步，持卡人看到B银行的ATM上贴有与其银行卡相同的银行卡网络标识，由此确认B银行的ATM可以受理手中的卡片，将A银行的卡片插入B银行的ATM。

第二步，ATM读取银行卡磁道信息，连同持卡人在ATM上输入的密码及取款金额等信息，发送至B银行的系统。

第三步，当B银行的系统判断出此卡不是本行卡片时，将相关信息转送至与之相连的卡组织的转接清算系统，以获取交易授权。

第四步，转接清算系统根据银行卡号进行交易路由判断，在判断出此卡是A银行发行的卡片后，将相关信息传送至A银行的发卡系统，以获取交易授权。

第五步，A银行收到卡片信息和交易请求后，系统自动核查该卡的密码和账户情况，并根据授权规则决定批准或拒绝交易请求。然后，A银行向卡组织的转接清算系统发送授权应答，并为持卡人账户扣款（借记卡）或挂账（信用卡）。

第六步，接收到A银行的应答信息后，转接清算系统会将此应答信息转发给B银行。

第七步，B银行的系统接收到授权应答后，向ATM发出授权指令或通知

ATM拒绝交易。

第八步，若交易得到授权，ATM按照取款金额吐钞，持卡人获取所需要的现金；若交易请求被拒绝，ATM显示拒绝交易的信息。

上述过程虽然较为复杂，但由于系统采用了电子化信息处理手段，整个流程一般在几秒内就能完成。

同时需要注意的是，在持卡人取到所需现金后，整个交易过程并未完成。因为在这一交易中，B银行向A银行的持卡人支付了现金，而该持卡人并未在B银行开立账户，同时，A银行扣减了持卡人在该行的账户款项，因此，B银行实际上为A银行垫付了持卡人所需要的现金。转接清算机构会将这笔取款交易与其他跨行交易一起在各入网机构之间进行批量的资金轧差清算，并完成资金的划转，此时，B银行才得到了该笔款项。

（2）POS收单

POS收单的业务流程是：消费者在商户购买商品，刷卡消费，交易数据通过POS传送到收单机构，收单机构接收数据后，上传给银联组织进行清算，银联组织将信息发送至发卡行，发卡行将对账单寄送给消费者进行核对，核对无误后将资金划转至商户账户。

举例说明，假设持卡人使用A银行的银行卡在B银行签约收单的特约商户通过刷卡支付货款。在实际交易发生之前，B银行已经完成了商户拓展工作：为了使持卡人能够在此商户使用银行卡，B银行已与该商户签订了收单协议，并为商户安装了POS终端，对收银员进行了相关培训，并在店内张贴或摆放了银行卡网络的标识。POS跨行支付处理流程，如图5-16所示。

图5-16　POS跨行支付处理流程

第一步，当持卡人看到与其银行卡上相同的银行卡网络标识时，就确认能够在此商户使用自己的银行卡，收银员在拿到银行卡时也会通过核查卡上的银行卡网络标识确认本店是否可以受理这张银行卡；在确认可以受理后，收银员会在POS终端上刷卡并输入相关的交易信息，若发卡行要求密码交易，持卡人还须输入银行卡密码。

第二步，POS终端通过与收单机构相连的通信线路将密码、卡片信息和请求授权的交易信息传送到B银行的收单系统。

第三步，收单系统根据卡BIN（发卡行识别码）判别不是本行的银行卡后，会将相关信息传送至卡组织的转接清算系统。

第四步至第七步，授权请求及授权应答在A银行、B银行及卡组织的转接清算系统之间的传递，以及A银行发卡系统对该卡的核查与账户操作与前述ATM跨行取款的情况基本相同。

第八步，POS终端在收到允许交易的授权应答后，会自动打印签购单；收银员会要求持卡人在签购单上签字（有些凭密码的交易无须签字），并将该签字与银行卡背面签名条上持卡人预留的签名进行核对，核对无误后将签购单的其中一联交给持卡人留存。如果POS终端接收到的授权应答显示为拒绝交易，则收银员会告知持卡人无法用此卡进行支付。如同ATM交易一样，从POS终端到收单系统再到转接清算系统和发卡系统之间的交易授权请求和应答也是在瞬间完成的。

持卡人虽然在上述过程中完成了付款，但整个交易过程并未结束，因为商户并未真正收到货款。转接清算机构会在此交易批次结束时，将该款项与其他跨行交易款项一起在各入网机构之间进行轧差清算，并完成资金的划转，此时，B银行才得到该笔款项；同时，B银行作为该商户的收单行也会与其对账，并在规定的时间内为商户结算，将此款项与该商户的其他银行卡交易款项一起为商户入账，商户由此得到该笔货款。

2）按收单机构分类的新方式

在现有分类的基础上，本书还按照相关的收单机构对银行卡收单进行划分：银行类银行卡收单、非银行金融机构类银行卡收单和非金融机构类银行卡收单三大类。

（1）银行类银行卡收单

银行类银行卡收单是指境内主要的商业银行开展的银行卡收单业务。

商业银行的银行卡收单业务的运营模式主要有两类：银企合作模式和银行自营模式。银企合作模式是指由商业银行与第三方支付机构合作开展银行卡收单业务。合作方式主要表现为银行将收单业务中的非核心业务部分或全部外包给第三方支付机构，并向其支付一定的服务费用。银行自营模式是指银行卡收单业务的核心和非核心业务均由商业银行自己经营。

由于商业银行在银行卡收单业务中的角色是多变的，其在银行卡产业链中除了可以作为收单机构，同时还扮演着发卡银行和特约商户的结算银行两种角色，因此，它与整个银行卡产业链的联系更加紧密，与各个角色之间的接触也就更多。

① 作为发卡银行，商业银行通过银行卡刷卡手续费分润获利。在银行卡刷卡手续费分润中，发卡银行服务费收入占70%。在我国，六大国有商业银行在发卡规模方面占有绝对优势，也因此获得了相当可观的银行卡刷卡手续费分润。除此之外，银行卡产品的功能和营销活动的活跃度也对刷卡交易量起着重大作用。中国人民银行数据显示，截至2022年年末，全国开立银行卡共94.78亿张，同比增长2.50%。其中，借记卡86.80亿张，同比增长2.76%；信用卡和借贷合一卡7.98亿张，同比下降0.28%。人均持有银行卡6.71张，其中，人均持有信用卡和借贷合一卡0.57张。

② 作为收单机构，相较于第三方支付机构，商业银行在收单市场上最大的竞争优势在于全面、丰富的金融产品线——可以为特约商户经营者提供存款、贷款、银行承兑汇票、国际结算等全方位的金融服务。除此之外，一方面商业银行通过各种业务的交叉营销可以更牢固地绑定客户，提高客户的忠诚度和贡献度，

从单个客户身上获取更大的价值；另一方面客户在同一商业银行办理多种业务，实质上是降低了商业银行在单个客户身上投入的成本。因此，为特约商户提供他们所需要的各种金融产品和服务，作为银行卡收单业务的延伸，是商业银行重要的盈利手段。根据中国人民银行发布的《2022年支付体系运行总体情况》，截至2022年年末，银联跨行支付系统联网特约商户2 722.85万户，联网POS机具53 556.07万台，ATM机具689.59万台，较上年年末分别减少75.43万户、337.54万台、5.19万台。全国每万人拥有联网POS机具251.89台，同比下降8.61%；全国每万人拥有ATM机具6.35台，同比下降5.42%。

③ 作为收单机构，商业银行的经营范围更广，进行业务创新的空间也更大。除了在银行卡收单业务上进行创新，为特约商户提供高效、便捷的收款服务和营销支持，商业银行还可以为特约商户量身定制全面的金融服务，如根据特约商户的清算流水为其提供循环额度贷款等。了解客户的需求并快速做出反应，将需求转化为产品，就是创新能力的体现。

④ 作为特约商户的结算银行，商业银行通过存贷利差获利。在银行卡收单业务中，商业银行既是特约商户的收单银行，也是特约商户的结算银行。特约商户在商业银行开立个人或对公结算账户，用于商业银行每日将POS交易款项清算至指定的结算账户，这样一来就必定会给商业银行带来储蓄存款沉淀以及赚取存贷利差的机会。

商业银行作为特约商户的收单银行和结算银行，掌握着特约商户的现金流状况，在信息对称性上具有先天优势。现在多数商业银行已经推出针对小微企业和个体工商户的流水贷，即根据客户结算账户的现金流量给予其一定的授信额度，并且可以循环使用。

（2）非银行金融机构类银行卡收单

中国人民银行官网公开信息显示，截至2023年2月，已有78家机构的支付牌照被注销，仅剩193家持牌支付机构，经POS圈支付网整理，有银行卡收单资质的支付牌照共有61家。值得注意的是，具有银行卡收单资质的牌照在有效期内的仅剩51家，其中，业务覆盖范围有限制的有23家，业务覆盖范围全国的有28家。

银联商务作为2011年5月首批获得中国人民银行颁发的第三方支付牌照的企业，专门从事银行卡受理市场建设和提供综合支付服务，是国内最大的银行卡收单专业化服务机构。截至2019年11月底，银联商务已经在全国除台湾地区以外的所有省级行政区设立机构，实体服务网络覆盖全国337个地级以上城市，覆盖率达100%，全辖员工超万人，服务特约商户814.2万家，维护POS终端872.3万台，服务自助终端101.3万台，覆盖百货商超、餐饮酒店、航空旅游、财税金融、电商物流、保健医疗等多个行业；2019年1—11月，受理各类交易113.9亿笔，金额13.6万亿元，是国内规模最大的综合支付服务机构之一。银联商务已经形成银行卡专业化服务网络，可满足不同行业客户在全国范围内的各种银行卡增值服务需求，因此具有较强的品牌竞争力。

小案例5-4 银联商务

2023年4月，由《金融时报》发起并主办的2022年“中国金融机构金牌榜·金龙奖”在北京揭晓，银联商务凭借支付科技和数字化服务的深度融合及创新应用，从众多金融机构中脱颖而出，连续6年摘得这一重磅奖项，获评“年度最具科技创新力支付企业”奖项。

银联商务是中国银联控股的从事银行卡收单专业化服务的全国性公司，成立于2002年12月，总部设在上海。自成立以来，在中国人民银行和中国银联的指导下，银联商务一直致力于我国的银行卡受理市场建设，着力改善银行卡的受理环境、着力解决公民的支付便利、着力提高企业的资金运转效率。

银联商务有着强大的一体化银行卡支付系统，能够实现快捷刷卡收银，有效帮助商户降低收款成本，提升财务管理的能力。

(1) 传统收单产品——金融POS收单服务、商超MIS-POS产品、金融IC卡服务

① 金融POS收单服务：快速收款——资金最快T+0结算；实时对账——交易流水随时查询；随时监控——排查资金安全隐患。

② 商超MIS-POS产品：由银联商务自主研发，是基于商业收银设备的一体化银行卡支付受理解决方案。该产品服务能够有效实现银行卡交易统一处理和账务统一管理。其适用商户类型：大型百货商场、连锁超市、家电卖场、宾馆酒店及其他连锁专卖店等。

商超MIS-POS产品的优势：交易速度更快、稳定性更强、通信成本更低、管理功能更全面、财务管理更有效、收银管理更完善、企业营运成本更低等。

③ 金融IC卡服务：有逾百万台IC卡受理终端，在发卡、受理、圈存、营销多个环节为银行提供业务支持与合作。其使用范围：出租车、停车场、旅游景区、菜场、餐饮、百货商场、超市和便利店等消费领域；公共交通、社保、高速收费站、通信、公共事业缴费等公共服务领域。

金融IC卡服务的优势：全国有逾百万台IC卡受理终端；拥有超市、餐饮、公共交通等多领域的IC卡应用经验；为持卡人提供电子现金圈存服务；拥有完善的客服体系，24小时快速响应。

(2) 新兴支付产品——“全民付”移动支付

“全民付”移动支付是银联商务面向各类移动支付场景提供的综合性移动支付服务，用户使用手机可以在银联商务POS机、自助终端上或者手机App内完成支付和优惠核销，方便用户付款，满足商户收款。

“全民付”移动支付包括近场支付和远程支付两种场景。近场支付应用于面对面交易场景，包括全民付收款扫码、全民付付款扫码和全民付免密支付。远程支付应用于非面对面交易场景，主要包括App支付、H5支付、公众号支付、PC

网关支付和小程序支付。

资料来源 银联商务网站（https：//www.chinaums.com/）.

（3）非金融机构类银行卡收单

随着电子商务的快速发展，非金融机构类银行卡收单业务从无到有，并不断壮大，为持卡人带来了更加便利、快捷的支付体验，成为银行卡产业链中不可或缺的一部分。

2011年5月18日，中国人民银行颁发首批第三方支付业务许可证，支付宝、拉卡拉、快钱、汇付天下等27家企业顺利获得支付牌照。中国人民银行共下发271张支付牌照，截至2023年2月，全国剩余193张支付牌照，业务类型覆盖移动电话支付、固定电话支付、数字电视支付、银行卡收单、预付卡发行与受理、互联网支付等。

小案例5-5　拉卡拉掘金数字经济

经历了2022年的业绩滑铁卢，披露了“跳码”退回资金事件，国内首家A股上市第三方支付公司拉卡拉支付股份有限公司（以下简称“拉卡拉”）股价重挫。2023年5月24日，拉卡拉在其近3年举行的第一场公开战略发布会上强调：“未来，拉卡拉将努力让支付变得更有价值。”

2023年5月24日，拉卡拉宣布，通过自建和联合SaaS服务商，为商户提供数字化服务生态，构建了零售、汽车、大健康、加油站等产业链数字化解决方案。具体来说，拉卡拉推出了产业数据金融服务平台，对接商业银行、中小企业和商户。以产业金融资产业务的全数字化为核心，为数据源、数据获取、数据分析、放款决策、贷中贷后等所有环节提供服务，形成资产从进件到转让全过程的数字化描述，并支持标准化的金融资产数据模型以及任意复杂、场景定制的生产经营数据模型，引导产业端对接，向资金端交付完整、可信、不可抵赖和篡改、可溯源、实时更新的产业金融数据要素。

当天，拉卡拉与15家金融机构启动合作，进一步帮助中小微商户获得资金支持。其具体模式包括直接投资支持、联营支持与金融贷款支持：直接投资支持面向长期用资需求，拉卡拉10亿元成长基金直接进行股权投资；联营支持面向中期用资需求，拉卡拉会深度参与企业的选址、供应链、营销等各个层面，在2～4年的合作周期内，与小微企业风险共担、收益共享；金融贷款支持面向短期用资需求，帮助银行评估相关风险，让中小微企业获得生产经营所需资金，并协助银行稳定回款。

在硬件方面，拉卡拉还同步发布了两款产品——满足商户经营全维度需求的拉卡拉商户数字钱包App和拉卡拉客显屏音箱，软硬件产品相结合，支持商户数字化经营。

目前，拉卡拉的主要业务收入来自收单。国金证券的研究报告指出，拉卡拉主营收单、硬件、商户科技服务业务，2022年收入占比分别为84.9%、8.2%、

6.3%，主要由收单业务贡献，其中约80%的GPV（总支付交易量）来自银行卡，第三方POS收单市场中公司市场占有率仅次于银联商务。

资料来源 万敏．告别传统支付服务模式 拉卡拉掘金数字经济［EB/OL］．［2023-06-06］．http：//www.eeo.com.cn/2023/0525/593027.shtml.

5.2.3 银行卡收单的发展趋势

在银行数字化升级、大环境数字经济倡导、数据安全趋于金融级、适老化改造等系列影响下，我国银行卡支付业务模式、受理终端与渠道不断创新，银行卡收单业务的内涵与外延正在不断扩大，呈现传统实体商户收单、网络新型收单融合发展的趋势。一方面，中国人民银行关于借贷分离、取消刷卡手续费等一系列政策的实施，将可能改变银行卡收单收费标准，即由原来的按特约商户的类型（餐娱类、一般类、民生类和公益类）制定收费标准变为按银行卡的类别（借记卡、信用卡）收取相关的手续费，从而有效防范“套码”现象，营造良好的受理环境。另一方面，随着移动互联网的快速发展，人们开始逐渐由传统的线上支付转向线下的手机终端支付，ATM和POS等传统终端可能会在支付领域被逐步边缘化，甚至被淘汰，这对整个银行卡收单业务领域提出了巨大挑战。

知识链接5-2 套 码

套码，其实质是违规套用低手续费率行业的商品类别码（MCC）。根据商户主营业务、行业属性的差异，收单机构为商户设定一个MCC码（商户POS终端小票上商户编号的第8位至第11位），商户缴付的刷卡手续费率就由此决定。银行卡收费标准（POS刷卡费率）见表5-6。

表5-6 **银行卡收费标准（POS刷卡费率）**

类型	商户类别	手续费率（旧）	手续费率（新）
餐娱类	餐饮、宾馆、娱乐、珠宝金饰、工艺美术品、房地产及汽车销售	2% 其中房地产和汽车销售封顶50元	1.25% 其中房地产和汽车销售封顶80元
一般类	百货、批发、社会培训、中介服务、旅行社及景区门票等	1% 其中批发类封顶50元	0.78% 其中批发类封顶26元
民生类	超市、大型仓储式卖场、水电煤气缴费、加油、交通运输售票等	0.5%	0.38%
公益类	公立医院、公立学校	按照服务成本收取，水电煤气缴费1元/笔	按照服务成本收取

资料来源 中国人民银行网站（http：//www.pbc.gov.cn/）.

2016年3月18日，国家发改委、中国人民银行联合印发《关于完善银行卡刷卡手续费定价机制的通知》，全面下调银行卡刷卡手续费，并于2016年9月6日开始实施。

5.3 支付清算

5.3.1 支付清算概述

1）支付清算的含义

为了满足生活需求，我们需要购买生活用品；为了进行生产经营，企业需要购买原材料等。所有这些活动（或者说交易）都需要支付，可以说，支付活动在我们的生活中无处不在。

那么，究竟什么是支付呢？支付就是社会经济活动引起的债权债务清偿及货币转移行为。支付包括交易、清算和结算三个过程。交易过程包括支付的产生、确认和发送，特别是对交易有关各方身份的确认、对支付工具的确认以及对支付能力的确认。清算主要是指发生在银行同业之间的货币收付，用以清讫双边或多边债权债务的过程和方法。清算过程是在结算之前对支付指令进行发送、核对以及在某些情况下进行确认的过程。而结算过程是将清算过程中产生的待结算债权债务在收、付款金融机构之间进行相应的账簿记录、处理，从而完成货币资金最终的转移并通知有关各方的过程。

支付清算是指在支付过程中，从付款方账户扣除资金，将资金存入收款方账户的过程。通俗地说，就是在支付完成后，将钱款从付款方的账户转移到收款方的账户。支付清算是现代金融服务体系的主要功能之一。支付活动过程，如图5-17所示。

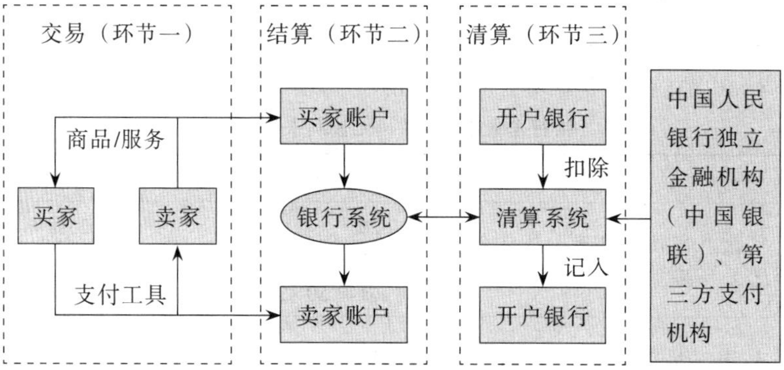

图5-17 支付活动过程

2）支付清算系统

支付清算系统是银行在为客户办理资金划转过程中所采取的组织管理体制、支付工具和方式、联行清算所组成的资金运动系统，是支撑支付工具运行的通道。目前，我国已初步建成以中国人民银行大小额支付系统为中枢，银行业金融机构行内业务系统为基础，票据支付系统、银行卡支付系统、证券结算系统和境内外币支付系统为重要组成部分，行业清算组织和互联网组织业务系统为补充的支付清算网络体系。各支付清算系统之间有机连接、功能互补，共同构成安全、高效的现代化支付清算网络体系，对于加快社会资金周转、提高支付清算效率、促进国民经济健康平稳发展发挥越来越重要的作用。

5.3.2 支付清算体系

1）境外支付清算体系

（1）美国的支付清算体系

美国是一个金融业高度发达的国家，其支付清算体系具有系统完善、服务质量高、有效监管、服务范围广和各支付清算子系统间联系紧密等优点。美国支付清算体系的发展经历了三个阶段：以手工处理纸面票据为主的阶段；手工与计算机并行处理纸面票据与电子支付的阶段，1970年，纽约商业银行间建立了清算所银行同业支付系统（Clearing House Interbank Payment System，CHIPS），1975年，联邦储备银行组建了自动清算所系统（Automated Clearing House，ACH）；电子支付清算全面发展的阶段。

美国的支付清算系统主要有两个：一个是美元跨行支付清算系统；另一个是证券交易结算系统。不同的市场，由不同的机构和系统分别负责清算和结算。

美国的跨行支付清算主要有以下五种渠道：

一是美元大额支付系统。1913年建立的联邦资金转账系统（Federal Reserves Wire Transfer System，FEDWIRE）和1970年4月开始运行的CHIPS，是支持美元全球清算的两大主要大额支付系统。

FEDWIRE是一个高度集中的系统，是美国境内的美元收付系统，也是一个实时的、贷记的资金转账系统。其资金主要用于金融机构之间的隔夜拆借、银行间清算、公司之间的大额交易结算以及证券交易结算等，可实时进行每笔资金转账的发起、处理和完成，全部自动化运行。

CHIPS是由纽约清算协会拥有并运行的一个私营支付系统。与FEDWIRE类似，CHIPS是一个贷记转账系统。与FEDWIRE不同的是，CHIPS是一个著名的私营跨国美元大额支付系统，要累计多笔支付业务的发生额，并且在日终进行金额结算。CHIPS的参与者可以是商业银行、埃奇法公司和纽约州银行法所定义的投资公司或者在纽约设有办事处的商业金融机构的附属机构。任何一个非参与者要想通过CHIPS进行资金转账，必须雇用一个清算所支付系统参与者作为其代理者。目前，超过95%的跨国美元支付最终通过CHIPS系统进行清算，它为来自全球近百家会员银行提供美元大额实时最终清算服务。该系统采用多边和双边净额轧差机制实现支付指令的实时清算，实现实时全额清算系统和多边净额结算系统的有效整合，可以最大限度地提高各国金融机构美元支付清算资金的流动性。

二是支票结算系统。据统计，全美大约有30%的支票在开立行内清算，另外70%通过银行间的清算机制进行清算。

三是自动清算所系统。纽约清算所的电子支付系统是全美唯一的私营自动清算所系统。

四是银行卡结算网络。银行卡、ATM和POS构成了一个庞大的支付网络，网上银行发展非常迅速，形成了更加完整的银行卡结算网络。

五是美联储全国清算服务。美联储还为私营的清算机构提供净额结算服务。整个私营系统的最终清算是美联储通过调整私营的清算机构会员在联储银行里的账户余额进行的。

（2）英国的支付清算体系

英国伦敦拥有全球最大的多币种支付系统，是持续连接结算系统（CLS）的业务处理所在地，提供17种货币的跨境支付结算服务。伦敦的主要大额支付清算系统是自动支付清算系统（Clearing House Automated Payments System，CHAPS）。它于1984年开始运行使用，由CHAPS英镑系统和与TARGET连接的CHAPS欧元系统组成，两个系统共享同一平台。CHAPS的成员可以为本行或者代替其他银行或其客户与成员之间进行当日资金结算。

CHAPS是一个实时全额支付系统，由英国支付清算服务协会（APACS）运行，提供以英镑计值和以欧元计值的两种独立性清算服务，其中欧元清算与欧洲统一支付平台TARGET连接。CHAPS系统的成员可以在同一平台上办理境内英镑支付和跨国欧元支付，确保英镑和欧元在伦敦金融市场交易中具有同等的计值地位。但是，近几十年来，在国际结算中，英镑结算大多数通过往来账户的代理行进行账户结算，真正使用英镑结算的业务越来越少，导致CHAPS的清算业务也随之减少。此外，伦敦还有两个重要的小额零售支付清算系统：一个是BACS有限公司提供的ACH电子支付清算系统；另一个是支票和贷记清算公司提供的纸质票据清算系统。

TARGET（Trans-European Automated Real-time Gross Settlement Express Transfer）是泛欧实时全额自动清算系统，为欧盟国家提供实时全额清算服务。其特点是：

① 采用实时全额结算（RTGS）模式，系统在整个营业日内连续、逐笔地处理支付指令，所有支付指令均是最终的和不可撤销的，从而大大降低了支付系统风险，但对参加清算银行的资金流动性具有较高的要求。

② 由于资金可以实时、全额地从欧盟一国银行划拨到另一国银行，不必经过原有的货币汇兑程序，从而减少了资金的占用，提高了清算效率和安全系数，有助于欧洲中央银行货币政策的实施。

③ 欧洲中央银行对系统用户采取收费政策，用户业务量越大，收费标准越低，这一收费规则似乎对大型银行更加有利。此外，系统用户需在欧洲中央银行存有充足的资金或备有等值抵押品，资金规模要求较高，加之各国中央银行对利用该系统的本国用户不予补贴，因此，TARGET的清算成本高于其他传统清算系统。

2）我国的支付清算体系

（1）我国支付清算体系概况

目前，我国支付清算体系主要由三大板块构成：中央银行支付清算系统、银行业金融机构支付清算系统和第三方服务组织支付清算系统，如图5-18所示。

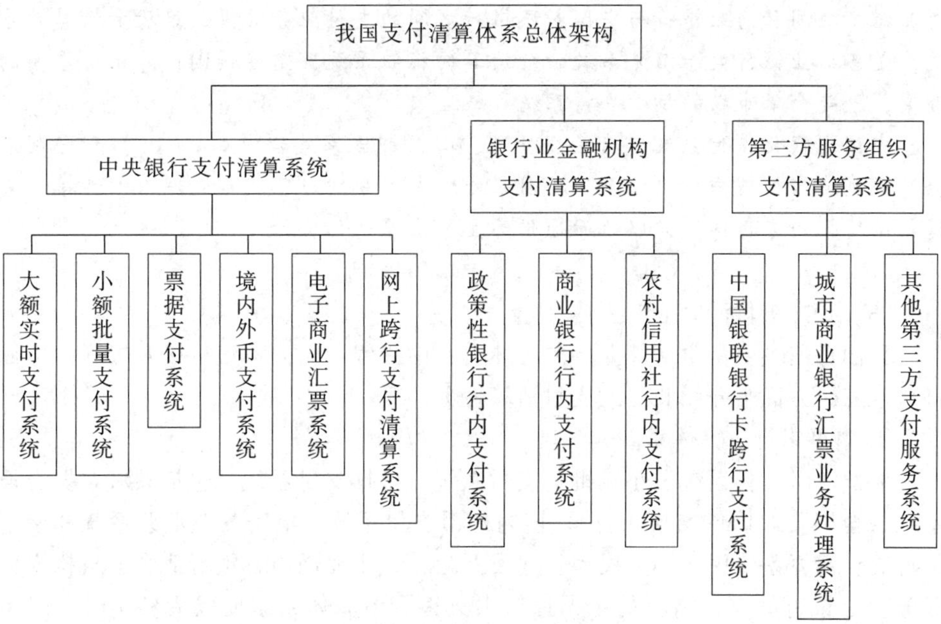

图5-18　我国支付清算体系架构图

为规范支付清算相关机构管理，促进我国支付清算市场健康发展，中国人民银行于2012年1月5日颁布了《支付机构互联网支付业务管理办法（征求意见稿）》，于2015年12月28日颁布了《非银行支付机构网络支付业务管理办法》。2016年6月，中国人民银行、银监会发布了《银行卡清算机构管理办法》。这些相继颁布的法规不仅进一步完善了我国支付清算法规制度建设，而且促进了国民经济健康平稳发展。

（2）中国现代化支付清算系统的主要参与者

① 直接参与者：中国人民银行地市以上中心支行、在中国人民银行开设清算账户的银行和非银行金融机构（与城市处理中心直接连接）。

② 间接参与者：中国人民银行县（市）支行、未在中国人民银行开设清算账户而委托直接参与者办理资金清算的银行和经中国人民银行批准经营支付结算业务的非银行金融机构。间接参与者不与城市处理中心直接连接，其支付业务提交给其清算资金的直接参与者，由该直接参与者提交支付系统处理（间接参与者的典型代表为第三方支付公司）。

③ 特许参与者：经中国人民银行批准通过支付系统办理特定业务的机构。特许参与者在中国人民银行当地分支行开设特许账户，与当地城市处理中心连接（特许参与者的典型代表为中国银联）。

知识链接5-3　**中国现代化支付系统**

中国现代化支付系统（China National Advanced Payment System，CNAPS）为世界银行技术援助贷款项目，主要提供商业银行之间跨行的支付清算服务，是为商业银行之间和商业银行与中国人民银行之间的支付业务提供最终资金清算的系统，是各商业银行电子汇兑系统资金清算的枢纽系统，是连接国内外银行重要的桥梁，也是金融市场的核心支持系统。

中国现代化支付系统建有两级处理中心，即国家处理中心（NPC）和全国省会及深圳城市处理中心（CCPC）。国家处理中心分别与各城市处理中心连接，其通信网络采用专用网络，以地面通信为主，卫星通信备份。

（3）我国支付清算业务主体

我国目前主要从事清算业务的主体有：中央银行、商业银行以及银联。下面将从这三个方面来介绍我国的支付清算业务。

① 中央银行清算体系。

大额实时支付系统、小额批量支付系统、票据支付系统（包括同城票据交换系统、全国支票影像交换系统）、境内外币支付系统、电子商业汇票系统和网上跨行支付清算系统由中国人民银行建设并运行，主要面向各银行业金融机构提供服务，是银行间支付清算的主渠道。中央银行清算体系主要以大额实时支付系统、小额批量支付系统为中枢。

A.大额实时支付系统。

a.一般大额支付业务：是由付款银行发起，逐笔实时发往国家处理中心，国家处理中心清算资金后，实时转发收款银行的业务，包括汇兑、托收承付划回、中国人民银行办理的资金汇划等。

b.即时转账支付业务：是由与支付系统国家处理中心直接连接的债券综合业务办公室特许参与者发起，通过国家处理中心实时清算资金后，通知被借记行和被贷记行的业务，主要有中央债券综合业务系统办理的公开市场业务、债券交易市场业务、债券发行与兑付业务等。

c.城市商业银行银行汇票业务：是支付系统为支持中小金融机构结算和通汇而专门设计的支持城市商业银行银行汇票资金的移存和兑付的资金清算业务。

B.小额批量支付系统。

小额批量支付系统在一定时间内对多笔支付业务进行轧差处理，以净额清算资金，旨在为社会提供低成本、大业务量的支付清算服务。它主要用于处理同城和异地纸质凭证截留的借记支付业务和小额贷记支付业务，中央银行会计和国库部门办理的借记支付业务，以及每笔金额在规定起点以下的小额贷记支付业务。小额批量支付系统实行7×24小时连续运行，支持多种支付工具的使用，满足社会多样化的支付清算需求，成为银行业金融机构跨行支付清算和业务创新的安全、高效的平台。

② 商业银行清算体系。

A.同城票据清算。

同城票据清算一般是指同一城市（或区域）各金融机构对相互代收、代付的票据，按照规定时间和要求，通过票据交换所集中进行交换并清算资金的一种经济活动。它是银行的一项传统业务，票据交换业务不仅涉及银行间票据的交换与清算，还牵涉到社会资金的使用效益等。同城票据清算的具体做法主要有以下几种：

a. 同城商业银行间本系统内票据交换。由同城商业银行的主管行牵头，对辖内各营业机构代收、代付本系统的票据组织交换，通过同城行处的往来科目划转，当日或定期通过联行往来科目进行清算。

b. 同城商业银行间跨系统票据交换。根据各商业银行的机构设置和在中国人民银行开立存款账户的情况，采取三种不同的票据交换法：一是在各商业银行的存款账户之间采取当时清算的办法；二是直接通过各商业银行的所属机构在中国人民银行开设的存款账户进行资金清算的办法；三是对业务量不大的县城行处的跨系统票据交换，采取直接交换、当时清算资金的办法。

B. 异地清算。

在我国，异地清算也是同现行的联行往来制度相联系的。商业银行在联行转汇清算业务中的做法如下：

a. 商业银行全国联行跨系统和系统内大额汇划款项均通过中国人民银行联行办理转汇并清算资金。

b. 商业银行全国联行跨系统和系统内未达到转汇金额起点的汇划款项、内部资金汇划款项和县以下全国联行通汇机构的汇划款项，仍分别通过商业银行跨系统和本系统联行划转。

c. 商业银行签发的银行汇票和银行承兑汇票由各商业银行联行划付。

d. 商业银行办理转汇时，汇划金额一般不得转入同城票据交换差额内，可将有关汇划凭证连同转汇清单一并向中国人民银行提出信件交换或单独提交。中国人民银行划拨解付款项，可通过同城票据交换办理。

知识链接5-4　　**资金清算方法**

（1）全额清算

参加票据交换的行处，将提出提入票据的应借和应贷差额分别进行汇总，然后通过中国人民银行向对方行清算资金。

（2）差额清算

参加票据交换的行处，将各自提出提入的票据金额进行轧差，得到应贷差额或应借差额，然后通过在中国人民银行开设的存款账户进行清算。

③ 银联清算体系。

银联清算体系，如图5-19所示。

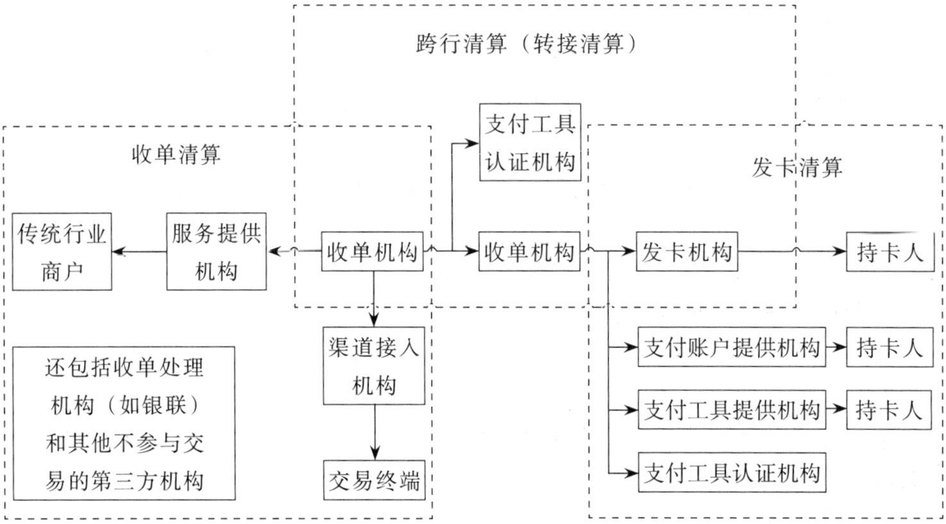

图5-19 银联清算体系

A.银联清算方式。

银联清算方式包括跨行清算和收单清算。跨行清算是针对收单机构和发卡机构的清算；收单清算是代替收单机构针对商户和收单专业化服务机构的清算。

B.银联清算环节。

清算是指对交易日志中记录的成功交易，逐笔计算交易本金及交易费用（手续费、分润等），然后按清算对象汇总轧差形成应收或应付金额。银联清算包括清分和资金划拨两个重要环节。其中，清分是在银联清算系统内部完成的，而资金划拨是银联通过中国人民银行的大、小额支付清算系统或同城票据交换系统完成的。

C.银联清算系统与中国人民银行大、小额支付清算系统的关系。

无论是跨行清算还是收单清算，银联都作为一个特许参与者加入大、小额支付清算系统，完成银行卡交换业务的资金划拨。银联通过大额实时支付系统，实现与境内成员机构清算账户之间的双向资金转移，此部分对应银联清算方式中的跨行清算。在大额实时支付系统中，银联享有比商业银行更大的特权，因为银联可以借记或贷记对方的账户，商业银行只能贷记对方的账户。另外，在大额实时支付系统中，享有借记特权的只有国债登记公司，而且其借记操作还需有国债作为抵押。银联通过小额批量支付系统和当地的票据交换系统，实现与境内第三方机构和商户之间的单向资金转移，此部分对应银联清算方式中的收单清算。

5.3.3 支付清算的发展趋势

1）银行卡清算市场的开放

2015年4月，国务院发布《关于实施银行卡清算机构准入管理的决定》，正式放开银行卡清算准入，并于2015年6月1日起施行。这意味着境外支付机构、第三方支付机构、银行等符合要求的机构均可申请银行卡清算业务许可证，在中国境内从事银行卡清算业务。同时，这标志着我国银行卡清算服务市场将实现面向境内外的全面开放，在既有中国清算服务市场格局中，将很快迎来民营资本和国际资本的进入。2016年6月6日，中国人民银行、银监会发布《银行卡清算机构管理办法》，进一步对银行卡清算机构进行了规范，对于促进我国银行卡清算市场的稳健发展有着重要意义。

2）人民币跨境支付清算系统的启用

随着人民币的国际化进程不断加快，资本项目逐步放开，现有的人民币跨境支付清算模式将不具备可持续性。而人民币跨境支付清算系统将主要用于处理人民币跨境支付业务，进行跨境美元的交易清算。它将满足各主要时区的人民币业务发展需要，进一步整合现有人民币跨境支付结算渠道和资源，提高跨境清算效率。未来，清算行将不再是境外人民币的主要回流机制和离岸人民币存款的定价基础，这些功能将由人民币跨境支付清算系统承担。

3）区块链技术在支付清算中的应用

区块链技术在银行支付清算领域的应用更加广泛，其有助于突破现有支付系统清算环节的效率瓶颈，解决现有中心化系统技术体系架构固有的弊端，实现交易透明、效率提升、费用节省等优势。同时，区块链技术在支付方面的应用对我国金融创新有很大帮助，也能帮助银行支付清算国际化抢占先机，并参与制定相关标准等。

拓展阅读5-2

推进支付清算领域区块链应用

另外，区块链技术也为解决跨境支付清算服务的痛点提供了可行性方案。金融科技公司以区块链作为底层技术，进入跨境支付清算领域，出现利用区块链技术重塑跨境支付清算价值链的趋势。

@ 本章小结

随着支付场景的不断丰富，金融创新能力的增强，互联网用户对在线完成快捷支付的需求增加，从而带动了互联网第三方支付业务的快速发展。第三方支付机构在获得中国人民银行颁布的支付牌照后，可从事网络支付、预付卡的发行与受理以及银行卡收单等相关业务。

曾经按照支付机构提供的支付服务方式和特色的不同，网络支付可以分为网关支付、账户支付和特殊的第三方支付。现今，则将支付业务进行了重新划分，分为储值账户运营和支付交易处理两类。

银行卡收单业务是指通过银行卡受理终端，为银行卡特约商户代收货币资金的行为。其主要参与者有：发卡机构和持卡人、收单机构和特约商户、转接清算机构、专业服务机构以及政府及行业管理者。

清算主要是指发生在银行同业之间的货币收付，用以清讫双边或多边债权债务的过程和方法。清算过程是在结算之前对支付指令进行发送、核对以及在某些情况下进行确认的过程。

支付清算系统是银行在为客户办理资金划转过程中所采取的组织管理体制、支付工具和方式、联行清算所组成的资金运动系统，是支撑支付工具运行的通道。

我国目前主要从事清算业务的主体有：中央银行、商业银行以及银联。

关键术语

网络支付；银行卡收单；支付清算

习题

复习思考题：

（1）什么是网络支付？网络支付的分类有哪些？

（2）试阐述银行卡产业链各参与方以及各构成部分之间的关系。

（3）试通过现实中的实例来说明各商业银行清算的应用。

（4）简述同城清算与异地清算的不同。

研讨题：

通过互联网查询资料，就以下问题展开讨论：

（1）登录淘宝网（http://www.taobao.com）和当当网（http://www.dangdang.com），通过这两个网站提供的帮助中心了解其支持的支付方式，特别是网上支付方式。

（2）银行卡收单行业有什么困局？其根源是什么？该怎么解决？

（3）美国的支付清算体系对我国有什么启示？

（4）党的二十大报告指出，加强和完善现代金融监管，强化金融稳定保障体系，依法将各类金融活动全部纳入监管，守住不发生系统性风险底线。那么，在支付领域我们应该怎么做？我国未来支付的发展趋势是什么？

案例分析

拉卡拉自曝“跳码”家丑　资本市场“用脚”投票

2023年4月19日，拉卡拉股价直线跳水，盘中跌幅一度接近17%，日内收跌13%，总市值较前一交易日缩水20亿元。就在前一日，拉卡拉公告自曝公司收单业务“跳码”——在收单业务中存在部分标准类商户交易使用优惠类商户交易费率上送清算网络，公司已按照相关协议将涉及资金退还至待处理账户。这也是业内首家公开承认“跳码”的支付机构。有分析人士指出，拉卡拉的公告消息再次对行业合规性提出了警示。

在相关的银行卡交易中，并不只是持卡人与商户之间的交易，后台还涉及发卡银行和收单机构。其中，收单机构需要向银行卡清算机构支付对应费率的网络服务费，部分收单机构为了扩大自身经营效益，由此产生了隐蔽的“跳码”交易。所谓“跳码”，指的是用户在真实场景下刷卡消费后，账单显示消费场景在另一处。对于是否“跳码”，可以根据POS机消费单据上的商户识别码（MCC码）、银行卡消费账单等进行查看。出现“跳码”这一情况的背后，是自2016年“96费改”后持续调整、完善的银行卡刷卡手续费定价机制。当前，标准类商户、优惠类商户以及减免公益类商户对应的刷卡手续费率分别为0.6%、0.38%

以及0。

不同于代理商主导的个人消费者办理POS机、“押金”及“激活费”收取费用等违规行为，“跳码”这一问题纯粹是支付机构“知法犯法”。在当前公告中，拉卡拉并未对所涉及的违规事项进行详细说明，仅在公告中强调，本次重大事项以及后续影响尚存在不确定性，敬请广大投资者注意投资风险、谨慎决策。

2023年4月19日，拉卡拉开盘即暴跌，盘中跌幅一度超过16%，随后有所收窄。截至当日收盘，拉卡拉股价报17.65元，收跌13.18%，总市值141.2亿元。与前一交易日收盘价相比，拉卡拉在4月19日缩水超过20亿元。除了披露违规事项引发的股价异动外，拉卡拉2022年的业绩情况也面临考验。根据拉卡拉此前披露的业绩预报，2022年归属于上市公司股东的净利润预计3亿元~4亿元，与上年同期相比下降63.05% ~ 72.29%；扣除非经常性损益后的净利润预计2.24亿元~3.24亿元，同比下滑64.58% ~ 75.51%。

值得一提的是，在过往展业过程中，收单支付交易引发的“跳码”问题虽然时有出现，甚至引得用户、支付机构与发卡银行等对簿公堂，也曾有支付机构因“跳码”被银行索赔近千万元，但不曾有支付机构公开承认自家业务“跳码”。“A股支付第一股”名头下的拉卡拉，也在直面“跳码”问题上成为“第一个吃螃蟹的人”。

拉卡拉的公告消息再次对行业合规性提出了警示。目前，支付行业受监管趋严和业务变化等因素的影响，业内竞争愈加激烈，业务转型较慢的部分中小支付机构受到的负面影响较大。经营压力加上合规问题，仍然是不少支付机构面临的主要困境。

拓展阅读5-3

刷脸支付有了行业自律公约

资料来源 廖蒙. 拉卡拉自曝“跳码”家丑［N］. 北京商报，2023-04-20（07）.

问题：根据案例内容，谈一谈银行卡收单市场中“跳码”行为发生的根本原因，并思考能用什么方法加以杜绝。

第6章
基于互联网的卡支付

教学目标

【知识传授目标】

了解预付卡的发展历程；掌握预付卡的分类及其模式特点；掌握单用途预付卡与多用途预付卡的区别；了解网络货币的发展及相关概念；掌握网络货币的分类及其特点。

【能力培养目标】

掌握预付卡及网络货币的使用方法与操作流程；具备分析预付卡及网络货币优缺点与应用场景的能力；具备对预付卡支付及网络货币使用的风险识别与应对的能力；具备互联网卡支付体系的管理及运营能力。

【价值塑造目标】

积极探寻卡支付等新型支付方式背后的技术与商业模式，推进完善现代科技创新体系，培育创新文化与创新精神；重视个人隐私保护与资金安全等重要问题，结合网络安全及防范策略，提高自身安全意识，推动形成良好的国家安全治理体系及生态建设。

知识架构

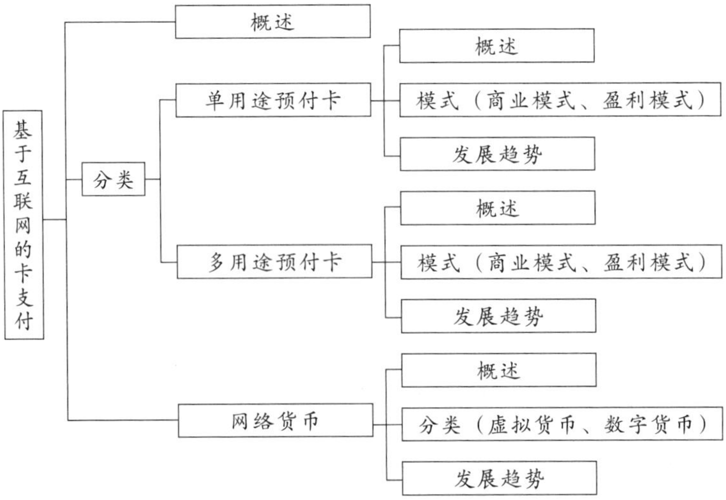

导入案例　香港八达通卡

中国香港是亚太地区最早采用智能卡技术的地区之一，运用智能技术实现同城公共服务一卡通的服务方式，给市民带来了更方便、更高效的都市生活。目前香港使用的智能卡主要是八达通卡（公共交通卡）。八达通卡系统是一种电子现金系统，也是一个非接触式智能卡系统，几乎适用于香港所有的公共交通工具以及大型连锁店，而且众多便利店、超市、快餐馆、停车场、售货机以及其他服务提供商处都接受八达通付款。八达通卡系统的推行是香港主要公共交通公司共同努力的结果。1979年，香港铁路有限公司启用磁条预付卡。1997年，植入芯片的八达通卡取代旧的磁条卡投入使用。八达通卡可以安全储值，并能印上个人照片，载有个人信息，这种个性化的八达通卡丢失或被盗后，用户可以领回卡中的余额，原卡废弃。八达通卡系统已发展成为全球领先的综合自动收费及非接触式智能卡付款系统。目前市面流通的八达通卡已超过3 500万张，全港99%的市民在搭乘交通工具、购物消费或外出用餐时可以用八达通卡付款，生活更轻松方便。香港八达通卡的应用范围，如图6-1所示。

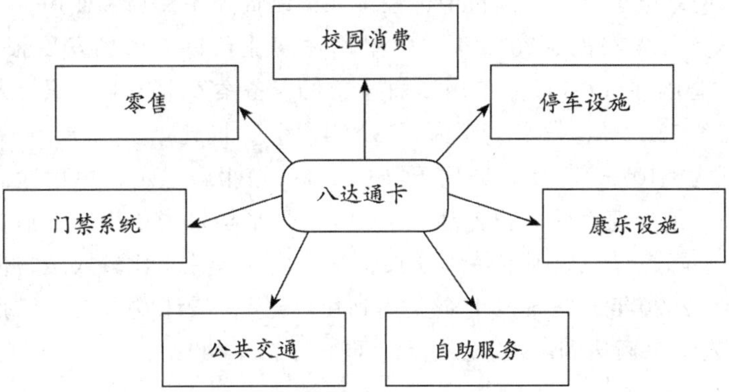

图6-1　香港八达通卡应用范围

香港八达通卡有限公司于2011年8月23日与广东岭南通股份有限公司签订联名卡发行合作框架协议，开展互联互通合作项目，共同研究及发行二合一卡，涵盖两家公司于香港及广东两地的电子支付网络。二合一卡为不记名卡，不载有个人资料，卡内设有两个独立的电子钱包账户，分别以港币和人民币结算。持卡人可凭卡内的人民币电子钱包账户于广州、佛山、江门、肇庆、汕尾、惠州、珠海、云浮、汕头、揭阳、河源、湛江、茂名及韶关的公共交通及零售支付网络进行交易。而在香港使用时，电子钱包则会自动转为以港币账户结算。这一举措开创了内地与香港同卡的先河。

自2016年起，八达通着手参与内地200多个主要城市的交通电子支付标准，于2021年商议加入"一卡通"系统。通过识别消费地理位置，实现港币与人民币实时兑换，打造两岸交通电子支付数据互联互通的生态体系。另外，基于App系统构建，实现实体卡支付与手机支付的同步功能。目前更是紧密结合数字人民币推广战略，打造“数字人民币硬钱包”，旨在实现数字人民币与八达通电子钱包联通。

八达通的“八达”取自成语“四通八达”，代表一卡在手到处通行，其标志是一条打斜的莫比乌斯带，既像阿拉伯数字“8”，又像无穷大符号“∞”。前者在于与八达通的名称呼应，后者则代表八达通的“无限”功能。

资料来源　[1] 百度百科．八达通［EB/OL］．［2023-06-06］．https：//baike.baidu.com/item/%E5%85%AB%E8%BE%BE%E9%80%9A/10616720？fr=aladdin．[2] 张熹珑．香港八达通进入内地，港人可在300多个城市乘公交［EB/OL］．［2023-06-06］．https：//www.jiemian.com/article/8947311.html．

随着信用卡、借记卡的发展日益成熟，预付卡作为新兴电子支付工具的成长速度令人瞩目。在我国，预付卡在诞生初期主要是单个企业或商家为了吸引顾客而发行的单用途卡。随着我国预付卡市场的发展和成熟，现阶段的预付卡种类繁多，逐渐从单用途预付卡发展为多用途预付卡，发卡单位遍布零售、交通、电信、餐饮娱乐、健身等行业。预付卡的使用范围逐渐从单一企业发展到多领域、跨地区使用。预付卡的功能也从最初的消费储值发展为积分兑换、附送增值服务等。此外，网络电子类型的预付卡也逐渐在网络商家中流通和使用。

根据商务部发布的《2019年中国单用途商业预付卡市场发展报告》，截至2019年底，全国共有6 149家单用途商业预付卡备案发卡企业，累计发卡7.26亿张，同比增长33.24%，发卡金额为5 732.04亿元，同比增长5.98%。备案企业预收资金余额为1 107.83亿元，同比下降9.33%。该报告显示，单用途商业预付卡消费占比高、消费速度快，占比达101.99%，且平均每张单用途卡消费完成用了3.72次，呈下降趋势；虚拟卡持续增长，尽管增速较往年比较放缓，但增幅仍高达44.19%[①]。2020年，备案发卡企业达到6 216家，累计发卡7.47亿张，同比增长2.85%，发卡金额达到4 902.62亿元，同比下降14.47%。

6.1 概述

2010年6月14日发布的《非金融机构支付服务管理办法》（中国人民银行令〔2010〕第2号）对预付卡的定义为：以营利为目的发行的、在发行机构之外购买商品或服务的预付价值，包括采取磁条、芯片等技术以卡片、密码等形式发行的电子支付卡片。其具体形式包括礼品卡、福利卡、商家会员卡、公交卡等。预付卡与借记卡的主要区别在于预付卡不与持卡人的银行账户直接关联，既可以由银行等金融机构发行，也可以由普通的工商企业发行。

6.1.1 境外发展

美国、日本以及欧洲国家较早开展预付卡业务，目前已有较为成熟的运作体

① 商务部市场体系建设司．2019年单用途商业预付卡市场发展报告［EB/OL］．［2023-06-06］．http：//scjss.mofcom.gov.cn/article/jd/jdzc/202010/20201003010711.shtml．

系和法律法规，且预付卡的使用范围十分广泛。

美国预付卡起源于20世纪70年代的校园卡。20世纪80年代，电话卡作为预付卡进入美国市场。20世纪90年代，礼品卡作为预付卡出现在美国市场上。礼品卡是消费者作为礼物购买然后转赠他人的卡片。自2000年以来，美国预付卡发展加快，市场规模年均增速超过50%，涵盖了电话卡、礼品卡等领域，从物理状态来看，包括实物形式的预付卡和电子形式的预付卡。

日本工商业发达，特别是在百货业等服务业中“预付式证卡”的发行和使用非常普遍，常见的有商品券、赠券、文具券、米券、JR车票购买卡、电话磁卡、啤酒券、清酒券等。这些券卡大都标明面值或物品数量并且可以流通，接近于我国的“购物卡”的概念。

欧洲国家的预付卡最早在电信市场上使用。1975年，意大利提出在公共付费电话领域使用预付电话卡的创意。随后，英国、法国等纷纷推出预付电话卡。1985年，法国通过对初始的磁条预付卡进行改造，推出芯片预付卡，并把芯片预付卡作为小额零售支付的手段。1995年，英国推出一种名为Mondex的预付卡，该预付卡可以在停车场、火车站售票处等多个场所使用，成为第一类多用途的预付卡。

6.1.2 境内发展

与相对成熟的国际市场相比，我国的预付卡业务仍处于发展之中。以国家相关监管政策为标志，其发展可以大致分为三个阶段：

1）2006年以前，萌芽阶段

早在20世纪60年代，我国就出现了仿照人民币字样印刷的代币票券（又称代金券），并且在特定范围内取代人民币流通。进入20世纪80年代，市场逐步开放，许多商家把发行各类消费卡（券）作为重要的促销手段。从1991年5月国务院办公厅发布《关于禁止发放使用各种代币购物券的通知》到2006年，国务院接连出台相关政策，严厉打击各种代币购物券。在这期间，预付卡市场处于萌芽阶段。

2）2006—2010年，监管外的迅速膨胀阶段

2006年，商务部办公厅《关于购物返券有关问题征求意见的函》、国务院行业研究办公室《关于代币购物券（卡）有关问题征求意见的函》等文件做出认定：预付卡不属于法律禁止的代币券（卡）范畴。自此，预付卡得以正名，不再受到具体的监管，预付卡市场迎来新的发展机遇。宽松的监管环境和迅速膨胀的市场需求，刺激大量的资本和商家青睐这一领域。同时，关于规范市场、保障消费者权益的讨论逐渐受到人们的重视，政府部门开始寻求规制之道。

3）2010年至今，监管框架下的良性发展阶段

2010年9月，《非金融机构支付服务管理办法》开始施行，该办法要求非金融机构在提供支付业务前必须取得《支付业务许可证》，成为支付机构，并对取得资质的相关要求进行了阐述。2011年5月，《关于规范商业预付卡管理的意见》

出台，表明政府规范预付卡市场的决心。中国人民银行相关政策的出台和后续措施的逐渐落实，虽然在一定程度上会对行业的盈利规模和发展速度造成冲击，但从长远的发展角度来看，建立一个规范、健康的环境将更加有利于行业的发展。2012年9月，中国人民银行公布实施《支付机构预付卡业务管理办法》，进一步规范支付机构从事预付卡业务的行为，为维护预付卡市场秩序、防范支付风险、维护持卡人合法权益制定有效的策略方针。

6.1.3 预付卡产业链

预付卡经过多年的发展和完善，其产业链已初具雏形。依据各专业化分工的情况，预付卡产业链分为发卡企业、售卡渠道、系统处理、受理服务四个主要环节，如图6-2所示。

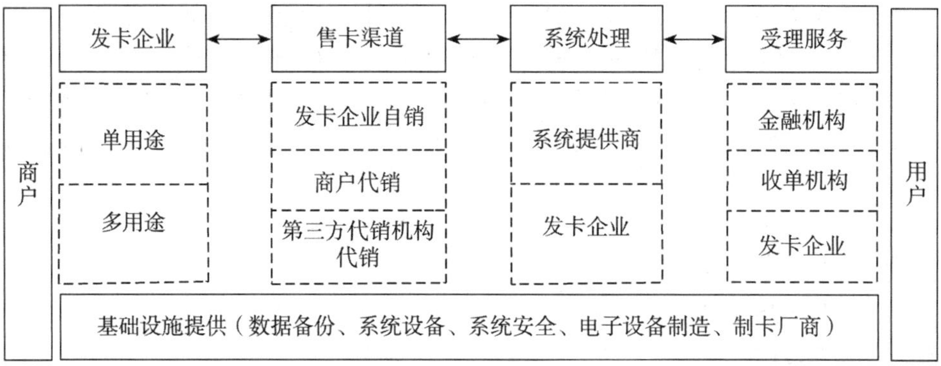

图6-2 我国预付卡产业链

在发卡流程中，主要涉及发卡企业、售卡渠道和系统处理三个环节。卡片由发卡企业通过售卡渠道流转至购卡用户手中，资金从购卡用户流转至发卡企业（或其签约存管银行），发卡企业通过自主或第三方系统对客户信息和交易信息进行处理和存储。

在消费流程中，主要涉及发卡企业、系统处理和受理服务三个环节。商品或服务由商户流转至消费者，资金通过支付平台和收单机构由发卡企业（或其签约存管银行）流转至商户，发卡企业通过自主或第三方系统对卡片及用户信息进行更新和存储。

6.1.4 预付卡与第三方支付牌照

“第三方支付牌照”，也称《支付业务许可证》，是为规范第三方支付行业发展秩序所设定的行业准入门槛。第三方支付牌照包括三类业务：网络支付、预付卡发行与受理、银行卡收单。中国人民银行于2010年6月正式对外公布了《非金融机构支付服务管理办法》，明确了非金融机构提供支付服务须申请业务许可证，并规定逾期未能取得许可证者将被禁止继续从事支付业务。从2011年到2015年，中国人民银行一共发放第三方支付牌照271张，后续没有再新发牌照。

预付卡发行与受理业务牌照汇总情况和分类统计见表6-1和表6-2。

表6-1　　预付卡发行与受理业务牌照汇总情况

业务类型	按业务覆盖范围分类			按发证时间分类					
	全国	区域	区域或全国	2011年	2012年	2013年	2014年	2015年	2016年
预付卡发行与受理	12	151	1	12	21	43	38	30	20
预付卡受理	5	2	0	1	3	1	0	1	1

表6-2　　预付卡发行与受理业务分类统计

区域	省份	总获牌数	预付卡获牌数	区域	省份	总获牌数	预付卡获牌数
华东	上海	54	34	华南	广东	32	8
	江苏	16	14		广西	3	2
	浙江	17	7		海南	2	2
	安徽	8	8	华中	湖南	7	7
	福建	9	8		河南	2	2
	江西	2	2		湖北	4	4
	山东	13	8	西北	陕西	5	5
华北	北京	58	34		甘肃	1	1
	天津	4	2		青海	0	0
	河北	3	3		宁夏	0	0
	山西	3	3		新疆	2	1
	内蒙古	2	1	西南	四川	5	2
东北	黑龙江	3	2		云南	4	2
	吉林	1	1		贵州	2	2
	辽宁	3	3		重庆	5	3
					西藏	0	0

2016年8月，中国人民银行明确宣布，坚持“总量控制”原则，“一段时期内原则上不再批设新机构”，并注销长期未实质开展支付业务的支付机构牌照。截至2023年2月，现存第三方支付牌照193张，其中，业务类型为预付卡发行或受理的有108张，为网络支付的有106张（互联网支付为主），为银行卡收单的有59张，为移动电话支付的有46张（如图6-3所示）。业务范围覆盖全国的有74张，其中，5家机构获得全国范围内全牌照，包括支付宝、盛付通、翼支付、联通支付和移动支付[①]。

① 零壹财经．第三方支付机构大全（2023）［EB/OL］．［2023-06-06］．https://c.m.163.com/news/a/HVNVBF2E05198086.html.

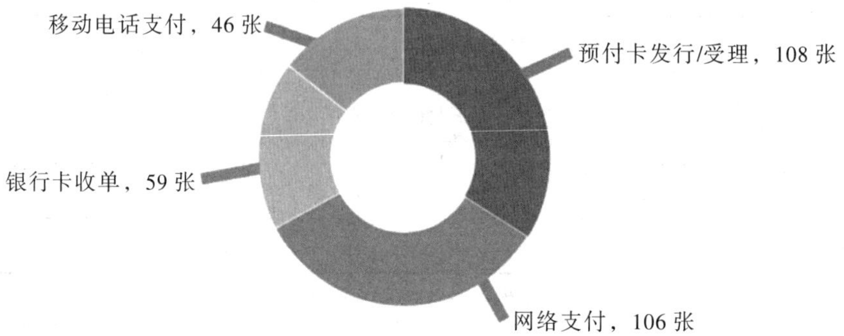

图6-3 存量第三方支付牌照业务类型

资料来源 零壹财经. 第三方支付机构大全（2023）［EB/OL］.［2023-06-06］. https：//c.m.163.com/news/a/HVNVBF2E05198086.html.

6.2 分类

预付卡按照发卡机构和使用范围的不同，可以分为两大类：单用途预付卡和多用途预付卡，具体见表6-3。

表6-3 **预付卡分类**

预付卡种类	发卡机构	使用范围	主要特点	监管机构
单用途预付卡	商业企业	发卡企业内部	①发卡机构的辅助业务 ②使企业提前回收成本，降低财务风险 ③提升品牌价值，增强竞争力	商务部等各主管部门
多用途预付卡	第三方发卡机构	跨地区、跨行业、跨法人	①专营发卡机构发行 ②双边市场：一边是受理商户拓展，另一边是卡片销售 ③规模为王：必须达到一定规模才可能盈利	中国人民银行及其分支机构

根据《单用途商业预付卡管理办法》的规定，单用途预付卡（简称单用途卡）是指企业发行的，仅限于在本企业或本企业所属集团或统一品牌特许经营体系内兑付货物或服务的预付凭证，包括以磁条卡、芯片卡、纸券等为载体的实体卡，以及以密码、串码、图形、生物特征信息等为载体的虚拟卡。这种预付卡亦称为储值卡、消费卡、智能卡、积分卡等，是先付费再消费的卡片，如超市储值购物卡、校园卡等。

多用途预付卡（简称多用途卡）是指以营利为目的，由专营第三方发卡机构发行，在发行机构之外购买商品或服务的预付价值，可跨法人使用，包括采取磁条、芯片等技术以卡片、密码等形式发行的预付卡，如四川商通实业有限公司的和信通卡等，可在发卡机构以外的多个商场、超市、健身会所等签约商户处使用。

6.2.1 单用途预付卡

1）概述

最早的单用途预付卡出现在美国。20世纪70年代早期，大学校园卡和交通卡的出现标志着单用途预付卡的诞生。20世纪80年代后期，单用途预付卡日益流行，其中电话预付卡在美国的大中城市出现并广泛使用。

20世纪80年代，我国出现了具有预付性质的代币购物券，为了防止监管上的混乱，一直以来我国都对预付代币券实施政策上的打压。2011年5月，针对公款消费和收卡受贿等问题，中国人民银行、监察部等七部委联合制定了《关于规范商业预付卡管理的意见》，规定单用途卡由商务部进行监管。2012年8月，商务部《单用途商业预付卡管理办法（试行）》出台，标志着我国对商业企业发行的单用途预付卡开始进行规范管理。2012年4月，经民政部、商务部、国资委批准，中国商业联合会商业预付卡规范工作委员会正式设立，至此单用途预付卡行业组织初现雏形。

2）商业模式

图6-4列示了单用途预付卡的商业模式。消费者从发卡商户（或商户预付卡代销渠道）购买特定金额的预付卡，然后持卡在特定商户及其合作单位消费。如果是一次性卡片，卡内金额消费完后需要重新购卡；如果是可循环使用的卡片，则可自行充值后继续消费。其整体运作过程显示，预付卡由发卡商户自行运作，整个流程都在发卡商户或其合作商户圈内完成。

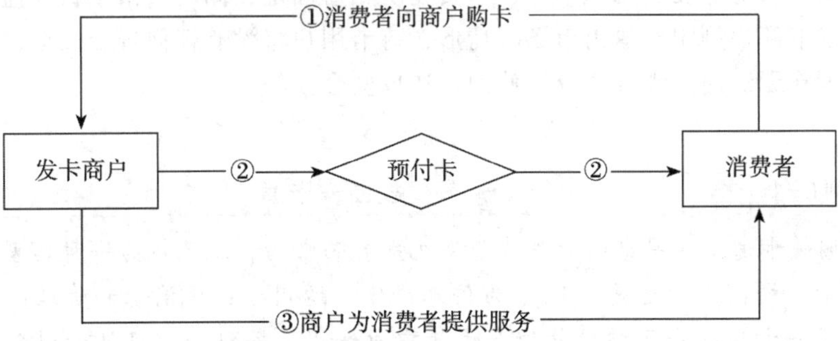

图6-4 单用途预付卡商业模式

3）盈利模式

企业发行单用途预付卡的直接目的是促进销售、提前回收资金防范财务风险。因此，单用途卡发卡企业的直接盈利来自四个方面：备付金收益、利息、过期沉淀资金和卡内残值，其中以备付金收益和过期沉淀资金为主。

（1）备付金收益

备付金是指客户预存或留存在支付机构的货币资金，这里的备付金仅指预付卡中未使用的与预付价值对应的货币资金。发卡企业出售预付卡可以获得高额的流动资金，售卡所得预付款成为发卡企业零利息的短期贷款。发卡企业可将这笔资金用于企业的经营活动和规模扩张，也可用于商业地产的投资等。

（2）利息

发卡企业售卡所得的预收款项沉淀在企业的银行账户上，即使作为活期存款计算利息，每年也为发卡企业带来不菲的盈利。在竞争日渐激烈的零售市场上，同质化的竞争和持续不断的价格战使得大多数商家的利润日渐下滑，此时发行预付卡的利润来源就成为零售企业综合利润的重要补充。

（3）过期沉淀资金

目前多数单用途预付卡都设有使用期限，一旦过期，卡上的余额资金将进入发卡企业的盈利范围。为充分保障消费者的权益，防止发卡企业的不当收益，2011年6月出台的《关于规范商业预付卡管理的意见》明确规定，记名商业预付卡将不设有效期，不记名商业预付卡有效期不得少于3年，对于超过有效期尚有资金余额的，发卡人应提供激活、换卡等配套服务。

（4）卡内残值

由于预付卡不提现不找零，部分用户的卡内会存留少量余额而不再使用，使之成为卡内残值。这些小额余额长久积累就会沉淀为发卡企业的利润。为防止发卡人无偿占有卡内残值，方便持卡人使用，《关于规范商业预付卡管理的意见》要求发卡企业健全预付卡收费、投诉、保密、赎回、清退等业务管理制度，全面维护持卡人合法权益。

单用途卡的市场竞争优势主要体现在发卡方的商业影响力和品牌号召力上，发卡主体多为某地区知名商场、超市，销售难度较低，在多数情况下为用户主动消费。其相对劣势在于用途单一，消费场所相对固定；同时，由于缺少监管，一旦发生发卡商户倒闭、退出市场等情形，持卡用户将没有任何资金安全保障，未消费的卡将无法退回现金或继续使用，造成资金损失。

小案例6-1　　校园一卡通

校园一卡通是从早期的食堂收费系统发展而来的，现已成为一种典型的单用途预付卡。校园一卡通是以IC卡为信息载体，适用于校园消费和管理的网络系统。校园一卡通取代了学校管理和生活中所使用的各种个人证件和现金支付手段，通过一张小小的IC卡实现生活消费、学籍管理、身份认证、网上交费等多种功能。师生、员工在学校各处出入、办事、活动和消费均只凭校园卡便可进行，并与银行卡实现自助圈存，最终实现“一卡在手，走遍校园”，同时带动学校各单位、各部门信息化、规范化管理的进程。某些高校的校园卡与银行联网，可以在校内外银行网点和指定商户圈存、圈提、取现、消费，真正做到一卡通用。持卡人使用校园卡，可以在校园里方便地就餐、购物等，不但省去了消费现金的麻烦，增强了资金的安全性，而且更易于学校进行统一管理。校园一卡通管理已经成为校园管理发展的必然趋势。近年来，随着进一步推进数字人民币进校园，作为积极践行“数字中国”战略的重要举措，通过数字人民币实现校园一卡通充值，拓展了数字人民币在校园的应用场景。

校园一卡通的运营模式，如图6-5所示。

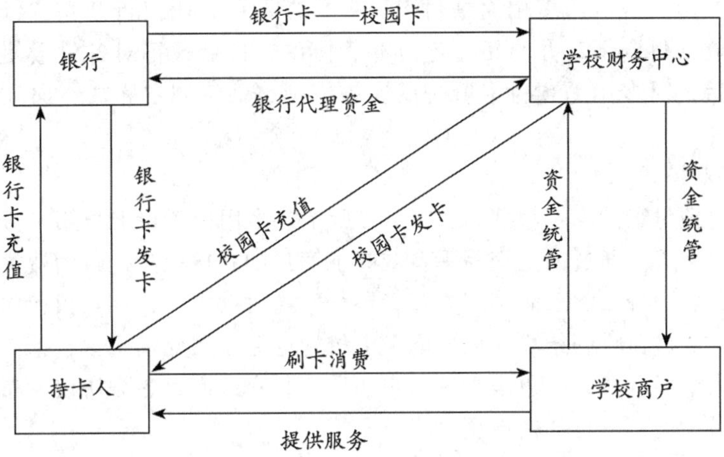

图6-5 校园一卡通运营模式

4）发展趋势

第一，发展方向更加开放化，发卡主体更趋多元化。作为新兴产业，预付卡具有巨大的发展空间。随着消费市场的不断变化和企业竞争手段的多元化，以及人民群众消费的多元化，单用途预付卡在各个行业的使用将逐步扩大，可以预见，其在不久的将来会成为行业的发展重心。

第二，商业预付卡产品将在对公客户的基础上不断完善并向个人和家庭领域发展和延伸。将来的预付卡不仅仅是一张简单存储资金价值的卡片，而是整合各种资源、工具的有效平台。对商户而言，预付卡将作为同时完成会员管理、优惠券、积分功能以及其他个性化需求的整合载体，形成以预付卡为载体、以客户为中心的整合营销工具，形成与企业品牌互动的趋势。

6.2.2 多用途预付卡

1）概述

多用途预付卡出现于20世纪90年代早期。20世纪90年代中期，随着电子科技的迅猛发展，多用途预付卡系统进一步发展，支付方式更加多样化。继多用途礼品卡之后，公司员工费用卡、“激励”卡、汇款卡、医疗卡等各类多用途预付卡纷纷涌现。

2010年6月，中国人民银行颁布《非金融机构支付服务管理办法》，对非金融机构从事多用途预付卡的发行和受理业务进行了规范，首次在正式法规中承认了预付卡的合法地位。2011年5月，国务院办公厅转发了七部门《关于规范商业预付卡管理的意见》，其中提出对预付卡进行实名制管理，多用途卡由中国人民银行进行监管。未经中国人民银行批准，任何非金融机构不得发行多用途预付卡，一经发现，按非法从事支付结算业务予以查处。多用途预付卡发卡人接受的、客户用于未来支付需要的预付资金，不属于发卡人的自有财产，发卡人不得挪用、挤占。多用途预付卡发卡人必须在商业银行开立备付金专用存款账户存放预付资金，并与银行签订存管协议，接受银行对备付金使用情况的监督。随后，对多用途预付卡管理的实施细则也陆续制定完成，向社会公开征求意见。

2）商业模式

多用途预付卡的商业模式，如图6-6所示。多用途预付卡由第三方发卡机构发行，客户购买，通过网上交易平台或线下商户的POS机具进行消费，由发卡机构对卡内金额进行扣除后向第三方存管银行发送付款指令，存管银行向商户交付结算款项，商户在收到结算款项后向发卡机构返佣。在此模式中，第三方发卡机构具有双边市场特征，一边是受理商户拓展，与众多商家签订协议，布放POS受理终端，另一边是发行并销售预付卡。

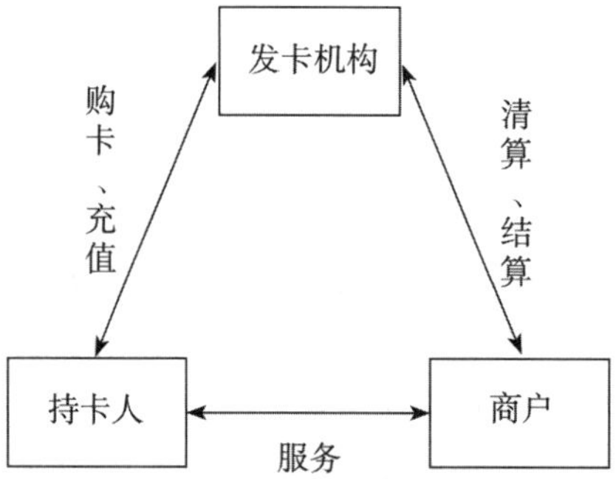

图6-6 多用途预付卡商业模式

3）盈利模式

多用途预付卡发卡企业的主营业务为预付卡发行和受理，其盈利模式与单用途预付卡不同，除了备付金收益、过期资金沉淀和卡内残值外，还包括办卡、管理费和商户回佣等。多用途预付卡发卡企业主要细分收入来源占比见表6-4。

表6-4 **多用途预付卡发卡企业主要细分收入来源占比**

办卡、管理费	商户回佣	卡内残值	备付金收益
5%～10%	30%～40%	20%～30%	15%～25%

注：各细分收入来源占比为不同收入来源占总盈利规模的比例，取行业平均水平。

（1）办卡、管理费

办卡费也称为售卡手续费，是指消费者在购买预付卡的同时需要缴纳的手续费。由于卡片制作成本低，手续费中大部分金额会成为企业的利润。管理费主要是指预付卡的延期费或者服务费。消费者在预付卡过期之后向商家缴纳的延期手续费成为发卡企业的又一收入来源。《关于规范商业预付卡管理的意见》规定，对于不记名预付卡，发卡企业可收取换卡和过期账户管理费用，记名预付卡可收取挂失、换卡和转让费用。

（2）商户回佣

商户回佣，即商户支付的交易佣金。《关于规范商业预付卡管理的意见》颁布后，由于来自备付金、沉淀资金的收入受限，商户回佣是目前预付卡发卡企业的主要收入来源。根据不同业态的利润率，商户回佣比例大致如下：商超百货0.1%~2%；餐饮娱乐5%~20%；生活服务1%~5%；休闲健身8%~10%；美容美发8%~20%。

（3）通过折扣、积分等服务获取的中间利润

发卡企业以其承诺的购买力向商家争取较大的折扣空间，然后在此基础上将一定的折扣空间让渡给消费者，从而赚取两个折扣的差额利润。

（4）其他增值服务收入

例如，发卡企业为其他企业提供福利解决方案、向其他发卡企业提供发卡系统和机具，以及提供预付卡行业咨询等业务的收入。

多用途预付卡的优势在于跨法人机构、多渠道的支付能力，受理渠道越多，支付能力越强，使用越便捷。同时，客户资金安全得到有效保障，即使发生发卡机构倒闭的极端情况，由于中国人民银行对支付机构资金托管账户进行监管，客户仍然能够获得卡内未使用资金的退现保障。多用途预付卡的优势还在于能够高效完成市场资源配置，实现商家与消费者的共赢。其劣势在于，在未形成众多消费渠道之前，销售和渠道扩展难度大。同时，巨额资金往来对于发卡机构清算系统的效率和安全性要求非常严格，清算系统是整个资金循环过程中最核心的部分，如果存在风险漏洞，无论是对发卡企业还是对商户都将造成无法估计的损失。

两种预付卡发卡企业的盈利模式比较见表6-5。

表6-5　**两种预付卡发卡企业盈利模式比较**

类型	盈利模式
单用途预付卡	①备付金收益（利息、资本市场运作、作为自有资金用于公司经营） ②过期资金、余额沉淀
多用途预付卡	（1）传统盈利模式： ①备付金收益（利息、资本市场运作、作为自有资金用于公司经营） ②过期资金、余额沉淀 ③商户回佣 ④售卡手续费、管理费 （2）创新盈利模式： ①通过折扣、积分等服务获取的中间利润 ②其他增值服务收入

小案例6-2　和信通卡

1）和信通卡简介

和信通卡是四川商通实业有限公司整合本地商户资源打造的电子商务领域的第三方电子支付工具，是四川地区唯一成熟的跨领域、多行业、可在众多联盟商户消费的预付卡（现已实现App端在线充值）。和信通卡在消费、安全和服务方面都得到客户与商户的广泛认可，成为成都本地及四川全省优质的生活消费服务平台。

和信通卡已与超过14 000家商户门店建立了消费受理合作关系，并发展了近1 000家“和信通专属优惠联盟”商户，这些商户跨越数十个行业和领域，常年提供优惠，持卡人购物可享受折扣，省却了携带多个品牌单店VIP会员卡的麻烦，而且可以无卡支付，便民惠民。其中，还有数百家商户可以办理售卡业务。四川商通实业有限公司自投POS终端超过7 000台，能够受理多种支付方式。

和信通卡拥有全业态、上万家的商户资源，包括商超百货、珠宝首饰、数码电器、餐饮美食、汽车服务、特色专卖、生活服务、医疗服务、休闲娱乐、旅游票务、园区项目等，全年365天提供常态优惠和便捷服务。和信通通用卡与生日卡，如图6-7所示。

图6-7　和信通通用卡与生日卡

2）运营模式（见表6-6）

表6-6　和信通卡运营模式

卡片名称	和信通卡
发布企业	四川商通实业有限公司
签约金融机构	公司签约中国银行作为备付金存管银行
卡片介质	非接触式IC卡、磁条卡等
面额	和信通卡实行限额发行政策，每张不记名和信通卡资金限额不超过1 000元，每张记名和信通卡资金限额不超过5 000元
购买方式	单位一次性购卡金额5 000元（含）以上或个人一次性购卡金额5万元（含）以上的，不能使用现金，必须通过银行转账方式购买，包括使用支票、汇票、汇款、网银划账等

续表

收费	对于记名和信通卡，本公司向购卡人每年每张收取20元年费，磁条介质的不记名和信通卡每张收取3元制卡费。购卡人对卡面有特殊要求需单独印制的，制卡费用另行协商确定。本公司向购卡人收取购卡金额以外的费用，将在购卡人购卡时告知。对于因持卡人使用不当或磨损导致无法使用的和信通卡，本公司提供换卡服务，不记名和信通卡换卡手续费为每张10元，记名和信通卡换卡手续费为每张20元。 对自购买日起超过3年还有余额的和信通卡，本公司从第4年第1个月起按天扣取卡内原余额5‰的金额作为账户管理费。对即将超过有效期的不记名和信通卡，经持卡人申请，公司免费提供语音客服、人工客服协助延期1个月的服务；在延期的1个月过后，该不记名和信通卡账户内仍有余额的，按照每天卡内余额5‰的金额收取账户管理费
有效期	记名和信通卡不设有效期，不记名和信通卡有效期为不少于3年
发票处理	购卡时出具服务费发票
使用范围	四川省内已开通合作商户
是否兑换现金	不可以兑换现金
遗失处理	不记名和信通卡遗失不挂失
收益来源	发卡费用、换卡费用、卡内残值、账户管理费用、商家回佣

3）产品种类和特点（见表6-7）

表6-7 **和信通卡种类和特点**

卡种类	卡片介绍
和信通-通用卡 和信通-常规卡 和信通-宽窄巷子卡 和信通-西岭雪山卡 和信通-龙年大吉卡 和信通-中秋卡 和信通-福卡	适用对象：广大市民 使用范围：和信通4 000家商户门店均可使用 优惠措施：可享受和信通超1 000家商户的基本优惠折扣
和信通-悠悠卡 （普通卡）	适用对象：年轻一族 使用范围：和信通14 000家商户门店均可使用 优惠措施：除可享受和信通超1 000家商户的基本优惠折扣外，还能尊享个性化服务
和信通-生日卡	适用对象：广大市民 使用范围：和信通14 000家商户门店均可使用 优惠措施：除可享受和信通超1 000家商户的基本优惠折扣外，还能尊享个性化服务
和信通-教师卡	适用对象：教师 使用范围：和信通14 000家商户门店均可使用 优惠措施：除可享受和信通超1 000家商户的基本优惠折扣外，还能尊享个性化服务
和信通-过影卡	适用对象：广大市民 使用范围：和信通联盟商户22家影院门店均可使用 优惠措施：在指定影院门店刷卡观影可享受特定专属优惠

4）产品优势与劣势

四川商通实业有限公司是四川省首家获得《支付业务许可证》开展预付卡发行与受理的企业，也是成都市唯一一家成熟的专业通用预付卡运营公司，在四川省内拥有明显的地域优势和先动优势。占据的先机优势和成熟的服务体系，和信通卡在成都地区很快拥有大批客户资源，并且和超过400家特约商户联盟为持卡人带来优惠折扣，这些因素都为和信通卡在成都乃至四川地区成为龙头企业奠定了很好的基础。四川商通实业有限公司目前已经在成都、绵阳、德阳、自贡、达州地区投放7 000多个终端，同时持卡人可以在超过400家商户享受优惠。在满足消费者多元化的消费需求以及进行广泛的地域覆盖的同时，和信通卡还具有安全、先进的技术，通过了中国人民银行总行银行卡检测中心的严格检测，为持卡人在购物时提供方便实惠，并保证资金安全。

由于预付卡行业在四川地区起步较晚，因此，四川商通实业有限公司在市场规模和行业经验等方面不如上海、北京等一线城市的预付卡企业。同时，上海、北京等一些预付卡企业在全国已经具有较强的品牌影响力，拥有大量的优质合作商户资源，这些为它们进入地方性预付卡市场提供了有利的条件。因此，和信通卡应该在四川地区快速提高品牌影响力，同时完善自身的预付卡运行体系，加强产品创新，并且通过一些优惠政策吸引更多的商户加入，成为四川地区具有地方特色和稳固消费者、商户群体的预付卡企业。

4）发展趋势

第一，预付卡应用朝着移动化、场景化方向发展。随着全球移动互联网的快速发展和智能手机的普及，围绕生活消费的手机应用不断出现，便民应用的移动化、灵活化、快捷化要求越来越高，进一步推动了预付卡向移动化方向发展。预付卡将与互联网支付、移动支付等创新服务趋势融合，打通线下线上的互通使用，实现预付卡市场和产业的升级。2019年9月7日，在“第十届中国商业预付卡行业峰会”上，预付卡委员会秘书长、上海银商资讯有限公司董事长弋涛介绍了2018年中国单用途商业预付卡运行情况：预付卡发行规模稳中有降，备案企业发卡金额降低1.2%；虚拟单用途卡爆发式增长，与实体卡规模接近。自2020年以来，预付卡积极与公共交通一卡通业务，共享单车、网约车等场景相融合，用户可以通过预付卡实现费用支付，拓展了其应用场景，提升了便利性。

第二，预付卡将实现跨区域使用。2012年4月发行的“岭南通·八达通”联名卡实现了粤港两地互联互通，极大地方便了两地群众跨区域出行和消费，具有里程碑式的意义。2015年10月29日，《中共中央关于制定国民经济和社会发展第十三个五年规划的建议》提出，优化发展京津冀、长三角、珠三角三大城市群，形成东北地区、中原地区、长江中游、成渝地区、关中平原等城市群，这为多用途预付卡的进一步发展提供了良好的契机，预付卡未来可实现在各大城市群内部联网使用和跨城市使用。2021年，银联国际首发银联国际预付卡，极大地方便了用户的消费体验，提高了预付卡跨区域、跨国界的整体使用率。

拓展阅读6-1

预付卡消费戴上“紧箍咒”

第三，预付卡将着重于大数据管理。预付卡的运作管理将更加强调通过数据挖掘与数据分析提高整体使用效率及用户消费体验。首先在数据采集阶段，借助多场景数据提供决策参考及服务优化建议；其次通过大数据分析方法和人工智能技术，挖掘用户需求及消费习惯，提供个性化、精准服务；最后更加强调数据风险管理，采取多种措施防范数据泄露与滥用。其中，支付宝、美团等互联网公司通过推出预付卡业务，通过大数据分析用户的消费、还款等数据，提供个性化的信用服务。

6.3 网络货币

6.3.1 概述

1）发展背景

信息技术革命推动了网络技术的进步，也给货币形式的创新创造了条件，网上支付越来越受到重视。同时，计算机技术在金融领域的应用，也使得银行业务和货币形式逐步演变。此外，随着虚拟经济的发展，人们需要进行大量即时、小额度的交易，而非金融机构发行的网络货币克服了传统电子货币的持有壁垒以及交易过程中多方确认导致的烦琐手续，更加适应人们对于便利的需求，所以受到越来越多的重视，得到了较快的发展。

2）相关概念

网络货币的发展尚属于初期，其内容形式不断演变，因此对网络货币的界定一直没有明确，其争议主要在于网络货币与电子货币的关系。我国学者对两者之间的关系有许多不同的理解，主要包括：李翀（2003）等学者认为网络货币等同于电子货币，网络货币是指存在于互联网中的货币，包括预付卡、借记卡等；杨旭（2007）等学者认为网络货币是电子货币的一个分支，电子货币既包括以专业网络为基础的传统货币的电子支付形式，也包括基于公用互联网的网络货币；蔡则祥（2008）等学者认为网络货币与电子货币是完全不同的，不是由国家货币发行机关发行，不具备法偿货币资格，仅仅是由各网络商家发行，为网络消费者服务，只能在网上流通且不能下线的虚拟货币才被称为网络货币。

本书采用的观点是网络货币属于电子货币，电子货币主要分为基于银行卡的信用货币和网上虚拟货币——网络货币（约定货币），同时又将网络货币分为两类：普通的虚拟货币和数字货币，如图6-8所示。

图6-8 电子货币分类

6.3.2 网络货币分类

由上述概念可知，网络货币不同于基于银行卡的信用货币。信用货币在本质上就是纸币在银行的存储形式即存款货币，它的发行者是银行，其功能也是通过保存和转移银行的债务来实现价值的转移和贮藏，执行货币的各项职能，是主权货币的另外一种形式，而信息技术只是使其以电子形式表现出来。当我们在账户之间划拨资金时实质上只是进行资金信息的传递。网络货币与信用货币的差别不在于物理性质，而在于是否由主权国家发行。网络货币是网络运营商等非金融机构或者个人通过计算机技术和通信技术创造的，以电子信息的形式而存在的，是通过网络实现流通和支付功能的交易媒介，其价值取决于人们的信任程度。它拥有虚拟性、匿名性、价值性、便利性以及自由流通性等属性。

1）虚拟货币

虚拟货币是网络货币的一种，由网络游戏公司或者其他非金融机构发行，能够用法定货币购买或者使用网络服务获取，能够在特定的流通领域实现较快速的支付与流通，交易成本低，交易速度快。目前，网络虚拟货币的具体品种繁多，归纳起来可分为以下三种：

（1）游戏币

游戏币是网络游戏中流通的货币，用于购买游戏中的各种虚拟道具和服务。在虚拟的游戏世界中，玩家可以在虚拟的“金融市场”上交易游戏币。不同的游戏币只能在相应的游戏中使用，不能跨游戏使用。要获得游戏币，最便捷的方式是直接用现实的货币购买。在境内，目前最具有代表性的就是腾讯公司发行的Q币，消费者可以通过网上银行、财付通、电话银行、手机充值等10多种手段购买Q币，然后再用Q币购买腾讯公司提供的各种增值服务。

（2）积分金币

这种网络虚拟货币用于网站业务的营销，是网站为了吸引网民、锁定客户而推出的一种“奖励措施”。积分金币主要用于网站内的各种虚拟物品消费，其被用来计价、购买各种虚拟产品和服务。这类虚拟货币目前在使用中占有较大比例，但比较分散，常见于各种网站论坛。这些网络虚拟货币名称多样，统称为积分金币。要获取积分金币，主要有两种方法：一种是为论坛提供劳务进行交换，比如提供高质量的上传资料、宣传网站等；还有一种就是直接用现实货币进行购买。不过，这种网络虚拟货币更多的只是各类网站的一种营销手段的体现。

（3）网络消费币

比较著名的网络消费币如美国贝宝公司（PayPal）发行的贝宝币，主要用于网上购物。这种虚拟货币在一定程度上对现实货币造成冲击，消费者向贝宝公司提出申请，就可以将银行账户中的钱转成贝宝币——相当于银行卡付款，但服务费较低，而且在国际交易中不必考虑汇率。严格来说，这种网络消费币具有第三方支付的性质，其同境内的第三方支付平台如支付宝、财付通等性质是一样的，要以真实的货币作为基础，但它具有国际性并且在网络中使用，因而其虚拟性更强，同纯粹的第三方支付如银行中介又不一样。我国境内目前尚未出现这类虚拟货币。

2）数字货币

数字货币是无发行中心的网络货币，大多通过计算机“挖掘”产生，它不能完全等同于虚拟世界中的虚拟货币，因为其经常被用于真实的商品和服务交易，而不仅仅局限在网络游戏等虚拟空间中。目前，中国人民银行不承认也不发行数字货币，数字货币也不一定要有基准货币。数字货币不依托任何实物，依靠密码技术和校验技术来创建、分发和维持。它具有以下特点：去中心化，能够实现全球范围内的流通，流通的成本几乎为零；能够实现高效的交易；币值只取决于人们的信心，不受特定国家经济水平波动的影响等。目前，全世界发行有数千种数字货币，比较流行的有比特币、莱特币、比特股等。

拓展阅读6-2

中国数字人民币的研究进展白皮书

我国也高度重视数字人民币的开发和推广。2014年，中国人民银行成立数字货币研究小组，结合我国经济社会发展状况，对数字人民币的发行框架、关键技术等进行深入研究；2016年，成立数字货币研究所，完成第一代原型系统搭建；2017年年末，中国人民银行开始组织商业机构共同开展数字人民币研发试验。目前，数字人民币已应用落地多个场景，包括批发零售、餐饮文旅、休闲娱乐、购物消费、教育医疗、公共交通、政务缴费、税收征缴、补贴发放等领域。

6.3.3 发展趋势

1）网络货币的统一将是未来的发展方向

在网络货币发展的初期，各个网站都推出自己的虚拟货币，都有自己的一套运行体系，每种货币之间不能直接转换、相互流通，有着各自的运作模式。这种虚拟货币的隔阂必将影响用户使用的便利性。未来，网络货币的发展将会解决这个问题：首先，通过一定的“汇率”，使各个虚拟货币之间可以互相兑换；其次，在发展的高级阶段，各个网站将统一使用一种虚拟货币进行交易。去中心化，隐私性、匿名性，不会发生通货膨胀，交易的全球性、高效性、低成本性，自我完善与发展等特点必将使网络货币成为未来世界的理想货币。

2）网络货币将进一步促进网络服务产业的发展

网络货币作为一种快捷的支付手段，对新兴网络信息商品和服务起着不可替代的中介作用，促进了新兴网络信息商品和服务的制造、生产和流通。如果缺少了这种中介作用，诸如付费歌曲下载、付费虚拟装扮这样的网络信息商品和服务将很难实现在线销售。也正是基于这种中介作用，网络信息商品和服务才有了广阔的市场、生存的空间，新兴网络信息商品和服务的提供商才会大量涌现并提供丰富多彩的商品和服务，进而形成以提供多样化信息服务为主的规模产业。

3）网络货币促进新兴支付工具的发展

网络货币支付作为商家与消费者之间的一种新兴支付手段，相比传统的现金和转账支付有着强大的优势，并且作为信息产业发展的产物，其本身便是在科学技术的推动下产生的，也将在科学技术，尤其是计算机技术、通信技术和网络技术的推动下，继续向前发展。网络虚拟货币的出现，有效填补了我国电子支付系统的空白，而计算机技术、通信技术和网络技术三者结合发展，将不断拓宽网络货币的应用领域，推动虚拟货币的进一步发展，使其催生出更多的新兴支付工具。

本章小结

预付卡是指以营利为目的发行的、在发行机构之外购买商品或服务的预付价值，包括采取磁条、芯片等技术以卡片、密码等形式发行的电子支付卡片。预付卡按照发卡机构和使用范围的不同，可以分为两大类：单用途预付卡和多用途预付卡。

单用途预付卡是指商业企业以预收款形式发行的，仅限于在本企业或本企业所属集团或统一品牌特许经营体系内兑付货物或服务的预付凭证，不得跨法人使用，包括以磁条卡、芯片卡、纸券等为载体的实体卡，以及以密码、串码、图形、生物特征信息等为载体的虚拟卡，如超市储值购物卡、校园卡等。其盈利来源包括备付金收益、利息、过期资金沉淀和卡内残值。

多用途预付卡是指以营利为目的，由专营第三方发卡机构发行，在发行机构之外购买商品或服务的预付价值，可跨法人使用，包括采取磁条、芯片等技术以卡片、密码等形式发行的预付卡，如四川商通实业有限公司的和信通卡等，可在发卡机构以外的多个商场、超市、健身会所等签约商户处使用。其盈利来源除备付金收益、过期资金沉淀和卡内残值外，还包括办卡、管理费和商户回佣等。

网络货币是网络运营商等非金融机构或者个人通过计算机技术和通信技术创造的，以电子信息的形式存在的，通过网络实现流通和支付功能的交易媒介，其价值取决于人们的信任程度。它拥有虚拟性、匿名性、价值性、便利性以及自由流通性等属性。

网络货币分为两种：虚拟货币和数字货币。其中，虚拟货币包括游戏币、积分金币和网络消费币。

关键术语

预付卡；单用途预付卡；多用途预付卡；网络货币

习题

复习思考题：

（1）什么是预付卡？预付卡如何分类？

（2）单用途预付卡与多用途预付卡有何特点？它们的区别是什么？

（3）你认为预付卡会如何发展？

（4）什么是网络货币？网络货币如何分类？

研讨题：

通过互联网查询资料，就以下问题展开讨论：

（1）党的二十大报告强调了现代金融监管体系建设的重要性，请结合相关内容阐述如何加强预付卡行业的监管，保障用户的权益和数据安全。

（2）可持续发展作为国家发展的关键命题之一，该如何推动预付卡行业的可持续发展，让其为经济社会发展做出更大贡献？

（3）随着新一轮科技革命与产业变革的深入发展、数字经济与实体经济的深度融合，请在这一背景下阐述网络货币的创新发展路径，从而提高网络货币的普及率及使用效率。

@ 案例分析

第三方支付洗牌进行时

2021年，第三方支付行业消息频频，有机构重新启动上市进程，也有机构痛失牌照。据《北京商报》记者不完全统计，年内中国人民银行共计开出44张罚单，合计处罚金额达1.71亿元。随着互联网巨头在支付领域的逐渐开放，支付行业也迎来了新一轮洗牌。

又一家持有预付卡牌照的支付机构宣布终止业务。2021年9月27日，广西支付通商务服务有限公司（以下简称“广西支付通”）官网发布了关于终止支付业务的公告，并对公司预付卡业务进行处置。

根据广西支付通发布的公告，公司《支付业务许可证》有效期至2022年6月26日，到期后将不再续展，自2021年10月8日起，广西支付通将停止办理旗下“通汇卡”产品售卖、充值、换卡等业务，并自2021年11月8日起，“通汇卡”商户将停止受理预付卡支付业务。

该公告称，用户自2021年11月8日开始，可以在广西支付通指定地点办理赎回卡余额业务，时限为3年。2024年11月7日以后，广西支付通将不再办理预付卡赎回。

公开信息显示，广西支付通成立于2007年10月，于2012年6月获得中国人民银行颁发的支付牌照，业务类型为预付卡发行与受理，业务覆盖范围为广西壮族自治区。

对于广西支付通选择主动终止支付业务这一举措，业内普遍认为经营状况不佳仍是主要原因，这从广西支付通近年来的表现也可见端倪。

天眼查数据显示，自2020年以来，广西支付通卷入多起借款合同纠纷、追偿权纠纷等法律诉讼。2021年，广西支付通累计新增5起被执行案，被执行总金额为5 541.98万元。另有涉案金额为4 773万元的失信行为全部未履行。公司法定代表人刘锋也被限制高消费。

广西支付通的“主动退场”也意味着支付牌照总数将再少一张。根据中国人民银行官网披露的信息，年内已有4家支付机构完成注销，业务范围均为预付卡发行与受理，且均为主动申请注销。在已经完成注销的42家支付机构中，预付卡牌照仍是主力军。

对于支付机构出现的各类违规行为，中国人民银行频降罚单，严守合规红线。据《北京商报》记者统计发现，截至2021年9月29日，中国人民银行至少已经发出44张罚单，合计处罚金额达1.71亿元，罚金最低2万元，最高超过6 710万元。除了4张千万元级别罚单外，还有12张百万元级别罚单。

通过中国人民银行罚单所披露的信息也不难发现，反洗钱、违反支付结算规定等仍是支付机构违规的重灾区。频频被罚之下，年内也有不少支付机构开始对外包服务商进行整顿，但当前此类违规行为仍然屡禁不止，这也说明部分机构仍然抱有侥幸心理，在探索盈利模式的过程中违规展业。

相关支付行业人士告诉记者，随着互联互通的推进，支付场景之间的“墙”逐渐被打破，更多具有优势的支付机构将会迎来机会，支付行业的生态格局也将生变。

拓展阅读6-3

区块链如何跨越未来10年

资料来源　岳品瑜，廖蒙．预付卡牌照减员　第三方支付洗牌进行时［N］．北京商报，2021-09-30（07）．

问题：结合案例分析，广西支付通经营不善的主要原因是什么？当前预付卡行业发展面临怎样的挑战，该如何解决这些问题？

第7章
基于互联网的基金与保险

教学目标

【知识传授目标】

掌握互联网基金/保险的基本概念和现状；了解互联网基金/保险的模式；了解互联网基金/保险与传统基金/保险的区别与联系。

【能力培养目标】

具备把握互联网基金/保险的发展趋势的能力；具备分析互联网基金/保险风险的能力；具备合理利用互联网基金/保险理财的能力。

【价值塑造目标】

认识到投资的风险性、金融稳定的重要性，金融是国家重要的核心竞争力，金融安全是国家安全的重要组成部分，建立国家金融稳定发展统筹协调机制的必要性，培养维护国家金融稳定责任感；认识到互联网基金与互联网保险两者的投资属性，了解其潜在的风险，不盲目相信广告宣传与基金经理或保险销售等人员的介绍，不盲目跟随多数人的投资选择，保持自身独立理性的认识与判断，树立理性投资观念，拒绝盲从。

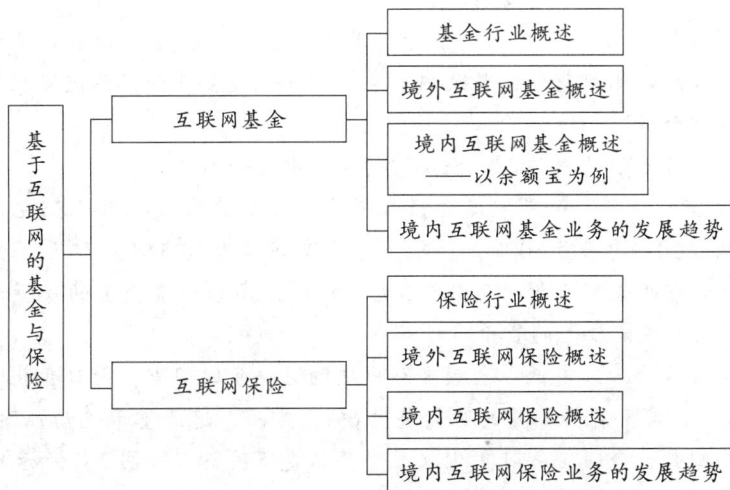

知识架构

- 基于互联网的基金与保险
  - 互联网基金
    - 基金行业概述
    - 境外互联网基金概述
    - 境内互联网基金概述——以余额宝为例
    - 境内互联网基金业务的发展趋势
  - 互联网保险
    - 保险行业概述
    - 境外互联网保险概述
    - 境内互联网保险概述
    - 境内互联网保险业务的发展趋势

@导入案例　　余额宝遇寒冬

每个月的20号是小涵交房租的日子。按照惯例，小涵用支付宝给房东转了5 400元，余额宝上就只剩下144.25元。不知道从什么时候开始，小涵就不再把所有积蓄放在余额宝上理财了，只有快到交租的时候，她才会提前把5 000多元钱从其他理财平台提现到银行卡，再存到余额宝上放一放，到交租那天再转给房东，整个过程就像一个颇费周折的仪式。

不只是小涵，小涵周围的朋友，也不再把余额宝当作唯一的理财工具，甚至很多人已经“抛弃”了余额宝。

余额宝为什么会“凉”呢?

2013年6月，余额宝横空出世，安全、收益率高、支付简单和方便等优势，让它一度成为“革银行命”的代表。然而，几年时间过去了，余额宝现在貌似进入了“老龄化”，对于年轻人的吸引力大不如前。

其主要的原因有哪些呢?

第一，政策因素。余额宝面世后，3个月内净资产规模就达到了556.53亿元，此后，资产规模逐年递增。截至2016年12月31日，余额宝净资产规模为8 082.94亿元，到了2017年3月末，净资产规模为11 396.38亿元，首次突破万亿元规模。截至2017年12月31日，余额宝净资产规模增长到了1.58万亿元，比2016年底增加了7 700多亿元，几乎翻倍！余额宝规模爆发式增长带来了潜在的流动性风险，因此，在这一年，余额宝频频做出各种限购措施，以降低人均持有额度。

从2017年5月27日起，余额宝额度上限由100万元调至25万元。

从2017年8月14日起，余额宝额度再度下调至10万元限额。

从2017年12月8日起，余额宝每天的购买上限降至2万元。

从2018年2月1日起至2018年3月15日止，余额宝设置每日申购总量，当天购完为止，每日9点限量发售。

2021年4月12日，中国人民银行、银保监会、证监会、外汇局等金融管理部门再次联合约谈蚂蚁集团，整改内容包括“管控重要基金产品流动性风险，主动压降余额宝余额”……

在如此严苛的限购措施下，余额宝的热度也慢慢消减了。

2018年3月31日，余额宝净资产规模达到历史最高值16 891.85亿元后，便一去不回头。2019年9月30日，余额宝净资产规模为10 548.22亿元。截至2021年6月末，披露的最新规模为7 808亿元，相比最高峰，余额宝的规模降低了近50%，但仍然是我国最大的货币市场基金。

第二，收益率持续走低。余额宝刚出现的近一年时间里，七日年化收益率大都在5%以上，甚至有两个月的时间超过6%。然而，随着货币流动性逐渐宽松，以及收益率回归，余额宝七日年化收益率开始走下坡路（如图7-1所示）。

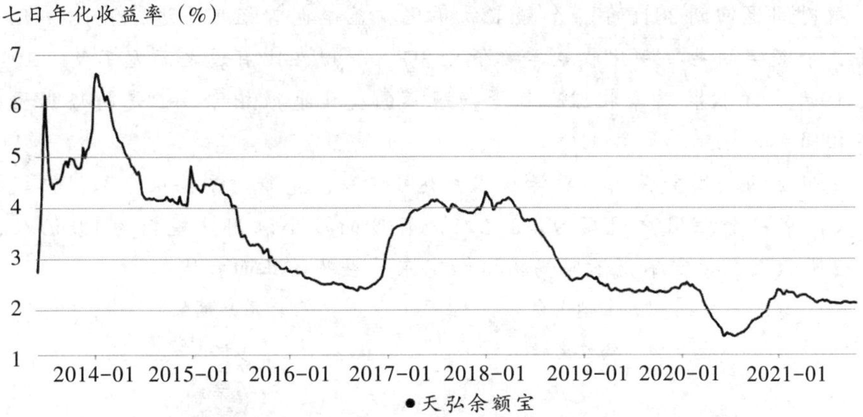

图7-1　余额宝七日年化收益率走势图

资料来源　王小芊. 7 646亿元余额宝是否找到“企稳”感觉？[EB/OL]. [2023-06-06]. https://www.cls.cn/detail/862135.

2014年3月3日，为6.001%，这是余额宝最后一次收益率高于6%；

2014年5月11日，首次跌破5%，为4.985%；

2015年6月18日，首次跌破4%，为3.98%；

2015年10月7日，首次跌破3%；

2019年4月18日，跌破2.5%；

2020年7月22日，跌至1.378%；

2022年11月9日，跌至1.357%。

相比最高峰，余额宝七日年化收益率已经跌去60%以上，且长时间低位徘徊。

如此低的收益率让余额宝犹如鸡肋——食之无味，弃之可惜，成为用户交房租、水电费的过渡工具。

第三，替代品崭露头角。随着移动互联网理财的发展，互联网理财人数稳步上升，截至2019年6月，已经有1.6972亿人通过互联网进行理财，但是余额宝产品资产净值规模却较2018年底下降8.8%，这说明用户有了新的去处。

余额宝作为货币基金，和其他货币基金对比，收益率都是半斤八两，谁也高不到哪里去。所以，“抛弃”余额宝的人，很少会选择其他货币基金。他们可能把钱存到了许多类似支付宝的第三方互联网理财平台，比如京东钱包、平安壹钱包、微信理财通、百度度小满、苏宁金融等。这些平台主要是为金融机构代销理财产品，比如银行存款、基金、保险、黄金等。而这些代销的理财产品，不乏收益4%以上的银行理财产品。

小涵购买了其中一家第三方互联网金融平台的银行理财产品，活期年化收益率达到了3.9%，中短期收益率在4.5%左右。小涵的男朋友则购买了另外一个理财App的固定收益类产品，不过收益率更低一些。

余额宝已经相伴我们走过了多个春秋，从0到1.6万亿元规模的快速增长再到如今的规模缩水，七日年化收益率从6%跌到了1.357%，余额宝看起来优越不再。把时间退回到2016年，余额宝的年化收益率也曾经暗淡过，2016年几乎一整年，余额宝的七日年化收益率都低于3%，和现在比有过之而无不及。2016年和2019年，不仅收益率相似，连资产规模的变化也很相似，但是局势明显已经大不相同。

支付宝的蚂蚁金服国内年活跃用户达9亿人，竞争对手腾讯金融用户规模为8亿人，京东金融用户规模为4.2亿人，百度的度小满用户规模为1.9亿人，如图7-2所示。支付宝不得不警惕腾讯和京东等巨头的正面宣战。

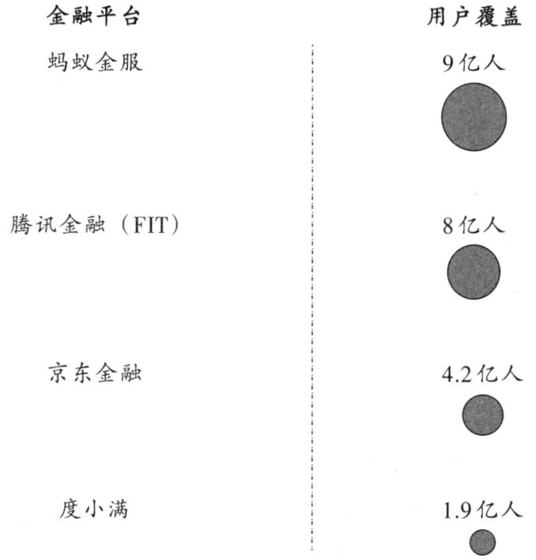

图7-2　支付宝与竞争对手用户规模对比

余额宝的春天，还会不会来？

资料来源　佚名．“余额宝”寒冬已至［EB/OL］．［2023-06-06］．https：//xueqiu.com/5313914480/137809165.

互联网基金与保险业务已经如火如荼地开展起来，互联网正在用新的形态和模式改变着传统的基金和保险业务，这并不是单纯地将基金与保险搬到网上进行销售，而是利用互联网思维与技术改变着整个基金与保险业务的产业链。本章将着重介绍基于互联网的基金与保险业务，帮助大家了解其发展趋势。

7.1　互联网基金

7.1.1　基金行业概述

1）证券投资基金的概念

证券投资基金（简称基金）是指通过发售基金份额，将众多投资者的资金集中起来，形成独立资产，由基金托管人托管、基金管理人管理，以投资组合的方式进行证券投资的一种利益共享、风险共担的集合投资方式。

证券投资基金通过发行基金份额的方式募集资金，个人投资者或机构投资者通过购买一定数量的基金份额参与基金投资。基金所募集的资金在法律上具有独立性，由选定的基金托管人保管，并委托基金管理人进行股票、债券等分散化组合投资。基金投资者是基金的所有者。基金投资收益在扣除由基金承担的费用后的盈余全部归基金投资者所有，并依据各投资者所购买的基金份额的多少在投资者之间进行分配。

每只基金都会订立基金合同，基金管理人、基金托管人和基金投资者的权利和义务在基金合同中有详细约定。基金公司在发售基金份额时都会向投资者提供一份招募说明书。有关基金运作的各个方面，如基金的投资目标与理念、投资范围与对象、投资策略与限制、发售与买卖、费用与收益分配等，都会在招募说明书中详细说明。基金合同与招募说明书是基金设立的两个重要法律文件。

与直接投资股票或债券不同，证券投资基金是一种间接投资工具。一方面，证券投资基金以股票、债券等金融证券为投资对象；另一方面，基金投资者通过购买基金份额的方式间接进行证券投资。

2）证券投资基金的特点

（1）集合理财，专业管理

基金将众多投资者的资金集中起来，委托基金管理人进行共同投资，表现出一种集合理财的特点。汇集众多投资者的资金，积少成多，有利于发挥资金的规模优势，降低投资成本。基金由基金管理人进行投资管理和运作。基金管理人一般拥有大量的专业投资研究人员和强大的信息网络，能够更好地对证券市场进行全方位的动态跟踪与深入分析。将资金交给基金管理人管理，中小投资者也能享受到专业的投资管理服务。

（2）组合投资，分散风险

为降低投资风险，一些国家的法律法规通常规定基金必须以组合投资的方式进行投资运作，从而使“组合投资、分散风险”成为基金的一大特色。中小投资者由于资金量小，一般无法通过购买数量众多的股票分散投资风险。基金通常会购买几十种甚至上百种股票，投资者购买基金就相当于用很少的资金购买了一篮子股票。在多数情况下，某些股票价格下跌造成的损失可以用其他股票价格上涨产生的盈利来弥补，因此，投资者可以充分享受到组合投资、分散风险的好处。

（3）利益共享，风险共担

证券投资基金实行“利益共享、风险共担”的原则。基金投资者是基金的所有者。基金投资收益在扣除由基金承担的费用后的盈余全部归基金投资者所有，并依据各投资者所持有的基金份额比例进行分配。为基金提供服务的基金托管人、基金管理人只能按规定收取一定比例的托管费、管理费，并不参与基金收益的分配。

（4）严格监管，信息透明

为切实保护投资者的利益，增强投资者对基金投资的信心，各国（地区）基金监管机构都对基金业实行严格监管，对各种有损于投资者利益的行为进行严厉的打击，并强制基金进行及时、准确、充分的信息披露。在这种情况下，严格监管与信息透明也就成为基金的另一个显著特点。

（5）独立托管，保障安全

基金管理人负责基金的投资操作，本身并不参与基金财产的保管，基金财产的保管由独立于基金管理人的基金托管人负责。这种相互制约、相互监督的制衡机制为投资者的利益提供了重要保障。

3）证券投资基金的运作

基金的运作涉及包括基金的市场营销、基金的募集、基金的投资管理、基金资产的托管、基金份额的登记、基金的估值与会计核算、基金的信息披露以及其他基金运作活动在内的所有相关环节。证券投资基金的运作过程，如图 7-3 所示。

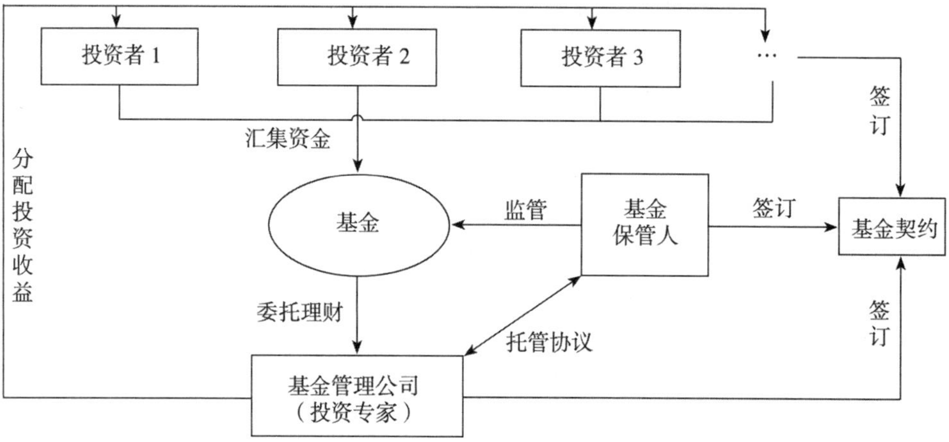

图7-3 证券投资基金运作过程

基金的运作活动从基金管理人的角度来看，可以分为基金的市场营销、基金的投资管理与基金的后台管理三大部分。基金的市场营销主要涉及基金份额的募集与客户服务，基金的投资管理体现了基金管理人的服务价值，而基金份额的注册登记、基金资产的估值与会计核算以及信息披露等后台管理服务则对保障基金的安全运作起着重要作用。

4）证券投资基金的类型

构成基金的要素有多种，因此可以依据不同的标准对基金进行分类。

（1）根据运作方式的不同，可以将基金分为封闭式基金和开放式基金

封闭式基金是指基金份额在基金合同期限内固定不变，基金份额可以在依法设立的证券交易所交易，但基金份额持有人不得申请赎回的一种基金运作方式。

开放式基金是指基金份额不固定，基金份额持有人可以在基金合同约定的时间和场所进行申购或赎回的一种基金运作方式。

（2）根据法律形式的不同，可以将基金分为契约型基金、公司型基金等

不同的国家（地区）具有不同的法律环境，基金能够采用的法律形式也会有所不同。目前我国的基金全部是契约型基金，而美国的绝大多数基金则是公司型基金。组织形式的不同赋予了基金不同的法律地位，基金投资者所受到的法律保护也因此有所不同。

（3）根据投资对象的不同，可以将基金分为股票基金、债券基金、货币市场基金、混合基金等

股票基金是指以股票为主要投资对象的基金。股票基金在各类基金中历史最为悠久，也是各国（地区）广泛采用的一种基金类型。在我国，根据证监会对基金类别的分类标准，基金资产的80%以上投资于股票的为股票基金。

债券基金主要以债券为投资对象。根据证监会对基金类别的分类标准，基金资产的80%以上投资于债券的为债券基金。

货币市场基金以货币市场工具为投资对象。根据证监会对基金类别的分类标准，仅投资于货币市场工具的基金为货币市场基金。

混合基金同时以股票、债券等为投资对象，以期通过在不同资产类别上的投资实现收益与风险的平衡。根据证监会对基金类别的分类标准，投资于股票、债券和货币市场工具，但股票投资和债券投资的比例不符合股票基金、债券基金规定的基金为混合基金。

（4）根据投资目标的不同，可以将基金分为增长型基金、收入型基金和平衡型基金

增长型基金是指以追求资本增值为基本目标，较少考虑当期收入的基金，主要以具有良好增长潜力的股票为投资对象。

收入型基金是指以追求稳定的经常性收入为基本目标的基金，主要以大盘蓝筹股、公司债、政府债券等稳定收益证券为投资对象。

平衡型基金则是既注重资本增值又注重当期收入的一类基金。

（5）根据投资理念的不同，可以将基金分为主动型基金和被动（指数）型基金

主动型基金是一类力图取得超越基准组合表现的基金。

与主动型基金不同，被动型基金并不主动寻求取得超越市场的表现，而是试图复制指数的表现。被动型基金一般选取特定的指数作为跟踪的对象，因此通常又被称为指数型基金。

（6）根据募集方式的不同，可以将基金分为公募基金和私募基金

公募基金是指可以面向社会公众公开发售的一类基金。

私募基金则是只能采取非公开方式，面向特定投资者募集发售的基金。

（7）根据基金的资金来源和用途的不同，可以将基金分为在岸基金和离岸基金

在岸基金是指在本国募集资金并投资于本国证券市场的证券投资基金。

离岸基金是指一国的证券投资基金组织在他国发售证券投资基金份额，并将募集的资金投资于本国或第三国证券市场的证券投资基金。

（8）特殊类型基金

① 系列基金。系列基金又称为伞形基金，是指多个基金共用一个基金合同，子基金独立运作，子基金之间可以进行相互转换的基金结构形式。

② 基金中的基金（FOF）。基金中的基金是指以其他证券投资基金为投资对象的基金，其投资组合由其他基金组合而成。

③ 保本基金。保本基金是指通过一定的保本投资策略进行运作，同时引入保本保障机制，以保证基金份额持有人在保本周期到期时可以获得投资本金保证的基金。

④ 交易型开放指数基金（ETF）与ETF联接基金。交易型开放指数基金通常又称为交易所交易基金，是一种在交易所上市交易的、基金份额可变的开放式基金。ETF联接基金结合了封闭式基金与开放式基金的运作特点。投资者既可以像封闭式基金那样在交易所二级市场买卖基金份额，又可以像开放式基金那样申购、赎回基金份额。不同的是，它的申购是用一篮子股票换取ETF份额，赎回时则是换回一篮子股票而不是现金。这种交易制度使该类基金存在一级市场和二级市场之间的套利机制，可以有效防止类似封闭式基金的大幅折价。

⑤ 上市开放式基金（LOF）。上市开放式基金是一种既可以在场外市场进行基金份额申购、赎回，又可以在交易所进行基金份额交易和基金份额申购或赎回的开放式基金。

7.1.2 境外互联网基金概述

境外"类宝"基金虽然发展较早，但从其过程来看，最终都因为发展遇到瓶颈而消失在历史长河之中。2013年之所以被业界称为我国的"互联网金融元年"，正是因为"余额宝"的横空出世。

1）美国PayPal

早在1999年，美国PayPal公司便推出了美国版的"余额宝"，将其在线支付功能与金融理财产品结合起来，用户只需简单地进行设置，其存放在PayPal支付账户中原本不计利息的余额就会自动转入货币市场基金，0.01美元起申购，其运作与收益方式与我国的"余额宝"几乎毫无差异。最初美国版的"余额宝"的年收益率最高曾攀升到5.56%，2004年为1.37%、2005年为1.16%、2007年为5.1%，至2008年金融危机时为0.04%，仅为高峰期间的零头，远不如储蓄账户2.6%的收益率。在此情形下，PayPal货币市场基金的收益优势逐步丧失，规模不断缩水，于是在2011年7月，PayPal不得不将该货币市场基金清盘。

美国版的"余额宝"有着较强的风险管理意识，曾经明确向投资者说明了风险：一是投资并非银行存款，投资有可能亏损；二是一旦所投资的证券产品出现违约，该基金也可能出现亏损；三是基金可能投资以美元计价的外国证券，可能面临从信息缺乏到政治不稳定等额外风险；四是基金要接受相应的政府监管，并立下众多苛刻的规矩，基金只能投资高质量的证券，不能做融资融券，不能做对冲，不能做浮动利率证券，投资要多元化，不能过于单一和过度投资，证券投资组合的到期期限不超过90天，单一证券的投资到期时间不超过397天等。

2）日本版“余额宝”产品

在很长的一段时间内，日本银行都实行零利率政策，这使得投资基金的高利率显得很有吸引力，加上日本政府的大力扶持，日本基金市场一度掀起购买狂潮。然而，2005年爆发的“活力门”事件和几个月后村上基金总裁村上世彰因为涉嫌内线交易遭到逮捕等一连串的事件，让日本民众“谈基金色变”。为制止类似案件再次发生，日本参议院随后通过新的金融商品交易法，加强了对基金的监管，市场利率被压得很低。与此同时，日本银行渐渐结束了长达6年的零利率政策，虽然0.1%的银行利率看起来并不高，但有不少保守的日本民众改变了投资去向，毕竟把钱存在银行里比投资基金更为安全。

日本版的“余额宝”在日本流行不起来，是因为政府出台了保护投资者的法律。高利率就会带来高风险，高风险就会产生社会问题，日本也的确出现过类似的社会问题。所以，后来日本政府为了防范社会问题再度发生，建立了严格的监管制度。货币市场基金收益降低，最终导致大量投资者退出市场，在利润微薄的情况下，基金公司停止与互联网合作分摊利润，在这样的市场环境下，日本版的“余额宝”最终在市场上消失。

7.1.3 境内互联网基金概述——以余额宝为例

据极数（Fastdata）统计，截至2021年3月下旬，我国证券基金投资者人数超过1.8亿人，除银行及证券公司渠道外的基金线上选购平台，月活用户峰值超过5 000万人，互联网基金用户已经成为重要的线上金融投资消费群体。近5年来，基金离柜交易率持续快速提升，2020年超过95%的基金投资者参与了线上选购基金，基金交易线上化进程已经接近完成[①]。

1）发展历程与现状

2013年6月，支付宝网络技术有限公司与天弘基金公司合作，开通余额宝功能，直销我国第一只互联网基金，并曾一度创下年化收益率近7%的风光岁月。然而2015年，余额宝的收益率逐月下降，继6月中旬“破4”之后，不断下滑，并于10月底“破3”。2018年5月3日，余额宝宣布升级，新接入博时基金旗下的“博时现金收益货币A”和中欧基金旗下的“中欧滚钱宝货币A”两只货币基金产品。2018年5月20日，华安基金旗下的“日日鑫货币A”接入余额宝。2018年5月28日，国泰基金旗下的“国泰利是宝”货币基金也正式接入余额宝。截至2018年6月底，余额宝6只货币基金的合计规模已经达到1.8万亿元。相关数据显示，天弘余额宝2019年的收益率为2.36%，在730只产品中排名第583位，2015年的收益率为3.67%，在362只可比产品中排名第203位。由此可见，天弘余额宝的收益率早已不比当初[②]。天弘余额宝的经营主体架构，如图7-4所示。

---

① Fastdata极数. 2021年中国互联网基金投资用户报告［EB/OL］.［2023-06-06］. http://ifastdata.com/article/index/id/988/cid/3.

② 猎牛座. 天弘基金股权激励反差：管理层4年躺赢赚5倍　余额宝跌下神坛［EB/OL］.［2023-06-06］. https://baijiahao.baidu.com/s?id=1655865845503126132&wfr=spider&for=pc.

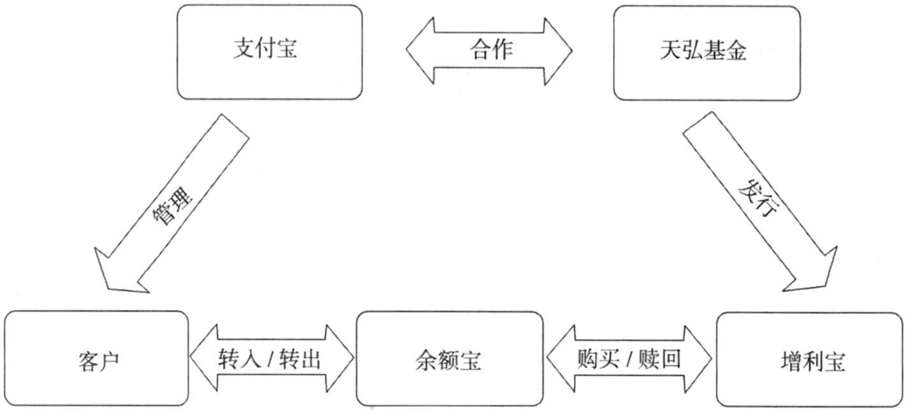

图7-4 余额宝经营主体架构图

“宝宝”类年收益率跌入“2”时代，余额宝是否已经穷途末路了？天弘基金2018年年报披露，2018年年末，余额宝期末基金资产净值超1.1万亿元，2018年共为投资者赚取收益509亿元，收益率3.45%，平均每天赚1.39亿元。截至2018年底，余额宝累计已为客户赚取收益超1 700亿元；同时，余额宝的个人投资者持有份额占比由2017年底的99.94%升至99.97%，户均持有份额则由3 329.57份降至1 924.83份。截至2018年底，余额宝用户数已经超过5.8亿人，是全球客户数最多的基金，2021年年报显示，用户数增加至7.4亿人。可见，尽管余额宝年化收益率有所下降，但仍难阻止其规模扩张。究其原因，可从以下三点分析：

其一，年化收益率下降的不只是余额宝，受中国人民银行“双降”的影响，货币市场流动性增强，其他产品也都出现收益不足的现象。即使年化收益率下跌，把余额宝里的钱转回到银行的人还是比较少的。毕竟，“瘦死的骆驼比马大”，2019年以来，国有商业银行的活期存款利率只有0.30%。

其二，年化收益率的下跌也是对前期“烧钱”手段的一种终结。因为“宝宝”类互联网基金多数是由电子商务平台衍生而出的，在“懒人经济”高度发展的今天，移动互联网的发展、消费者网购权益保障的完善，使得网购人群呈逐年递增的态势。而“宝宝”类最初的目的其实就是将用户网购的余额进行再投资，再加上诸多类似产品已有保险公司介入以保障其安全，因此，当前的便捷性、安全性仍然可以让“宝宝”类保持一定的用户黏度和市场认知度。

其三，另一个不可忽视的原因是市场热点的转移。2015年，随着分级基金的横空出世，各大基金公司开始纷纷追逐管理费收入更高、渠道营销成本更低的热点产品，余额宝类产品的生存环境大不如前。作为过渡产品，我国的“宝宝”类产品即使不重复美国PayPal货币市场基金从2000年5%以上的峰值降至2011年的0.1%直到最后消失的命运，也不会再有远高于一年定存利息那样的超高收益了。

2015年5月15日，天弘增利宝货币市场基金正式更名为天弘余额宝货币市场基金。更名的目的，一方面是为了让用户体验更好，另一方面也有利于提升该产品的品牌知名度。2018年底，余额宝的基金规模超过10 000亿元（如图7-5所示)，是国内最大的基金，也是全球第一大货币市场基金。其后，为响应监管要求，压减规模，降低风险，截至2021年底，余额宝的基金规模控制在约7 500亿元。

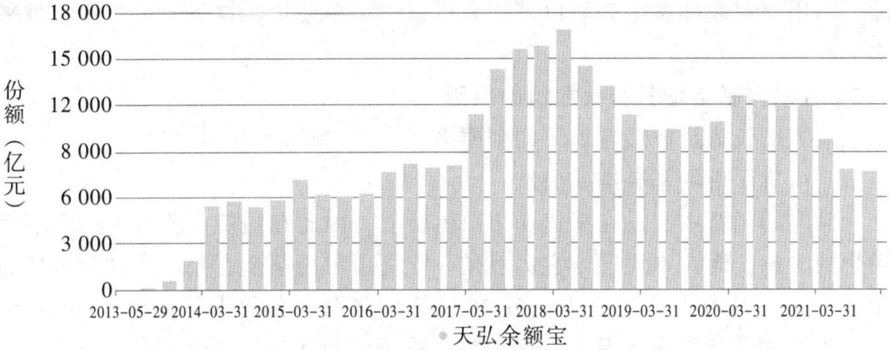

图7-5 余额宝基金规模变化

注：数据统计截至2021年9月30日。

资料来源 Wind资讯.

互联网基金即通过互联网渠道实现销售的证券投资。产品研发者（电子商务支付机构或基金管理人）致力于改善用户体验，无论是从产品的赎回时效、申购门槛、费用成本还是从操作感受等方面，都以客户为中心进行了优化改良。由于货币市场基金的特性与互联网支付机构电子商务的职能高度匹配，互联网基金选择了货币市场作为其发展的起点，但是其只能作为高流动性资产的管理工具，其收益尚无法与投资于权益类金融工具的产品相比拟。

2）互联网基金在短时间内迅速发展的原因

余额宝之所以能够在短时间内迅速发展，有以下几个原因：

（1）模式的创新

这体现在两方面：一方面是嵌入式直销。不是简单地在网上卖基金，而是走进生活，将理财融入生活，让客户原有的习惯延续，使得基金搭载并充分利用电子商务平台成为可能；另一方面是和阿里巴巴合作，借助其资源和电子商务平台经验获得发展。

（2）业务处理技术的实现

面对海量客户、小客户订单量、高流动性，在跨界合作中摸索出业务处理流程，借助阿里云技术实现海量业务处理能力。

（3）上线的时机恰当

为什么这么说？余额宝的兴起正好赶上了2013年6月的“钱荒”，以及2013年底的“钱荒”，在银行大量缺钱的时候，货币市场基金恰好承担了补充银行流动性的作用，因此，银行给出了一个很高的存款利息。后来，余额宝的收益率逐渐下降，最根本的原因是市场的利率走低。

（4）影响余额宝收益的红利

① 货币市场基金政策红利。银行的定期存款用户知道，如若提前支取定期存款，用户只能按活期利率获得利息，而投资余额宝（包括其他货币市场基金）

可以享受提前支取不罚息的红利政策。

② 存款准备金红利。银行是需要交存款准备金的，而货币市场基金是协议存款，不用交存款准备金，所以其资金可以被完全使用，这无疑给余额宝带来了更多的收益。

3）互联网基金增长势头放缓的原因

余额宝增长势头放缓有如下几个原因：

（1）由货币市场基金本质决定

余额宝的创新主要是在渠道和用户体验上，因此在短期内获得了广大小额理财用户的支持，而在本质上，它仍然是一支货币市场基金，要遵循这个市场的普遍价值规律。从行业水平来看，在2013年收益率排名前十的货币市场基金中，最高的工银瑞信货币市场基金的净值增长率也不过4.38%，排名前五中的南方现金增利A、华夏现金增利A、华夏货币A、万家货币A，其净值则分别增长了4.36%、4.32%、4.28%、4.22%，排名第十的易方达货币A的净值增长率则为4.17%，而61只货币市场基金的平均收益率只有3.86%。

（2）市场资金需求较为宽松

其实，决定货币市场基金短期的年化收益率的重要因素还是对市场资金的需求。众所周知，我国银行有存贷比的考核要求，因此，每到月末、季末和年末，银行对短期资金的需求很大，导致这一时期银行间同业拆放利率暴涨。2015年，大部分互联网理财产品收益率已经降到5%以下，在这种情况下，余额宝自然难以做到独善其身。

（3）吸金能力减弱

余额宝的资金虹吸效应令一些银行和互联网巨头分外眼红，频频推出类似的理财产品，如腾讯推出了理财通、百度推出了百赚百发、网易推出了现金宝，兴业银行推出了掌柜钱包、中国银行推出了活期宝、交通银行推出了快溢通、平安银行推出了平安赢、中国民生银行推出了如意宝等。类似余额宝类产品的增多，在给投资理财者提供更多选择的同时，也使得资金分流，单个“宝宝”类产品的吸金能力下降，影响了此类产品和银行谈判的筹码。

2014年2月25日，中国银行业协会召开会议研究银行存款自律规范，会上提出考虑由协会出台相关自律规范文件，将余额宝等互联网金融货币市场基金存放在银行的存款纳入一般性存款管理，不作为同业存款。部分国有大型商业银行总行不接受各自分行与以天弘基金旗下余额宝为代表的各类货币市场基金进行协议存款交易，使得余额宝无法再从这些银行获得高息；同时，有不少银行也推出了自己的“宝宝”类产品，在这种情况下，与其为余额宝转手，还不如自己以高息直接吸收公众存款。这样，相当于断了余额宝的后路，其收益率降低也是必然的。

（4）天弘基金的管理问题

货币市场基金的收益也取决于管理者的水平。天弘基金的管理水平在业界并不突出。在基金业上一轮景气高峰的2007年，天弘基金的收入及盈利单位仅为万元，而2010—2013年更是连续亏损，其中，2011年亏损2 015万元，2012年亏损1 535万元，2013年余额宝上线后，虽然亏损大幅收窄，但由于上半年缺口过大，仍处在亏损区间。天弘基金于2013年增资扩股，主要内容有两项：其一是引入新股东阿里巴巴；其二是实施管理层持股。其结果是，天弘基金借助余额宝的平台一跃成为公募管理规模排名第一的基金公司，但是其产品结构却日益失衡——如果说货币基金是它的左手，那么其右手（即偏股型基金）则迟迟未能“发育”，弱如“稚子”。根据Wind资讯的数据，2012年年末，在天弘基金的产品结构中，股票型及混合型基金规模的占比为29.07%，至2013年年末，这一比例骤然降至1.24%，至2019年年末，也不过1.79%而已[①]。

4）互联网基金的特点

当然，“宝宝”类互联网基金虽然风光不再，但其能够在短时间内迅速成长起来，与其自身的特点是分不开的：

（1）渠道优势

传统的货币市场基金销售渠道以银行、第三方理财机构等为主，投资者主动购买的情况较少。2013年以来，基金公司普遍重视基于互联网的直销平台的建设，新型直销渠道上线后，新增货币市场基金客户中有很多通过直销渠道主动购买。以余额宝为例，余额宝在营销渠道上开创基金公司在大型电子商务平台直销基金的模式，利用支付宝的渠道优势，在零推广成本下，将产品直接呈现在客户群体面前。

（2）收益与流动性兼顾

截至2019年2月10日，余额宝基金七日年化收益率为2.41%，是银行活期存款利率的近7倍，比一年期定期存款利率高66个基点，明显高于银行存款利率，具有高流动性。天弘基金和支付宝在后台系统为余额宝提供了大量的技术支持，实现便捷的“一键开户”流程。客户将钱转入余额宝，可即时购买货币基金，而客户如果选择将资金从余额宝转出或使用余额宝资产进行购物支付，则相当于赎回基金份额。所有流程操作即时生效，便捷流畅。余额宝将产品流动性进一步提高到“T+0”的高水平，可随时用于网上消费或转出至银行卡，并且没有利息损失，其流动性接近银行活期存款，高于绝大多数投资工具。

（3）兼顾电子商务系产品其他功能

从支付用途来看，余额宝相对优势明显，由于其绑定了支付宝，因而具备购买商品、转账、信用卡还款、支付公用事业费等多种功能。苏宁零钱宝凭借苏宁云商平台同样可实现一定的支付功能，可用于易购购物、生活缴费、信用卡还款，也可转到易付宝余额或银行卡。汇添富现金宝也可实现信用卡还款、同城跨行免费转账、手机充值，而很多产品无法直接用于网络购物的支付。

（4）更加低廉的费用成本

货币市场基金在证券投资基金中属于低风险、低收益的品种，主要投资于银行定期存单、国债等短期货币工具，不同货币市场基金之间的收益差异幅度较

---

① 猎牛座．天弘基金股权激励反差：管理层4年躺赢赚5倍　余额宝跌下神坛［EB/OL］.［2023-06-06］. https：//baijiahao.baidu.com/s? id=1655865845503126132&wfr=spider&for=pc.

小。由于投资标的有限，货币市场基金如果要提高收益，最直接有效的办法就是降低产品的相关费用成本。但是，从2003年我国第一只货币市场基金成立到2012年的10年间，货币市场基金的管理费和托管费一直保持在0.33%和0.10%。互联网基金的经营者在投资者收益和自身利益之间做出了新的平衡，本着以客户体验为中心的互联网精神，降低了产品的费用成本，把更多的收益让给了投资者。融360大数据研究院监测数据显示，截至2019年第三季度末，78只互联网“宝宝”类产品对接的135只货币基金的总规模为4.34万亿元。

尽管互联网基金相比于传统基金而言优势明显，但诸如余额宝这类第三方支付产品介入基金销售支付结算业务的互联网金融创新，不仅存在市场风险，而且因其资金流量巨大，一旦风险暴露，就极可能会导致系统性风险。风险主要存在于以下几个环节：其一，第三方支付机构本身的信用风险和网络安全风险；其二，与基金公司（或保险公司）合作推出理财产品的关联风险；其三，部分第三方支付机构并购基金公司的行为，会造成互联网企业与金融企业之间风险隔离的相对缺失，更易导致潜在系统性风险的堆砌。

因此，如何将互联网产品提供的便利性和金融行业所要求的安全性有机统一，是我国政府部门监管最根本的着眼点和亟待解决的问题。

7.1.4 境内互联网基金业务的发展趋势

随着第三方基金销售机构相继获得基金销售牌照，第三方基金销售网站纷纷上线，如支付宝、好买、众禄、数米和天相投顾等，使客户实现一站式购买，为客户提供了更加便捷的服务。这一举动实现了互联网基金在基金业态的跨界创新。以余额宝为例，支付宝与天弘基金的合作开创了基金公司跨界在电子商务平台直销基金的模式，也为基金业的互联网化提供了更为广阔的发展空间。针对不同重要性的互联网基金，监管部门提出了不同的监管要求，增强抗风险能力，明确风险防控与处置机制，保障行业健康发展。

1）基金产品多元化发展

由于货币市场基金的特性与互联网支付机构的电子商务职能高度匹配，互联网基金选择了货币市场基金作为其发展的起点。但是，货币市场基金只能作为高流动性资产的管理工具，其收益尚无法与投资于权益类金融工具的产品相比拟。未来，互联网基金如果要为客户提供更加全面的理财服务，势必会引进其他类型的证券投资基金，如股票型、债券型等基金品种，或可能根据客户需求进行进一步的产品细分与创新。

2）销售模式多样化发展

未来，互联网基金可能向两个主流方向发展：第一个方向就是发展以货币市场基金为主的活期理财功能，目前多数互联网基金采用通过互联网支付机构为基金直销提供支付结算业务这一销售模式。在这一销售模式下，对基金公司和基金产品的选择权集中在支付机构，而不是投资者手中。第二个方向是利用互联网成本优势打造互联网基金超市模式，将尽可能丰富的证券投资基金产品挂在网络上销售，实现投资者自助购买。在该模式下，电子商务平台的工作是流量导入，实际上并未直接参与基金销售。淘宝网于2013年11月已经对该模式做出了尝试，即由淘宝网作为电子商务平台，各基金公司在电子商务平台上通过入驻经营的模式进行产品销售。2013年，中国证监会开始对通过第三方电子商务平台销售基金的模式开展准入工作，截至2023年5月，根据中国证券投资基金业协会的数据，公募基金销售机构共有419家。

3）目标客户差异化发展

目前，已经上线的互联网基金主要是针对个人客户的货币市场基金关联产品，虽然余额宝等产品在互联网基金的零售道路上取得了巨大的成功，但是个人客户的互联网基金市场可能在发展到一定程度时面临瓶颈。互联网基金在未来可能将目标客户转向更宽阔的领域，如机构客户、在开放式电子商务平台上注册经营的小微企业客户、大型电子商务企业的上下游企业客户等。互联网基金可以针对不同客户有针对性地开发差异化的产品与服务。

4）监管差异化

拓展阅读7-1

重要货币市场基金监管新规落地

近年来，我国公募基金行业快速发展，整体规模已超27万亿元，投资者数量突破7亿人。同时，个别货币市场基金产品规模较大或涉及投资者数量较多，如果发生风险将对金融市场产生负面影响，因此需提出更为严格审慎的监管要求[1]。2017年8月31日，中国证监会发布《公开募集开放式证券投资基金流动性风险管理规定》（证监会公告〔2017〕12号），其中第三十七条规定：对于被认定为具有系统重要性的货币市场基金，由中国证监会会同中国人民银行另行制定专门的监管规则。2023年2月17日，中国证监会、中国人民银行联合发布《重要货币市场基金监管暂行规定》（证监会公告〔2023〕42号），为进一步提升重要货币市场基金产品的安全性和流动性、有效防范风险，对满足规模大于2 000亿元或者投资者数量大于5 000万人等条件的货币市场基金提出更为严格审慎的监管要求。

7.2 互联网保险

7.2.1 保险行业概述

1）保险的概念

广义上，保险是集合同类风险的众多单位和个人，以合理计算风险分担金的形式，向少数因该风险事故（事件）发生而遭受经济损失的成员提供经济保障（或赔偿或给付）的一种行为。

通常，我们所说的保险是狭义的保险，即商业保险。从经济角度来看，消费者（称作“投保人”）通过缴纳一定金额的资金（称作“保险费”），将其作为

① 中国证券监督管理委员会.《重要货币市场基金监管暂行规定》的立法说明［EB/OL］.［2023-06-06］. http：//www.csrc.gov.cn/csrc/c101954/c7123693/7123693//files/.

个体所面临的不确定的大额损失变成固定的小额支出。生产者（称作“保险人”）通过向所有投保人收取保险费建立一种专项货币市场基金（称作“保险基金”），来补偿少数不幸的消费者（称作“被保险人”）遭受的意外事故损失。从法律角度来看，《中华人民共和国保险法》第二条明确指出：“本法所称保险，是指投保人根据合同约定，向保险人支付保险费，保险人对于合同约定的可能发生的事故因其发生所造成的财产损失承担赔偿保险金责任，或者当被保险人死亡、伤残、疾病或者达到合同约定的年龄、期限等条件时承担给付保险金责任的商业保险行为。”

2）保险的特征

（1）互助性

保险具有“一人为众，众为一人”的互助特性。保险在一定条件下分担了个别单位和个人所不能承受的风险，从而形成了一种经济互助关系。这种经济互助关系通过保险人用多数投保人缴纳的保险费建立的保险基金对少数受到损失的被保险人提供补偿或给付而得以体现。

（2）契约性

从法律角度来看，保险又是一种契约行为，是一方统一补偿另一方损失的一种契约安排，统一提供损失赔偿的一方是保险人，接受损失赔偿的另一方是被保险人或受益人。

（3）经济性

保险是通过保险补偿或给付而实现的一种经济保障活动。其保障对象的财产和人身都直接或间接属于社会再生产中的生产资料和劳动力两大经济要素；其实现保障的手段，大多最终都必须采取支付货币的形式进行补偿或支付；其保障的根本目的，无论是从宏观角度还是从微观角度来说，都是发展经济。

（4）商品性

保险体现了一种等价交换的经济学关系，也就是商品经济关系。这种商品经济关系直接表现为个别保险人与个别投保人之间的交换关系，间接表现为在一定时期内全部保险人与全部投保人之间的交换关系，即保险人售出保险、投保人购买保险的关系。它具体表现为，保险人通过提供保险的补偿或给付，保障社会生产的正常进行和人们生活的安定。

（5）科学性

保险是一种科学处理风险的有效措施。现代保险经营以概率论和大数法则等科学的数理理论为基础，保险费率的厘定、保险准备金的提存等都是以精密的数理计算为依据的。

3）保险的要素

（1）可保风险的存在

可保风险是指符合保险人承保条件的特定风险。可保风险的条件会随着保险基数的发展和时间的推移发生变化，而且一些外部条件，如市场竞争、国家政策、经营局势等，也会左右可保风险的条件。因此，保险人在经营过程中选定可保风险时除考虑一般条件以外，有时还要注意其他外部条件的影响。

（2）大量同质风险的集合与分散

保险的过程，既是风险集合的过程，又是风险分散的过程。保险人通过保险将众多投保人所面临的分散性风险集合起来，当发生保险责任范围内的损失时，又将少数人发生的损失分摊给全部投保人，也就是通过保险的补偿或给付行为分摊损失，将集合的风险予以分散。保险风险的集合与分散应具备以下两个前提条件：一是风险的大量性，其一方面是基于风险分散的技术要求，另一方面也是概率论和大数法则的原理在保险经营中得以运用的条件；二是风险的同质性，即风险单位在种类、品质、性能、价值等方面大体相近。

（3）保险费率的厘定

保险在形式上是一种经济保障活动，而其实质上是一种商品交换行为，因此，制定保险商品的价格，即厘定保险费率，便构成了保险的基本要素。为保证保险双方当事人的利益，保险费率的厘定要遵循一些基本原则，即公平、合理、适度和稳定。同时，保险费率的厘定还应以完备的统计资料为基础，运用科学的计算方法。

（4）保险准备金的建立

保险准备金是指保险人为保证其如约履行保险赔付或给付义务，根据政府有关法律规定或业务特定需要，从保费收入或盈余中提取的与其所承担的保险责任相对应的一定数量的基金。

（5）保险合同的订立

保险合同是体现保险关系存在的形式。保险作为一种民事法律关系，是投保人与保险人之间的合同关系，这种关系需要有法律对其进行保护和约束，即通过一定的法律形式固定下来，这种法律形式就是订立保险合同。保险合同是保险双方当事人履行各自权利与义务的依据。

4）保险的分类

（1）按照保险标的分类

按照保险标的分类是以国家保险立法形式为标准的分类。《中华人民共和国保险法》第九十五条将保险公司的业务范围分为两大类，即财产保险和人身保险。财产保险包括财产损失保险、责任保险、信用保险、保证保险等保险业务。人身保险包括人寿保险、健康保险、意外伤害保险等保险业务。

财产损失保险是以各类有形财产为保险标的的财产保险。其包括的业务种类主要有企业财产保险、机器损坏保险、利润损失保险、家庭财产保险、运输工具保险、货物运输保险、工程保险、特殊保险和农业保险等。

责任保险是以被保险人对第三者依法应承担的民事赔偿责任或经过特别约定的合同责任为保险标的的保险。其主要业务种类有公众责任保险、产品责任保险、雇主责任保险和职业责任保险等。

信用保险是以各种信用行为为保险标的的保险。信用保险是一种担保性质的保险。

（2）按照实施方式分类

按照实施方式分类，保险可分为强制保险和自愿保险。

强制保险（又称法定保险）是由国家（政府）通过法律或行政手段强制实施的一种保险。

自愿保险是在自愿原则下，投保人与保险人双方在平等基础上，通过订立保险合同而确立保险关系的一种保险。

（3）按照承保方式分类

按照承保方式分类，保险可分为原保险、再保险、共同保险和重复保险。

原保险是保险人和投保人之间直接签订保险合同而建立保险关系的一种保险。在原保险关系中，保险需求者将其风险转移给保险人，当保险标的遭受保险责任范围内的损失时，保险人直接对被保险人承担赔偿责任。

再保险（也称分保）是保险人将其所承保的风险和责任的一部分或全部转移给其他保险人的一种保险。转让业务的是原保险人，接受分保业务的是再保险人。这种风险转移方式是保险人对原保险的纵向转移。

共同保险（也称共保）是由几个保险人联合直接承保同一保险标的、同一保险风险、同一保险利益的保险。共同保险的各保险人承保金额的总和等于保险标的的保险价值。

重复保险是投保人对同一保险标的、同一保险利益、同一保险事故分别与两个以上的保险人订立保险合同，且保险金额之总和超过保险价值的保险。

（4）按照投保单位分类

按照投保单位分类，保险可分为团体保险和个人保险。

团体保险是以集体名义签订保险合同，由保险人向团体内的成员提供保障的保险。

个人保险是以个人名义向保险人投保的保险。

（5）按照保险经营性质分类

按照保险经营性质分类，保险可分为商业保险和非商业保险。

商业保险是保险经营者以营利为目的而经营的保险。

非商业保险是经营者经营此保险不是为了营利，而是出于某种特定的目的；或者是由政府资助，以保证紧急的协调发展和安定社会经济生活为目标而实施的保险；或者是以保证加入保险者的相互利益为目的而办理的保险。

7.2.2 境外互联网保险概述

1）美国互联网保险概况

美国是最早发展互联网保险的国家，由于在网络技术方面的领先地位和优越的市场经济环境，美国在20世纪90年代中期就已出现互联网保险。目前，美国的互联网保险业在全球业务量最大、涉及范围最广、客户数量最多、技术水平最高，几乎所有的保险公司都建立了自己的网站，比较有影响力的主要有INS Web、Insure.com、Quicken、QuickQuote、SelectQuote等网站。它们在网站上为客户提供全面的保险市场和保险产品信息，并可以针对客户的独特需要进行保险方案内容设计，运用信息技术提供人性化产品购买流程。其网络服务内容涉及信息咨询、询价谈判、交易、解决争议、赔付等，保险品种包括健康险、医疗险、人寿险、汽车险、财产险等。

美国的互联网保险业务主要包括代理模式和网上直销模式。这两种模式都是独立网络公司通过与保险公司进行一定范围内的合作而介入互联网保险市场。二者也有一定的区别：代理模式主要是通过和保险公司形成紧密合作关系，实现互联网保险交易并获得规模经济效益，其优点在于凭借庞大的网络辐射能力可以获得大批潜在客户；相比之下，网上直销模式更有助于提升企业的形象和效益，能够帮助保险公司开拓新的营销渠道和客户服务方式。1995年2月创立的INS Web公司是美国互联网保险代理模式的成功案例。除代理模式和网上直销模式这两种主流模式外，美国市场上还出现了纯粹进行网上保险销售的公司，如eCoverage，这是美国第一家100%通过互联网向客户提供从报价到赔偿服务的公司。

2）欧洲互联网保险概况

在欧洲，互联网保险发展迅猛。1996年，作为全球最大保险集团的法国安盛集团在德国试行了网上直销。1997年，意大利KAS保险公司建立了一个互联网保险销售服务系统，在网上提供最新报价、信息咨询和网上投保服务。英国保险公司的互联网保险产品并不仅仅局限于汽车保险，还包括借助互联网营销的意外伤害、健康、家庭财产等一系列个人保险产品。近十几年来，互联网保险在英国发展迅速，个人财产保险总保费中来自网络营销的保费比例，从2000年的29%增加到2008年的42%，而传统的保险经纪份额从42%下降到29%。相比于其他尚不成熟的保险市场的互联网保险业务，英国保险市场的互联网革新经历了一条极有代表性的发展路径。埃森哲咨询公司发布的相关报告显示，2009年，德国约有26%的车险业务和13%的家庭财产险业务是在互联网上完成的，而在仅仅1年的时间里，它们的份额就分别上涨至45%和33%，可见，互联网保险在德国发展之迅速。德国重视互联网保险的商业模式创新，率先开发出了一种新P2P保险模式，具有防止骗赔、节约销售和管理费用以及方便小额索赔等优势。

3）亚洲互联网保险概况

1999年7月，日本出现名为Alacdirect.com的互联网保险公司，这是一家完全通过互联网推销保险业务的保险公司，主要服务于40岁以下客户。1999年9月，日本索尼保险公司开通电话及网络销售汽车保险业务，到2000年6月19日，通过互联网签订的合同数累计突破1万件。在多种因素的综合作用下，2008年，日本出现了一些以互联网为主要销售渠道的人寿保险公司。2008年5月，LifeNet保险同印度国家银行安盛人寿保险（现在的Nextia人寿保险）合作，开始销售日本的第一份在线人寿保险产品。自此，在线人寿保险公司的市场份额在日本人寿保险市场中稳步增长。

在韩国，各家保险公司如韩华人寿、LINA人寿（信诺集团）、KDB人寿、现代人寿、新韩人寿、教保人寿等都已推广互联网销售业务。在韩国，互联网销售保险产品的基本流程非常简单，即网站标题或广告引流—在线报价—核保—承保完成。

4）境外互联网保险的一般模式：B2C模式、B2B模式

（1）B2C模式

互联网保险B2C模式大致可分为保险公司网站、第三方保险超市网站及互联网金融超市网站三种。

保险公司网站是一种典型的B2C电子商务模式。保险公司开设的网站旨在宣传公司产品，提供联系方式，拓展公司销售渠道。按照是否从事销售活动，可以进一步将网站细分为两类：宣传公司产品型、网上销售产品型。宣传公司产品型可以宣传公司及产品，方便客户联系，树立公司及产品形象，提高知名度，但只能算是“保险电子化”。网上销售产品型不仅可以让客户选择合适的互联网保险产品，充分利用网络渠道的优势，还可以开发专门适用于互联网的保险产品。比如，美国林肯金融集团建立了一个名为eAnnuity.com的网站，提供名为eAnnuity的专业互联网年金产品。

第三方保险超市网站为保险人和客户提供了一个交易场所。众多保险人和客户在这个超市中相互接触，使保险人发现合适的客户，使投保人找到自己需要的险种。这一模式可以细分为三类：连接保险公司型、连接代理人型、第三方管理型。连接保险公司型提供网上报价功能，使客户与保险公司相连接，保险公司每获得一个客户都要向该网站支付一定费用，但不发生真正的网上销售，比如美国的INS Web网站。连接代理人型与连接保险公司型相似，这类网站也不发生真正的网上销售，不同的是其将顾客与代理人连接，比如美国的NetQuote网站。第三方管理型运用其数据库来确定消费者的最佳交易，他们是注册代理人，而其电话代表并不是代理人，几乎不提供咨询建议，比如美国的Insure.com。第三方保险超市网站的数量在全球迅速增加，并且其积极扩张服务范围，但由于市场容量有限，以及许多产品可比性差、供应商议价能力较强等因素，这类网站面临激烈的市场竞争，生存者必须在市场营销和品牌战略等方面下大力气。

互联网金融超市网站也为客户提供了一个交易场所。互联网金融超市网站与保险公司网站的关系犹如传统超市与专卖店的关系。

（2）B2B模式

B2B模式大致可分为互联网风险市场和互联网风险拍卖两种。互联网风险市场使不同国家和地区间的商业伙伴能够不受地域、国别限制，共同分担风险，尤其是地震、洪水、泥石流、风暴等巨灾风险。例如，Global Risk Mark Place和提供巨灾风险交易的CATEX都是采用这种模式，Global Risk Mark Place提供全球性的风险交换服务，CATEX则将巨灾风险的交易搬至虚拟网络。互联网风险拍卖就是大型公司或其他社会机构通过互联网把自身的风险“拍卖”给保险公司。集团式购买比较适合这种方式，比如，汽车协会可以为其成员挑选一种最便宜的保障。这种模式虽然刚刚开始，但由于其关注了投保人的需求，因此具有强大的生命力。

5）境外互联网保险业务特点

第一，境外互联网保险是独立的网络公司通过与保险公司进行合作而介入互联网保险市场，网络公司只提供一个网络平台，而不具体参与实质性的保险运作流程。第二，境外互联网保险公司在网上售卖的险种几乎涵盖所有的线下险种，包括健康、医疗、人寿、汽车、财产保险等各大主流险种。第三，境外互联网技术发展较快，互联网保险安全防护技术完善，采用多重防火墙技术，在每个环节都可以很好地保护投资人信息。第四，境外互联网保险充分发挥了互联网的便利性，从投保到理赔均可通过网络完成，业务流程短，方便快捷。第五，境外互联网保险的监管措施完备，有严格的准入机制以及保险产品审核制度，可以将互联网保险的风险控制在一定范围内，很好地保护了投资人的利益。

7.2.3 境内互联网保险概述

1）定义

2020年12月7日，银保监会公布的《互联网保险业务监管办法》对行业术语给予官方定义：互联网保险业务是指保险机构依托互联网订立保险合同、提供保险服务的保险经营活动。

互联网保险的具体内容（如图7-6所示）如下：

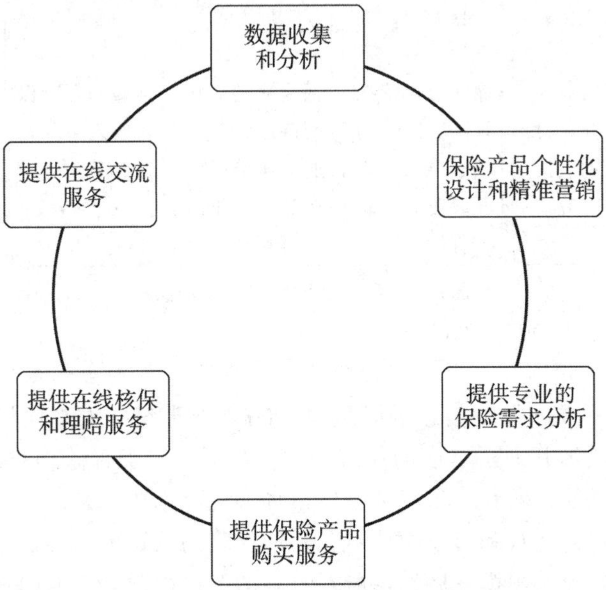

图7-6 互联网保险具体内容

数据收集和分析：同其他互联网子行业一样，数据对于互联网保险具有重要的价值。对消费者行为数据、消费数据等互联网数据加以收集，并运用保险精算技术，可以开发出更具需求针对性的保险产品。

保险产品个性化设计和精准营销：销量是影响保险公司盈利水平的关键因素。在这个环节中，互联网保险的优势是非常明显的，基于互联网技术的精准营销的运用已经十分成熟，通过互联网搜索引擎（如百度等）进行定向推广已经被广泛使用。

提供专业的保险需求分析：互联网保险公司只需通过网页上提供的保险需求评估工具对投保人的消费能力、风险偏好等信息进行评估，就能确定符合客户需求的保险。这种网上评估方式能够有效帮助客户克服选择困难，既专业又易于被客户接受。

提供保险产品购买服务：客户在确定自己需要的保险产品之后，下一步就是进行网上购买。这要求互联网保险公司做好网上购买对接服务，提供网上购买入口，开发购买网站和移动客户端。

提供在线核保和理赔服务：通过推出在线核保和理赔的作业流程、争议解决办法、理赔所需单证、出险联系电话和地址等透明化信息，客户可以方便地办理理赔业务。

提供在线交流服务：提供在线交流、售前咨询和评估以及售后保障与理赔服务，有效消除客户购买保险产品的疑虑。

2）发展历程

2014年以来，互联网保险产品层出不穷，而我国互联网保险的发展基本可以分为以下6个阶段（如图7-7所示）：

萌芽期	探索期	全面发展期	暴增期	瓶颈期	稳定发展期
—	—	—	—	—	—
内部信息化管理，太保网首次开通	网络保险中介，慧译网、优保网等	保险公司依托官网、门户网站、第三方等开展业务，众安保险成立	保险通过互联网渗透到产业，从渠道到产品、商业模式开始转变	互联网保险保费收入下降，监管政策趋严	《互联网保险业务监管办法》出台，互联网保险业务得到规范

图7-7　我国互联网保险发展历程

（1）萌芽期（1997—2007年）

1997年底，我国第一个面向保险市场和保险公司内部信息化管理需求的专业中文网站——中国保险信息网诞生。2000年下半年，太平洋保险、平安保险和泰康人寿也相继开通了自己的保险网站。随后，各类保险信息网站不断涌现。然而，鉴于当时互联网和电子商务整体市场环境尚不成熟，加之受第一次互联网泡沫破裂的影响，受众和市场主体对互联网保险的认识不足，这一阶段的互联网保险市场未能实现大规模发展，仅能在有限的范围内起到企业门户的作用。

（2）探索期（2008—2011年）

阿里巴巴等电子商务平台的兴起掀起了我国互联网的新一轮发展热潮。伴随着新的市场发展趋势，互联网保险开始出现市场细分。一批定位于保险中介和保险信息服务的保险网站涌现，有些网站借助风险投资快速脱颖而出。在这个阶段，互联网保险公司通过电子商务渠道收取的保费规模依旧较小，其战略价值还没有完全体现，因此在渠道资源配置方面仍然处在边缘地带，在政策层面也缺少产业政策的扶持。

（3）全面发展期（2012—2013年）

进入全面发展期后，保险企业通过不断摸索发展出多种互联网业务管理模式，官方网站、保险超市、门户网站、离线商务平台、第三方电子商务平台等多种互联网保险模式纷纷出现。其中，在被称为“互联网金融元年”的2013年，保险行业也获得跨越式发展，以万能险为代表的理财型保险引爆了第三方电子商务平台市场，引领互联网保险全面发展的潮流。

（4）暴增期（2014—2016年）

历经了十几年的不断积累，电子商务潜移默化地深刻改造着传统行业，保险行业也不可避免地被改造。电子商务、互联网支付等相关行业的高速发展为保险行业的电子商务化夯实了技术、产业及用户基础，“互联网+”保险时代到来。互联网保险保费收入自2011年起逐年递增，起初的增长速度较为缓慢。2013年11月，国内首家互联网保险公司——众安在线财产保险有限公司成立，互联网保险由此进入渠道创新和产品创新阶段，保费收入增长较快。2015年，我国互联网保险保费收入达2 234亿元，在总保费收入中占比9.20%。2016年，我国互联网保险保费收入增至2 347.97亿元，但增长速度有所下降。

（5）瓶颈期（2017—2021年）

随着保险行业严监管的到来，我国互联网保险保费收入也面临一定的增长压力。银保监会公布的数据表明，2017年，共有131家机构开展互联网保险业务，其中，财产险公司70家，人身险公司61家，但互联网保险保费收入仅为1 835.29亿元，同比下降21.83%。下降的原因主要与保险业业务结构调整有关：一是投资型业务大幅收缩；二是车险和商业险改革促使线上销售渠道进一步受到影响，即通过互联网渠道销售的车险和投资型业务出现较大幅度下降。2018年上半年，互联网人身险保费增长进一步大幅下滑，产险同比提升0.91个百分点。

对此，国务院发展研究中心金融研究所保险研究室副主任朱俊生表示，2017年以来，我国互联网保险发展遇到了瓶颈，不仅互联网保费收入占比降低，渠道意义上的重要性也相对下降。“大多数公司互联网保险保费收入的绝对规模有限，不利于摊销成本，尚未实现商业模式的可持续发展。其主要原因在于商车费改、中短存续期产品新规等政策变化以及互联网保险监管政策导向的变化。”①

首批4家互联网保险公司披露的2018年年报显示，已在香港交易所上市的众安在线亏损近18亿元，同比扩大80%，另外3家互联网保险公司合计亏损10余亿元，其中泰康在线、安心保险的亏幅分别扩大84%、66%，易安在线则由盈转亏。

可预见的是，在行业深化转型、市场竞争加剧的当下，互联网保险能否完全替代传统保险尚需观察，互联网保险公司的初创期或许比市场预期的还要久

① 刘佳艺．互联网保险公司全面巨亏 企业内部人士详解四大原因［N］．华夏时报，2018-09-07.

一些[①]。

在中国香港的保险行业中，保柏公司是最早利用互联网推动保险销售的，然后是保诚公司和蓝十字公司。在中国台湾地区，互联网保险的发展趋势日益强劲。依据中国台湾地区的有关规定，在寿险产品中，旅游平安险、伤害险、传统型定期寿险、传统型年金险等均可采用网络投保，但依规定，民众必须有电子凭证才可以在网络上投保。随着智能手机的日益普及，保险行业积极推出云端服务、开展数字化投保，如手机投保等。

（6）稳定发展期（2021年至今）

针对上述瓶颈，为规范互联网保险业务，有效防范风险，保护消费者合法权益，提升保险业服务实体经济和社会民生的水平，银保监会出台了《互联网保险业务监管办法》（以下简称《办法》），并于2021年2月1日施行，这标志着我国互联网保险行业进入了稳定发展期。

我国的互联网保险创新发展一直是走在全球前列的。当前监管部门高度重视数字技术及数字经济发展，《办法》政策的出台为建立保险业互联网化生产关系的宏观环境提供了有利条件，为保险业加快数字化和线上化转型奠定了坚实基础[②]。

2022年上半年，各财产保险公司充分发挥互联网优势，积极响应中央“六稳”“六保”政策要求，持续探索保障社会民生的创新保险产品，不断深入细分领域满足居民风险保障需求，拓展保障范围的广度和深度。来自中国保险行业协会的统计数据显示，2013年至2022年，从事互联网保险业务的企业已从60家发展到129家，互联网保险的规模从290亿元发展到4 782.5亿元，年均复合增长率达到32.3%。

“数字经济”连续第五年被写入《政府工作报告》。数字经济已经成为经济稳定增长的新引擎，平台经济亦将获得更加健康稳定的发展环境。《关于银行业保险业数字化转型的指导意见》提出目标：到2025年，银行业保险业数字化转型取得明显成效。

拓展阅读7-2

2022年中国互联网保险消费者洞察报告

2022年之后，用户对互联网更加依赖，加速了保险数字化进程。根据清华大学五道口金融学院中国保险与养老研究中心发布的《2022年中国互联网保险消费者洞察报告》显示，消费者在购险渠道的选择上，已经表现出明显的线上化偏好，未来这种趋势会更加明显，超八成消费者未来会考虑在线上购险，其中线上专业购险保司、平台的增长潜力最大。随着90后、95后寻求保障的意识越来越强，消费能力不断提升，这些互联网“原住民”将不断释放购险需求，互联网将成为未来购险的主力渠道之一。

① 韩宋辉．去年共亏28亿元　互联网险企到底把钱“烧”哪儿了［EB/OL］．［2023-06-06］．https：//baijiahao.baidu.com/s？id=1633469037129067221&wfr=spider&for=pc.

② 张文婷．重磅！互联网保险业务监管办法正式落地　2021年2月1日施行［EB/OL］．［2023-06-06］．http：//money.people.com.cn/n1/2020/1214/c42877-31965844.html.

3）商业模式

（1）保险公司官方网站模式

保险公司官方网站模式的运营特点为：销售成本低廉，手续简单，流程极快，可以帮助保险公司获得价格优势。网站的客户不受线下销售渠道的限制，可以有效拓宽投保群体，发挥大样本配置中和风险的作用。在线上出售的产品高度标准化，但赔付和评估依然在线下进行，而且投保人在赔付过程中承担全部举证责任，保证了保险公司在快速扩张销售的同时控制赔付风险。由于线上销售并不要求获得投保人的详细信息，因此建立官方网站要求保险公司具备成熟的线上销售、线下理赔模式系统，科学的保险产品设计，以及完善的内部风险控制制度，以此来避免缺乏投保人评估步骤带来的风险。

保险公司官方网站模式的业务流程，如图7-8所示。

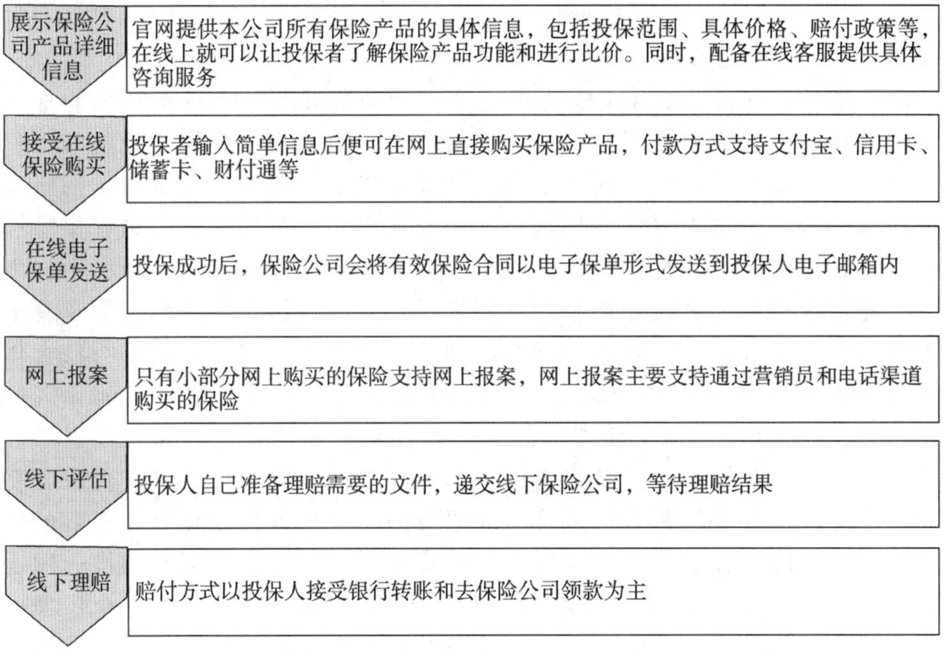
展示保险公司产品详细信息
官网提供本公司所有保险产品的具体信息，包括投保范围、具体价格、赔付政策等，在线上就可以让投保者了解保险产品功能和进行比价。同时，配备在线客服提供具体咨询服务
接受在线保险购买
投保者输入简单信息后便可在网上直接购买保险产品，付款方式支持支付宝、信用卡、储蓄卡、财付通等
在线电子保单发送
投保成功后，保险公司会将有效保险合同以电子保单形式发送到投保人电子邮箱内
网上报案
只有小部分网上购买的保险支持网上报案，网上报案主要支持通过营销员和电话渠道购买的保险
线下评估
投保人自己准备理赔需要的文件，递交线下保险公司，等待理赔结果
线下理赔
赔付方式以投保人接受银行转账和去保险公司领款为主

图7-8　保险公司官方网站模式业务流程图

（2）第三方电子商务平台模式

第三方电子商务平台是指独立于商品或服务交易双方，使用互联网服务平台，依照一定的规范，为交易双方提供服务的电子商务企业或网站。通常来说，第三方电子商务平台具有相对独立、网络化程度较高和流程专业等特点。从金融监管角度看，第三方电子商务平台模式存在诸多漏洞，电子商务平台保险资质的缺失、理赔方式的非标准化和风险管理控制的难度是该模式发展面临的主要瓶颈。

（3）网络兼业代理模式

2020年12月，银保监会发布的《互联网保险业务监管办法》规定，互联网保险业务应由依法设立的保险机构开展，其他机构和个人不得开展互联网保险业务。保险机构开展互联网保险业务，不得超出该机构许可证（备案表）上载明的业务范围。大量垂直类的专业网站由于不具备上述监管要求，便以技术服务形式使用兼业代理的资质与保险公司开展合作业务。网络兼业代理模式，以其门槛低、程序简单、对经营主体规模要求不高等特点而受到普遍欢迎，逐渐成为目前互联网保险公司中介行业最主要的业务模式之一。以上海誉好为例，该公司基于第三方在线平台提供航班延误险与手机延保服务（在线平台并无销售产品功能，只具有保险介绍、导流和电话理赔功能）。上海誉好与十几家大型保险公司合作，成为线上理赔代理，出险后，上海誉好直接对投保人进行理赔，但公司自身并不具有保险资质。这种第三方模式在互联网创新型小额保险产品服务领域及垂直保险服务领域能够取得先发优势。上海誉好横跨十几家保险公司，代理上百种小额保险的理赔业务，能够打破保险公司之间的壁垒，精确判断需求趋势和完成导流。

（4）专业中介代理模式

保监会在2012年2月正式公布了第一批包括中民保险网等19家企业在内的获得网上保险销售资格的网站，互联网保险公司中介网络销售的大门就此打开，此后保险中介业务规模得到高速发展。除了在资本金、网络系统安全性等多个方面要满足要求外，中介代理还须申请互联网销售保险执照，其较网络兼业代理模式更加安全可靠。专业中介代理网站做大做强之后，能够吸引庞大客流和现金流，利用保险风险数据、算法模型以及基于大数据的分析进一步加强自身的产品和价格优势，并进一步获得与已合作保险公司进行深入合作的机会（包括压低成本、截留保费现金和导流收益）。上千种保险的线上销售和线上理赔要求专业的互联网保险代理进行科学的保险产品选择，具备完善的内部风险控制制度，以此来避免缺乏复杂的风险评估步骤所带来的风险。如何进一步跨足评估工作更为复杂的传统险、健康险、分红险、家庭财产险、责任险的销售，如何利用境内发达的电子商务在竞争激烈的环境中保持长期稳定的客流，是专业中介代理模式面临的主要挑战。保险业界也期望在专业中介代理模式下能够出现保险界的“携程”。

（5）专业互联网保险公司模式

专业互联网保险公司的经营业务主体之间存在较大差别。根据经营主体的不同，可以将专业互联网保险公司大致分为三种：产寿结合的综合性金融互联网平台、专注财险或寿险的互联网营销平台和纯互联网的“众安”模式。专业互联网保险公司的优势体现在：第一，在数据的收集、归拢、分析上有先天优势，使得提供个性化的保险服务成为可能；第二，可利用大数据手段分析消费者行为，挖掘新的需求，开发新的保险产品；第三，引入信用评价机制作为承保的参照标准之一，有效解决道德风险问题。

4）互联网保险公司介绍[①]

（1）微保

微保是腾讯控股旗下的保险平台，于2017年10月取得保监会批复的经营保险代理业务许可证，正式入局互联网保险行业从事保险经纪代理业务。微保坐拥微信的庞大用户客群，在获客上具有得天独厚的优势。依托腾讯社交，其互联网保险产品可以通过用户朋友圈的推荐广泛传播。在产品端，微保围绕用户需求精选产品，并在产品设计上精打细算，解决条例复杂、保费过高、理赔难等传统行业痛点。微保的业务模式分析，如图7-9所示。

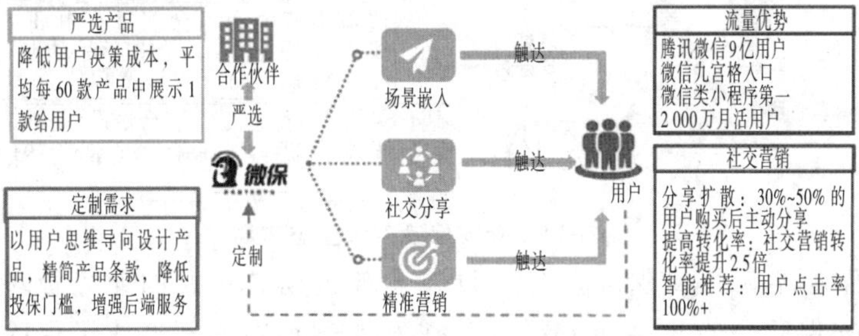

图7-9　微保业务模式分析

微保的业务布局由医疗险出发，逐渐覆盖健康险、意外险、车险、创新险和寿险多个领域。微保通过对保险产品的打磨，不断设计出普惠、定制的保险产品，渗透了更多用户，同时对用户的风险意识教育也起到了正向推动作用。2018年，微保上线“孝亲保”，打开了复杂寿险的互联网市场，依托于微信钱包及社交实现快速传播。微保的业务布局，如图7-10所示。

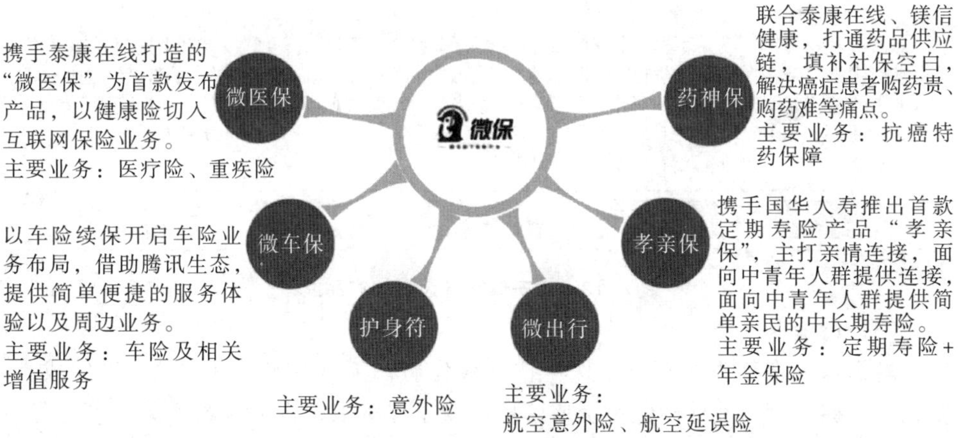

图7-10　微保业务布局

（2）众安保险

众安保险是国内首家互联网保险公司，于2013年由蚂蚁金服、腾讯、中国平安发起成立。众安保险完全依托于互联网开展保险业务，不设分支机构。成立以来，众安保险保费收入维持快速增长，已经成为互联网保险领域保费规模排名

---

① 艾瑞咨询．2019年中国互联网保险行业研究报告［R］．北京：艾瑞咨询，2019.

第二的保险公司，逐渐形成了健康、消费金融、汽车、生活消费、航旅五大生态布局（如图7-11所示）。

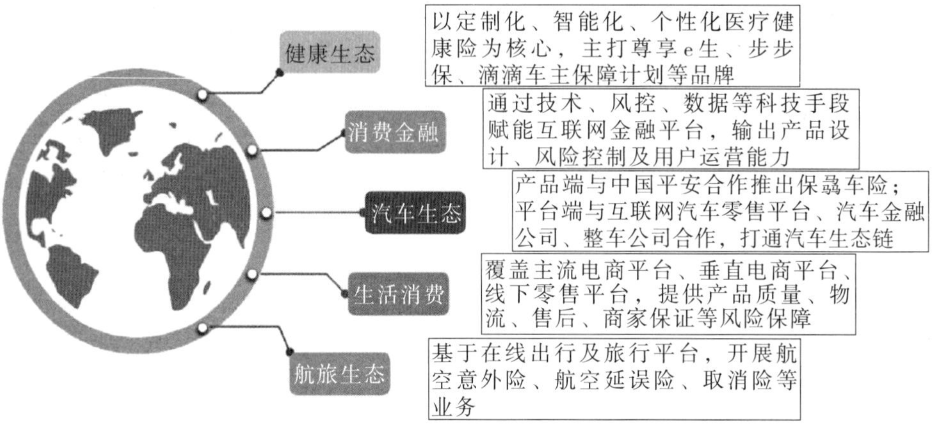

图7-11　众安保险五大生态布局

众安保险不仅提供保险业务，科技业务也是其重要的业务板块。自成立以来，众安保险一直重视研发投入，在发展过程中逐渐形成了保险科技产品（S）、商保科技产品（H）、数据智能产品（X）、金融科技产品（F）和区块链产品（T）五大保险科技产品线（如图7-12所示），并开始商业化对外输出。

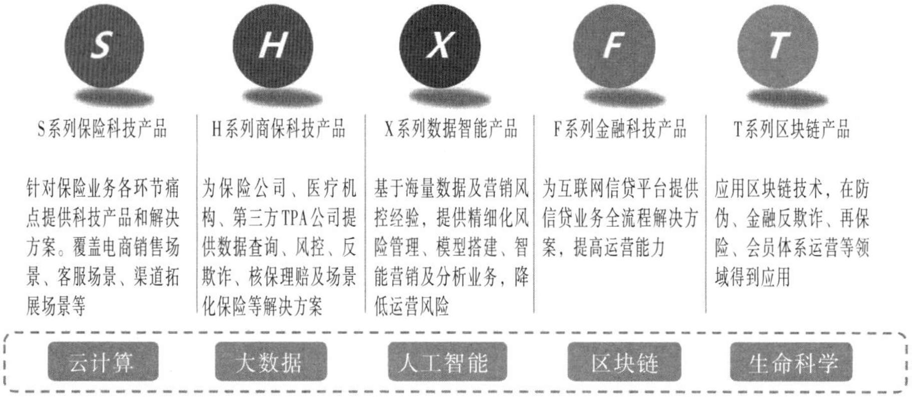

图7-12　众安保险五大科技产品线

（3）量子保

量子保的全称为北京量子保科技有限公司，于2016年9月成立，已完成A+轮融资，拥有全国性保险经纪资质牌照。量子保可以被定义为场景保险代运营平台，其通过线上工具和线下地推的方式能够触达大量未被覆盖的企业保险需求，并将客户输出给保险公司。在企业端，量子保为1 000万家中小企业提供简单、可信赖的保险产品和服务，凭借动态保费、大数据精算、全线上流程体验等科技创新优势，帮助企业降低成本，挖掘深度价值，抵御风险。客户已覆盖驾培、蓝领用工、宠物、航旅、医美、教育、O2O、共享经济等多个领域。量子保的业务模式和场景布局，如图7-13所示。

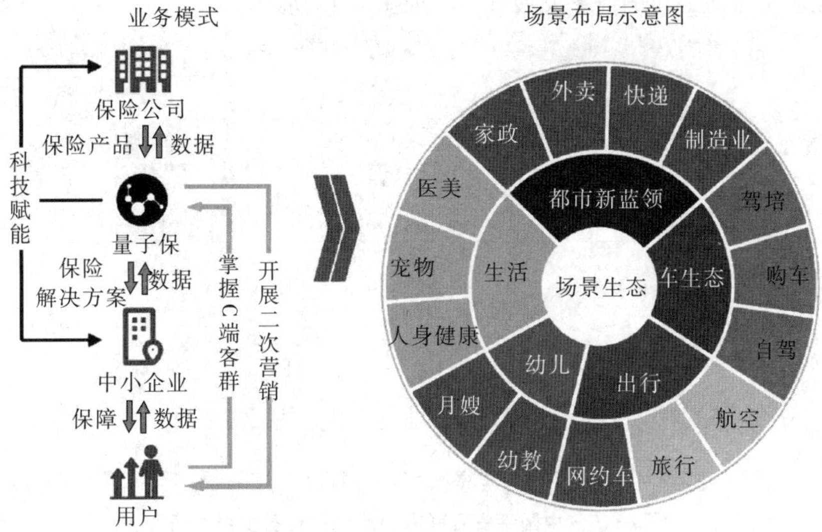

图7-13 量子保业务模式和场景布局

量子保聚焦保险科技领域，通过运用大数据等科技手段实现保险真正的互联网化，构建“保险+工具+生态”的新型商业模式。依托海量的数据沉淀，量子保能够更加贴近和了解中小企业及用户需求，同时通过人工智能、区块链等技术解决中小企业差异定价及风险控制难题。量子保的科技输出示意图，如图7-14所示。

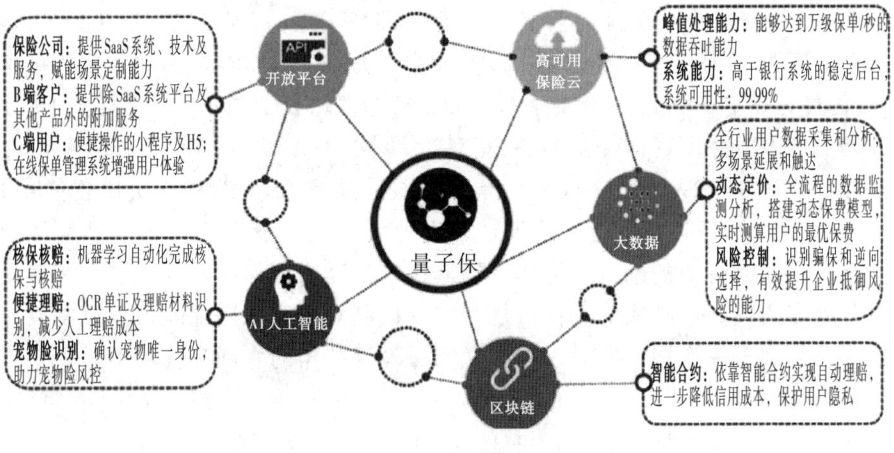

图7-14 量子保科技输出示意图

（4）中国平安互联网保险公司

中国平安互联网保险公司是中国平安旗下的互联网保险公司，成立于2013年，公司总部位于深圳，在上海、北京、广州、杭州、成都、武汉、南京等城市设有分支机构。该公司主要经营互联网保险业务，包括车险、健康险、旅游保险、意外险等。该公司以“简单、便捷、互动”为理念，致力于通过互联网技术和移动端应用，提供更加优质、便捷的保险服务。截至2021年，中国平安互联网保险公司已经成为我国最大的互联网保险平台之一，拥有超过1亿用户。中国平安互联网保险公司的业务发展布局，如图7-15所示。

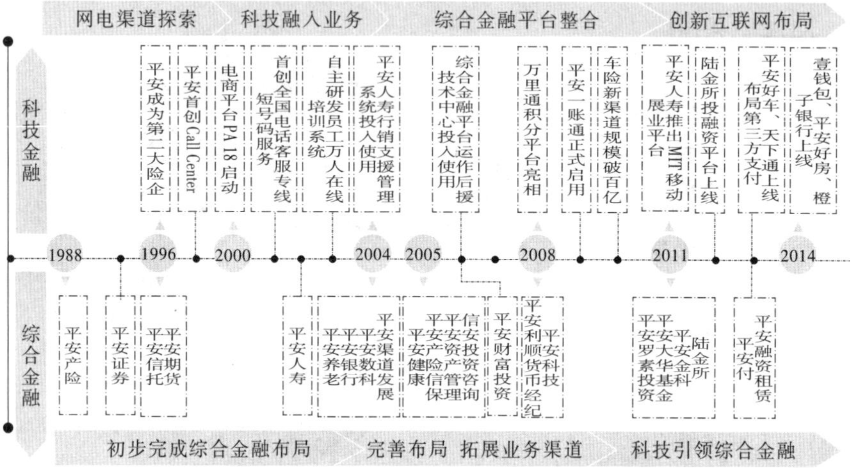

图7-15　中国平安互联网保险公司业务发展布局

7.2.4　境内互联网保险业务的发展趋势

1）面临的问题

（1）加强监管

从2012年开始，我国互联网保险不断发展，各保险公司借助官网、保险超市门户网站、离线商务平台、第三方电子商务平台等多种方式开展互联网保险业务。2011—2017年，国内经营互联网保险业务的公司从28家上升到131家。2017年，互联网保险签单件数达124.91亿件，增长102.60%，其中，退货运费险68.19亿件，增长51.91%；保证保险16.61亿件，增长107.45%；意外险15.92亿件，增长539.26%；责任保险10.32亿件，增长438.25%。2017年，互联网保险保费收入为1 835.29亿元，同比下降21.83%，从2012年以来首次出现逆增长。面对发展迅速的互联网保险，法律法规和监管机制并没有完全跟上其发展的步伐。互联网保险行业的准入、运作、退出机制是互联网保险市场机制发挥作用的重要基础和前提，而相应的法律法规和监管机制对于互联网保险市场机制发挥作用的环节起到把关作用。所以，在互联网保险近些年的发展和变革中，一系列市场问题凸显出来。

（2）信息安全堪忧

随着大数据时代的到来，数据公开与共享成为趋势，但数据公开伴随着来自法律、伦理、道德等方面的争议，制约了互联网保险的发展。数据公开是一把“双刃剑”，一方面，数据公开不仅为依托网络经营的互联网保险提供更便捷、准确的数据来源，促进互联网保险的发展，也为整个社会创造价值；另一方面，数据公开可能造成用户隐私泄露、人权遭受侵害，这是在大数据时代发展互联网保险不容忽视的问题。互联网的开放性特征，使得某些商业机构利用不正当手段对保险网络数据资料进行篡改或破坏变得更加容易。在我国信息安全技术尚不成熟、各保险企业对信息安全投入差异较大的情况下，互联网保险对客户信息安全存在严重的威胁。

(3) 经营模式多种多样，缺乏成熟体系

互联网技术与电子商务的发展，使互联网保险的经营模式逐渐多样化，但是每一种模式都不够完善，都存在一些亟待解决的问题。自主经营的保险公司官方网站模式存在宣传推广难、产品体系不完善、运行维护难度大等问题。专业中介代理模式存在产品缺乏创新、销售规模受限制的缺点。第三方电子商务平台模式面临监管缺失、资金流转漏洞、销售资质欠缺等方面的问题。网络兼业代理模式饱受缺乏监管要求、市场秩序混乱、运营效率低下的诟病。专业互联网保险公司模式在境外发展成熟，已经成为主导模式，而在境内市场兴起不久，这种商业模式较前四种更能加强与客户的深入沟通，所以客户的满意度和认可度很高，其中最为典型的类型便是纯互联网模式。虽然专业互联网保险公司模式逐渐受到保险企业和保险监管部门的重视，在全社会也引起了广泛的关注，但受保险行业结构转型的影响，我国互联网保险行业整体发展受阻，以往"短平快"的发展模式已不能适应新时代的行业发展需求，保险机构需要及时调整战略目标，加强对产品和渠道的精耕细作，重视保险科技的赋能布局，同时提升创新服务水平，才能迎合行业发展趋势。

2）优势

(1) 以客户为中心

与传统保险相比，互联网保险强调"以客户为中心"，根据客户需求设计出真正让客户满意的产品和服务，最大限度地满足不同客户的个性化、多元化需求。保险产品将日益多元化、细分化，且不易受成本限制、销售渠道限制、规模限制等。保险公司之前不愿做、不愿卖的产品，互联网保险都能以低廉的成本找到相应的客户。

(2) 成本低，效率高

互联网保险有低廉的价格和便捷的购买方式。传统保险销售模式不仅效率低，而且成本高。通过互联网销售保险，能够省去很大一笔佣金支出，大大降低公司的经营成本，具体表现在保险费率的下调，从而让客户受益，同时节省买卖双方联系、洽谈的时间，简化交易手续，提高效率。

(3) 减少保险销售误导现象

在互联网上销售的保险产品都会清楚地列出保险责任、除外责任、保险费率等内容，投保人可以"货比三家"，自主选择适合自己的保险产品，并详细查看保险条款，这改变了仅靠业务员介绍条款的传统销售方式，有利于引导客户理性投保，大大减少了保险销售误导现象。

(4) 提高客户服务水平

互联网具有开放性、交互性的特点，客户可以轻松查询保险公司在网上提供的公司和产品的详细介绍，而且能够进行在线咨询，这加快了信息传递速度，提高了客户对保险公司的满意度。同时，保险公司直接进行网上监控能够使其提供的服务更加规范化、统一化和标准化，提高服务质量和服务水平，树立良好的企业形象。

（5）增添新的销售机会

传统保险销售模式由于受人力、财力等限制只能与部分客户接触，而互联网保险具有超越时间和空间限制，可为全国各地的人群提供24小时服务的特点，使得那些没有被保险代理人联系到的客户以及不喜欢被陌生人打扰的人群可以通过互联网获得服务。因此，互联网保险使更多的人成为保险新客户，大大增加了销售机会。

3）发展前景

（1）移动互联网保险是新的发展趋势

当前手机和平板等移动互联设备日益普及，作为个人数据入口的移动互联网代表了互联网发展的核心趋势。根据中国互联网络信息中心发布的数据，截至2022年12月，我国手机网民规模达10.65亿人，网民中使用手机上网的比例为99.8%。客户通过手机一键关注，与保险公司建立起日常联系，可以随时随地接收到新的保险信息和产品信息。“求关爱”“救生圈”“摇钱树”这些富有交互性、趣味性的险种在给予手机端客户良好体验感的同时，也为保险公司提升了影响力。未来，向移动端推送的保险产品必然成为保险销售新的增长点。

（2）按需定制的全产业链模式主导

互联网保险的发展浪潮，在改变保险领域销售渠道、竞争环境的同时，也逐渐颠覆着传统保险的商业模式。互联网保险必须依照互联网的规则与习惯，以用户至上的理念，改变现有的保险产品、运营与服务。大数据的应用使得保险产品和服务的个性化及私人定制成为可能，这将有助于解决保险产品和服务的同质化问题。互联网时代讲求与客户的互动，增加客户的黏性，提升客户的体验感，并满足其需求，从而增加后续业务的可持续性。保险公司可以通过创新场景应用、带有趣味性的问题设计或小游戏等手段了解客户的需求，从而设计针对细分人群的创新产品。未来，互联网保险将会从“大公司开荒、第三方平台浇水、电子商务助力”这种简单模式向“按需定制的全产业链模式”进阶。

（3）门槛降低，保险产品趋于碎片化

余额宝降低了货币市场基金投资的门槛，同样，互联网保险领域也出现了很多“1分钱”保险，涵盖交通意外险、厨房意外险、旅游险等多个险种，涉及生命人寿、阳光保险、信泰人寿、中美联合大都会人寿、国华人寿、太平洋人寿等多家保险企业。碎片化已经成为互联网保险产品的主旋律，主要体现在：价格低廉，保障时间缩短，保障范围收窄，条款简单、标准化。此类保险产品是对保险市场的进一步细分，比如由人身意外险细分出的“鞭炮险”，由产品责任险细分出的“乳制品召回损失险”，由重大疾病险细分出的“防癌险”等。这些保险产品尽管短期内不会盈利，但是培育了市场，积累了客户资料，有助于二次营销。

@ 本章小结

互联网基金即通过互联网渠道实现销售的证券投资。产品研发者（电子商务支付机构或基金管理人）致力于改善用户体验，无论是从产品的赎回时效、申购门槛、费用成本还是从操作感受等方面，都以客户为中心进行了优化改良。由于货币市场基金的特性与互联网支付机构的电子商务职能高度匹配，互联网基金选择了货币市场基金作为其发展的起点。

互联网保险业务是指保险机构依托互联网和移动通信等技术，通过自营网络平台、第三方网络平台等订立保险合同、提供保险服务的业务。

@ 关键术语

互联网基金；互联网保险

@ 习题

复习思考题：

（1）互联网基金的定义是什么？其模式有哪些？

（2）互联网基金的发展历程是怎样的？

（3）结合本章内容及案例分析，谈谈互联网保险仅仅是保险的互联网营销吗？

（4）你是如何认识互联网基金/保险的风险的？

研讨题：

通过互联网查询资料，就以下问题展开讨论：

（1）互联网基金的未来发展趋势是什么？

（2）2022年7月，公募基金市场数据显示，我国公募基金规模迈上新的历史台阶，总规模突破27万亿元大关，基金产品总数也超过1万只，其销售渠道也普遍布局于网络，从而导致基金产品竞争加剧，而且基金的同质化竞争明显。该状态对于基金业的发展是好还是坏？

（3）互联网基金带来的“鲶鱼效应”加剧了零售银行市场的自我变革，倒逼商业银行转型升级，使其利率更接近于市场利率水平，从而促进了利率的市场化转型。请对此展开评价。

（4）请探讨《互联网保险业务监管办法》对互联网保险行业的影响和作用，并分析未来互联网保险行业的发展趋势和面临的挑战；思考互联网保险行业应该如何发展，如何提高服务质量，以保护消费者权益。

（5）蚂蚁金服原计划于2020年11月5日在上海和香港同步上市，但由于监管方面的问题，最终在上市前夕被叫停。余额宝则是面临强监管，被要求提高现金类资产占比、降低杠杆率等，以降低风险。请据此分析该如何增强金融稳定。

案例分析

众安保险联手阿里巴巴推出首款云计算保险

2013年2月18日，众安在线财产保险公司（以下简称众安保险）成立，这是中国平安乃至整个中国保险业在互联网金融领域的一次创新性突破。它不需要分支机构，完全通过互联网进行销售和理赔，产品线主要有责任险、保证险两大类险种。所有互联网金融的参与者都被众安保险纳入目标客户群体，包括互联网平台、互联网服务提供商、电子商务商家、网络购物消费者、社交网络参与者等公司和个人客户。同境外的互联网保险公司一样，众安保险是一家基于数据的创新型互联网保险公司。大数据使过去无法满足的保险需求在当今成为可能。互联网保险不是通过互联网渠道挤占线下渠道，而是在大数据时代挖掘新的社会需求、创造新的产品，丰富保险市场，解决多样性保险需求。利用数据进行需求挖掘和产品设计，实现自动核保、自动理赔、精准营销和风险管理，这才是互联网金融的精髓。可以看出，众安保险创立精神的核心正是互联网和大数据。成立不到两年，众安保险估值就高达500亿元。截至2015年6月30日，众安保险累计投保单数近20亿笔，客户数超过2.86亿人。而根据业内人士估算，2014年全年，其他保险公司的保单总和也就在20亿笔至30亿笔之间，对应的IT投资则高达百亿元。

近年来，云计算的发展速度有目共睹。随着技术的进步，云计算市场的技术竞争已经走进白热化的阶段，云计算服务也走进同质化的时期，能给云计算服务商带来竞争力的只有提升安全性。如何做到云计算服务100%安全？阿里云的选择是联合众安保险探索云计算保险。随着云计算的发展上升到国家战略性产业层面，云计算的安全保障问题也成为不可或缺的一环。在境外市场上，早在2011年，美国就从国家战略层面提出了《云计算技术发展白皮书》，将云计算纳入国家发展战略。

2015年2月，国务院发布了《关于促进云计算创新发展培育信息产业新业态的意见》，从政策上支持云计算技术；同时，国家支持政府上云、社会基础服务上云，例如，将12306的铁路票务查询系统接上阿里云，将杭州政府信息系统接上阿里云。

随着云计算的普及，大量政府核心数据、社会公共数据、企业运营数据已经接入云计算。越来越集中的云计算和云存储带来了高度的数据安全风险，要分散风险就需要发挥保险的风险转移功能，因此，云计算保险十分必要。可以说，云计算与保险是硬币的两面，云计算的高速发展需要保险服务作为其安全后盾，二者共同发展，互为补充。阿里云联手众安保险推出的云计算保险，让阿里云的用户有了100%保障。境内首款云计算保险产品是由众安保险承保的，保障范围覆盖数据安全、服务可用、硬件设备、网络通信等多个层面，保费由阿里云全额承担。

阿里云的用户如遇到数据安全、云服务、硬件设备故障等问题而遭受损失，都将由专业的第三方保险公司提供赔付，同时也对数据的100%私密性、100%可销毁性等提供保障，后期如用户遭遇损失，只需联系阿里云客服反馈情况、配合理赔即可，众安保险将根据损失情况进行赔付。同时，按照规划，未来阿里云与众安保险还将推出更多用户可选的增值服务，如用户可为自身系统投保，购买更高保障，若遭遇黑客攻击造成损失，将可获得保险赔付。

云计算保险是互联网保险在云技术领域迈出的第一步。其为更多的互联网安全问题提供量身定制的保险服务，将互联网保险的保障机制引入互联网技术领域乃至整个互联网生态链，是互联网保险公司探索的路径。阿里云和众安保险基于双方互有优势的技术和服务，在境内率先突破现有的云计算保险营销模式，最终实现云计算领域保险合作的双赢结果，为云计算行业树立了典范。保险这一举措将推动更多企业上云，云计算保险在未来将会成为云服务商的标配。

截至2021年底，众安保险服务超过5亿用户，累计出具约427亿张保单。在科技赋能保险的同时，众安保险将经过业务验证的科技对外输出。截至2021年底，众安保险的科技输出累计服务企业客户数超过600家，海外合作伙伴包括日本的财产保险公司SOMPO、东南亚领先的O2O平台Grab、新加坡最大的综合保险机构Income等知名企业。

拓展阅读7-3

互联网保险亟待规范发展

资料来源 [1] 国信证券. 互联网保险重在场景和保险 [R]. 北京：国信证券，2015. [2] 众安保险官方网站（https：//www.zhongan.com/）.

问题：结合案例内容，谈一谈众安保险是如何利用互联网技术开展保险业务的。众安保险的发展模式对于未来互联网保险业务的开展具有什么值得借鉴的地方？

第8章 互联网信托与理财

教学目标

【知识传授目标】

了解互联网信托的背景、模式、特点和未来发展趋势；了解互联网理财出现的背景、特点、影响和未来发展趋势。

【能力培养目标】

掌握互联网信托的基本知识，能够结合所学知识分析并应对互联网信托的风险；掌握互联网理财的基本知识，能够根据所学知识分析并应对互联网理财的风险。

【价值塑造目标】

学会解析现实生活、探究内在规律，提高分析问题、解决问题的能力和专业素质；增强理性投资意识和风险防范意识，树立正确和科学的理财观，不要被高收益和高回报蒙蔽双眼。

知识架构

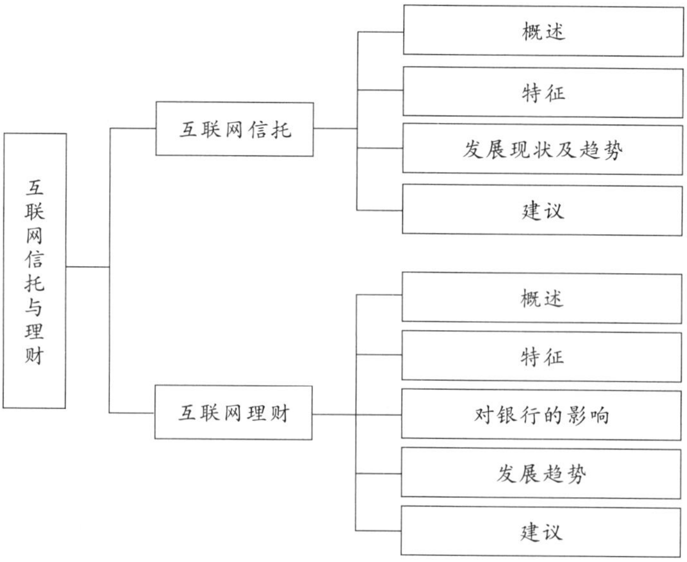

@导入案例

腾讯理财通

2023年1月14日，腾讯理财通在微信钱包上线9周年。凭借微信钱包这一强势移动入口，截至2019年底，腾讯理财通资金保有量超过9 000亿元，服务用户数超过2亿人。腾讯理财通用户通过微信钱包、朋友圈、公众号和好友推荐等渠道获知该平台。腾讯理财通的优势在于腾讯积累的优质用户、社交特色以及大数据。目前，腾讯理财通已上线货币基金、保险类理财、债券基金、指数基金、混合型基金、境外型基金等多元化理财产品。腾讯的金融科技及企业服务业务2022年第四季度的收入同比下降1%，至472亿元。由于疫情短暂抑制了支付活动，金融科技服务收入同比增速较上季放缓。

腾讯理财通拥有最具核心竞争力的入口优势。腾讯2022年第四季度及全年业绩数据显示，QQ的移动终端月活跃账户数5.72亿个。微信及WeChat的合并月活跃账户数13.13亿个。

根据《腾讯理财通五周年大数据》研究报告显示，腾讯理财通用户中90后用户最多，占38%；80后用户占35%。可见，腾讯理财通用户群体以80后、90后为主，可能是因为年轻人更加容易接受新鲜事物。未来，腾讯理财通将持续开拓三四线城市及以农村为代表的新兴市场，对用户精细化分类，深入了解用户需求，继续接入更丰富的理财产品，融入更友善的社交元素，提供更具个性的理财服务和更快捷的基础服务。

近年来，互联网金融发展迅速，各类网络投资理财平台应运而生。那么，什么是互联网信托？什么是互联网理财？本章将介绍互联网信托与理财的基本内容，以解答上述问题。

8.1 互联网信托

8.1.1 概述

传统意义上的信托指的是委托人基于对受托人的信任，将手中的财产交由受托人，受托人依照委托人的意愿对其进行管理的行为。信托不仅是一种法律行为和财产管理制度，更是一种金融制度。在现实生活中，信托一般涉及三方面人群：委托人、受托人和受益人。其中，委托人涵盖了大部分的信托投资人；受托人主要是指各信托投资公司；受益人则是指由委托人通过契约和遗嘱的方式确定的信托财产的受益人，既可以是委托人自身也可以是其他人。

信托历史悠久，最初起源于英国，在我国于改革开放初期萌生，以解决银行信用不足、社会资金闲置过多、外资引进困难和投资渠道单一等一系列问题。发展至今，信托对我国经济发展起到了关键作用。2022年作为资管新规正式实施的元年，信托业在稳固转型成果的基础上加快改革步伐，融资类及通道类业务持续压降，资产投向不断优化。截至2022年第四季度末，信托资产规模为21.14万亿元，同比增长5 893.44亿元，增幅为2.87%；环比增长649.67亿元，增幅为0.31%；相较于2017年第四季度的历史峰值，2022年第四季度的信托资产规模下降19.46%。

从资产来源结构看，资产来源结构进一步优化，但优化幅度较上一年度有所放缓。数据显示，截至2022年第四季度末，集合资金信托规模同比增长3.97%，管理财产信托规模同比增长10.15%，单一资金信托规模同比下降8.92%。从信托资产功能分布看，行业资产功能结构也在积极转型调整。数据显示，截至2022年第四季度末，作为信托业重点转型领域，投资类信托规模同比增长9.20%；在监管要求和风险防控压力下，融资类信托规模同比下降14.10%；事务管理类信托规模同比增长3.68%，延续企稳回升态势[①]。

信托业服务实体经济的方式不断拓宽。除了信托贷款外，信托公司还通过股权投资、投贷联动、资产证券化、基金化运作等多种方式为小微企业、民营企业等实体企业提供投融资支持。2022年，信托业持续创新提升服务实体经济能力，通过新业务和新产品，积极为中小微企业提供金融支持，引导社会资金更多投向普惠金融、绿色金融、科技金融等重点领域，有力地为实体经济发展提供了金融支持[②]。信托同银行、保险、证券一道被称为我国的“金融四大支柱”。在银行、保险、证券等纷纷触网的潮流下，信托也在积极寻求同“互联网+”的结合[③]。

1）背景

互联网信托在2015年上半年以前的发展虽然迅猛，但是由于缺乏相关的法律法规，所以其整个发展轨迹就像“擦边球”式的摸爬滚打，直到十部委联合发布了《关于促进互联网金融健康发展的指导意见》，互联网信托才算真正地从幕后走向了台前，为大众所认可和接受。相关细则如下：

“为鼓励金融创新，促进互联网金融健康发展，明确监管责任，规范市场秩序，中国人民银行、工业和信息化部、公安部、财政部、国家工商总局、国务院法制办、中国银行业监督管理委员会、中国证券监督管理委员会、中国保险监督管理委员会、国家互联网信息办公室十部委于2015年7月18日联合印发了《关于促进互联网金融健康发展的指导意见》（银发〔2015〕221号，以下简称《指导意见》）。

……

“（十二）互联网信托和互联网消费金融。信托公司、消费金融公司通过互联网开展业务的，要严格遵循监管规定，加强风险管理，确保交易合法合规，并保守客户信息。信托公司通过互联网进行产品销售及开展其他信托业务的，要遵守合格投资者等监管规定，审慎甄别客户身份和评估客户风险承受能力，不能将产品销售给与风险承受能力不相匹配的客户。信托公司与消费金融公司要制定完

---

① 翟立宏．2022年度中国信托业发展评析［EB/OL］．［2023-06-06］．http：//www.xtxh.net/xtxh/statistics/48366.htm.

② 石诗语．信托业资产规模企稳［N］．中国证券报，2022-12-13（04）．

③ 佚名．中国信托业协会：信托资产规模已较历史高点累计压降超16%［EB/OL］．［2023-06-06］．https：//baijiahao.baidu.com/s？id=1653350998820498466&wfr=spider&for=pc.

善产品文件签署制度，保证交易过程合法合规，安全规范。互联网信托业务、互联网消费金融业务由银监会负责监管。”

可以看到，虽然《指导意见》有关互联网信托的规定偏少，但是这是行业内首次提出了“互联网信托”一词，并且率先从宏观层面对互联网信托的合法地位、监管单位、业务边界等方面给出明确的规定，这对于互联网信托的发展起到了极大的促进作用。同时，《指导意见》要求监管部门要制定适度宽松的监管政策，这也为互联网金融创新留有余地和空间。

作为一种互联网金融新业态，原先的互联网信托发展基本处于一种无序无规的状态。《指导意见》出台后，伴随着监管的到位和牌照的下放，互联网信托的平台格局被打乱重组，境内成熟的金融机构、投资机构、电子商务企业、互联网公司等参与投资和开发的比例加大。“正规军”的入场与原有的互联网信托性质的平台一同面对市场的挑战和相互竞争，这将有利于互联网信托产品的更新换代和行业的长久健康发展。

2）概念

结合《指导意见》，互联网信托是指由委托人依照契约和网站条款的规定，为了自身的利益，将自己财产上的权利通过受托人（即互联网平台）进行财富管理和资产投资，受益人按规定条件和范围接受受托人转给委托人的原有财产以及过程中所产生的收益的理财产品。

8.1.2 特征

1）模式

（1）“信托公司+互联网”

这种模式由信托公司主导，开辟网上平台渠道。信托公司将其手中已有的融资端客户和项目放到网上平台进行直接融资，或者允许持有该公司信托产品的投资者将信托的受益权抵押给平台或第三方机构，以此来进行融资，从而实现信托产品的流转。这种模式的好处在于整个交易都处在信托公司的监控下，风险易于把控，专业性较强。其创新之处在于这种模式并非单纯的线下线上销售的转换，其交易的并非只有信托产品本身，还包括信托产品的衍生品。

另外，信托公司可以通过建设线上开放式平台，借助网络渠道来销售信托产品，做到线上和线下同步发行、实时对接。平安信托、四川信托、陆家嘴信托等信托公司纷纷构建网上金融超市，如四川信托旗下的锦绣财富和平安信托旗下的平安财富宝。

（2）“互联网公司+信托”

在这种模式下，信托公司更多是依靠互联网公司来开展互联网信托业务，互联网公司起主导作用，信托公司起到渠道的作用。例如，“百发有戏”作为消费金融业务与电影文化产业相结合的系列产品，是由百度金融中心与中信信托、中影股份、德恒律师事务所合作推出的。“百发有戏”包含了消费信托和资金信托两部分，除了消费权益有效期内客户已实现的消费权益外，产品到期后，用户的现金补偿将会进入中信信托的消费信托账户，由中信信托进行信托理财，客户可以通过“百发有戏”的个人页面查看自己的资金收益，并且可以随时提现，做到“消费+投资”两不误。

在这样的模式下，信托公司只是产品的参与者，不仅客户、交易过程等要由互联网公司来提供，甚至资产、风险控制等都可能由互联网公司来负责筛选、推荐，信托公司仅仅是一个通道（实际上通道业务在传统信托业务中也是举足轻重的）。

多数消费类信托被认定为单一事务管理类信托，不受集合信托合格投资者的门槛限制。消费信托模式的创新使信托公司更贴近用户，消费信托深度结合互联网金融概念，通过在线互联网平台发售，打造出了具有品牌特色的产品。除了以中信信托为代表的电影消费信托的模式外，平安信托在“综合金融服务商平台”搭建中也进行了深入的探索，其为不同类型客户提供差异化的投融资服务，借助大数据手段和挖掘技术，对客户和产品进行了精细化分级、匹配、撮合，以满足不同客户的个性化金融服务需求；万向信托则利用“互联网+金融+消费+体育”的模式，引领投资者分享体育足球产业发展的红利。在当前的市场上，消费信托已涵盖医疗养生、酒店住宿、旅游、影视娱乐、珠宝钻石、家电等领域。信托公司推出消费信托计划是看好我国未来的消费市场，而对于消费者来说，购买消费信托在满足心仪的消费之余，还能获得不菲的收益，同样颇具吸引力。消费信托可以归为单一事务管理类信托，其目的是在有保障的前提下获取高性价比且优质的消费，与传统的投融资概念的集合资金信托完全不同。

（3）“互联网公司+第三方机构+信托产品”

由于互联网信托的主要投资人群与信托合格投资者的法定要求相距甚远，所以，目前第三方机构通过互联网渠道提供信托产品的方式一般是转让其持有的信托受益权份额，或允许其他信托持有人转让其持有份额，并非直接销售信托产品。

在这种模式下，由于该类平台不具备信托公司背景，又没有经过复杂的产品合规性设计，所以其业务具有较大的瑕疵，从而引发一定的争议。

总体来看，信托的本质仍是金融，其管理核心是控制风险，互联网只是作为一种技术上的提升。对金融而言，最重要的是信用，而对互联网而言，最重要的是获取信息。信用的建立过程很长，往往需要几十年，而信息则不然，所以相比互联网进军信用领域，信托拥抱互联网相对容易。

另外，应该看到，经过10多年的飞速增长，信托行业面临拐点，进入“新常态”，转型发展成为各大信托公司最重要的发展战略。互联网大潮风起云涌，“互联网+”战略推波助澜，互联网以惊人的速度渗透到传统行业的方方面面。在信托转型发展的主要方向上，互联网发挥着重要的作用。

2）特点

自身矛盾性特点，即互联网信托与传统信托的区别如下：

互联网信托与传统信托的不同，归根结底是源于法规的约束不同。相对于新兴的互联网信托，法律法规对于传统信托的限制颇多，传统信托在发展过程中出现的诸多漏洞和不足，信托法都给予了添补及完善。所以，传统信托在法规制定上，从某种程度而言是比较完备而详尽的，这对于其自身的发展既是优势亦是束缚。

信托产品一直以门槛高、受限多等特点而著称，不仅对信托投资者的资格有明确的规定，而且对信托产品的售卖、宣传和管理等环节也都有明确的规定。银监会于2008年12月17日通过的《信托公司集合资金信托计划管理办法》规定的细则如下：

“第六条　前条所称合格投资者，是指符合下列条件之一，能够识别、判断和承担信托计划相应风险的人：

“（一）投资一个信托计划的最低金额不少于100万元人民币的自然人、法人或者依法成立的其他组织；

“（二）个人或家庭金融资产总计在其认购时超过100万元人民币，且能提供相关财产证明的自然人；

“（三）个人收入在最近三年内每年收入超过20万元人民币或者夫妻双方合计收入在最近三年内每年收入超过30万元人民币，且能提供相关收入证明的自然人。”

如果信托受益人要转让受益权，则受让人必须也是合格投资者，而且将信托受益权进行拆分转让的，受让人不得为自然人。机构所持有的信托受益权，不得向自然人转让或拆分转让。

综上，对投资端而言，信托产品并非一般消费者可以投资的理财产品。

“第五条　信托公司设立信托计划，应当符合以下要求：

“（一）委托人为合格投资者；

“（二）参与信托计划的委托人为唯一受益人；

“（三）单个信托计划的自然人人数不得超过50人，但单笔委托金额在300万元以上的自然人投资者和合格的机构投资者数量不受限制；

“（四）信托期限不少于一年；

“（五）信托资金有明确的投资方向和投资策略，且符合国家产业政策以及其他有关规定；

“（六）信托受益权划分为等额份额的信托单位；

“（七）信托合同应约定受托人报酬，除合理报酬外，信托公司不得以任何名义直接或间接以信托财产为自己或他人牟利；

“（八）中国银行业监督管理委员会规定的其他要求。”

对推介信托计划的规定如下：

“第八条　信托公司推介信托计划时，不得有以下行为：

“（一）以任何方式承诺信托资金不受损失，或者以任何方式承诺信托资金的最低收益；

“（二）进行公开营销宣传；

“（三）委托非金融机构进行推介；

“（四）推介材料含有与信托文件不符的内容，或者存在虚假记载、误导性陈述或重大遗漏等情况；

“（五）对公司过去的经营业绩作夸大介绍，或者恶意贬低同行；

“（六）中国银行业监督管理委员会禁止的其他行为。”

根据以上法规的内容和现实操作的特点，可对互联网信托的自身矛盾性进行分类总结：

① 信托和互联网是矛盾体，信托是私募性质，其只能向特定对象宣传，而互联网是面向不特定对象的。

② 互联网产品的特征是标准化，而信托的一个典型特征就是非标准化、定制化，它是各类不同的业务类型的集合。

③ 互联网的核心精神是去中心化、分权化、开放化、分享化，而信托的核心精神首先是中心化，信托机构强化自身信誉的过程就是强化自身的中心化和主体化。

④ 互联网产品有公开、透明的特质，而信托却十分注重保护客户隐私。

3）互联网信托和互联网理财的区别

信托类理财产品是高端理财产品。收益高、稳定性好，是信托类理财产品的主要特点。信托计划产品一般是资质优异、收益稳定的基础设施、房地产、上市公司股权质押等信托计划，大多有第三方大型实力企业作担保（房地产类还会增设地产、房产作抵押），在安全性上比一般的浮动收益理财产品要高。其与基金产品的区别主要有以下几点：

① 信托的资金门槛较其他理财产品高。信托的资金门槛为100万元。

② 信托主体可以分为委托人、受托人和受益人，所以其所有权与利益权相分离。

③ 信托财产具有独立性。信托一经有效成立，信托财产即从委托人、受托人和受益人的自有财产中分离出来，而成为独立运作的财产。

8.1.3 发展现状及趋势

1）发展现状

长期以来，凭借其制度的优势，通过作为连接银行理财资金进入证券市场的桥梁同时承接银行资金不便进入的非标债权领域，信托行业的通道类业务在迅速扩张，并由最初的银信合作逐渐发展为多方合作，但其所面临的金融风险由于业务的复杂化而逐步积聚。在《关于规范金融机构资产管理业务的指导意见》及其配套实施细则逐步落地之后，信托公司通道业务规模明显减少，多数信托公司主动控制规模和增速。2018年以来，随着国家政策基调由“强监管、去杠杆”转向“稳增长、稳杠杆”，加之《信托部关于加强规范资产管理业务过渡期内信托监管工作的通知》（信托函〔2018〕37号）发布，信托行业资产规模仍呈下降态势，但降幅有所收窄。当前，在我国经济面临需求收缩、供给冲击、预期转弱三重压力的背景下，实体经济遭受到较大冲击。党的二十大报告明确提出“坚持把发展经济的着力点放在实体经济上”，要求金融机构坚守服务实体经济的主业主责，助力经济行稳致远。信托业作为金融业的重要组成部分，在服务实体经济高质量发展上取得了新成效。同时，信托业积极创新服务实体经济的形式，以股权、债券、资产证券化等方式，实现资金高效配置，有力支持新兴产业领域创新发展。

截至2022年第四季度末，信托资产规模为21.14万亿元，同比增长5 893.44亿元，增幅为2.87%。其中，投资类信托规模达到9.28万亿元，同比增长7 821.23亿元，增幅为9.20%；融资类信托规模为3.08万亿元，同比下降5 047.29亿元，降幅为14.10%；事务管理类信托规模为8.78万亿元，同比增长3 119.55亿元，增幅为3.68%。信托业在稳固转型成果的基础上加快改革步伐，行业资产功能结构处于转型调整之中，其中，投资类信托是信托业重点转型领域，融资类及通道类业务在持续压降①。2022年，信托业坚守受托人定位，回归信托本源，积极践行服务实体经济、防范化解金融风险的社会责任。未来，在监管引导下，信托公司将围绕新业务分类方向，积极探索业务转型，防范化解风险，坚守风险合规底线，走好中国特色金融高质量发展之路，为中国式现代化贡献信托力量。

从总体来看，受各项监管政策的影响，短期内信托公司的受托管理资产规模和盈利能力在通道类业务收缩的压力下仍将面临较大冲击；从长期来看，在新的信托业务分类指引下，信托公司将进一步加速专业化分工、重塑组织架构和制度文化。同时，信托资产的投资功能将得到进一步发挥，不少信托业务将迎来新的发展空间②。

信托公司的转型不再是简单地推动单个创新业务的诞生，而是一个系统建设过程。从长期来看，新的外部环境有助于提升信托行业资产管理能力和风险防控意识，加快信托行业转型速度，促进信托行业健康稳健发展。这也从侧面说明了传统信托业寻求与互联网元素相结合和重新调整自身发展结构的必要性。“互联网+信托”为信托公司转型发展提供了新视角、注入了新动力、带来了新方向。信托公司在互联网业务领域进行了一些有益的尝试，包括网上信托、网上理财、消费信托、供应链金融等。

2）发展趋势

结合上述数据和信托行业表现出来的态势，可知传统信托业急需转型。然而，在当前我国经济面临需求收缩、供给冲击、预期转弱三重压力的背景下，信托行业作为金融业中的重要组成部分，其业务转型发展仍面临较大压力。

经过多年的发展，信托业已经成为我国金融体系的重要组成部分，但是自2017年以来，我国信托行业资产规模持续下降。信托资产规模的下降与监管机构的“脱渠道”要求有关。自从实施新的资产管理规定以来，信托公司一直处于

---

① 翟立宏．2022年度中国信托业发展评析［EB/OL］．［2023-06-06］．http：//www.xtxh.net/xtxh/statistics/48366.htm.

② 吴雨．信托业资产投向持续优化［N］．人民日报（海外版），2023-03-27（03）．

“解渠道”过程中。银保监会在其2023年工作会议中指出，引导信托公司发展本源业务，持续拆解“类信贷”影子银行。

中国信托业协会相关负责人表示，站在新的历史起点，信托业实现高质量发展必须深化改革创新，主动适应行业功能定位、发展逻辑、业务模式的内在变化要求，以及市场环境、监管政策调整变化的外在发展要求，加快迭代升级公司治理、内控机制，提升内部管理和运营水平。信托公司要在监管政策指引下，坚持和加强党的全面领导，进一步健全现代金融企业制度，优化公司治理，加强股东资质和股东行为管理，规范开展关联交易，推进下属非金融子公司规范和异地机构整顿；坚守风险合规底线，探索构建与创新发展相匹配的风险管理体系，全面细化和完善内控体系，规范信息披露；提升投研、运营支持能力，强化科技赋能，加快数字化转型①。

各信托公司的“触网”步伐虽然不一致，但总体来看，信托行业的互联网化不断推进，未来应该有极强的可塑性和较大的协同发展空间。各信托公司需依托自身的资源优势，系统化布局互联网金融及其他创新性业务，全面提升自身核心竞争力和运营效率，形成差异化市场定位和特色化发展模式，积极培育全行业新的增长动力。信息科技建设是信托行业互联网发展需要关注的重点，未来信托行业的互联网化、信息科技化机遇与挑战并存。

一方面，借助于移动互联、云计算、人工智能等技术应用，信托公司对于数字化转型、信息化建设、互联网建设逐步达成共识。互联网打破了线上线下以及区域经营的局限性，为信托行业的全球化布局带来机遇。另一方面，互联网信托属于互联网金融新业态，法律法规方面存在滞后性和合规性争议，信托行业制度红利下降，经营收益下降。因此，信托行业的互联网化发展机遇与挑战并存。展望未来，我国处于经济转型深化、产业升级不断推进的重要战略机遇期，我国信托业必将继续发挥信托制度优势、灵活服务实体经济，于未来一段时间内在构建双循环新发展格局中有所作为。

8.1.4 建议

1）搭建底层技术架构，进行大数据分析

尽管互联网与信托本是天生的矛盾体，但信托的互联网改造和融合大有空间，其核心是搭建底层技术架构，进行大数据分析。

无论是信托受益权的转让还是消费信托O2O流程的细化，包括微信公众号、手机App、第三方互联网平台直营等信托公司构建网络平台的途径，都存在缺乏整体系统化设计、平台运营管理效果较差的问题。

当前的信托互联网平台缺乏系统化设计主要体现在以下几个方面：

第一，平台设计过程中并没有充分考虑客户的想法和需求。

第二，平台没有进行整体概念设计，产品与服务尚未形成一个完整的体系或

① 鹿凯．信托业2023年：回归本源 转型发展［EB/OL］.［2023-06-06］. https://finance.china.com.cn/news/20230130/5934037.shtml.

者展示相对冗杂，品牌效果一般。

第三，移动互联网平台和PC互联网平台之间未能形成较好的互补效应。

第四，后台支持系统的建设过于缓慢。

信托互联网平台的功效的发挥取决于该平台的运营与管理，体现在平台上客户流量的增加以及有效客户的增加。只有客户流量达到一定的规模，该互联网平台才有可能具有活力。从当前单个信托公司的客户数量来看，基本上都在万名客户的状态，这对于信托互联网平台的运营管理是十分不利的，信托公司必须为信托互联网平台开拓新的客户群体。从当前信托公司自主管理的信托互联网平台来看，虽然在平台推广方面做出了诸多努力，但是有效客户流量的增加依旧十分困难。

当前信托公司及其子公司运营表现较差，除了信托产品投资门槛高等客观原因之外，还与信托公司运营管理失当、技术革新停滞和事务规则不明确有关。借助互联网的大数据挖掘及云搜索等技术，铺设互联网信托平台的技术基石；将产业及个人的信息输出端与整个后台系统的信息输入端无缝对接，搭建起科学、完备的操作体系和技术回路，这些对于互联网信托当前及未来的发展至关重要。

2）监管呵护及监管创新

目前来看，互联网信托在政策助力下已经受到了各大信托公司的青睐，但从长远看，互联网信托的稳健发展需要的是创新监管的悉心呵护，其重心应放在以市场导向为基础的监管法律法规的完善上，依法保护“产业+互联网+信托”的新兴信托业态。

所谓的监管呵护，主要是针对信托业监管改革中监管权行使的维度和力度而言的，与具体的监管方法密切联系在一起。我国当前的金融监管体制基于机构监管方法，在合规性监管与风险性监管的匹配中，一直注重于发挥合规性监管的作用。从世界范围看，机构监管要求将一个金融机构的所有业务作为一个整体进行监督检查，使监管机构能够超越某类具体业务而评估整个金融机构的风险和管理，并从整体上考虑采取适当的监管措施解决不同业务领域所出现的问题。理论上而言，机构监管一般不会留下监管漏洞，也不会导致重复监管，但该类监管方法可能会形成同类业务因金融机构不同而按不同标准进行监管的问题，结果造成监管差别，产生不公平竞争。

近年来，我国金融理财市场的快速发展已经暴露了机构监管方法的弊端。由于很多金融理财产品采用信托原理进行设计，因此，信托业已经不再局限于信托公司的业务集合，实际上还包括金融市场上所有信托业务的集合。信托业的监管改革一直在呼唤功能监管的跟进。

功能监管着力于提高监管的有效性，同时形成一致的监管理念，使所有从事信托业务的金融机构获得平等的竞争地位，从而克服机构监管的不利方面。

就互联网信托而言，传统的机构监管方法与合规性监管需要让位于功能监管方法和风险性监管，强化信托业务的实质特征，并采取一致监管理念，使监管法律法规覆盖互联网信托的各个领域，保证监管结果的客观性和公正性。

令人欣喜的是，银保监会在风险性监管方面已经迈出了坚实步伐，颁布实施了《信托公司净资本管理办法》(2010)、《关于信托公司风险监管的指导意见》(银监办发〔2014〕99号）等规章和规范性文件。对互联网信托的监管呵护，就是要求监管机构不能对互联网信托平台的经营自主权妄加干涉，只要其经营活动保持在合法、安全的限度之内，就应该充分尊重其权利，赋予其更大的活动自由。

从机构监管向功能监管转变，体现的是互联网信托监管方法上的改革创新，贯穿其中的基本精神应该是监管机构对各种互联网信托平台的关怀与呵护，以此促进互联网信托的自由公平竞争。面对竞争日益加剧且投资者需求日益多样化的市场形势，应当给互联网信托平台提供更大的创新空间。对互联网信托采取监管呵护，需要坚持牌照管理的底线，强化市场准入监管，在风险性监管中更多地融入个性化关怀，突出窗口指导、信息披露、风险提示以及信托财产独立性，从而为互联网信托的业务创新留下足够的余地和空间，依法保护信托中的委托人、受托人以及受益人的利益，维护好互联网信托的市场秩序。

8.2 互联网理财

8.2.1 概述

通过互联网或者手机移动网络购买金融市场的理财产品或者对自身的资产进行投资的行为称为“互联网理财”（主要介绍“宝”“赚”“通”等产品）。互联网理财与传统理财的原理相类似，都是人们以闲置资金的保值增值为目的，以购买理财产品或者财富管理为手段，从金融机构或者互联网金融平台获得服务和产品的一种金融消费方式。

传统理财的发展历史，主要以传统金融机构为轴心，从简单的货币兑换、个人储蓄，到复杂的财务优化、财富管理，全方位为客户提供理财服务。长期以来，传统理财方式或者说整个金融体系大多是围绕着企业集团在运转，对于个人消费和个人理财的掘进和开发从全世界范围来看也不过是近20年的事情。在我国，由于保险、银行理财、证券投资、个人信贷等产品于20世纪末才开始进入大众视野，加上金融服务基础设施薄弱、直接投融资市场不发达和个人收入偏低等原因，除储蓄、个别类型的贷款和证券外，个人理财在整个金融服务体系中所占的分量极低，所以，个人财富管理，无论是对于传统的金融市场还是对于新兴的金融市场，其发展前景都是巨大的。

随着我国经济的快速发展，金融服务行业同步发展，消费者对金融产品和服务的需求日益增大，个人理财开始以新渠道、新途径进行升级和创新。尤其是2013年以来，伴随着大量互联网理财产品的诞生和普及，互联网理财引起大众的强烈关注，形成一股线上投资的热潮，宣示着互联网金融消费时代的到来。

1）出现背景

2013年，由于外汇占款增加、进出口顺差趋势的预期扩大等经济波动原因而导致的利率拉高，以及政府为进一步刺激市场而推行的较为宽松的货币政策，市面上出现了流动性充盈和短期轻微通货膨胀预期，从而进一步抬高了市场的利率，加大了融资成本。在银行系统中，这突出表现为银行间同业拆借利率的升高。从表8-1可以看到，在2013年6月20日这一天，隔夜银行间同业拆借利率从7.6600%迅速上升到13.4440%，除去短期政策及市场短线影响，其间整个市场中居高不下的融资成本可见一斑。

表8-1　　**银行间同业拆借利率数据（2013年6月）**[①]

公布日期	隔夜利率（%）	1周利率（%）	2周利率（%）	1月利率（%）	3月利率（%）	6月利率（%）	9月利率（%）	12月利率（%）
2013/06/26	5.5530	7.2010	7.1030	8.5450	5.5820	4.2444	4.2933	4.4215
2013/06/25	5.7360	7.6440	6.7730	8.4180	5.6410	4.2551	4.3025	4.4295
2013/06/24	6.4890	7.3110	7.0890	7.3550	5.7240	4.2450	4.2856	4.4210
2013/06/21	8.4920	8.5430	8.5660	9.6980	5.7900	4.2591	4.2844	4.4156
2013/06/20	13.4440	11.0040	7.5940	9.3990	5.8030	4.2425	4.2674	4.4005
2013/06/19	7.6600	8.0750	7.8390	7.6150	5.4080	4.1032	4.2611	4.4000
2013/06/18	5.5960	6.7030	5.7100	7.1780	5.3290	4.1026	4.2610	4.4000
2013/06/17	4.8130	6.8480	5.9440	7.2820	5.3190	4.1000	4.2600	4.4000
2013/06/14	6.9680	6.8110	7.5220	7.2100	5.2900	4.1001	4.2600	4.4000
2013/06/13	6.6910	6.0800	7.0130	6.6920	5.2050	4.1000	4.2600	4.4000
2013/06/09	7.4900	6.6120	7.9500	6.8110	5.1450	4.1000	4.2600	4.4000
2013/06/08	9.5810	7.6030	8.1970	6.6460	5.1080	4.1000	4.2600	4.4000
2013/06/07	8.2940	6.6570	7.7400	6.3415	4.5740	4.1000	4.2600	4.4000
2013/06/06	5.9820	5.1370	5.2420	5.0900	3.8938	4.1000	4.2600	4.4000
2013/06/05	4.6230	4.7390	4.8730	4.5120	3.8838	4.1000	4.2600	4.4000
2013/06/04	4.5170	4.7160	4.8080	4.3805	3.8835	4.1000	4.2600	4.4000
2013/06/03	4.5990	4.6280	4.7980	4.5010	3.8834	4.1000	4.2600	4.4000

注：数据来源于中国人民银行。

2）发展背景

2013年年中，为了使一些新兴的理财产品尽快占领市场、扩大影响，理财公司推出了高收益的理财产品，有的甚至不惜贴本进行营销。然而多年之后，网络理财产品的收益每况愈下。2022年，银行理财平均收益率为2.09%，而2013年的收益指数接近30%。这与网络理财行业的激烈竞争固然不无关系，但是，2013年以来，中国人民银行的多次降息行为直接导致了网络理财产品的收益同步下滑。除此之外，国家针对网络金融的监管法规和政策越来越严格，很多平台已经倾向于作抵押贷款，而不是单纯的信用贷款，这就涉及公证等手续，风险控制的成本大幅度提高，留给客户的收益率自然也会降低。

总体来看，互联网理财产品市场在这几年逐渐回归理性。尽管面对收益下滑的趋势，很多互联网理财平台推出了各种各样的专项产品和优惠政策，但是，这都无法改变一个事实，那就是互联网理财的竞争在加剧，收益在下降，互联网理财平台的发展面临新的风险。另外，也可以看出，互联网理财的结构性矛盾突出。很多理财机构推出的理财产品动辄起点数10万元，这严重限制了很多经济实力有限的消费者的投资行为，也使得互联网理财机构错失了不少有潜力的客户。一方面，收益的不断下滑导致投资资金总量减少，另一方面，广大的一般阶层的理财意愿难以满足，二者之间正需要一条纽带，这既是市场发展的客观需求，也是互联网理财机构发展的一次难得的机遇。

8.2.2 特征

与传统银行理财比较，互联网理财的特征有：

1）用户第一，体验第一

对于互联网理财产品来说，最关键的是拥有大量的用户，有大量的“草根”阶层拥护。互联网理财有效优化了消费者体验。不论是理财产品还是日常消费品，对于消费者的主观判断来说，最重要的一点就是便捷。在价格等客观条件相当的条件下，消费者往往会选择更加便捷的产品进行消费。与传统理财相比，互联网理财带给消费者的便捷体验是多方面的。

2）空间跨越

互联网理财充分体现了互联网带给人们空间上的跨越这一特点，不管消费者身处何时何地，都能进行理财投资。相对于传统理财，互联网理财无实体操作步骤，投资者省去了往返营业网点的过程，也省去了烦琐的签约确认步骤，节省了大量的精力与时间。

3）碎片化的理财方式

银行理财产品与互联网理财产品相比门槛较高。一是持有期限受限，短则几月，长则数年；二是规模较大，少则5万元，多则100万元。与之相比，互联网理财产品，如余额宝，其本质是“T+0”的货币市场基金产品，既可以当作现金使用，随时购买商品，又不受时间与规模的制约。这样，拥有大量小额闲钱的用户就会选择互联网理财产品。

4）高收益

互联网理财产品收益远远高于银行活期存款利息收益，如此高的差价足以影响理财产品的市场格局。余额宝背后是天弘基金，理财通背后是华夏基金，零钱宝背后是广发基金。这些基金的收益率远高于0.3%的银行活期存款利率。但是，无论这些产品的收益如何高，都改变不了它们背后是货币市场基金的事实。表8-2为截至2023年4月29日部分互联网理财产品的介绍。

表8-2 截至2023年4月29日部分互联网理财产品介绍①

产品名称	发行机构	资金规模	七日年化收益率
余额宝	支付宝	11 327.10亿元	2.41%
现金快线	工银瑞信基金	2 368.64亿元	2.82%
好买储蓄罐	好买基金	2 368.64亿元	2.82%
壹钱包活钱宝	平安银行	1 495.73亿元	2.74%
微钱宝	华安基金	1 362.21亿元	2.42%
中银活期宝	中银基金	1 171.44亿元	2.80%
微信理财通（汇添富）	腾讯	839.24亿元	2.59%
微信理财通（华夏财）	腾讯	669.51亿元	2.65%
汇添富现金宝	汇添富基金	644.11亿元	2.78%
民生如意宝（汇添富）	民生银行	644.11亿元	2.78%
微财富存钱罐	新浪微财富	644.11亿元	2.78%
网易现金宝	网易	644.11亿元	2.78%
电信添益宝	中国电信	644.11亿元	2.78%
零钱宝（汇添富）	苏宁	644.11亿元	2.78%
百度百赚	百度	584.68亿元	1.81%
掌柜钱包	兴业银行	460.34亿元	2.78%
活期乐	嘉实基金	361.87亿元	2.66%
中信银行薪金宝（信诚薪）	中信银行	353.88亿元	2.69%
易方达E钱包	易方达基金	345.18亿元	2.63%

注：资料来源于金投网（https：//www.cngold.org/）.

8.2.3 对银行的影响

互联网理财对银行的影响体现在以下四个方面：

1）在业务形态方面

商业银行现有理财业务缺陷凸显。银行理财产品存在门槛较高、流动性差的缺陷，很多产品宣传无风险的固定预期收益率，使银行面临“刚性兑付”的风险。新出现的资产管理计划产品采用“去预期+基金化”的模式使收益率上升、透明度提高，但对客户资金量更加挑剔，尚无法解决改善用户体验和准入门槛问题。另外，银行理财产品月“踩点”理财的现象普遍存在，使理财业务长期被银行定位成变相“冲存款”、应对存贷比考核的工具。

2）在负债端方面

互联网理财业务冲击银行存款业务，迫使商业银行在资产管理业务上加快转型步伐。互联网理财产品保持了银行活期存款随时存取的业务特征，同时又提供高出十几倍甚至几十倍的收益率，抬高了大众活期保本的心理收益预期，使得大量银行存款挪位，大大提升了银行的利率风险和经营成本。利差缩减、传统存贷业务利润下降的趋势迫使商业银行由资产持有向资产管理的经营模式转型，互联网理财产品将加速转型进程。

3）在渠道方面

互联网理财打破了银行传统销售渠道优势，促使商业银行重视利用互联网渠道发展理财业务。在互联网理财的冲击下，商业银行更加意识到线上营销的重要性，自2014年以来纷纷推出“类宝”产品，以迎合互联网金融热潮和完善产品体系，其产品设计与余额宝类似，在后台对接货币市场基金。而直销银行则是商业银行在互联网金融领域更具野心的布局，其不再拘泥于单个“类宝”产品，而是将理财、存款、汇款、缴费等综合性服务搬移到线上，使其成为发展资产管理业务的线上载体。

4）在客户方面

互联网理财动摇了银行资产管理业务的大众客户基础。互联网企业通过互联网理财迅速将长期被银行资管业务弱化的庞大用户吸收过来，积少成多，形成巨大规模。从年龄构成来看，70%以上互联网理财用户是对互联网创新应用接受度高的80后、90后，是未来经济社会的主流人群，因此，互联网金融从银行抢夺的不仅是客户数量，更是战略资源。

8.2.4 发展趋势

随着社会的不断发展，人们对理财的认知越来越清晰，越来越多的人加入到理财大军中，再加上科技进步带动互联网的发展，国家对互联网金融的管制变严，越来越多的人将投资目光转移到互联网金融行业。互联网投资理财有投资门槛低、效率高，可以为用户节省时间、省去许多烦琐的手续，回报率也相对较高的优势。相较于传统理财而言，互联网理财业务的无接触性、便利性等优势特点凸显。

近些年，国家不断出台相关政策，对互联网金融行业的发展进行规范，互联网金融日渐成熟、大数据积累不断丰富、风控日趋完善，加速了互联网理财行业健康、规范生态的形成，这不仅有助于降低金融市场风险，也有利于金融机构、互联网科技企业在相关领域开展合作，充分发挥各自在产品、客户、渠道和技术领域的优势，构建合作共赢的行业生态。

随着互联网覆盖人群范围进一步扩大，互联网理财市场规模和用户数量均有大幅增长。随着大数据、人工智能等技术不断成熟，互联网理财产品优势更加凸显。首先，“产品+平台”将会是互联网理财未来发展的核心之一，各大互联网理财平台借助大数据、人工智能、云计算等技术，可以积极拓展互联网理财产品的应用场景，扩大市场竞争优势。其次，企业可以借助技术手段深挖用户数据，打造个性化定制产品、特色服务，这也将是互联网理财行业发展的一个明显趋势。再次，企业可以借助强大的技术手段，加强账户体系打造，整合用户数据，为诸多理财者提供更安全、便捷的线上理财服务。最后，随着移动互联网的快速普及和发展，移动互联网理财也会是互联网理财行业发展的一个趋势。

拓展阅读8-1

理财产品和互联网贷款迎挑战

8.2.5 建议

结合上述数据和当前互联网理财的特点，下面主要从解决安全问题、巩固现有优势、合理布局几个方面对互联网理财提出建议。

1）解决安全问题，积极支持消费者维权

加强交易安全性可以从多方面入手。首先，提高消费者安全意识，做到不轻信他人、不受人诱惑，保管好自己的账户密码与账号信息，谨防上当受骗。其次，从线上入手，既要在技术上保持交易界面的安全性，还要在整个互联网层面解决安全问题，营造整体安全的互联网环境。近年来，全国各大城市的手机失窃率居高不下。因此，在线下也需加强与线上互通机制，保证消费者在手机丢失后也能保护个人账号安全，并能迅速冻结丢失账号、进行密码重置。

同时，消费者十分担心互联网理财的未知风险。若想解除消费者的后顾之忧，就要从多方面入手，让消费者拥有多种有效的维权方式，其中就包括售后服务维权、工会维权、举报维权和诉讼维权等。

（1）售后服务维权

消费者通过售后服务进行维权是最简易、有效又直接的方式，所以要格外看重。现有的互联网理财产品存在售后页面少、客服热线繁忙、在线咨询回复缓慢等问题，将大大降低消费者的信任度。要尽快改变售后服务的这种状态，增设客服通道，保持线路随时畅通，设身处地替消费者着想，提供更好的服务。

（2）工会维权

建议产品销售方在发行产品后，为每一款产品成立类似于工会组织的消费者维权组织，将购买同一产品的消费者集合在一起，这样，不但平日可以互相探讨产品，在消费者维权时也可以共同商讨，派出代表进行交涉。

（3）举报维权

对于新兴起的互联网理财产品来说，其举报监督系统不够完善，消费者往往投诉无门。对于互联网理财的监督，一方面要提高新产品发售的门槛，另一方面要处理好后续的消费者举报、投诉等维权行为。只有在接到投诉后真抓实查，才能让消费者信赖当前的消费环境。

(4) 诉讼维权

在全民参与法治浪潮的背景下，很多消费者相信法律是解决大部分问题的方法，所以在面对互联网理财这一新兴行业的时候，就要先立法，让商家和消费者有法可循、有法可依。

2）找准优势，弥补不足

投资理财是互联网金融变革的深水区，互联网理财要实现爆发式发展，不能简单复制银行代理销售等做法，必须找准竞争优势、弥补自身不足，可以将其总结为三个“发挥”、三个“找”。

(1) 发挥成本优势

线下队伍是银行提供差异化服务、增值服务的关键，但其高成本也限制了服务覆盖面，而互联网理财在资产量较小客户的投资理财市场具有明显的成本优势，可以将其定位成重点目标客户群体。

(2) 发挥基因优势

差异化的根源是公司的“基因”，即公司最擅长做的事情。一是做起来能够“轻车熟路”，能够做到成本最低；二是借用核心能力，在市场竞争中的胜算更高；三是与原业务的定位一致，比较容易被客户接受。比如，腾讯擅长做社交、阿里巴巴擅长做平台、京东擅长做超市、百度擅长做搜索、东方财富擅长做内容，这些都是银行不擅长的业务。未来，这些平台的差异化之路也应该依托自身的特色优势，开展社交金融、平台金融、超市金融、搜索金融、服务金融，推动互联网金融走出真正的差异化之路。

(3) 发挥监管优势

创新是网络平台抢占市场的重要方式，网络平台在便捷性和客户体验方面尤其具有独特优势，并已经以此成功吸引了客户的“零用钱”。然而，客户的“投资钱”和“保本钱”所看重的不仅是便捷性，更是“安全性”和“收益性”，因此，投资理财业务的创新重点不只在“体验”，还在“模式”。互联网理财平台应在深入掌握行业规则的基础上，找到各种金融产品的监管空间或低效环节，利用互联网手段给予解决，比如证券账户在线开户等，利用监管红利赢得战略空间，有效吸引目标客户。

(4) 找到限额解决方法

大额支付是发展大额互联网理财的重要前提。目前，各大银行为应对互联网竞争，大多调降了快捷支付转账限额，最低只有单日单笔5 000元，从而限制了大额资金流入网络平台，降低了用户的使用意愿。因此，网络平台必须迅速开通大额支付通道，结合平台的业务实力差异，其大致有三个选择：一是与现成的大额支付通道合作；二是与银行合作开展理财资金代收业务；三是申请清算牌照，竞争清算资格，彻底解决支付方面的困扰。

(5) 找准商业模式定位

金融产品同质性强、复制成本低，理财平台的竞争焦点并不是产品而是商业模式，因此找准商业模式定位十分关键。从目前情况看，互联网理财的商业模式主要有以下几种，分别适合具有不同“基因”的平台：一是做代销，适合掌握相关场景的公司，比如内容场景、购物场景等，打造“金融产品超市”，并将购买环节嵌入现有场景；二是做规划，适合已经具有大量理财客户基础的平台，根据客户规划需求，建立理财分类、筛选最优产品、打造子品牌、一键配置资产、一键转换产品；三是做差异，适合具有特色的平台，将金融产品作为解决客户痛点的手段，让金融真正服务于平台主营业务。

（6）找到监管红利

互联网平台是创新的试验田，监管容忍度相对较大，因此享受“先行一步”的优势。如何找到创新点是享受监管红利的关键所在。余额宝的“T+0赎回”和“随时到账”就是很好的例子。找到创新点有几种方式，分别适合掌握不同资源的平台：一是内部研发，需要同时具备“三项专业素质”（包括理财市场、产品运作、系统开发）的人才，以及较高的人才储备量和对产品提供方的掌控力；二是合作开发，市场和产品人才是不少平台的软肋，这些平台对理财市场和产品运作缺乏深入了解，需要与产品合作方共同研发并落地，平台与产品合作方之间要建立良好的合作关系；三是复制同业，需要了解境内外最新动向并从中挑选出适合的创新点，对于“三项专业素质”的人才要求不高，但要有较强的市场研判能力。

3）找准定位，细分市场

互联网理财的初衷与定位就是在提供电子商务服务的空闲进行小额碎片理财，消费者选择互联网理财的原因也是如此。目前，消费者对于互联网理财与电子商务的融合感到满意，但不能因此停止创新。随着人们对便捷要求的提高，互联网理财可以向不同类型的消费者提供不同类型的联合服务，如医疗服务、洗车检车服务、健身服务等，使互联网理财与电子商务有更深层次的融合。

目前，大多数的消费者更倾向于使用手机移动客户端来对自己的投资产品进行管理。虽然如今的网络发展迅速，无线网络随处可见，但无线网络的局限性依然导致大部分消费者要使用自己的手机流量来打开各类App，所以，产品发售方可以与通信公司进行合作，为手机端的投资者提供一个无流量走势监控的便利条件。这样的成本算不上很高，但可以大大改善消费者的体验，提升消费者对产品的关注度和好感度。

同时，可以针对不同的收入阶层提供个性化的定制服务，主要可以分为基层收入、中等收入和高收入三类人群。

（1）基层收入人群

基层收入人群的共同特点是理财规模小、风险承受能力弱、理财经验少、理财周期短，对理财产品的流动性要求很高。这部分人群对本金非常看重，承受损失的能力小，属于绝对的稳健型理财者。针对这类人群，在产品设计上应该突出低门槛、高安全性和高流动性的特点。同时，基层收入人群很大一部分无理财经历，因此，理财产品具有操作简单的特点显得尤为重要，随存随取的余额理财产品，收益稳健的分红险、万能险均可作为这类人群的启蒙互联网理财产品，向他们普及互联网理财知识，为他们开启互联网理财之路。

（2）中等收入人群

中等收入人群的年龄分布比较广泛，行业分布也比较平均，在职场中多属于中层管理者。他们有一定的风险承受能力，理财需求逐步向多元化发展。在互联网理财产品的购买上，相较于其他收入人群而言，中等收入人群更偏好网络炒股；同时，这一类人群大多已经建立家庭，生活和工作压力都比较大，虽然有一定的理财经验，但由于平时工作比较忙碌，并没有太多闲暇时间系统地配置自己的资产，而私人理财师对于他们来说门槛又过高。因此，金融机构可以针对这类投资者主推一站式互联网理财，发挥智能化配置的技术优势，在收益稳定的基础上，以6~12个月的中短期理财产品为主体，将资金分配于门槛、周期和收益不同的理财产品，满足这部分家庭的便捷化、多元化、个性化的理财需求。例如，对于网络炒股爱好者，可以适当地配置一些股票型基金产品；针对无理财规划的投资者，可以在一站式理财服务中加入理财规划和记账功能，让用户真实地感受到严格计划理财给自身带来的益处，引导其养成理性理财的习惯。总之，服务这类消费者的最重要方式是利用技术创新帮助他们高效、便捷地制订理财计划，实现资金分配，获得不求赚钱最多但求稳定和省心的互联网金融体验。

（3）高收入人群

高收入人群的理财经验相对丰富，半数以上的理财历史在5年以上，理财规模在100万元以上，可以承受高风险投资。这部分用户多在职场中担任较高职位，行业特征也比较明显，金融、商业、法律行业是聚集高收入人群的重要领域。同时，高收入人群的投资理财资金占比较高，但参与互联网理财的比例并不高，说明市面上缺乏面向高收入家庭的成熟的互联网理财产品，也欠缺对互联网理财的推广普及。另外，没有时间理财和认为理财不重要是高收入人群不进行理财的重要原因。针对这类投资者，有以下产品和推广建议：

① 加大向高收入人群进行互联网理财推广和普及的力度，采用线上、线下相结合的方式，引导线下存量客户向线上迁徙，利用存量客户的示范效应、社交途径和生活场景带动线上增量用户。

② 结合产品创新向高收入人群提供最前沿、最新鲜的互联网理财产品，引导他们参与产品设计，向其提供专属产品，满足其高层次的定制化需求和自我实现需求。

③ 提高客服质量，逐步提升理财咨询和理财师服务，简化其理财决策，并将他们的资金周转需求、财富积累和财富传承需求与理财产品的设计紧密结合。

本章小结

互联网信托是基于专业金融服务公司的眼光和高于金融行业的自创标准风险控制体系，对借款企业进行线下的信息核实，资产抵押、质押，信用评级等征信服务，确保出资人的资金安全。互联网信托最大的特点是其自相矛盾性，但也正是这一点赋予了互联网信托极大的活力和潜力。

互联网理财是结合了传统理财的投资思维和移动互联技术，从金融机构或者互联网金融平台获得服务和产品的一种金融消费方式。目前绝大多数的互联网理财产品本质上是货币市场基金，具体包括相关金融产品和服务的交易和网上理财信息查询、分析和产品设计等。

@ 关键术语

互联网信托；互联网理财

@ 习题

复习思考题：

（1）互联网信托和互联网理财的联系和区别是什么？

（2）通过现实中的实例来说明互联网理财当前的发展趋势是什么？

（3）互联网信托应该如何做到差异化经营？

（4）互联网理财给银行带来了什么样的影响？

（5）互联网理财产品和传统银行理财产品的区别是什么？

研讨题：

通过互联网查询资料，就以下问题展开讨论：

（1）党的二十大报告明确提出“坚持把发展经济的着力点放在实体经济上”。作为金融业的重要组成部分，信托行业服务实体经济的主要方式是什么？

（2）党的二十大报告指出，加快构建新发展格局，着力推动高质量发展，是当前和今后一个时期全党全国必须抓紧抓好的工作。在新发展格局下，互联网信托发展的机遇和挑战是什么？

（3）互联网理财迅猛发展的原因是什么？

（4）互联网理财的未来发展趋势如何？

@ 案例分析

“京东小金库”持续为用户创造服务价值

“京东小金库”是京东科技旗下的活期资金增值的互联网理财产品，于2014年3月上线，与国内多家基金管理公司合作推出。近年来，京东金融以自身核心技术加大金融全布局，高度注重用户体验的优化和升级，持续为用户创造服务价值。2023年3月，京东小金库十年庆活动火热开启，围绕“感恩回馈、十年相伴”等主题，从用户视角出发，为用户带来更优质、更贴心的金融服务。活动期间，用户不仅可以获取京东支付券等超多福利，还能享受用户沙龙等线下互动体验，多项专属特权给用户带来实际的福利。

为深化用户服务体验，京东小金库十年庆活动从用户时间出发，通过开展丰富多元的活动，传递金融服务温度。活动期间，京东小金库采用线上线下相协调模式，线上以互动创新用户玩法为主，线下以举办沙龙等活动形式延伸陪伴价值，并配以京东小金库既往发展史和大事记，展现京东小金库不断创新，持续坚持以用户为中心的经营价值观。

为加强互动体验，京东小金库将“狂撒”一大波京东支付券福利，用户完成全民寻金袋游戏所有关卡后，即可获得100元的京东支付券。此外，借力新媒体交互性、个性化等特点，京东小金库从用户需求出发上线时光机，充分激发用户参与的积极性，并利用超完整的统计数据、简单易懂的操作形式，通过记录用户申赎记录、理财收益、购物还款账单等情况，帮助用户实时掌握自身财务管理动态，助力做好资产的清晰规划，旨在实现用真诚的服务为用户带来长期价值的本心。

拓展阅读8-2

互联网金融对商业银行风险承担的影响研究

十年前，京东小金库产品正式上线，成为第一批上线的互联网余额理财类产品；2017年，京东小金库进行了全新升级，推出了“零用钱”和“理财金”功能；2019年，京东小金库全新升级超级转换功能，让用户拥有更灵活的选择与更高的收益；2022年，京东小金库上线大额赎回功能，投资者可以一次性操作多只基金赎回，当日快速提现额度高达30万元；之后，京东小金库陆续推出了攒钱花、省钱卡、安心还等创新服务，给用户带来了更好的理财、购物、还款体验。纵观十年发展变化，京东小金库从不断完善服务、回馈用户到践行社会责任，一直持续打造优质产品，为用户创造更大的价值。

资料来源　姜业庆.“京东小金库”持续为用户创造服务价值［EB/OL］.［2023-06-06］. https：//www.cet.com.cn/wzsy/ycxw/3345608.shtml.

问题：结合案例内容，谈一谈京东小金库的互联网理财产品，并思考互联网理财产品的未来发展趋势。

第9章 互联网金融监管

教学目标

【知识传授目标】

了解我国互联网金融监管的必要性；了解境内外互联网金融监管的现状；了解我国互联网金融监管的发展方向。

【能力培养目标】

熟悉互联网金融行业的相关法律法规和政策，了解监管机构的职责和作用；具备分析和解决互联网金融领域中出现的监管问题的能力，能够提出合理建议并制定有效措施，学会运用金融监管工具指导实践；通过了解互联网金融监管的必要性、现状及发展方向，提高风险预见预判能力。

【价值塑造目标】

认清金融形势，树立维护金融稳定的责任感，助力互联网金融健康发展；增强忧患意识和底线思维，提前分析研判，准确判断风险隐患，及时识别和梳理风险；树立系统观念，加强前瞻性思考，学会运用系统思维分析问题，对各类金融风险传导保持警惕，培养和强化社会主义核心价值观与法治观。

知识架构

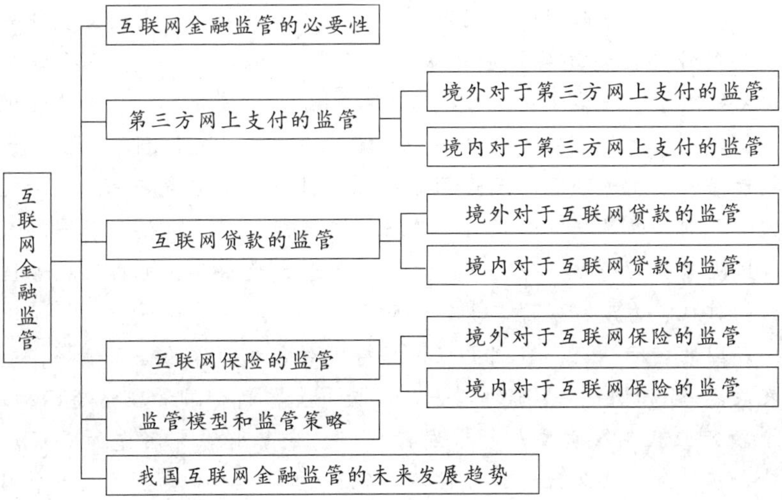

导入案例　硅谷银行破产给我国互联网金融监管带来的启示

硅谷银行（Silicon Valley Bank，SVB）成立于1983年，是一家服务美国医疗、科技和初创公司的美国区域性明星银行，2022年年末的资产规模达2 100亿美元，排名全美银行业第16位，一级资本充足率为13.9%，远高于监管要求的8.5%。然而，美国东部时间2023年3月10日，美国联邦存款保险公司（FDIC）突然发表声明，称美国加州金融保护和创新部（DFPI）当日宣布关闭总部位于硅谷地区的美国硅谷银行，并任命FDIC为破产管理人。资产规模达2 100亿美元的硅谷银行突然被宣布破产，使其成为美国有史以来破产的第二大商业银行。

“风起于青萍之末”。风险事件的爆发往往是快速的、突然的，而背后的风险积累和演化却是缓慢的、渐进的。2020年，美国实施无限量化宽松货币政策后，硅谷银行的资产负债表迅速扩张，但是在期限上严重错配，导致利率风险水平较高。2022年，进入加息周期后，其利率风险逐渐暴露。从负债端看，由于客户持续支取存款，存款余额在全年减少160亿美元；从资产端看，持仓债券因加息形成浮亏，虽然从会计角度看只要不卖出，浮亏就不会变成实亏，但是随着高流动性资产耗尽，硅谷银行被迫出售部分资产并确认损失。相关公告发出后，市场意识到硅谷银行的流动性出现问题，于是股价暴跌并引起挤兑。随后，监管部门关闭硅谷银行，又引发市场对储户存款能否全额兑付的担忧，流动性危机演变成信用危机，并向其他有类似问题的中小银行蔓延。所幸的是，监管部门意识到了问题的严重性，及时宣布所有存款可全额兑付并创建银行定期融资计划（BTFP）为其他银行提供流动性，阻断了风险传导扩散的路径，避免了一场更大的危机。综合来看，硅谷银行事件是一次由期限错配开始，由利率风险逐渐演化为流动性风险，然后又向信用风险演变并外溢的风险传导过程。

不论硅谷银行事件后续如何，我国相关金融从业人员与监管机构，应该考虑在我国出现类似事件的可能性及前期的预防措施以及后期的处置措施。金融监管应以结果为导向，第一时间解决问题。以互联网保险为例，我国应当进一步完善监管，引领行业高质量发展，应当从以下五个方面入手：一是统筹好发展与安全，强化系统思维，压实市场主体风险防控职责，完善分类分层次监管机制，提升风险的识别、监测、预警的主动性和管理能力；二是优化利率冲击情景和模型假设，推动保险企业加强利率风险管理；三是针对发展环境变化，适时改进流动性风险监管规则；四是充分利用再保险行业稳定器作用，提供融资解决方案，缓解流动性风险等；五是结合保险行业发展实际和发展需要，把握宏观调控或监管政策出台的时机、力度，实现二者的协同配合。

对比我国的实际情况，我国更应该坚持党对金融工作的全面领导，走中国特色金融发展之路。现在，我国的“一行一局一会”新金融管理格局已构建完毕，未来，金融行业从业人员要与货币发行部门、金融监管部门更加紧密合作与配合，坚持金融服务于实体经济，守住不出现系统性金融风险底线，为中国经济社会更高质量发展贡献金融力量。

资料来源 [1] 李扬. 硅谷银行事件对理财风险管理的启示 [J]. 中国金融，2023 (08)：73-74. [2] 官兵. 硅谷银行倒闭危机对保险业的3点启示 [EB/OL]. [2023-06-10]. http：//www.thfr.com.cn/post.php？id=96968.

互联网金融适应社会经济发展而产生，并为社会经济发展做出了重要贡献，但同时，互联网金融时刻存在着风险。对于互联网金融这个新生业态是否应该监管？应该怎样监管？本章在分析境内外监管现状的基础上，致力于解答以上问题。

9.1 互联网金融监管的必要性

互联网金融对我们日常生活的影响巨大，目前我国互联网金融行业呈现出蓬勃发展的态势。在网络支付领域，以支付宝、财付通、银联支付、百度支付等为主体的第三方支付，已经成为为人们提供便捷支付的主要方式。在网络贷款领域，互联网金融主要包含网络银行和信贷产品。其中，网络银行主要有微众银行、网上银行、新网银行等，信贷产品主要有基于大数据评分模式授信的现金贷和基于支付宝评分模式授信的商品贷，为个人和企业提供了更广泛的融资渠道。在网络理财领域，主要包括互联网保险、互联网基金及理财产品，帮助用户实现财富增值。当前我国互联网金融业务类型逐渐以第三方支付、互联网贷款、互联网保险为主要类型，这些业务构成了互联网金融业务的核心。然而，在这些互联网金融业务如雨后春笋般出现的同时，用户信息泄露、网络金融诈骗、反洗钱案件频发等问题也随之增加，给大众以及企业造成了重大的损失，同时也扰乱了我国的金融秩序。总体来说，当前我国互联网金融在蓬勃发展的同时也隐藏着一系列的风险，加强监管促进其健康发展是尤为迫切的任务。下面主要从风险管理控制和经济发展两个方面分析互联网金融监管的必要性。

1）从风险管理控制角度分析

互联网金融最主要也是最显著的一个问题便是风险，也可以说，控制互联网金融风险是加强监管的一个直接目的。其所存在的风险，主要包括互联网安全技术风险、市场风险、信用风险和互联网企业保障资金风险等。一方面，互联网和移动通信技术作为开展互联网金融的基础，技术风险是客观存在的，如遭到黑客攻击以及网络病毒侵害都是经常发生的事情。由于互联网金融涉及人群广泛，如果安全技术和风险控制不到位、没有相应的监管措施，必然会影响网络金融交易的安全性。另一方面，征信体系尚未完全得到完善，致使某些互联网金融企业在毫无资金保障的情况下开展相关业务，擅自将客户担保金挪为他用，一旦发生坏账等情况，公司将无法偿付客户的资金，其结果不是“跑路”便是倒闭，会严重侵害广大投资者的利益。因此，从风险管理控制角度来看，加强监管是尤为必要的。

2）从经济发展角度分析

一方面，互联网金融打破了以往的金融垄断格局，增加了资本融通的渠道，尤其是在助力小微企业的发展上更是发挥了传统金融所无法替代的优势，为市场增加了前所未有的活力，使得资源得到进一步的优化配置，在促进中小企业发展的同时也推动着我国社会经济的发展。另一方面，互联网金融使得交易的成本降低，能够进一步提高市场的运行效率，促进经济发展。但与此同时，也暴露出了很多问题，导致一些投资者遭受欺诈，蒙受损失，严重损害了互联网金融行业的秩序以及声誉。为了更好地维护金融市场秩序，促进我国社会经济发展，加强互联网金融监管是十分必要的。

当然，在加强监管的同时，也要适当保持市场的活力。在数字化浪潮下，第三方支付的价值得到凸显，其能够提升资金流与信息流的流转效率，成为产业数字化的重要枢纽。根据艾瑞咨询发布的《2022年中国第三方支付行业研究报告》显示，截至2022年底，我国第三方移动支付交易规模为319.2万亿元，较上年增加45.1万亿元，同比增长11.2%。与此同时，实体经济相关跨境人民币结算量保持较快增长，大宗商品、跨境电商等领域成为新的增长点，跨境双向投资活动持续活跃。2022年9月，中国人民银行发布的《2022年人民币国际化报告》显示，2021年以来，人民币跨境收付金额在上年高基数的基础上延续增长态势，银行代客人民币跨境收付金额合计为36.6万亿元，同比增长29.0%，收付金额创历史新高[①]。

拓展阅读9-1

互联网金融监管愈发精准

“出海”的支付机构越来越多，而境外支付市场仍处于监管真空地带，监管部门也存在顾虑。在外汇监管趋严的大背景下，无论是境内还是境外，监管关注的焦点都是支付机构沉淀资金的流向。自2017年以来，监管层对国内支付机构的监管力度有所增强，开罚单、不定期抽查、收紧牌照、上线网联等各种举措不断。

9.2 第三方网上支付的监管

9.2.1 境外对于第三方网上支付的监管

从世界范围来看，我国的电子商务发展时间较晚，欧美国家已经发展了数十年，其市场的成熟程度要远高于我国。另外，对于第三方网上支付的法律监管，美国、欧盟以及亚洲的某些发达国家都走在了我国的前面。因此，我们有必要对境外的监管实践进行详细的考察。

1）美国

美国的电子商务市场最早产生了第三方网上支付。但是，在第三方网上支付诞生之初，美国相关法律机构并没有对其进行限制和监管，而随着第三方网上支付市场的扩大、使用网上支付用户的增多，美国于20世纪90年代开始逐步制定相关法律法规，对第三方网上支付进行监管。

① 吴秋余．人民币成全球第四位支付货币——实体经济相关跨境结算量较快增长［N］．人民日报，2022-09-26（10）．

(1) 第三方网上支付平台的法律定位

美国并没有将第三方网上支付平台定义为银行或者其他类型的存款机构。美国联邦存款保险公司（Federal Deposit Insurance Corporation）将积存于第三方网上支付平台的沉淀资金定义为负债，而不是美国联邦银行法中定义的银行存款。也正因为如此，美国认定第三方网上支付平台不属于从事银行业务的金融机构。

(2) 第三方网上支付平台从事业务的监管

第三方网上支付平台从事的网上支付业务，在美国被认为是一种货币转移业务（money transmitters）。货币转移业务被视为传统的货币服务业务（money service business）的延伸。美国亚利桑那州的立法中阐明，货币转移是指"销售或发行支付工具、储存价值，或为转移目的收受货币或货币价值"。美国联邦法律与其他各州法律对货币转移业务的规定基本上与此相似。第三方网上支付机构如果要从事货币转移业务，则必须要取得专项业务经营许可。美国各州法律对申请经营许可执照的程序和资质做出了相应规定。相对而言，美国联邦法律主要从货币服务业务的监管角度进行必要的立法，而各州法律主要针对货币转移业务进行相应的监管立法。

(3) 第三方网上支付监管的立法

美国对第三方网上支付并没有单独地、统一地进行立法，而是通过对现有法律规定的具体应用和相关法律的增补完善，以达到监管的目的。具体涉及第三方网上支付的美国法律有《统一商法典》第4A编和《国际贷记划拨示范法》，两者通过各种规则设计，完善了电子资金划拨的相关规定。

在电子货币方面，美国于1978年制定通过了《电子资金转移法案》，对电子货币进行监管。这部法案明确了电子资金转移服务中消费者的基本权利和义务，并指出了电子支付手段的主要风险在于非法授权、欺诈、操作失误等。随后，美国又制定了《电子资金转移法案》E条例，进一步规定了使用电子资金转移服务的消费者和金融机构的权利、义务和责任。1998年，美国又颁布了该法案E条例的补充条款，该条款强调了使用电子货币必须要有充分的信息披露，并且根据电子货币的用途及特征区分不同种类，针对不同种类采取不同的监管手段。

针对第三方网上支付平台中的沉淀资金，美国主要通过《美国联邦存款保险法》进行监管。美国联邦存款保险公司通过提供存款延伸保险实现对第三方网上支付沉淀资金的监管。《美国联邦存款保险法》要求第三方网上支付平台将沉淀资金存放在美国联邦存款保险公司在银行的无息账户中，每个用户账户的保险上限为10万美元。这种做法实际上是将用户资金产生的利息用来缴纳保险费，解决了第三方网上支付平台和用户之间的利息分配问题，并且，当该第三方网上支付平台资金出现问题时，保险金可以用来降低用户的损失。美国联邦存款保险公司明确了第三方网上支付平台只是用户资金的代理人，无权将用户资金挪作他用，更不能用于公司破产时的债务清偿。在非法金融活动的监管上，美国颁布的《爱国者法案》规定，第三方网上支付平台作为货币服务企业，需要在美国财政部的金融犯罪执法网络进行注册，接受联邦和州两级的反洗钱监管，及时汇报可疑交易，保存所有交易记录。

2）欧盟

相对于美国，欧盟电子商务市场的发展要晚一些，其最早的第三方网上支付平台也来自美国。针对第三方网上支付，欧盟制定了统一的法律，进行统一的监管。

（1）第三方网上支付平台的法律定位

关于第三方网上支付平台的法律定位，欧盟采取了与美国不同的做法。欧盟规定，第三方网上支付的业务只能是商业银行货币业务或电子货币业务，这意味着第三方网上支付平台必须取得银行业执照或电子货币公司执照才可以开展业务。实际上，这样的规定表明，欧盟将第三方网上支付平台归入经营银行业务和电子货币业务的金融机构中进行监管。

（2）第三方网上支付平台从事业务的监管

从欧盟对第三方网上支付平台的法律定位可以看出，欧盟的规定其实是将第三方网上支付行为等同于银行业务的性质，包括第三方网上支付平台从事的支付清算以及吸收沉淀资金等行为，欧盟都纳入到金融监管的范畴。在立法和实践操作中，欧盟通过对商业银行货币和电子货币的控制来实现对第三方网上支付平台业务的监管。

（3）第三方网上支付监管的立法

欧盟关于第三方网上支付监管的立法主要有：1999年12月通过的《电子签名共同框架指引》，共15条及4个附录，主要内容包括电子签名的定义，以及电子签名在欧盟内部的通用、市场准入、法律效力、数据保护等，为欧盟网上支付业务的开展奠定了基础；2000年颁布的两个有关电子货币的指引，分别为《关于电子货币机构业务开办、经营与审慎监管的2000/46/EC指令》（以下简称《2000/46/EC指令》）和《修改〈关于信用机构业务开办与经营的2000/12/EC指令〉的2000/28/EC指令》（以下简称《2000/28/EC指令》）；2015年颁布的《支付服务指令2》（Payment Service Directive 2，PSD2），于2016年1月12日起正式生效。

《2000/46/EC指令》由序言和13个条款组成，其主要内容包括电子货币的可赎回性规定、电子货币机构业务开办的初始资本金及自有资金标准。该指令重点规范了电子货币机构的经营。它的颁布为电子货币机构在欧盟市场内部自由设立和自由服务清除了不必要的法律障碍。鉴于电子货币机构及其业务正处于发展的初期，《2000/46/EC指令》对其采取了审慎监管原则，这样既保障了欧盟金融系统的稳定和发展，又不至于限制电子货币业务的创新。

《2000/28/EC指令》则由序言和4个条款构成，其核心是对《关于信用机构业务开办与经营的2000/12/EC指令》（以下简称《2000/12/EC指令》）的有关内容进行修订。《2000/12/EC指令》中“信用机构”的定义被重新修订，电子货币机构也被纳入其中，并且增加了可赎回性要求适用于发行电子货币的传统信用机构的条款。在对第三方网上支付平台沉淀资金的监管上，欧盟要求第三方网上支付平台在欧盟中央银行开设专门的账户存储资金，并将电子货币的发行权限定在传统的信用机构和新型的受监管的电子货币机构。在对非法金融活动的监管上，欧盟与美国的做法相同，也限制第三方网上支付平台将用户的资金用于投资，并监控通过第三方网上支付平台进行洗钱的行为。

《支付服务指令2》在《支付服务指令》的基础上新增了支付发起服务商和账户信息服务商两类新兴第三方支付服务提供商，并制定了支付账户开放规则，推动了开放银行的核心监管要求。该规则要求以银行为代表的支付机构要向第三方开放用户的账户、交易数据，开放必须以用户同意为前提，无须第三方与银行之间签订协议。

9.2.2 境内对于第三方网上支付的监管

电子商务在我国的起步时间要晚于欧美国家，第三方网上支付平台也是最近十几年才兴起的。我国对电子商务和电子支付的立法一直处于探索阶段，尤其对于第三方网上支付，由于没有成熟的经验可以借鉴，迟迟没有全面介入监管。进入21世纪，随着第三方网上支付市场的扩大以及电子货币、网络银行的出现，我国逐步认识到对电子商务以及电子支付立法的重要性，开始完善有关电子商务以及电子支付的法律法规。总体来说，我国的电子商务与电子支付立法仍处于不断发展的阶段。

我国已经颁布的法律法规中，涉及电子支付的主要有《中华人民共和国电子签名法》（以下简称《电子签名法》）、《电子支付指引（第一号）》和《中华人民共和国电子商务法》（以下简称《电子商务法》）等。

《电子签名法》是关于电子商务和电子支付的基础类立法。由中国人民银行于2005年发布的《电子支付指引（第一号）》，是我国迄今为止涉及电子支付与网上支付最多的一部法律文件。《电子支付指引（第一号）》共49条，其主要内容包含了电子支付的界定、电子支付业务的开展、电子支付的安全控制和差错处理等。但该指引并不适用于第三方网上支付，其规定："境内银行业金融机构开展电子支付业务，适用本指引"。

2005年，中国人民银行发布了《支付清算组织管理办法（征求意见稿）》。在该管理办法中，我国首次对第三方网上支付进行了全方位的制度设计与风险管理，因为其只是征求意见稿，并不具有法律效力，因此并不能对现有的第三方网上支付起到法律上的规制作用。虽然《支付清算组织管理办法（征求意见稿）》从2005年公布以后，几经易稿，由于多方面原因，时至今日仍没有颁布实行，但是其在一定程度上反映了我国对第三方网上支付的立法态度和立法构思，对未来我国第三方网上支付的法律规制有着重要的指引意义。

《支付清算组织管理办法（征求意见稿）》（以下简称《管理办法（征求意见稿）》）共7章57条，其主要内容涉及以下几个方面：

（1）关于第三方网上支付平台法律定位的问题

《管理办法（征求意见稿）》明确了第三方网上支付平台支付清算组织的法

律定位，并区分了企业法人支付清算组织与非企业法人支付清算组织。《管理办法（征求意见稿）》设置了申请从事支付清算业务的条件，并规定了支付清算业务的市场准入标准及外资比例。相较于欧美国家，我国对第三方网上支付的法律定位更为明确一些。

（2）关于第三方网上支付法律监管的问题

《管理办法（征求意见稿）》规定，中国人民银行是监管支付清算组织的法定主体，有权对支付清算组织进行现场检查和非现场检查。《管理办法（征求意见稿）》还对开展支付清算业务的风险控制做出了明确规定，支付清算组织要设立支付清算风险保证金，并不得从事高风险投资。这些规定，对规范第三方网上支付将起到重大作用。

（3）关于第三方网上支付平台的退出机制

《管理办法（征求意见稿）》明确规定，当支付清算组织不能正常运转时，中国人民银行可自行或指定机构对其进行接管。支付清算组织的解散，要经过中国人民银行的批准，并要提前申请。

总体来说，《管理办法（征求意见稿）》基本上完成了对第三方网上支付的初步规范和控制，并且制定了相应的罚则。

2010年6月，中国人民银行制定了《非金融机构支付服务管理办法》（以下简称《管理办法》）。《管理办法》旨在通过规范资金支付市场秩序，切实维护社会公众的合法权益。《管理办法》明确非金融机构支付服务，是指非金融机构在收付款人之间作为中介机构提供的货币资金转移服务，包括网络支付、预付卡的发行与受理以及银行卡收单等。其主要有：①网络支付业务。《管理办法》所称网络支付是指非金融机构依托公共网络或专用网络在收付款人之间转移货币资金的行为，包括货币汇兑、互联网支付、移动电话支付、固定电话支付、数字电视支付等。②预付卡的发行与受理业务。《管理办法》所称预付卡是指以营利为目的发行的、在发行机构之外购买商品或服务的预付价值，包括采取磁条、芯片等技术以卡片、密码等形式发行的预付卡。③银行卡收单业务。《管理办法》所称银行卡收单是指通过销售点（POS）终端等为银行卡特约商户代收货币资金的行为。④中国人民银行根据支付服务市场的发展趋势等确定的其他支付业务。

《管理办法》还指出，只要符合规定，相关机构都可以取得《支付业务许可证》。《管理办法》旨在通过严格的资质条件要求，遴选具备良好资信水平、较强盈利能力和一定从业经验的非金融机构进入支付服务市场，在中国人民银行的监督管理下规范从事支付业务，切实维护社会公众的合法权益。未经中国人民银行批准，任何非金融机构和个人不得从事或变相从事支付业务。

2015年12月28日，中国人民银行发布了《非银行支付机构网络支付业务管理办法》。该管理办法根据《中华人民共和国中国人民银行法》《非金融机构支付服务管理办法》等的规定制定，按照统筹科学把握鼓励创新、方便群众和金融安全的原则，结合支付机构网络支付业务发展实际，确立了坚持支付账户实名制、平衡支付业务安全与效率、保护消费者权益和推动支付创新的监管思路。

2017年，为了加强对互联网第三方支付的监管，我国出台了一系列的措施。

2017年4月19日，中国人民银行下发了《非银行支付机构分类评级管理办法》，表示将对第三方支付机构进行分类评级，连续评级较差的机构将被注销支付牌照。据统计，2022年第三方支付行业总罚金高达2.71亿元，监管罚单至少56张，同2019年的105张监管罚单和约1.5亿元罚没金额相比，2022年第三方支付系统的罚没总额大幅提升，并且还开出了5张超千万罚单①。

2017年8月4日，中国人民银行发布了《中国人民银行支付结算司关于将非银行支付机构网络支付业务由直连模式迁移至网联平台处理的通知》。该通知称，自2018年6月30日起，支付机构受理的涉及银行账户的网络支付业务全部通过网联平台处理。同时，各银行和支付机构应于2017年10月15日前完成接入网联平台和业务迁移相关准备工作。网联这一专为第三方支付机构服务的支付清算平台的成立，凸显了监管部门加强对第三方支付机构资金流向等监管的决心。

2018年3月，网联下发了《关于非银行支付机构网络支付清算平台渠道接入工作相关事宜的函》，督促第三方支付机构接入网联渠道，明确于2018年6月30日前所有第三方支付机构与银行的直连都将被切断，之后银行不会再单独直接为第三方支付机构提供代扣通道。

2018年8月31日，十三届全国人大常委会第五次会议表决通过了《电子商务法》。《电子商务法》共七章89条，于2019年1月1日起正式实施。这部关乎互联网电商行业格局的法律地位很高，由全国人大财经委员会主导，历经三次公开征求意见、四次审议，并经过各方利益的反复博弈才最终落定。

《电子商务法》规定，电子支付服务提供者提供电子支付服务不符合国家有关支付安全管理要求，造成用户损失的，应当承担赔偿责任。支付指令发生错误的，电子支付服务提供者应当及时查找原因，并采取相关措施予以纠正。造成用户损失的，电子支付服务提供者应当承担赔偿责任，但能够证明支付错误非自身原因造成的除外。而且，电子支付服务提供者发现支付指令未经授权，或者收到用户支付指令未经授权的通知时，应当立即采取措施防止损失扩大。电子支付服务提供者未及时采取措施导致损失扩大的，对损失扩大部分承担责任。

2020年12月15日，中国人民银行第10次行务会议审议通过了《非银行支付机构客户备付金存管办法》②（以下简称《办法》），该办法共六章54条，于2021年3月1日起正式实施。《办法》的颁布意味着非银行支付机构客户备付金已于2019年1月全部集中存管，并在《中国人民银行办公厅关于支付机构客户备付金全部集中交存有关事宜的通知》的基础上，充分考虑市场机构诉求，优化了跨境人民币支付、基金销售支付和跨境外汇支付账户这三类特定业务账户管理规定，体现了监管部门对支付服务市场"严监管"和"强服务"的统一，有助于促进支付机构健康稳健发展，提升支付服务市场活力和竞争力。

① 廖蒙．非银支付2022年关键词：56张罚单、2.71亿元罚金、牌照续展与合规……［EB/OL］．［2023-06-10］．http：//m.bbtnews.com.cn/article/285728.

② 中国人民银行．中国人民银行令〔2021〕第1号（非银行支付机构客户备付金存管办法）［EB/OL］．［2023-06-10］．http：//www.gov.cn/zhengce/zhengceku/2021-01/23/content_5582141.htm.

2021年1月21日，中国人民银行发布了《非银行支付机构条例（征求意见稿）》[①]（以下简称《条例（征求意见稿）》）。《条例（征求意见稿）》主要围绕三个思路进行起草：一是坚持功能监管的理念，强调同样的业务遵守相同的规则，避免监管套利和监管空白；二是坚持机构监管与业务监管相结合，按照“先证后照”原则，对支付机构实施机构监管，同时对支付机构业务经营、关联交易等实施全方位监管；三是坚持穿透式监管，加强对股东、实际控制人和最终受益人准入和变更的监管。《条例（征求意见稿）》的制定主要是为进一步规范支付服务市场，防范支付风险，保障当事人合法权益，维护支付服务市场健康发展。

9.3 互联网贷款的监管

9.3.1 境外对于互联网贷款的监管

1）美国

互联网贷款是指通过互联网平台提供的借贷服务。这种新型的借贷方式在全球范围内得到了广泛的应用和发展。然而，随着互联网贷款市场的不断扩大，监管问题也越来越引人关注。美国作为全球最大的互联网贷款市场之一，其监管政策备受关注。

（1）美国互联网市场贷款简介

美国互联网贷款市场始于2006年，起初主要是针对小额个人借款。随着市场需求的增加和技术的进步，该市场已经逐渐扩大到商业、房地产等领域，并成为一个庞大而复杂的金融生态系统。根据Lend Academy发布的报告，在2019年，美国P2P（个人对个人）贷款平台放款总额达到约215亿美元。

（2）美国互联网贷款监管机构

在美国，互联网贷款平台必须遵守相关法规和规定，包括《诚信贷款法案》（Truth in Lending Act）、《消费者信贷保护法案》（Consumer Credit Protection Act）和《不公平、欺诈或欺骗性行为或做法禁止法案》（Unfair, Deceptive, or Abusive Acts or Practices Act）。此外，平台还需要根据《反洗钱法》（Anti-Money Laundering Act）进行客户身份验证，并对资金流动进行跟踪和报告。

（3）美国互联网贷款市场监管政策

① 贷款协议透明。美国互联网贷款平台需要在借款协议中提供透明的费用结构、还款计划和利率信息，以确保借款人了解自己所面临的风险。此外，平台还需要对借款人的信用评分进行审查，以确保借款人有能力还款。

② 高利率贷款限制。为了保护消费者免受高额利息和滚雪球式负债的影响，美国各州对高利率贷款实行限制。例如，在加利福尼亚州，规定最高年利率不得超过36%；在纽约州，规定最高年利率不得超过25%。

---

① 中国人民银行．中国人民银行关于《非银行支付机构条例（征求意见稿）》公开征求意见的通知［EB/OL］．［2023-06-10］．http：//www.gov.cn/xinwen/2021-01/21/content_5581574.htm.

③ 借款人权益保护。美国互联网贷款市场采取了多种措施保护借款人的权益。例如，在美国消费者金融保护局（CFPB）的监管下，平台必须遵守《公平信用报告法》（Fair Credit Reporting Act），并提供一份免费的信用报告给每个借款人。此外，平台还需要提供灵活的还款选项，并尽可能减少拖欠和违约情况。

④ 投资者权益保护。除了对借款人的保护，美国互联网贷款市场还需要对投资者进行保护。例如，在美国证券交易委员会（SEC）的监管下，平台必须向投资者提供透明的信息，并确保投资者了解自己所面临的风险。此外，平台还需要采取措施防止欺诈和其他不当行为。

⑤ 数据隐私保护。由于互联网贷款平台需要收集大量的用户信息，因此数据隐私保护也成为监管政策中重要的一环。根据美国的《通用数据保护条例》（General Data Protection Regulation），互联网贷款平台需要在收集、处理和存储用户数据时遵守相关规定，并采取措施确保用户数据安全。

⑥ 金融稳定性。美国政府通过监管机构来确保金融系统的稳定性。在2008年次贷危机之后，美国政府加强了对各类金融机构的监管力度，包括互联网贷款平台。监管机构要求互联网贷款平台必须有足够的准备金来应对可能出现的风险。

（4）美国互联网贷款市场监管政策的挑战

尽管美国互联网贷款市场已经实行了一系列监管政策，但仍然存在一些挑战。其中最大的挑战之一是监管机构能力不足。由于互联网贷款市场的快速发展和复杂性，监管机构很难跟上市场变化并及时采取相应措施。另一个挑战是欺诈和不当行为问题。虽然互联网贷款平台采取了多种措施防止欺诈和其他不当行为，但仍然存在一些平台欺诈行为的情况。例如，在2016年，Lending Club公司就因涉嫌销售虚假债券而遭到SEC的调查。

总体而言，美国互联网贷款市场已经实行了一系列监管政策，并采取了多种措施保护借款人和投资者的权益。然而，由于美国各州法规存在差异，互联网贷款市场缺乏统一标准和规范，这使得监管机构难以制定一套适用于所有平台的监管政策，也增加了投资者和借款人的风险。

2）欧盟

欧盟互联网贷款市场是一个快速发展的金融市场，其通过互联网平台为借款人和投资者提供便利。然而，由于监管政策的缺失和不足，该市场也面临着一些挑战。

（1）欧盟互联网贷款市场简介

欧盟互联网贷款市场始于2005年，起初主要是针对小额个人借款。根据欧洲众筹联合网（ECN）发布的数据，2019年，欧洲互联网贷款市场总交易量达到17.5亿欧元。其中，英国、法国和德国是欧盟三个最大的互联网贷款市场。

（2）欧盟互联网贷款监管机构

欧盟互联网贷款平台必须遵守《消费者信贷指令》（Consumer Credit Directive）、《反洗钱指令》（Anti-Money Laundering Directive）和欧盟的《通用数

据保护条例》(General Data Protection Regulation)等相关法规。此外，欧盟各国的法规对互联网贷款平台还会产生约束效应。

欧盟互联网贷款市场的监管机构主要有欧洲银行管理局（EBA)、欧洲证券和市场管理局（ESMA)、欧洲消费者中心网络（ECC-Net）以及各国国家金融监管机构。这些机构致力于保护投资者和借款人的权益，确保互联网贷款市场的健康发展。其中，EBA和ESMA分别负责对银行业和证券市场进行监管，包括对互联网贷款平台的监管；ECC-Net为欧盟内部消费者提供支持和咨询服务，并协助他们解决与互联网贷款相关的问题；各国国家金融监管机构则在本国范围内对互联网贷款平台进行监管。此外，欧盟委员会也发布了一系列指导方针，以帮助互联网贷款平台遵守相关法规。

（3）欧盟互联网贷款市场监管政策

① 许可证制度。欧盟要求所有互联网贷款平台必须获得许可证才能在欧盟内开展业务。申请许可证需要满足一定的资本金和风险管理要求，以确保平台的稳健运营。

② 透明度要求。欧盟要求互联网贷款平台必须公开其借款人和投资人的信息，包括借款人的信用评级、借款金额、还款计划等。同时，平台也需要公开自身的收费标准、风险管理措施等信息，以便投资人和借款人做出明智的决策。

③ 风险管理要求。欧盟要求互联网贷款平台必须建立有效的风险管理体系，包括对借款人进行严格的信用评估、建立催收机制等。此外，平台也需要保证投资人资金安全，并采取措施防范欺诈行为。

④ 数据保护要求。欧盟对个人数据保护非常重视，互联网贷款平台需要遵守欧盟的数据保护法规，如欧盟的《通用数据保护条例》(GDPR）等相关法规，保障借款人和投资人的个人信息得到妥善保护。

（4）欧盟互联网贷款市场监管政策的挑战

欧盟互联网贷款市场监管面临多方面的挑战。一是监管法规的滞后性。随着互联网贷款市场的快速发展，监管法规往往滞后于市场需求和技术进步，这使得监管机构难以有效地应对新兴风险和挑战。二是跨境监管难度大。由于欧盟成员国之间存在不同的法律和监管制度，跨境互联网贷款平台的监管难度较大，这也可能导致一些平台逃避监管，给投资者和借款人带来潜在风险。三是技术创新壁垒。随着技术的不断创新，一些新兴互联网贷款模式和业务模式可能会给监管机构带来挑战，例如，去中心化的区块链借贷平台可能会使监管机构难以实施有效的监管措施。

总体来说，欧盟互联网贷款市场实施的监管政策促进市场竞争、有利于防范风险，从而保护了投资者和借款人的权益，引导行业健康发展。然而，由于市场变化快速、技术创新迅猛，监管机构往往难以有效应对各种挑战和风险。同时，一些过于严格的监管政策可能会限制市场自由度，阻碍市场发展。

9.3.2 境内对于互联网贷款的监管

1）发展历程

2007年6月，阿里巴巴旗下的四家网商成功获得了120万元贷款，这是由阿里巴巴与中国建设银行合作推出的网络联保贷款产品——“e贷通”的首次放贷，标志着最早的互联网贷款诞生[①]。阿里平台利用其积累的商家数据，如货铺记录、成交记录、产品被浏览记录等为贷款企业提供助贷服务。这些数据填补了传统小微信贷缺乏企业数据的不足之处，也让银行突破了线下展业的限制，将小微贷款业务拓展到了线上，构成了互联网贷款的雏形。当时我国的GDP增速高达14.2%，民营经济活跃，消费需求旺盛，市场对于小微金融、消费金融等小额信贷市场需求强劲。

2010年4月，阿里平台推出了“淘宝订单贷款”，该产品为淘宝卖家提供信用贷款服务，只要卖家拥有“卖家已发货”的订单，就可以申请贷款。这种产品将平台数据和金融服务完美结合，实现了资产评估、贷款发放及还款等流程的全自动化。2010年6月，阿里巴巴在浙江成立了一家小额贷款公司——浙江阿里巴巴小额贷款股份有限公司，该公司获得了第一张电子商务领域小额贷款公司营业执照，并成为首家网络小贷公司。此后，苏宁、京东、腾讯等互联网巨头也纷纷成立各自的小贷公司，利用自身的数据优势和技术优势加入到网络小额贷款行业中。随着花呗、借呗、白条等互联网贷款产品的迅速崛起，2015年5月，微众银行上线的“微粒贷”引发了银行业机构对“助贷”的热情。到2016年年末，“微粒贷”已与25家金融机构建立了联合贷款业务合作关系，截至2019年年末，“微粒贷”累计放款额超过3.7万亿元[②]。2017年，网络小贷牌照的发放明显加速。

2）监管政策

2008年5月4日，银监会和中国人民银行发布了《关于小额贷款公司试点的指导意见》[③]，而在2017年11月21日，互联网金融风险专项整治工作领导小组办公室发布了《关于立即暂停批设网络小额贷款公司的通知》[④]，要求禁止新批设网络小额贷款公司，同时禁止小贷公司跨区域经营。随后，中国人民银行和银监会于2017年11月23日联合召开网络小额贷款清理整顿工作会议，对存量网络小贷公司进行治理整顿。之后，在2020年7月17日，《商业银行互联网贷款管理暂行办法》[⑤]由银保监会发布并实施，明确了互联网贷款的内涵及范围，并确立了互联网贷款的风险管理原则和要求，这为互联网贷款业务的规范提供了法律依据。最初由地方金融监督管理局负责监管互联网贷款，但自2017年对互联网金

---

① 商思林．阿里巴巴打开魔瓶［J］．商务周刊，2007（12）：20-29.

② 佚名．微众银行仅一年便扭亏为盈 “微粒贷”功不可没［EB/OL］．［2023-06-10］．https：//www.cebnet.com.cn/20170719/102409763.html.

③ 银监会．银监会、央行发布关于小额贷款公司试点的指导意见［EB/OL］．［2023-06-10］．http：//www.gov.cn/gzdt/2008-05/08/content_965058.htm.

④ 佚名．关于立即暂停批设网络小额贷款公司的通知［EB/OL］．［2023-06-10］．https：//www.sohu.com/a/205959148_100011127.

⑤ 银保监会．商业银行互联网贷款管理暂行办法［EB/OL］．［2023-06-10］．http：//www.gov.cn/zhengce/zhengceku/2020-07/17/content_5527716.htm.

融风险进行集中整治以来，P2P网贷和网络小贷都受到了严格治理。随着《商业银行互联网贷款管理暂行办法》的出台，互联网贷款被正式纳入监管范围。

2020年11月2日，中国人民银行、银保监会、证监会和外管局四部委对蚂蚁集团的实际控制人进行了监管约谈。同时，银保监会还发布了《网络小额贷款业务管理暂行办法（征求意见稿）》[①]（以下简称《暂行办法》）。《暂行办法》对小额贷款公司的展业范围进行了限制，未经监管机构批准，不得跨省展业。《暂行办法》还规定了业务许可证的有效期为三年，并且需要重新申请。此外，《暂行办法》还对网络小贷的贷款金额进行了限额管理。这一举措标志着网络小额贷款公司正式被纳入监管范围，其业务监管不再局限于地方金融监督管理局，而是由银保监会统筹进行业务监管，这也是监管层对金融业务进行全面监管和强化监管的表现。

9.4 互联网保险的监管

9.4.1 境外对于互联网保险的监管

1）美国互联网保险的双重监管

美国互联网保险经营呈现多样化特点，随着市场的发展，逐步形成了“谨慎宽松”的监管理念，并积累了一定的监管经验。在美国，采取联邦政府和各州双重监管机制：联邦政府设立保险监督官协会（NAIC），负责制定和解释监管法规；各州设立保险监管局，局长作为保险监督官负责本州保险市场的监管执行。此外，美国还有多个行业自律组织，如美国保险协会、保险市场标准协会等，在政府强制政策规定时充分发挥自我监督职能，在促进美国互联网保险市场健康发展方面发挥了积极作用。

美国互联网保险的相关法律法规十分完备。不仅美国国会批准了互联网保险的相关法律法规，相关组织也积极参与了法律法规的修订和完善。例如，1996年，《统一商法典》（Uniform Commercial Code）中就增加了执业牌照发放条款（Article 2B-Licenses），以规范互联网保险销售；1997年，《全球电子商务框架》（Framework for Global Electronic Commerce）规定了监管原则的五个方面和国际协作的九个领域，明确规定电子商务是指以互联网为载体所进行的广告、交易、支付、服务等各项商务活动的总称，这标志着美国政府在电子商务发展中形成了系统化的政策；2000年，《全球及全美商务电子签名法》（Electronic Signatures in Global and National Commerce Act）推动了电子数据签名的进程，在可靠性和安全性方面为互联网交易提供了良好的法律框架。

美国各州也在积极出台政策监管互联网保险业务。为保护消费者利益，纽约州政府保险局在2001年签发了《第五号函件》（Circular Letter No.5），制定了针

① 李延霞．银保监会会同中国人民银行等部门拟出台网络小额贷款业务管理办法［EB/OL］．［2023-06-10］．http：//www.gov.cn/xinwen/2020-11/03/content_5556859.htm.

对互联网保险销售业务的指南。此外，1998年，美国保险监督官协会（NAIC）在《互联网保险营销》（Marketing Insurance over the Internet）中详细规定了互联网保险的电子签名效力、隐私保密原则、保险合同规范以及执业认证等方面，并在2000年颁布的《电子保险监管条款》（Regulatory Issues Associated with the Provisions of Insurance Electronically）中提出并解释了互联网保险三大规则：信息保存、信息传递、管辖与许可。此外，美国保险监督官协会电子商务监管工作组（NAIC Electronic Commerce and Regulation Working Group）于同年提出的互联网保险监管目标包括：消除准入障碍、有效利用技术与自动化实现规模经济和加强一致性等。

为了有效控制和防范现金流风险，偿付能力监管已经成为保险监管的核心思想。目前，偿付能力监管体系由四大核心部分组成，分别是保险监管信息系统（RIRS）、财务分析追踪系统（FAST）、风险资本监管要求（RBS）和现金流测试（CFT）。这四大核心体系从不同角度对所有保险业务进行科学的监管，包括互联网保险在内。市场行为监管则包括市场准入、业务运营和市场退出方面的监管。美国采取法律手段、行政手段和技术手段对互联网保险市场进行谨慎而适度的监管，注重互联网技术和信息安全，并鼓励互联网保险市场创新，及时更新完善相关法律法规以保持市场活力和健康发展。

2）欧洲国家“一致性”的监管

欧洲国家对互联网保险市场的监管非常重视，注重信息咨询和风险控制，行业自律性强。监管原则的“一致性”是欧洲互联网保险监管的基础，保障了互联网保险发展法律环境的公开透明。在统一的行业监管标准中，明确了互联网保险的严格准入和电子保单的法律合法地位，并关注互联网保险行业产生的新风险。同时，督促监管部门有效协作，注重监管高效与公平等方面，使得监管部门职责和范围得以明确，并营造了良好的监管环境。

除了统一的行业监管外，欧洲各国还遵守独立监管原则，分别建立起统一的保险监管机构。例如，1997年，英国成立了金融服务监管局（FSA），整合了原有的9个金融业监管机构，这为明确监管部门和职责奠定了基础。欧洲各国的监管机构都有相应的法律依据进行监管，包括各国保险监管法律和欧盟一致标准。例如，德国的保险监管根基法《保险合同法》和《保险监管法》。

2001年，欧盟发布了《电子商务和金融服务》（E-commerce and Financial Services），正式确立了电子商务和金融活动的一致性原则，并强调了法制框架在信息社会中的重要性。随后，在2002年和2003年，欧盟两次修订了《电子商务和保险》（Electronic Commerce and Insurance），探讨如何通过加强立法促进欧洲互联网保险的发展，对未来的发展具有指导意义。为了规范保险市场，欧盟于2001年开始制定欧盟保险偿付能力监管标准Ⅱ，并于2014年起敦促各国同时实施，这是对保险偿付能力监管标准化的重要保障。欧盟保险偿付能力监管标准Ⅱ以风险评估为基础，针对不同风险等级提出差异化的偿付能力监管要求，并允许不同保险机构根据自身情况灵活采用内部模型来计算偿付能力，这是一个系统、全面的监管方法。

此外，欧洲国家还非常注重建立保险监管信息披露制度，建立精细信息数据平台并与其他部门合作，整合数据库，保障公众利益。例如，英国的跨行业保险欺诈数据系统等。这些措施都体现了欧洲国家对于保险监管的重视和努力。

9.4.2 境内对于互联网保险的监管

2011年9月，保监会发布了《保险代理、经纪公司互联网保险业务监管办法（试行）》，为互联网销售保险业务提供了规范依据和信息披露标准。然而，在2014年，一些保险机构推出的互联网保险产品存在不规范和博彩性质问题，因此被保监会叫停。为了规范互联网保险市场，2015年7月，保监会发布了《互联网保险业务监管暂行办法》，这是首个针对互联网金融的分类监管细则。该暂行办法于2015年10月1日开始实施，并于2018年10月1日到期，《保险代理、经纪公司互联网保险业务监管办法（试行）》同时废止。由于尚未有正式版本出台，为避免监管真空，银保监会于2018年9月30日宣布《互联网保险业务监管暂行办法》在新规定出台前继续有效。

2019年12月13日，银保监会起草了《互联网保险业务监管办法（征求意见稿）》，并开始向业内征求意见。该办法坚持机构持牌、人员持证的原则，以审慎监管和包容发展的态度对互联网保险进行监管，着眼于保护消费者、投保人的利益。此外，银保监会还在酝酿制定保险中介机构分级分类管理办法，以补充对于互联网保险的新规。

2020年5月，银保监会发布了《关于推进财产保险业务线上化发展的指导意见》，要求到2022年，车险、农险、意外险、短期健康险等国内保险业务线上化率要达到80%，同时鼓励有条件的保险公司探索全流程线上化服务。这表明监管当局对互联网保险持鼓励态度。

2020年6月30日，银保监会发布了《关于规范互联网保险销售行为可回溯管理的通知》。该通知旨在加强对互联网保险销售行为的可回溯管理，并规定了销售行为可回放、重要信息可查询、问题责任可确认等核心内容。对于未达到要求的险企，监管部门将停止其互联网保险销售业务。此外，《互联网保险业务监管办法（征求意见稿）》也持包容态度，鼓励保险科技创新和科技监管，同时强化合规经营。

2020年12月7日，银保监会发布了《互联网保险业务监管办法》，该办法自2021年2月1日起生效。该办法秉持机构持牌、人员持证的原则，对互联网保险实行审慎监管和包容发展的态度，旨在保护消费者和投保人的权益。此外，该办法不仅对互联网保险平台提出了明确要求，还针对个人保险营销员的宣传推销行为提出了详细规定。

虽然当前互联网保险监管规定较少，但已有明确的规范细则可供参考，并且监管部门正在推动修订监管制度以适应互联网保险业务的发展需求。

9.5 监管模型和监管策略

9.5.1 第三方网上支付监管建议

第三方网上支付监管建议，如图9-1所示。

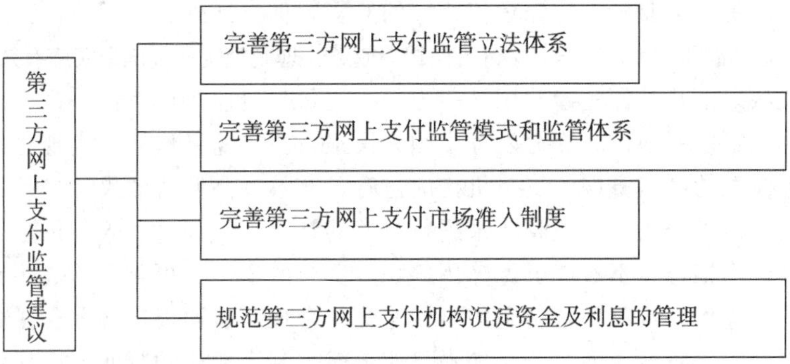

图9-1 第三方网上支付监管建议

1）完善第三方网上支付监管立法体系

在我国现有法规制度的基础上，我国应该借鉴欧美国家的有益经验，完善针对第三方网上支付的法律体系。第一，应该借鉴国际的先进立法经验，出台相应的法律制度，提高对第三方网上支付的监管层次，制定一部单行法规，以全面系统地约束和监督第三方网上支付的运作。第二，尽快出台与现有法规相配套的实施细则，不仅要有法可依，还要使所依之法能够被执法者操作，即对其监管的措施不能太抽象，应具有一定的可操作性，利于执法。除以上两点之外，值得注意的是，在推进国家层面立法的同时，也应该根据地方发展水平的差异，考虑完善地方立法，这样上至国家下至地方，法律法规形成一个统一整体，相辅相成。

我国应该加强对消费者的合法权益进行保护的立法。第一，建议制定针对第三方网上支付消费者权益保护的政策法规，进一步细化现有法规中有关消费者权益保护的规定；为了避免消费者网上支付账户信息被盗，第三方支付机构除了要提升自身的网络安全水平外，还要从外部获得最后的保障，即建立支付业务的保险制度，从根本上解决存在的风险隐患，保障消费者财产不受损失。第二，可以成立联合执法部门，确立对第三方网上支付运营、风险等方面的信息共享、沟通和监管协调机制，并且成立专门的消费者保护机构，负责处理投诉，解决金融消费纠纷。第三，还应加强对支付服务协议的监管，在第三方网上支付服务协议中引入公证预先审查机制，以保护消费者合法权益。第四，还应加强对电子支付有关知识的宣传教育。

2）完善第三方网上支付监管模式和监管体系

（1）明确第三方网上支付的监管体系

在我国支付服务市场中，要实现对第三方网上支付的有效监管，首先要强化执法能力、提高监管水平，弥补第三方网上支付监管体系中出现的漏洞，形成明确的监管体系，还要吸收和借鉴西方发达国家对第三方网上支付机构成熟的监管实践经验，坚持多部门联合、共同协作的模式，并结合我国经济社会制度的具体情况以及当前较成熟的监管组织体系，形成中国人民银行主导监管、商业银行辅助监管、行业协会自律监管、社会舆论补充监管的协同监管体系。同时，加强对整个行业的监督管理，制定相应的操作规范、风险处理办法，构建完善的信用管理体系，使每一类监管主体都承担相应的监管责任。此外，从规范第三方支付行为出发，监管部门应针对第三方支付机构相关业务管理制定统一标准来实施有效的监管。

建议从以下几方面完善我国第三方网上支付平台监管体系：一是突出中国人民银行的法定监管地位，充分发挥中国人民银行主导监管作用，实现对采取不同支付业务模式的第三方网上支付机构的监管，有效提高监管效果。二是发挥商业银行的辅助监管作用，对监管体系进行有益的补充。例如，引入备付金存管银行和备付金合作银行，不仅能够保障用户账户资金的安全，更重要的是能够实现对第三方网上支付机构客户备付金的全面监督和管理，从而促进网上支付交易活动中资金更好、更安全流转。三是加强行业自律，制定相应的行业自律规范，从而对第三方网上支付行业进行全面的监督和管理。四是加强社会舆论监督的作用，如监管机构可以向公众公布市场准入主体资格的资信情况，并且要求第三方网上支付机构定期公布财务状况，以便随时接受社会舆论的监督，从而形成对第三方网上支付进行监管的社会监督机制，以保障监管的公开、公平、公正，使对支付机构的监管更加透明化，进一步强化社会公众的监督意识。

（2）明确第三方网上支付机构的监管主体

明确我国第三方网上支付机构的监管主体是对其实施有效监管的重要前提。在2023年3月初召开的十四届全国人大一次会议之前，我国实行的是“一行两会”的分业监管体制，即由中国人民银行、银保监会和证监会对网上支付机构体系进行共同监管。但是，在该会议召开之后，我国金融监管体系迎来重大变革，形成了“两委一行一局一会”的格局，即组建中央金融委员会和中央金融工作委员会，中国人民银行专注货币政策和宏观审慎监管，国家金融监督管理总局集机构监管与行为监管于一身，证监会则专司资本市场监管①。但是，关于第三方网上支付机构的各个组成部分并没有明确的监管主体，不利于及时监控风险的发生，对风险进行防范。另外，第三方支付平台作为市场经济催生出的产物，不能仅仅依靠监管机构的监管，而要积极发挥行业自律的作用。国家应当鼓励第三方支付机构开展行业自律，通过设置行业协会对支付机构的交易行为等进行监管和调控，设立行业内交易诚信公示体系，对其中拥有不良记录的支付平台予以规范和约束。

3）完善第三方网上支付市场准入制度

（1）明确指导原则——利益平衡原则

利益平衡原则不仅是完善第三方网上支付市场准入制度的指导原则，也是调

① 中国人民银行．关于国务院机构改革方案的说明［EB/OL］．［2023-06-10］．http：//www.gov.cn/xinwen/2021-01/21/content_5581574.htm.

整社会经济关系的重要原则。在完善第三方网上支付市场准入制度时，不仅需要仔细考虑消费者的权利保护、第三方网上支付企业的利益保护以及监管机构的权威维护的问题，还需要考虑怎样实现各方主体之间利益的互相平衡。消费者是第三方网上支付行业发展的重要基石，必须对消费者的权利进行倾斜性保护。在第三方网上支付市场准入制度中，消费者的权利应该得到尊重和平衡，应当提高消费者的话语权，对那些损害消费者利益的第三方网上支付企业应当禁止其进入市场。监管机构是第三方网上支付行业的重要管理者，对第三方网上支付行业的发展起着不可忽视的作用。然而，监管机构的利益可能会与消费者的利益相冲突，监管机构的强势和消费者的弱势是利益冲突的集中体现。在完善第三方网上支付市场准入制度时，需要通过细化准则限制监管机构的自由裁量权，同时应当设立独立的监管机构，完善第三方网上支付市场准入行政审批许可监督机制。

（2）借鉴境外第三方网上支付企业资金制度

为了规范第三方网上支付行业的发展，我国对第三方网上支付企业的注册资本规定了很高的标准，这样做的主要目的是防御风险。基于自身的特点，第三方网上支付企业直接拥有消费者大量的货币资金，为了更好地保障消费者的合法利益，支付机构需要持续保有充足的自持资本金。境外发达国家对有关支付企业自有资金的规定，我们也可以从中借鉴，加以利用。例如，美国对第三方网上支付企业自有资金的要求是不低于25 000美元的资本净值。通过和发达国家、经济组织的比较，再结合我国支付企业的发展现状，我国可以在新的法律规范中规定，只要企业保持自持资本金持续不变，与交易金额保持安全比例，就可以适当降低注册资本要求。同时，为了最大限度地保障消费者资金的安全，随着交易金额的扩大，企业自持资本比例也应该适当调整。

4）规范第三方网上支付机构沉淀资金及利息的管理

（1）建立存款延伸保险制度

关于沉淀资金的处理，美国要求第三方网上支付机构将客户资金存放在银行的无息账户中，这一制度源于美国联邦存款保险公司（FDIC）提出的“存款延伸保险”制度，其主要目的是保障沉淀资金的安全和实现沉淀资金的监管。采用这种存款保险制度便于明确网上支付机构沉淀资金和其所产生的利息的所有权归属主体，同时也能够防止客户备付金被他人挪用，从而保证整个市场交易体系的安全与稳定。我国尚缺乏对第三方网上支付机构沉淀资金的有效监管，尚无类似美国FDIC的机构，同时法律制度对其规定尚不完善。我国可以借鉴境外的“存款延伸保险”制度，并出台新的法律制度，要求第三方网上支付机构必须对客户备付金进行保险；同时，明确客户备付金所产生的利息仅用于客户权益保护和非金融机构的风险救助，不得为非金融机构所有。第三方网上支付机构应对存在银行的客户备付金进行保险，其是投保人，而受益人是用户。同时，规定沉淀资金及其利息只能有两个用途：一是客户权益保护；二是非金融机构的风险救助。总之，上述所说的沉淀资金及其利息不得归非金融机构所有。这在一定程度上将促进第三方网上支付机构稳健、持续、健康发展。

（2）确立事前协商机制

所谓“事前协商机制”，是指银行在第三方网上支付机构和用户协商一致、对客户备付金的处理问题达成合意后，按照商定的用途对沉淀资金进行利用，即在用户与第三方网上支付机构协商一致的条件下，可以对沉淀资金及其利息进行充分利用，使之获得最大利益。确立事前协商机制蕴含了私法自治精神，符合市场经济活动规律，这样可以使各方当事人交易活动更加便利，减少不必要的成本，有利于构建健康稳定的第三方网上支付交易环境，也有利于解决第三方网上支付沉淀资金及其利息的分配及归属问题。第三方网上支付机构客户备付金只能存放在银行这一规定引发了大量资金闲置和监管制度僵化问题，解决这些问题，可以对监管的具体内容进行灵活调整，进而推行事前协商机制。监管机构应当监督协商的整个过程，从而确保客户备付金的安全。

（3）利用沉淀资金产生的利息为用户账户设立风险基金

中国人民银行出台的《非银行支付机构客户备付金存管办法》规定，支付机构按季从客户备付金利息收入中动态计提风险准备金，计提比率最低为10%。风险准备金的提取在一定程度上保障了客户的合法权益，但同时也不可避免地造成了资金的浪费。为了保障客户的合法权益，应规定将客户的沉淀资金产生的利息存放在一个独立开设的风险基金账户中，这种做法主要是借鉴欧盟的风险准备金制度，即利用基金账户中的利息来弥补用户的沉淀资金出现的缺损。这样不仅能够有力保障客户资金的安全，而且对强化支付机构的客户资金安全保护意识和责任、促进整个支付行业的健康发展、维护金融秩序的稳定等方面具有重要的现实意义。

9.5.2 互联网贷款监管建议

互联网贷款监管建议，如图9-2所示。

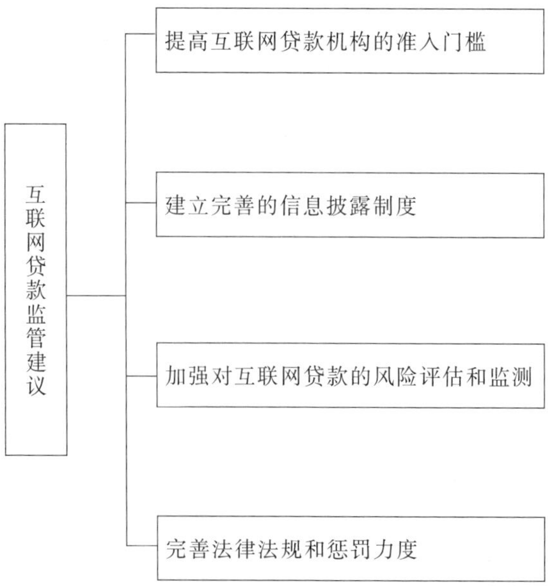

图9-2 互联网贷款监管建议

1）提高互联网贷款机构的准入门槛

应该加强对互联网贷款机构的准入门槛。当前，互联网贷款市场存在着一些不规范、不合法的机构，这些机构缺乏资金实力和专业能力，容易给投资者带来损失。因此，应该制定更加严格的准入标准，对资金实力、管理能力等进行综合考量，并通过监管部门的审核批准后方可开展业务。

在制定准入标准时，需要考虑到不同类型的机构之间可能存在的差异性。例如，互联网贷款平台需要有独立法人身份，并具备一定规模的注册资本；而消费金融公司则需要具备一定的风险管理能力和专业技术水平。此外，还应该对互联网贷款机构的股东背景、管理团队等进行审查，确保机构的合法性和可信度。

2）建立完善的信息披露制度

在互联网贷款市场中建立完善的信息披露制度非常重要。由于投资者往往难以获得足够的信息来评估借款人和借款平台的信用状况，因此需要建立更加透明的信息披露制度。具体来说，互联网贷款平台应该向投资者公开借款人的基本情况、资产负债状况、还款能力等信息，并严格按照相关规定披露平台的运营数据、风险控制措施等信息。

在建立信息披露制度时，需要考虑到不同类型的机构之间可能存在的差异性。例如，互联网贷款平台需要公开借款人和出借人之间的合同条款、借贷利率等详细信息；而消费金融公司则需要公开自身产品特点、收费标准等相关信息。此外，还应该对信息披露的内容、披露频率等进行规范，确保投资者能够获得充分的信息。

3）加强对互联网贷款的风险评估和监测

为了更好地防范互联网贷款市场的风险，应该加强对互联网贷款的风险评估和监测。具体来说，监管部门应该建立完善的风险评估模型，对互联网贷款机构和借款人进行信用评级，并根据评级结果采取相应的监管措施。此外，还需要加强对互联网贷款市场的实时监测，及时发现并处理市场中存在的违法违规行为。

在加强风险评估和监测方面，需要考虑到不同类型的机构之间可能存在的差异性。例如，互联网贷款平台需要建立完善的风控系统，并严格按照相关规定开展风险管理工作；而消费金融公司则需要建立合理有效的信用评估模型，并根据评估结果制定相应的风险管理策略。此外，在实时监测方面，还应该采用多种手段进行监测，包括数据分析、现场检查等方式。

4）完善法律法规和惩罚力度

在互联网贷款市场中完善法律法规和惩罚力度也非常重要。当前，我国相关法律法规尚不完善，一些违法违规行为难以得到有效打击。因此，需要进一步完善相关法律法规，制定更加严格的监管措施，并加大对违法违规行为的打击力度。

在完善法律法规和惩罚力度方面，需要考虑到不同类型的机构之间可能存在的差异性。例如，针对互联网贷款平台的监管应该更加严格，包括制定更加详细的风险管理标准、建立更加完善的备付金制度等；而针对消费金融公司则需要更加注重产品设计和收费标准等方面的监管。此外，在对违法违规行为进行打击时，还应该依据不同类型的机构采取相应的处罚措施。

9.5.3 互联网保险监管建议

互联网保险监管建议，如图9-3所示。

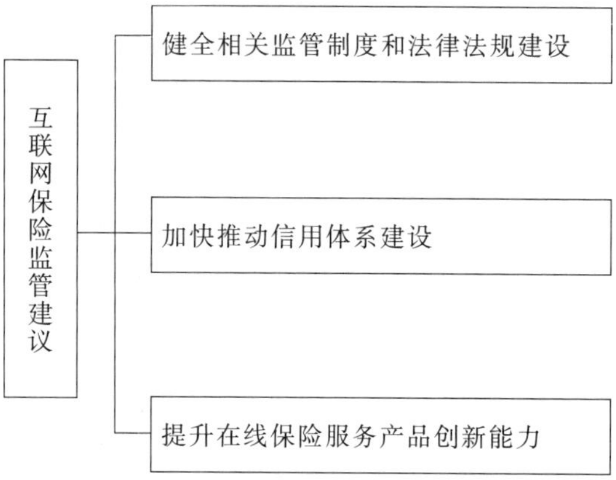

图9-3 互联网保险监管建议

1）健全相关监管制度和法律法规建设

互联网保险是一种基于“互联网+”的新型保险模式，其快速发展得益于互联网技术和大数据技术的迅猛进步。然而，技术进步也带来了一些负面影响，当前的立法滞后、监管不到位等问题导致了互联网保险行业存在投保人骗保、保险代理虚假宣传、保险机构服务器遭黑客攻击等问题。因此，监管部门应当加强对互联网保险行业的监管，并建立健全相关规章制度，以确保消费者和投保人的权益得到有效维护。

一是应该进一步完善互联网保险行业的法律法规。目前我国现有的保险法律中缺乏关于互联网保险的详细规定，因此可以通过制定相关的互联网保险条例来填补法律空白。同时，还应加强网络信息安全和第三方支付等相关规章制度的建设，以应对科技进步可能带来的风险。

二是需要建立灵活审慎的市场准入机制。作为一种新型商业模式，互联网保险发展面临着不确定性因素，因此需要建立灵活审慎的市场准入制度。一方面要鼓励和支持互联网保险行业发展，另一方面也要设置较高的准入门槛，排除规模较小、抗风险能力较弱的小型机构。除了必须拿到相关保险牌照外，互联网保险机构还必须具备开展互联网业务、抵御网络风险所需的硬件和软件条件。对于互联网保险机构开展新业务、推出新产品，在不违反相关法律法规的前提下应持宽容态度。

三是需要进一步加强在线消费者的权益保护。通过出台相关的电商消费者权益保护法来规范行业，明确责任主体，保障消费者在线消费的权益，促进整个互联网金融行业的健康有序发展。

2）加快推动信用体系建设

保险行业的盈利模式是基于风险大小的测量，旨在为消费者提供保障。在风险评估过程中，信用记录扮演着至关重要的角色。未来，保险行业的发展方向将是根据个人信用记录快速评估其风险水平，并制定相应的保险价格。因此，完善的征信体系和公正权威的第三方评级机构对保险行业尤其是互联网保险而言至关重要。然而，目前我国信用体系还不够完善，因此可以从以下几方面入手进一步加强我国的信用体系建设并培育壮大信用市场：

一是建立完善的信用法律制度。目前我国缺乏专门针对信用的法规和规章制度，因此建立健全法律体系是建设完善信用社会的关键。同时，还需要严格执行失信惩处机制，通过法律威慑提高失信成本。

二是多方联合培育发展信用市场。当前我国市场中的信用产品较少、不够丰富，政府应与大型企业联合开发培育信用市场。政府可以以自身信用为背书，帮助符合标准的企业提高信用产品的创新和开发力度，逐步壮大信用市场。

三是建立完整的公共信息服务体系，作为对征信体系的补充和数据来源。加强与交通、医疗、金融、社会服务、电子商务等机构和企业的合作，获取这些机构和企业的数据来完善信用数据库，并分享给这些机构和企业使用，以提高其工作效率和风险控制能力。这将实现双赢局面并推动整个社会形成更加健康有序的信用环境。

3）提升在线保险服务产品创新能力

互联网保险的在线销售模式为企业提供了更多的数据，可以通过大数据技术挖掘消费者的历史浏览记录、停留时间等信息，深入了解消费者的真实需求，从而进行个性化产品创新。这不仅减少了保险产品的同质化现象，也提高了保险机构的竞争力，促进了整个行业的健康持续发展。为此，互联网保险机构应该采取以下措施：

一是增加储蓄型保险产品的研发投入。根据中国保险行业协会2016年发布的互联网保险行业发展报告显示，我国互联网保险消费人群中20~40岁年龄段的比例最高，这部分人群最感兴趣的是集保障和理财于一体的储蓄型保险产品。因此，互联网保险机构应该针对这部分消费者需求加大相关产品的研发力度。

二是加强个性化保险产品的研发力度。个性化产品是保险机构在市场竞争中取胜的关键。互联网保险机构可以与搜索类、在线电商和即时通信类企业共享信息，获取更多的消费者偏好信息。基于大数据系统、精算和风险控制模型，可以进一步拆分单一保险产品和服务，并根据不同消费者需求提供差异化产品，从而提供更好的用户体验。

三是加强与新媒体平台的合作。互联网保险机构应该进一步加强与当前主流社交软件以及电商平台等新媒体平台的合作，通过数据共享，可以实现将保险产品创新嵌入到互联网场景中。

9.6 我国互联网金融监管的未来发展趋势

我国互联网技术和金融业的结合促进了互联网金融的创新，产生了很多新型的金融产品和服务方式，如第三方网上支付、互联网贷款及互联网保险等。

互联网金融的创新主要有两种模式：一是传统金融业务的互联网化；二是互联网业务的金融化。互联网金融领域的创新为我国金融行业注入了发展的动力。然而，我国在互联网金融创新的过程中也逐渐暴露出了一些风险问题，影响到了互联网金融创新体系的运行。这些风险主要有信息安全风险、流动性风险、信用风险、系统性风险、政策法律风险等。例如，面对P2P网贷平台“跑路”事件，国家有关部门加大监管力度，至2020年11月，防范化解金融风险攻坚战取得重要阶段性成果，P2P平台全部“清零”。因此，制定有效的监管策略迫在眉睫。

目前，我国的分业监管模式面临着监管重叠与监管真空并存、监管标准不统一、监管手段不丰富等现实困难。为解决金融领域长期存在的突出矛盾和问题，2023年3月16日，中共中央、国务院在印发的《党和国家机构改革方案》中明确提出，在中国银行保险监督管理委员会基础上组建国家金融监督管理总局，统一负责除证券业之外的金融业监管工作和金融消费者权益保护；中国人民银行主要负责货币政策和宏观审慎监管；证监会负责资本市场监管，增加企业债券发行审核等职责。该举措有助于减少监管空白和监管交叉，落实好行为监管和功能监管。本次金融机构监管体系的改革，促使我国形成了“两委一行一局一会”的监管格局，更贴合“双峰监管”模式，但仍然要从更宏观、更务实的视角，不断革新完善监管模式。

建立互联网金融风险监管的综合体系需要考虑监管机构、法律制度和职责分工等多方面因素，以实现多层次、多职能、多类型的监管。在此基础上，构建高效的三维运作体系，以确保监管工作的顺畅进行。未来互联网金融监管三维结构体系，如图9-4所示。

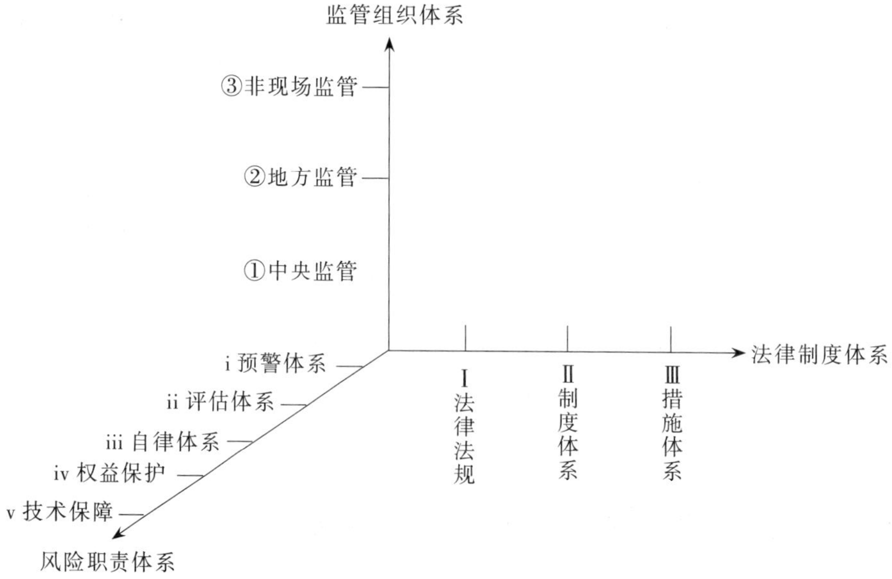

图9-4 未来互联网金融监管三维结构体系

1）健全监管组织体系

拓展阅读9-2

我国金融监管的新动向与重要意义

改革开放至今，我国的金融监管体制经过了数次的改革变迁，经历了从单一到分业再到统一的变革过程，每次改革大多是为应对国际国内金融形势变化，且结合国内实践情况和中国国情，创造性地建立了具有中国特色的金融监管体系。

改革开放后较长一段时期内，我国金融结构单一，以中国人民银行的下属机构“稽核局”实施“监督稽核”为主。20世纪90年代初，由于证券市场的特殊性，特成立中国证券监督管理委员会（简称证监会）单独对证券市场进行监管。该举措意味着现代意义的“金融监管”正式步入我国金融的治理体系中，在该时期中国保险监督管理委员会（简称保监会）成立。2003年，中国银行业监督管理委员会（简称银监会）成立。由此，我国正式开启“一行三会”分业监管的金融监管格局。在我国确立分业监管体制的时候，全球信息技术迅速扩张，影子银行乱象频发，因此，为了缓解金融的顺周期性和提高进入的稳定性，在保持原有分业监管体制的同时，我国建立了“货币政策和宏观审慎政策双支柱调控”。随之而来的是，协调成本较高，金融机构利用监管漏洞进行套利，由此带来了新的金融风险。为了完善和强化金融监管，2017年11月成立了国务院金融稳定发展委员会，强化综合监管，突出功能监管和行为监管。党的十九大报告指出，“健全金融监管体系，守住不发生系统性金融风险的底线”。2018年，银监会和保监会合并，成立中国银行保险监督管理委员会（简称银保监会），这是自2003年“一行三会”金融监管体制形成以来最大力度的金融监管组织结构改革，并逐步建立起全新的“一委一行两会”的金融监管框架。即便经过多次改革，我国的监管仍略显“分散”。党的二十大报告指出，“加强和完善现代金融监管，强化金融稳定保障体系，依法将各类金融活动全部纳入监管，守住不发生系统性风险底线”。因此，2023年3月，中共中央、国务院印发了《党和国家机构改革方案》。该方案提出，组建中央金融委员会，不再保留国务院金融稳定发展委员会，组建国家金融监督管理总局，强化中国证券监督管理委员会资本市场监管职责，深化地方金融监管体制改革等一系列金融改革，建立起“两委一行一局一会”的监管体系（如图9-5所示）。这是自2003年以来我国金融监管体制最大的一次变革。此次金融监管变革的根本目的是防范系统性金融风险和切实保护金融消费者权益，其最终目标则是助力实现中国式现代化。纵观过去我国金融监管体制的变化，不难发现，我国的金融监管变革都是顺应金融发展趋势的主动求变，既尊重金融发展的内在规律，又紧密地与我国金融结构的具体实践相结合，这恰恰是金融监管方面的“守正创新”。

中央金融委员会负责金融稳定和发展的顶层设计、统筹协调、整体推进、督促落实，研究审议金融领域重大政策、重大问题等。在中央金融委员会的领导下，充分发挥并厘清“一行一局一会”的监管职责，并分别健全省级、地市级监管机构，形成机构完善、职责明晰的监管体系，尤其是明确互联网金融新业态的监管责任。

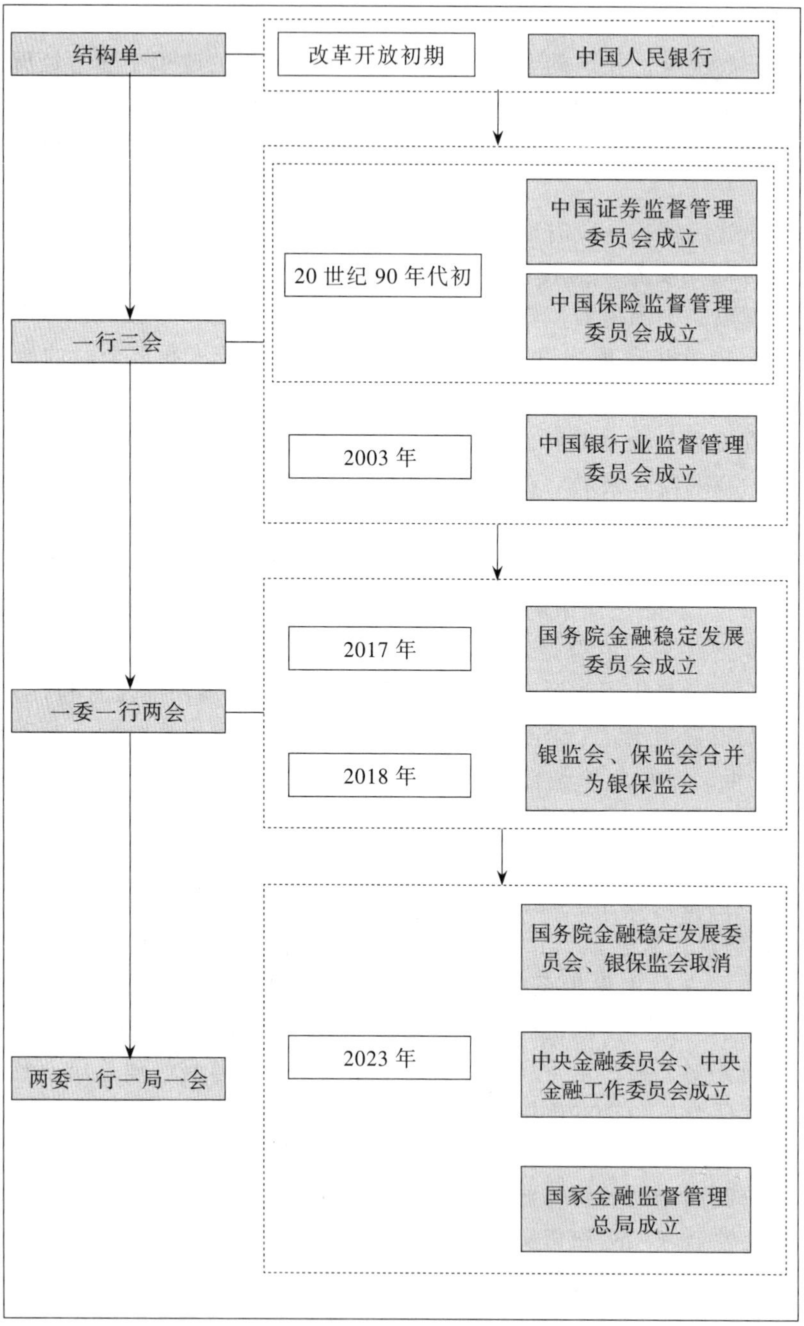

图9-5　我国金融监管发展历程

（1）中央监管为主，地方监管为辅

金融监管体系分为中央监管和地方监管两个级别，以中央监管为主，以地方监管为辅。地方监管体系在金融监管体系中起着辅助的作用，目前主要由地方政府设立的金融监管机构专司负责监管。一方面，中央监管囿于监管辐射范围、监管成本等，无法监管所有地区的业务，地方金融监管机构无疑将承担当地机构的监管责任；另一方面，诸多新兴的地域性较强的互联网金融业态容易在地方滋生风险，引致地区性、地方性金融风险，地方金融监管难辞其咎。因此，地方金融监管机构不应只是充当中央监管政策的传达者和执行者，而应发挥积极主动性，强化其监管权责，在服从中央监管的大前提下，可大胆先行对本地互联网金融业态进行统计监测、反洗钱监管和征信体系建设等基础性工作。

（2）加强建立非现场监管机制

日常监管以非现场监管为主。互联网与金融的结合强化了虚拟属性，交易对象更难明确，交易时间缩短、交易频率加大，使现场检查很难有用武之地。因此，非现场监管技术在互联网金融监管中必将得到广泛运用。非现场监管的长效性、规范性有赖于监管信息平台的畅通程度、监管当局在监管数据处理与评估方面的专业化程度，即监管当局要制定、修改适合各互联网金融业态的专门的定期统计报表，并明确规定被监管机构提交的时间、频次和具体方式，再由监管当局对数据做出准确评估、快速反应。

2）完善法律制度体系

（1）完善现有法律法规

在当前互联网金融监管存在漏洞或不足之处时，对现有涉及金融领域的相关法律法规进行修改和完善，同时在必要时制定新的法律法规来弥补监管空白，明确各类机构在互联网金融活动中应该发挥的作用及承担的责任义务，明确违法违规行为及罚则。

（2）健全制度体系

建立健全互联网金融监管制度体系，加强对互联网金融机构的准入、退出、业务范围等方面的管理。在传统金融风险监管制度体系的基础上，建立完备的互联网金融风险监管制度体系。为各类互联网金融新业态及其业务活动制定专门的监管规定，由“一行一局一会”共同发挥监管职能。

（3）加强措施体系

加强措施体系建设，推进信息披露和透明度。要求互联网金融机构及时、真实、完整地向公众披露相关信息，提高市场透明度。同时，建立健全投诉处理机制，及时处理用户反映的问题和纠纷，维护用户权益。着力加强各部门之间的协调合作，形成合力，共同推动互联网金融市场的健康发展。

3）健全风险职责体系

（1）建立互联网金融风险预警体系

为建立健全互联网金融风险预警体系，需要进行数据采集和分析、风险评估，建立风险预警指标体系、预警机制以及发布和应对措施等工作。其中，数据采集和分析是首要任务，通过科学有效的方法和技术手段收集相关数据并进行分析，识别出潜在的风险点。在此基础上，建立风险评估模型，确定各项指标的权重，并建立互联网金融风险预警指标体系。同时，还需要建立预警机制，包括预警级别、信号和发布等，并根据不同级别的风险制定相应的应对措施。其最终目标是形成多方参与、合力应对的格局，确保预警机制的顺畅运行和有效发挥。此外，政策支持和监管配合也是必不可少的。只有在多方参与、合力应对的格局下，才能确保预警机制的顺畅运行和有效发挥。

（2）建立互联网金融风险监管评估体系

首先，需要制定监管标准和指标，明确监管对象、监管范围、监管要求等。其次，需要建立评估模型，根据不同的指标权重和评分规则，对互联网金融机构进行评估。再次，需要进行数据采集和分析，收集互联网金融机构相关数据，并进行数据分析，识别出潜在的风险点。在此基础上，对采集到的数据进行风险评估，确定各项指标的权重，并建立互联网金融风险预警指标体系。通过监督检查和反馈机制，及时发现并纠正互联网金融机构存在的问题。最后，通过绩效考核和奖惩措施鼓励互联网金融机构加强自身管理，提高服务质量。通过建立科学有效的评估体系和监管机制，能够有效促进风险防范和控制，从而提高监管效率，为互联网金融行业的健康发展和消费者权益的保障提供有力支撑。

（3）建立互联网金融风险监管自律体系

在设立政府监管机构实施监管的同时，也要重视自律监管的作用，重点发挥银行业协会、证券业协会、保险业协会、证券交易所等自律组织的作用。巴塞尔银行监管委员会（Basel Committee on Banking Supervision）、国际保险监督官协会（IAIS）和国际证监会组织（IOSCO）（2001）认为，在监管之下，相关行业可以通过自律组织规范参与者的行为，自律组织管理其成员及行为的规定必须得到监管认可，必要时，监管者可以直接采取强制措施要求自律组织实施一些规定，并直接对自律组织采取强制措施。

（4）建立互联网金融消费者权益保护体系

首先，制定相关的法律法规，明确互联网金融消费者的权利和义务，规范互联网金融机构的行为。其次，建立便捷的投诉渠道，让消费者能够及时反映问题并得到解决。同时，互联网金融机构应当加强信息披露，向消费者提供真实、全面、及时的产品信息和风险提示；加强风险管理，对风险进行评估和控制，并设立相应的风险准备金；建立赔偿机制，对因互联网金融机构违规行为造成损失的消费者进行赔偿。最后，通过开展宣传教育活动等方式推广消费者教育，提高消费者对互联网金融产品和服务的认知水平，增强其自我保护能力。通过建立互联网金融消费者权益保护体系，能够保障消费者的合法权益，促进互联网金融市场良性竞争和健康发展，推动行业朝着更加规范、透明、稳健的方向发展。

（5）建立互联网金融风险监管技术保障体系

为了建立互联网金融风险监管技术保障体系，首先，需要明确监管机构对互联网金融风险的监管要求和指标，如流动性风险、信用风险、市场风险等。这些指标将成为建立技术保障体系的基础。其次，需要采集和整合各个互联网金融平台的数据，并利用大数据分析技术对采集到的数据进行分析和挖掘，识别潜在的风险因素并预测未来可能出现的风险。在此基础上，还需要根据数据分析结果对各个互联网金融平台进行风险评估，并设置相应的预警机制。当出现异常情况时，及时发出预警信号。监管机构还需要根据实际情况对监管要求和指标进行调整，并对技术保障体系进行反馈和调整，以不断提高监管效果。总之，建立互联网金融风险监管技术保障体系需要多方合作，包括监管机构、互联网金融平台、数据分析公司等。同时，还需要不断创新技术手段，以适应互联网金融领域风险的快速变化。

我国逐步确立了“三层+双峰”的立体式监管框架①。“二委一行一局一会”+“各地局”是我国金融监管框架的最直接的表现，也体现出我国的“三层+双峰”模式。其中，“三层”是指顶层为中央金融委员会和中央金融工作委员会；中间层为各金融监管部门，具体包括中国人民银行、国家金融监督管理总局和证监会地方派出机构；底层为地方金融监督管理局。“双峰”则是将监管部门的具体职能分为审慎监管和行为监管。我国的互联网金融监管关系，如图9-6所示。

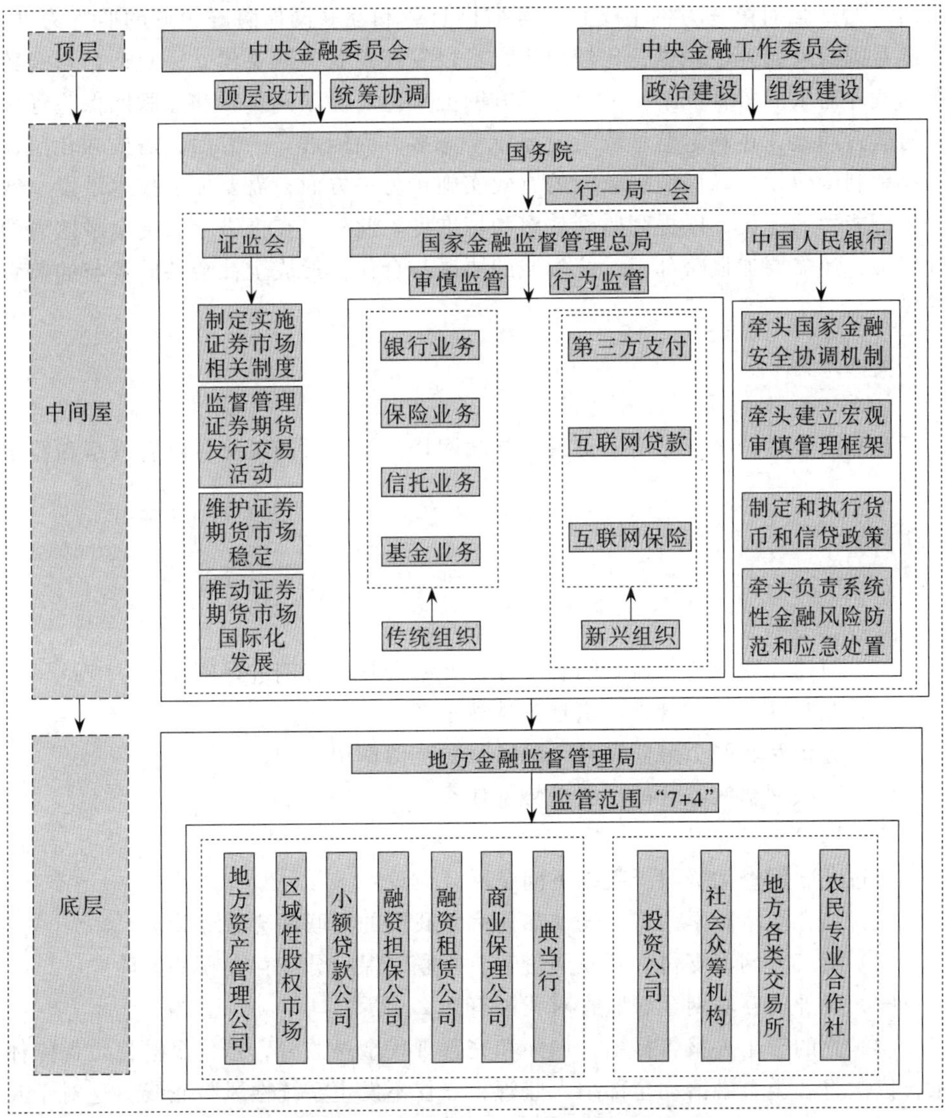

图9-6 “三层+双峰”的立体式监管框架

① 尹振涛. 中国金融监管的新动向与重要意义［J］. 人民论坛，2023（08）：64-67.

本章小结

随着大数据、云计算和移动互联等技术的发展，传统金融行业正在经历一场革命性的变革。这些新兴技术的应用，为传统金融带来了全新的活力和机遇，同时也给监管部门带来了前所未有的挑战。传统金融与互联网的深度融合，让金融业务模式和边界变得越来越模糊不清。此外，随着金融互联网化进程的加速，各类金融业务已经逐渐嵌入到人们的日常生活中，这也给监管工作带来了更大的难度。

在这种背景下，2015年成为我国的互联网金融监管元年。在此之后，监管部门开始加强对第三方网上支付、互联网贷款和互联网保险等领域的监管力度。通过对国内外监管经验进行比较分析，可以发现，我国需要建立一套适合自身特点和发展需求的监管框架。针对第三方网上支付、互联网贷款和互联网保险等领域的监管问题，在制定监管政策时需要考虑多方面因素。一方面，需要强化监管法规和制度建设，确保监管政策的有效实施；另一方面，需要加强技术手段和数据分析能力的建设，以提高监管效率和精准度。此外，在推进互联网金融监管的过程中，还需要加强跨部门、跨领域的协调与合作，形成全社会共同参与的监管格局。

关键术语

互联网金融；第三方网上支付；互联网贷款；互联网保险；监管模型和监管策略

习题

复习思考题：

（1）简述互联网金融监管的必要性，并结合具体实例进行阐述。

（2）互联网金融监管为什么越来越被重视？

（3）分析互联网金融监管对金融风险防范的作用。

（4）互联网金融监管的发展趋势是什么？

研讨题：

通过互联网查询资料，就以下问题展开讨论：

（1）结合本章所学内容，谈谈如何完善我国的互联网金融监管。

（2）第三方网上支付、互联网贷款、互联网保险分别存在哪些风险？

（3）境外的互联网金融监管对我国有什么启示？

（4）党的二十大报告提出，加强和完善现代金融监管，强化金融稳定保障体系，依法将各类金融活动全部纳入监管，守住不发生系统性风险底线。这对于互联网金融监管提出了哪些新的要求和挑战？

案例分析

我国金融监管体系重塑　中国特色的“双峰”监管显露端倪

党的二十大报告提出，加强和完善现代金融监管，强化金融稳定保障体系，依法将各类金融活动全部纳入监管，守住不发生系统性风险底线。按照党中央决策部署，深化金融体制改革，推进金融安全网建设，持续强化金融风险防控能力。站在新的历史起点，金融监管改革任务非常艰巨。以习近平新时代中国特色社会主义思想为指导，坚守以人民为中心根本立场，不断提升金融监管的能力和水平。

为更好落实党的二十大精神，中国共产党第二十届中央委员会第二次全体会议审议通过了在广泛征求意见的基础上提出的《党和国家机构改革方案》。根据该方案，关于金融机构改革的内容有以下六项：

（1）组建国家金融监督管理总局，作为国务院直属机构，统一负责除证券业之外的金融业监管。国家金融监督管理总局在银保监会基础上组建，将中国人民银行对金融控股公司等金融集团的日常监管职责、有关金融消费者保护职责，证监会的投资者保护职责划入国家金融监督管理总局。同时，不再保留银保监会。

（2）证监会调整为国务院直属机构，划入国家发展和改革委员会的企业债券发行审核职责，由证监会统一负责公司（企业）债券发行审核工作。

（3）统筹推进中国人民银行分支机构改革，撤销中国人民银行大区分行及分行营业管理部、总行直属营业管理部和省会城市中心支行，在31个省（自治区、直辖市）设立省级分行，在深圳、大连、宁波、青岛、厦门设立计划单列市分行。同时，不再保留中国人民银行县（市）支行，相关职能上收至中国人民银行地（市）中心支行。

（4）完善国有金融资本管理体制。按照国有金融资本出资人相关管理规定，将中央金融管理部门管理的市场经营类机构剥离，相关国有金融资产划入国有金融资本受托管理机构，由其根据国务院授权统一履行出资人职责。

（5）加强金融管理部门工作人员统一规范管理。中国人民银行、国家金融监督管理总局、证监会、国家外汇管理局及其分支机构、派出机构均使用行政编制，工作人员纳入国家公务员统一规范管理，执行国家公务员工资待遇标准。

（6）深化地方金融监管体制改革。建立以中央金融管理部门地方派出机构为主的地方金融监管体制，统筹优化中央金融管理部门地方派出机构设置和力量配备。地方政府设立的金融监管机构专司监管职责，不再加挂金融工作局、金融办公室等牌子。

此次金融机构改革是我国金融监管体制迈向更加完善的重要一步。这也意味着，成立近5年的银保监会将完成其历史使命，“一行两会”时代落幕。

什么是“双峰”监管？

“双峰”监管起源于英国，即金融监管的目标应当是“双峰”的：第一，以防范风险、维护金融稳定为目标，实施审慎监管；第二，以促进市场行为规范、防止投机行为、保护消费者权益为目标，实施行为监管。

拓展阅读9-3

蚂蚁集团整改后

我国本次金融监管体制改革的总体方向是金融监管权力的集中、统一，实现金融监管的全覆盖、一致性，提升了监管效率，“双峰”监管的模式基本形成，也就是国家金融监督管理总局统一行使审慎监管和行为监管的职能。

资料来源　新华社. 国务院机构改革方案［EB/OL］.［2023-06-10］. http: //www.gov.cn/xinwen/2023-03/11/content_5745977.htm.

问题：结合案例内容，针对《党和国家机构改革方案》中提出的金融机构改革六大举措，请简要谈一谈您的看法。

主要参考文献

[1] 中国人民银行. 2023年第一季度中国货币政策执行报告 [R]. 北京: 中国人民银行, 2023.

[2] 余丰慧. 金融数字化: 科技赋能下的金融业转型方案 [M]. 杭州: 浙江大学出版社, 2023.

[3] 中国人民银行. 2022年支付体系运行总体情况 [R]. 北京: 中国人民银行, 2023.

[4] 中国互联网协会. 中国互联网发展报告 (2022) [M]. 北京: 电子工业出版社, 2022.

[5] 张志安. 互联网与国家治理发展报告 (2022) [M]. 北京: 社会科学文献出版社, 2022.

[6] 中国人民银行. 中国普惠金融指标分析报告 (2021年) [R]. 北京: 中国人民银行, 2022.

[7] 中国人民银行. 中国区域金融运行报告 (2022) [R]. 北京: 中国人民银行, 2022.

[8] 帅青红, 李忠俊. 电子商务 [M]. 北京: 人民邮电出版社, 2022.

[9] 覃征, 帅青红, 王国龙, 等. 电子商务学 [M]. 北京: 清华大学出版社, 2022.

[10] 周辉, 张心宇. 互联网平台治理研究 [M]. 北京: 中国社会科学出版社, 2022.

[11] 中国互联网金融协会. 中国互联网金融年报 (2021) [M]. 北京: 中国金融出版社, 2022.

[12] 帅青红, 刘映, 刘潼. 电子支付与结算 [M]. 4版. 大连: 东北财经大学出版社, 2021.

[13] 胡滨. 中国金融监管报告 (2021) [M]. 北京: 社会科学文献出版社, 2021.

[14] 武良山, 周代数, 王文韬. 金融大监管: 大变局下的监管逻辑与市场博弈 [M]. 北京: 中国人民大学出版社, 2021.

[15] 中国商业联合会商业预付卡工作委员会. 2019年中国单用途商业预付卡市场发展报告 [R]. 北京: 中国商业联合会, 2020.

[16] 帅青红. 金融科技 [M]. 北京: 高等教育出版社, 2020.

[17] 尹振涛. 中国金融监管的新动向与重要意义 [J]. 人民论坛, 2023 (08): 64-67.

[18] 翟立宏. 2022年度中国信托业发展评析 [EB/OL]. [2023-06-10].

http：//www.xtxh.net/xtxh/statistics/48366.htm.

［19］中国证券监督管理委员会.《重要货币市场基金监管暂行规定》的立法说明［EB/OL］.［2023-06-10］. http：//www.csrc.gov.cn/csrc/c101954/c7123693/7123693//files/.

［20］艾瑞咨询. 2022年中国第三方支付行业研究报告［R］. 北京：艾瑞咨询，2022.

［21］CNNIC. 第51次《中国互联网络发展状况统计报告》［R］. 北京：中国互联网络信息中心，2023.

［22］中国信息协会大数据分会，北京国润互联信息技术研究院. 2021—2022中国大数据产业发展报告［R］. 北京：中国信息协会，2021.

［23］朱鲁秀. 区块链对跨境支付清算行业的挑战及展望［J］. 金融理论与教学，2021（06）：4-10；17.

［24］中国民生银行，中国金融认证中心. 2020中国直销银行白皮书［R］. 北京：中国民生银行，2021.

［25］Fastdata极数. 2021年中国互联网基金投资用户报告［R］. 天津：Fastdata极数，2021.

［26］陈玉明. 支付新规促发第三方支付变局［J］. 中国信用卡，2021（03）：38-40.

［27］艾瑞咨询. 2019年中国互联网保险行业研究报告［R］. 北京：艾瑞咨询，2019.

［28］刘佳艺. 互联网保险公司全面巨亏 企业内部人士详解四大原因［N］. 华夏时报，2018-09-07.

［29］李兴欣. 区块链技术在我国银行支付清算应用研究［D］. 北京：北京邮电大学，2018.

［30］郭树清. 加强和完善现代金融监管［N］. 人民日报，2022-12-14（13）.

［31］岳品瑜，廖蒙. 预付卡牌照减员 第三方支付洗牌进行时［N］. 北京商报，2021-09-30（07）.

［32］闫佳佳，石丹. 银行系电商 失掉高光时刻［J］. 商学院，2022（08）：131-133.

［33］中国民生银行，中国金融认证中心. 2018中国直销银行白皮书［R］. 北京：中国民生银行，2019.

［34］石诗语. 信托业资产规模企稳［N］. 中国证券报，2022-12-13（04）.

［35］吴雨. 信托业资产投向持续优化［N］. 人民日报（海外版），2023-03-27（03）.